方朝晖 著

文化、儒学与中国现代性

孔學堂書局

本书获2022年贵州省出版传媒事业发展专项资金资助

图书在版编目(CIP)数据

文化、儒学与中国现代性 / 方朝晖著. -- 贵阳：
孔学堂书局, 2025.2. -- (孔学堂文库 / 郭齐勇主编).
ISBN 978-7-80770-408-9

Ⅰ.B222.05

中国国家版本馆CIP数据核字第2024K2P895号

孔学堂文库　　郭齐勇　主编

文化、儒学与中国现代性　　方朝晖　著

WENHUA RUXUE YU ZHONGGUO XIANDAIXING

策　　划：张发贤
责任编辑：禹晓妍　贺雨潇
责任校对：杨翌琳
责任印制：张　莹

出版发行：贵州日报当代融媒体集团
　　　　　孔学堂书局
地　　址：贵阳市乌当区大坡路26号
印　　制：北京世纪恒宇印刷有限公司
开　　本：787mm×1092mm　1/16
字　　数：411千字
印　　张：22.25
版　　次：2025年2月第1版
印　　次：2025年2月第1次
书　　号：ISBN 978-7-80770-408-9
定　　价：118.00元

新版序

本书2011年初版，当时书名不同。时隔十年，之所以再版此书，主要是因为自认此书讨论问题的方式并未过时，也因为初版后收到的各种意见有必要回应。下面我就围绕这两方面稍加说明。

2011年8月31日，在清华大学召开的本书初版座谈会上，陈来、徐友渔、秦晖、秋风、陈明、张国刚、任剑涛、贝淡宁、干春松、彭永捷、杨学功、曹峰等多位学者就本书初版的相关内容进行了讨论。批评意见主要来自两方面：一是以秦晖、徐友渔为代表的，认为西方现代性特别是民主、人权等内容是普世价值，儒家的价值理想可能更适合于西周时期的熟人社会，而非主要依赖于制度约束的现代社会；二是以陈明、秋风等人为代表的，认为中、西文化都不能用某种抽象的本质绝对化，建立在这种绝对化基础上的文化模式学说，不足以解释中国现代性的未来。对此，我在回应中认为，现代性本来就是多元的，秦、徐缺乏文化相对论视野，没有解答民主等价值需依赖具体的文化历史土壤才能有效运作的问题。至于文化模式学说作为理解中国现代性的基础，本来就不是寻求儒学的先验基础，只是把文化模式作为一种经验科学的假设来解释儒学和它之间的可能关系。[①]

本书常常被误解为我试图将儒学的现代发展建立在文化心理结构这样一种"不靠谱"的东西之上，主要是由于不理解我的研究方式。我研究文化习性并非为了给现代儒学奠定新的理论基础这一动机。文化习性在我这儿是中性的，既不褒也不贬，既不是什么理论基础，也不是什么价值标准。我只是把它当作不得不面对的现实。所以，我并不主张一味放任文化习性。我是指需要在它的地基上前行，我们不可能将它连根拔起，也不可能对它视而不见。文化习性好比一个人的身体状况，是我们每个人生存的基础和条件，我们不可能听任机体的欲求发展，那有可能导致种种疾病。但如果因为一个人的身体有种种天生的缺陷或疾病而毁弃之，那也是无论

[①] 本次座谈会内容参见何志平主编：《儒学与中国现代性学术座谈会发言纪要》，《国学新视野》，漓江出版社2011年版，第61—83页。

如何都不可能的。对于我们的身体，唯一正确的做法也许是"养"，其中包括顺应、调试、节制等。对于文化习性，同样如此。文化习性是我们的基础和现实，无法消除，也不能听任，需要顺应和调节。

也许儒家对文化习性的态度最能说明问题，本书对礼治的论述体现了儒家对文化习性的基本态度。儒家主张圣人"人情以为田"（《礼记·礼运》）、"缘人情而制礼"（《史记·礼书》），按照本书的思路，正是指在尊重文化习性的基础上理顺它。所以儒家对人情、对文化习性的态度是既非消除，也非听凭。从人情的现实出发，儒家治道呈现出与西方治道的重要差异，可帮助我们理解儒家治道为什么在中国文化中长盛不衰，以及为什么比法家、墨家更有生命力。正如中医看病要根据各人的身体状况因病立方，酌其虚实、强弱、寒热，不追求一刀切式的通方。儒家的治道思想也是基于中国文化习性，它在中国文化中长盛不衰的秘密也在于此。

有人认为，文化习性不是什么永恒不变的东西，而是一直随时代变动不居的。这一说法诚然有理，不过我建议批评者看看我所讲的文化习性（或称文化心理结构）有什么具体内容，不必过早地下结论。我从来没有笼统地讲文化习性或文化心理结构，而只是在讲那些经过学者们大量讨论认定，或者经文化心理学大量实验验证的特定文化心理，比如我在本书中讲的关系本位以及我后来讲的此世（岸）取向、团体主义等。多年来，我讲文化习性、文化心理，只限于讲其中若干种——更具体地说，是在讲此岸/此世取向、关系本位和团体主义等三种文化习性（我又称其为"文化预设"）对中国文明路径的塑造，并认为它们在可以预见的未来仍将塑造我们的文明路径。这是我们理解中国现代性未来的重要基础。我不是要赞美或消除它们，而是提醒正视它们。

因此，本书主张中国现代性不能照搬西方，主要是基于西方现代性的文化心理土壤与我们不同。本书讲发挥儒家对中国现代性的塑造作用，不仅是因为儒家在理论上高明，也是因为儒家更契合中国文化的土壤。长期以来，我一直批评现代中国学界盛行制度决定论（有时是政体决定论），正因为这种思想把制度看成脱离文化心理土壤的空中楼阁，基于一种想当然的制度理想来理解中国现代性的问题和出路。殊不知他们对制度的理解，早已被制度经济学远远超越。只要他们稍微研究一下制度经济学的制度概念，即可发现将制度理解为某种硬性的规则或规则体系，是多么幼稚。本书作为我从文化心理角度研究儒学与中国现代性关系的尝试，正是基于这样一些想法。

借此次新版，我想简单谈一下本书立场与李泽厚等人文化心理学说的关系。我在20世纪80年代中至90年代初念书的时候，对李泽厚先生这方面思想已有所了解。当时我虽然十分喜欢李泽厚这方面的思想，但由于他强调中华民族文化心理主要由儒学塑造，并总结出血缘基础、实用理性、乐感文化和天人合一等若干方面，与本书中的思路区别很大（具体原因参本书第二章有关说明），所以在后来很长时间里我基本没有沿着他早期的路子走。也正因如此，我在写作此书时，对李泽厚的相关思想基本没关注。但是，我后来发现，李泽厚在20世纪90年代中期以后对中国文化心理结构的看法有了较大变化。他将中国文化心理结构形成的上限推进到"绝地天通"时期或者说巫史传统之前，对其内容的理解也远远超出了其当初借孔子或儒家所总结出的那几个方面（尽管他本人一直强调前后观点一致性）。和早期的"三论"等书相比，李泽厚在《人类学历史本体论》《说巫史传统》《说文化心理》等书中较完整地呈现出来的后期有关中国文化心理的看法，与本书有相当接近的地方。我不得不承认，李泽厚在20世纪90年中期以来所形成的许多有关中国文化心理的新看法，是早于我形成的、迄今国内这方面最有意义的有关中国文化习性的研究之一。

由于我在写作此书初稿时，对李泽厚文化心理结构思想的后来转变不了解（当时他的有些论著也尚未出版），我基本上通过个人的摸索形成了本书中有关中国文化心理的看法，并未受到李泽厚的影响。1997年发表的《中国文化的习性与中国人文—社会科学建构——关于落后地区农村经济文化现状的调查报告》（《开放时代》1997年第6期）一文，代表了我在这方面的积极探索和基本思路（或可作为我当时未受李泽厚影响的一个证据）。此后，2003—2004年赴美进修期间，我阅读了大量国外文化心理学方面的论著，从而基本形成了我对中国文化心理结构的个人看法。2013年前后，我提出的中国文化心理结构以此岸/此世取向为前提，正是在文化心理学研究的基础上个人摸索出来的。但我后来发现不少西方汉学家（包括葛兰言、史华慈、牟复礼、安乐哲、李约瑟、葛瑞汉、墨子刻、普鸣等人，也包括张光直、杜维明等华裔学者）也有与我相近的见识，这使我非常佩服。他们从域外看中国，有时比我们从域中看得更清楚。我除了受文化人类学、文化心理学相关研究的启发，还受到另一位学者孙隆基的启发。孙隆基虽然最近20多年来在中国大陆不太受重视，但在我看来，孙隆基有关中国文化深层结构的思想，仍然是迄今为止关于中国文化习性最深刻的认识之一。其思想深度在有些重要方面甚至远远超过了李泽厚，曾经给我带来了较大的震撼和影响。当然，这不是说我完全赞同他的观点。

我有关中国文化心理结构的认识，在即将出版的《何以经世：儒家治道及其现代意义》一书中进行了较为完整的表达，应该说后者代表我在此书2011年初版后的进一步发展。接下来，我仍将从这一角度来开展对儒家治道以及中国思想史上其他许多重要问题的解释。

本书各章篇幅悬殊较大，主要是因为最初每篇均作为单一专题完成，而非按一本书的计划而写。我希望读者在阅读时不必追求各章之间的衔接与篇幅相当，而是把各章作为试图自圆其说的单一专题来对待。当然，各章之间的共同思想是很清楚的。

最后说明一下，本书《导论》部分是我对未来中华文明理想的一种描画，不过这种建构论色彩很强的论述风格（也体现在个别地方）并不代表本人现在特点，也不代表本书特点，本书特点与我的其他思想史研究一样，还是以理解和解释为主。

方朝晖

2022年1月6日星期四于清华园

自序

今日中国面临着民族复兴的伟大时刻，值此特殊时期，每一个中国人都应该清醒地认识到：中国人今天遭遇的真正挑战决不仅仅是如何建立一个政治大国、经济富国或军事强国，而是正确理解中华文明在未来人类文明之林中的位置。我们必须清醒地认识到，未来中华民族能否永久自立于世界民族之林，并为人类进步作出巨大贡献，决不是取决于它是否拥有强大的综合国力，而主要取决于中华民族能否建立一种新型的、有独特价值和意义的文明。

我深信，文明的重建是今日中国面临的首要任务。在过去2000多年的岁月里，中华民族经历过无数次被侵略和蹂躏，无数次分裂和动荡，它之所以能历经风雨而不衰，不是因为我们的先辈擅长打仗，也不是由于中国的国力自古比别国强大，而是由于先进的文化价值理念。文化绵延的逻辑与政体不同，其中最值得拾起的历史经验是：早在2500年前甚至更早的时候，祖先就为我们的民族确立了先进的文明理念，并将此理念置于政治、经济、科技和军事需要之中，作为指导后者的根本精神。这些理念体现于儒家的"王道"理想中，体现在儒家一系列关于"道统"和礼义的表述中，体现在儒家夷夏之辨、王霸之辨、人禽之辨等一系列学说中。中华文明之所以历千年风雨而不亡，与儒家为它所奠定的一系列先进的文化理念是分不开的。

必须认识到，我们的先辈曾以包容宇宙、吞吐六合的气度来铸造中国文化的最高理想。他们本着"为万世立法""为万世开太平"的宏伟胸襟，把握中华文明的基本框架和发展路径，一次次开创中华文明的千秋伟业。今天，我们生活在一个全球化的时代，交通、通信手段的极大便利，使得地球上任一角落发生的事情可能在瞬间传遍全世界。今天的世界格局已与古代不同，各种文化相互冲突、交融得异常激烈。今天的中国人应当摆脱狭隘的民族主义，走出"落后挨打"的历史悲情，再次拿出广阔的胸襟和恢弘的气度，在色彩纷呈的文化之林中找到中华文明的正确定位。

经历一个多世纪的彷徨、迷茫和徘徊之后，历史已经回到了这样的起点：需要理解一个未来意义上的中华文明在文化理想、主流价值、制度架构上所具有的主要特点，它对人类其他文明所可能具有的示范意义和积极作用。我们深深认识到，中华民族的伟大复兴，决不仅仅是政治、经济乃至军事上的复兴，也不是"综合国力"或"软实力"这类术语所能概括的，而是一种新型文明形态的诞生。这种新型文明形态，尽管在工业化、市场经济、政治和法治等诸多方面与今日主导世界的西方文明多有类似，但终究是一个本质上与西方现代文明不同的文明形态，体现在核心价值、组织模式、生活方式、行为样式等多个不同方面。这些，正是本书所要探讨的。本书正是带着这些关怀，展开了一系列有关儒学与现代性的专题研究。

一个多世纪以来，无数中华志士仁人被欧风美雨折服，徘徊于西方现代文明样式与中国传统文明样式的十字路口。除了那些在东、西方文化价值中间持极端立场的人，人们遭遇的更多的是迷茫和困惑。民主、自由、人权、法治等一系列西方文化价值，究竟是不是普世价值？如果不是的话，究竟为什么？能否从理论上作出有充分说服力的论证？很多热爱传统文化的中国学人（如现代新儒家学者），同样在上述西方文化价值面前缺乏自信，不得不试图在理论上竭力调和中西方价值观。也有许多民族主义者反对将西方人的价值强加于己，他们标榜国情，却缺乏有力的理论武器来论证为什么中国文化不应该接受民主、自由、平等、人权、法治等价值。在今天的东亚地区，常见一些人一方面以民主、自由、人权、法治等西方价值自我标榜，企图证明自身所在的国家或地区优越于中国的先进性，另一方面又困于西方文化冲击所带来的激烈社会矛盾而不能自拔。

本书代表作者从文化心理视角出发，对未来中国现代性图景进行一种全方位思考，触及未来中国现代性之文化、制度、政治、法律、社会等重要方面。主要立场或可表述如下：基于对中国文化习性的理解，我认为古往今来中国社会在秩序建设方面的基本特点与西方有所不同，具体表现为以德治国，贤能主导，人伦为权利基础，德性为自由前提，故在核心价值上以仁、义、忠、信而不是自由、民主、人权等为主，但不排斥后者。因此，法治、自由、民主、人权等植根于西方社会历史和文化土壤的西方文化价值，至少并不完全适合于中国文化的习性。

这是我理解未来中国现代性与西方现代性不同的基本思路，并贯穿本书各章节。我在本书论礼的部分会说明，为什么自由过去没有成为中国文化的核心价值，尽管这不意味着中国文化不崇尚它；为什么从中国文化的心理结构看，礼治比法治更重要。我在本书论民主的部分试图论证，虽然中国需要民主，但是以党争和大众运动为特色的民主政治不可能成为未来中国政治的核心或基石，以修德、尊贤和选能为特色的儒家式精英政治（贤能政治）仍将是未来中国甚至整个东亚政治文化的核心或基石。本书论行业自治与理性化的部分，试图从社会整合方式上说明，中国文化的心理结构决定了未来中国社会的理性化发展，不可能像西方那样以人权和个人自由为核心，走一条基于个人主义的形式主义道路。本书论市民社会的两部分，是对洛克、黑格尔等人现代市民社会理论的一个回应，即未来中国市民社会的道路问题。本书认为，未来中国社会的发展，会长期存在一个社会空间自治与理性化的任务，这一传统并不是西方独有的，而在中国历史上素已有之。但是未来中国市民社会的发展，不可能也没必要走西方式的、与国家对抗的道路，而是着重于如何在国家的有效领导下实现自治和理性化。本书讨论文化特殊性与普遍性的部分，与多元现代性那一篇相呼应，为在多元现代性视野下建设中国现代性的具体讨论提供重要基础。

　　本书内容也可这样来概括：从多元现代性视野入手，从若干不同角度透视儒学与现代性的关系，分别探讨了儒学与法治（及礼治）、民主、市民社会以及文化理想等之间的关系等重要课题；借鉴文化心理学、社会学、政治学、人类学、哲学等多方面的成果，尝试以跨学科的方式探讨儒学的现代意义。比如，从文化心理学角度分析中国文化的习性，说明为什么中国文化有"礼大于法"的传统，以及为什么中国文化更适合贤能政治而非大众政治；从文化理论特别是文化模式理论分析为什么自由主义未成为中国文化的主流，以及为什么在关系本位的东方文化土壤中，民主和党争不能成为社会进步的主要动力；从现代政治学理论出发，总结20世纪包括新儒家在内的大批学者在儒学与民主关系研究中的理论误区，重新阐明儒学对未来中国政治制度建设所能发挥的特殊功能；从9—18世纪欧洲市民社会发育史来说明为什么欧洲市民社会的道路不适合中国国情，以及为什么在中国，社会空间的自治与理性化需要依赖于道德精英的主导；从中国史学传统等出发，分析儒家传统中不乏有益于社会自治以及行业自治等与现代性相接的积极成分，由此说明儒学对现代人人性尊严的保护及其全面发展的积极作用。本书对一个多世纪以来现代学人特别是现代新儒家学者在儒学研究上的成败得失进行了剖析，对其中由于对西方现代性的误解而走过的弯路加以总结，试图对儒学的现代意义及未来方向作新的探索。

现代文明和历史上一切文明最大的区别在于它是以现代性为基础构成的，但这不等于现代性一定带给我们想要的文明。这是因为现代性本身问题很多，尤其在非西方社会遭遇的问题更多。易言之，现代性在很多国家特别是中国迄今为止并未定型，它将去向何方早已让无数人伤透脑筋。本书的基本预设是：基于其过去的历史传统及今天的规模，未来中国有可能建成一个独立的文明形态即"现代中华文明"，并像古代那样把它的影响力辐射到周边甚至世界上其他国家和地区，从而在它的主导下建成现代意义上的"东亚文明"。这种新型的"文明"，将会在核心和主流价值、制度架构、社会整合方式、宗教及精神传统等诸多方面表现出与西方现代文明相当大的不同来。尽管它与西方现代社会并不是完全冲突和对立的，甚至有很多共同的特点和共享的资源，但是在一系列异常重要的方面，与西方文明相比，也有自己不可替代的优劣之处。毫无疑问，这个新型的"中华文明"或"东亚文明"，是以中国或东亚自身特有的现代性为基础建成的。本书的目的在于通过探讨中国现代性的样式来说明一种新型的"中华文明"形成的可能性及意义。本书试图揭示，要在中国建成这样的新型文明，必须破除民族主义的樊篱，必须复兴儒学等固有的精神价值传统，必须实现行业的自治与理性化，必须重铸中国文化的最高理想，必须确立未来中国社会的主流价值，必须贯彻落实真正意义上的贤能政治和由文化——道德精英主导的社会整合，必须明确地反对霸道、重建王道……在此，我极不希望人们误以为我的观点来源于民族主义情绪。恰好相反，我的根本目的是回答中国文化在全球化时代应当如何克服自身的问题，进行有效地自我整合，从而为人类尽自己应尽的职责。为此，我在书中表达了自己对现代儒学发展方向的基本看法，试图说明儒家传统对中国未来建成一个真正意义上的中华文明所具有的不可估量的意义。

全书由若干专题构成，每个专题自成一体。全书共八章，围绕七大主题，大致结构如下。

表1 本书大致结构

系统	主题	对应章标题
道统	儒学与文明理想	"重铸中国文化的最高理想"
	儒学与全球文化	"从多元现代性到中国现代性"
		"文化是普遍的还是特殊的？"
		"中华文明的新形态与世界文明的新重心"
政统	儒学与法治／礼治	"文化模式、文化心理与礼治"
	儒学与民主／政统	"儒学与民主关系再思考"
	儒学与行业／社会	"王霸之辨、行业自治与儒学"
		"市民社会与现代儒学使命"

　　本书各章虽相对独立，但希望读者明白全书的主旨是明确而一致的。其中第一章"从多元现代性到中国现代性"代表研究范式的转向，从第二章到第五章分别从制度、政治、行业、社会等不同角度探讨中国现代性的具体内容，最后一章则为全书各章提供了必要的文化理论基础（包含本书各章共同的理论前提）。以下略述各章具体内容。

　　导论"重铸中国文化的最高理想——从夷夏之辨看"。从现代社会结构特征及人类文化发展之新局出发，探讨未来中国文化的最高理想，说明儒家"夷夏之辨"对于重铸中国文化的最高理想所具有的异常重要的意义。

　　第一章"从多元现代性到中国现代性"。介绍艾森斯塔德（S. N. Eisenstadt）等人所倡导的"多元现代性"（multiple modernities）理论，及社会科学界对于东亚现代性研究迄今取得的成果，以此说明儒学对于中国现代性建设之意义。

　　第二章"文化模式、文化心理与礼治"。从文化心理学有关成果，特别是其中有关东亚文化模式的理论出发，论证为什么中国文化有"礼大于法"的传统，以及为什么"个人自由"等西方价值不能成为中国文化的核心价值，从而说明儒学在中国文化土壤中是根深蒂固的及其现代意义。

　　第三章"儒学与民主关系再思考"。借鉴政治学理论，对现代新儒家在儒学与民主关系上的理论误区加以澄清，说明建立在个人主义基础上的自由民主制在中国文化中所遇到的问题，以及儒家贤能政治思想在现代政治制度方面的特殊价值。

第四章"王霸之辨、行业自治与儒学"。以中国古代史学传统等为例，说明行业的自治与理性化是儒家传统中尊重人的尊严且符合现代社会需要的重要内容。借鉴狄培理（William Theodore de Bary）等人的汉学研究成果，来说明儒家传统中所包含的行业自治与理性化传统之现实意义。

第五章"市民社会与现代儒学使命"。从欧洲市民社会中世纪末叶以来的演化史，来说明西方市民社会发展道路与中国之不同，从而说明在非西方的中国文化中建设市民社会的主要困境，儒学在今天所面临的主要挑战和特殊使命，即如何为社会空间的自治与理性化服务。

第六章"文化是普遍的还是特殊的？——文化进化论与文化相对论之争的研究"。通过系统评述20世纪以来西方人类学史上博厄斯（F. Boas）等人领导的文化相对论思潮，以及斯图尔德、怀特等新进化论者对他们的批评，来说明文化普遍性与文化特殊性的关系，以及如何在文明多样化、现代性多元化的时代视野下来建构中国的现代性和新的中华文明。

附录"中华文明的新形态与世界文明的新重心"。这本是一篇旧文，它从"大一统"角度看中华文明的特殊性，并在汤因比、亨廷顿的文明分类框架下看中华文明未来。

我深信，与同人类历史上许多伟大的文化传统一样，儒学只有在不断地回答时代新问题、迎接现实新挑战的过程中才能复兴。数千年来，儒学之所以能永葆青春的活力，是因为不同时代、不同地域的人们总是能从它的源头出发，找到对于文化的方向、人性的进步、生命的价值等的丰富启迪。历史上如此，今天何尝不是。因而，今天儒学复兴的主要任务，决不是简单地"复古"，而必须从儒家的精神传统出发，分析今天这个时代一系列根本性问题的症结，明确未来中华文明的希望和出路在何方，以及未来中国学统重建之路。儒学能不能复兴，不取决于我们能否把它人为地拔高，取决于我们能否从传统儒学资源中发掘出鲜活的思想，对理解今日中国的出路真正有启发意义；还取决于能否通过读经典，对我们思考中国现代性问题激发出意义深远的思想灵感。今天，儒家传统能不能被"激活"，依赖于在深入体会和理解经典的过程中，对理解中国现代性能获得什么样的新的启迪。空谈如何改造儒学，来适应现代社会需要，往往流于形式，变成一部分学者体系建构的个人嗜好，反而可能伤到儒学的现代发展之路。因而，今天我们需要从儒家的精神传统出发，告诉人们希望在何方，在荒凉的精神世界中发现精神、道德与信仰的种子，让流浪已久的灵魂回归家园。只有当今天的儒者能回答我们时代的一系列重大课题，给中华民族指明一条通向进步的康庄大道，让中华儿女重新找回安身立命之本，为中华文明开辟波澜壮阔的事业前程之时，儒学的复兴才不会是一句空话。

目录

导论：重铸中国文化的最高理想
——从夷夏之辨看

20世纪以来，困扰中国人最深刻的问题莫过于中华文明理想的丧失。今天，时代潮流迫使我们不得不重新面对和严肃思考重铸中国文化最高理想的问题。本篇认为，儒家夷夏之辨是今日重铸中国文化的理想极为重要的视角，因为它的精神实质在于对文明与野蛮的区分。它认为，一个真正文明、进步、合乎人性需要的生活世界，必定会赢得千千万万人的衷心拥戴，因而只有这种建立在进步文明理念基础上的文化才是真正有生命力的，把文化的优越性建立在强力基础上是极端狭隘和错误的。

从夷夏之辨出发，我们认为：今日或未来中国文化的最高理想，不应是仅仅追求一个经济富国、政治大国或军事强国，也不是为了追求主宰人类事务或凌驾于他人之上的霸权，更不是为了证明来自华夏中心论的种族优越性；而是追求一个伟大文明的理念，一种可使中华民族长治久安、永远立于世界民族之林的伟大文明理想，基于中华民族今后发展的千年大计、万年大计。

今日重铸中国文化的最高理想，不是要创造一个乌托邦式的盛世蓝图去满足人们的美好愿望，也不是为了提出一套理论上完美无缺的价值体系强加给这个民族，而是从事一项发现——在今天的时代里，什么样的理想才能使中华民族成为一个真正进步、文明的民族，成为激励所有中华儿女在未来千百年里冲破重重阻碍、不断前进的精神动力，使中华民族成为引领全人类不断进步的典范。因而，今天或未来中国文化的最高理想，至少应当包括：每一个生命的健全成长，每一个人潜能、创造力与个性的发挥，人格尊严与正当权利的确保，以及人生幸福与价值的实现。这一切，也许可以总结为八个字：「保合太和」「各尽其性」。

一个文化的最高理想，代表一个民族的最高精神追求，至少在理论上可以给这个民族在可以预见的未来带来无穷的生机与活力，成为激发无数人奋斗不息的无尽精神源泉和该民族在世界民族之林中真正找到自信的精神支柱。"文化"一词，在这里主要指一种特定的生活方式。文化的永久活力是由文化中有教养的群体体认并发扬的。它的首要前提之一是文化最高理想的存在，为文化中不同阶层的精英分子所广泛接受和阐发；它有时是志士仁人们舍生忘死、保家卫国的精神动力，以及让一个民族在残酷的打击和磨难中坚强站起来的精神支柱，或成为该文化中一代又一代人前赴后继、鞠躬尽瘁追逐的人生梦想。

下面我试图通过客观分析、逐步逼近的方式，来说明什么东西可成为未来中华民族的最高理想。为此我们先分析一个民族的"文化最高理想"应当具有什么样的特征。

一

一个多世纪以来，有良知的中国文化人在精神上最深刻的焦虑来源于失去了对一个伟大的中华文明的基本信念，找不到自己在精神上的真正落脚点。与此相应的，无数先进知识分子在内心深处丧失了对中国文化的自信，在中学与西学、中国古代文化与西洋现代文明的相互激荡中彷徨四顾。这个问题不解决，无数文化人在精神上无法摆脱无家可归的状态，在内心深处丧失文化自信，更谈不上灵魂的超越与永恒。由于中国人没有深刻的彼岸意识（即不以死后世界来规范现实生活方式，如在基督教、印度教、佛教等宗教中所见），高度注重世俗生活，一旦丧失了文化的最高理想，就意味着这个民族失去了精神的支柱和向前发展的动力。因此，对于中华民族来说，文化的最高理想有着异乎寻常的特殊意义。对于今天的中国学者来说，最重要和最紧迫的课题之一，或许是要回答这个问题。

可幸的是：今天，我们确实具备了回答这一历史问题也是最重要的时代问题的现实条件。这是因为：其一，自从鸦片战争以来，中国人长期笼罩在"亡国灭种"的深刻忧患中，在这种民族情结的支配下，多数知识人、文化人在思考中国未来方向的时候，背上了"救中国"这个沉重的包袱。他们的一切学术研究和经世之志，总脱不了以国家富强为主要旨归，而不能走出功利、实用的框架。今天我们探讨中国文化的理想，在理论上具备了走出过去那种强烈的功利关怀，从更高的、具有某种永恒意义的立场来思考的条件（尽管事实上仍有很多人沉浸在功利主义和民族主义的情绪中）。

其二，经过一个多世纪，中国社会的结构发生了翻天覆地的变化，从过去以小农经济为主体的传统社会变成了以工业化、都市化为主体的现代社会，从过去的以家族纽带和血缘亲情为基础的宗法社会，演变为以非血缘的公民关系为主体的现代市民社会。也就是说，在可以预见的未来，中国社会的结构框架已基本确立。

其三，随着中国社会越来越全面地融入全球化浪潮中，随着中国综合国力的增强和国际地位的提升，特别是随着中国人在国际交流中对西方了解的不断深入，对工业化和后工业化时代的世界格局和人类需要有了深切的认识，中华民族对自身在新世纪的发展目标也能重新获得自信。

其四，文化自信失落的原因之一在于中国人曾经误以为现代文明只有西方一种样式。今天越来越多人认识到，非西方国家需要在21世纪里创造出自己独特的现代性模式，其核心价值、制度模式、整体格局、活力之源均与西方现代文明有所不同。

如今谈论精神信仰重建的人，常常会从一些外部因素出发。这些外部因素包括：儒学如何在东亚"四小龙"地区发挥有益的作用；儒学或国学中如何包括着精神信仰；没有信仰是如何的可悲……这些论证虽然有很大的合理性，但是停留在这种类型的论证之上终究是不起作用的。因为它毕竟还是以外部需要为前提，通过理智的方式说服人们。而且这种说服方式也似乎先入为主地认定了只有国学或儒学才能拯救人们。就注定了这种方法难以达到预期成效。

首先，信仰是人内心世界中最重要的事情。只有当一个人从内心深处感受到信仰的力量时，信仰才能成为信仰。在此之前，有谁会轻易将自己的生命托付给任何一种信仰呢？

其次，人为区分中国文化与非中国文化，有时是没有用的。更多的时候，人们选择儒学或国学，不是因为它们带有"中国"的标记，而是因为亲切感或魅力。基于同样的道理，有些人接受了非中国的宗教或信仰，如基督教。教训在于：信仰能否被人接受，关键不在于它是否符合民族性，而在于它能否打动人心。尽管信仰确实有民族性，但把民族性当作必须接受某种信仰的理由，是行不通的。

必须非常明确的是，精神信仰是不可以人为地提供给人的。从根本上讲，信仰不是建立在社会需要之上，而是建立在人性需要之上。如果因为发现今天的中国人没有精神信仰不行，所以大家一起来讨论该为这个社会提供什么样的信仰，容易产生误导，即误以为可以把一些现存的信仰强加给全社会。信仰的兴起可能与社会需要有关，但是精神信仰的基础从来都不是社会需要，而是有自身内在的根据。

首先，精神信仰不是一个单纯理智的事情，而是在共同参与中被体认到的生命价值，是一项精神生活建设的持久工程。信仰正是在这一过程中被建立起来的。

其次，在中国文化传统中，信仰从来都不是指去"信"某一个外在的对象，如信耶稣基督、上帝或天国（理想国）之类，而是通过修炼和完善自己的人格，体验和收获生命的价值，从而树立起对人生坚定不移的信念。

基于上述，本章论证中国文化的最高理想采取迂回策略，即先不急于回答"它是什么"，而是先分析"它不是什么"；先从外部分析它有什么特征，再从内部探索它有什么内容。虽然最后给出了答案，但必须提醒的是，这些答案只能作为方法、视角而不是结论提供给大家。作为中国文化的最高理想，它不是一种要人们无条件遵守的信条，不是结论或指导原理，而只代表要人们在生活和参与中体验的方向。

二

重铸中国文化的最高理想，并不是人为地制造某种价值目标或乌托邦理想，强加给这个民族，而是尽力理解这个民族在新的时代条件下、在自我发展方面的唯一必然选择。从这个角度说，文化最高理想应当是客观自明的（self-evident）。所谓"唯一必然选择"，也意味着只有这个理想，才能给这个民族在未来可以预见的岁月里带来生机与活力，成为激发无数人奋斗不息的活力源泉，并成为中华儿女在世界民族之林真正找到自信的精神支柱。之所以是"唯一的"，还因为它是最高理想，不同于普通的人生理想。毕竟最高理想需要面对所有的人、所有的利益群体和所有的行业，要对它们都有指导意义。如果它不是"唯一的"，那就不是"最高的"。后面的论述会帮助我们进一步理解为什么最高理想要符合"唯一性"原则。

文化的最高理想，并不是指某些人借助美丽的辞藻为文化描绘蓝图，人为地设计一套外在的理想社会目标（比如柏拉图的《理想国》），让人们因为这一理想或蓝图的无限美好而去追求它。相反，文化的最高理想是内在于文化自身的，是文化先验具有的内在本质。什么意思呢？一个文化的最高理想，必须是每一个普通人都可以用心感受到的东西。它必须能对人们的当下日常生活发生直接的作用，而不是神秘或高不可攀的。它就好比是人们生活的一部分，是个人内心世界的本质内容，也是把个人从混沌迷茫中解脱出来的指路明灯。

我们可以把文化中人比作一群黑夜里迷路的孩子，有时需要大人指点才知道自己该怎么走。但是，他们应该走的正确方向，并不是大人强加给他们的，或大人出于己见人为发明出来的，而是早就由自然环境预先确定了的。同样的道理，文化的最高理想，作为文化发展的方向，不是设计或发明的产物，而是由文化自身的内在本质决定的。

因此，严格说来，"重铸中国文化的最高理想"，对我们来说主要的任务是去发现和理解什么才能成为今日中国文化的最高理想，才符合"唯一必然选择"这个标准。让我们先抛下一切传统或国学的条条框框，沉下心来好好想一个问题：中国人在新世纪里只有接受什么样的文化理想，才能引领他们在精神上不断向上，赋予他们无穷的生命活力、无尽的精神源泉？

从这个角度说，文化理想的确立，不是基于逻辑论证和思辨分析，而是基于"发现"，就像数学家发现数学公理一样。文化理想的终极基础，类似于几何公理：其全部合理性在于，一旦它被发现，任何一个有正常理智的人都能接受，甚至不得不接受。例如，"两点之间只能作一条直线"这条公理，之所以成为公理就是因为人们不得不接受它，而不是因为有其他的逻辑根据和理论依据。相反，所有其他的几何学知识，原则上必须由包括这条公理在内的五条公理合乎逻辑地推演出来。同理，中国文化的最高理想赖以成立的基础也在于，一旦它被发现，就能被每一个具有正常理智和责任心的人视为不得不接受，至少无法否认，并且把人们生活的方方面面串到一起，成为后者的最高原理或终极价值基础。

把文化最高理想等同于公理，意在强调它应当像常识一样是"自明的"（self-evident），但并不意味着它因为像常识而没有力量。相反，正如几何公理一经发现就体现出了无与伦比的强大力量，文化的最高理想虽然应像常识一样人人可以理解和接受，但是并不会因此而失去它的作用力。我们应当认识到，正因为它是为常识所认可的，才会对所有人都有力量。

比如说，我们不能把"道""天理"当作今日中国文化的最高理想，因为这与基督徒把"上帝"当作某文化的最高理想不成立一样，二者对多数人来说都不是自明的，不仅其含义不明晰，而且多数人不能直接从中感受到自身生命的活力源泉。换言之，正因为多数人对"道""上帝"这类范畴的含义不明，所以才导致千百年来那么多人费尽心力来论证。

三

文化的最高理想，代表一个文化的终极目的，或者说是终极目的意义上的最高价值。而这个文化中的其他价值，从某种意义上来说都不是终极目的或最高价值，或者说是为这个价值服务的，或者是以此理想为基础的。这也类似（但不全同）几何公理与几何定理及种种几何知识之间的关系一样：前者是后者的逻辑根据和最高基础。这也可视为检验一种价值是否有资格成为中国文化的最高理想的标准之一。

比如说，仁、义、礼、智、信、忠、孝等儒家提倡的价值，曾经是两千多年来在中国一直占主导地位的社会价值，但是我们不能说这些价值代表了中国文化的最高理想，因为古人常常从天道、天理等不同角度来论证这些价值的合理性，可见它们需要更高的基础来支撑。

又比如，真、善、美，正义、公平、平等、宽容、节制、大度、勇敢等，大概没有一个人可以否认它们代表人类生活中美好的价值，但是恐怕不能说它们代表一个文化的最高理想。有时我们说：我们之所以坚信这些价值，是因为它们符合人性的需要，或人类生存的终极目的。这一说法本身也说明，它们需要以更高的价值（如人性需要之类）作为基础。

换个角度看，上述两类价值，虽然任何有正常理智的人都接受，但它们代表做人的美德，是针对个人而非文化的。相对文化而言，它们是工具性而不是目标性的，故不代表文化的终极目的。因此，并不是任何一个正常人都接受的价值，均可成为文化的最高理想。

文化的最高理想还有另一个特征，即可由全社会各行业、各阶层的人共同参与，且代表一个为所有人服务的建设工程（它是动态过程，而非现成答案）。所以这一理想，不仅对学者、思想家有意义，也理应成为一切学科的人共同信奉的价值，更理应成为一切行业的人共同信奉的价值——无论他是学者、知识分子，还是工程师、政客，无论他是公司白领还是普通职员，是医生、护士还是病人，是律师还是法官，是士兵还是商人，等等。当各行各业在不断自我完善和健全发展的过程中，能共同认识到某种价值可成为对他们都有益的价值理想的时候，这个理想才具备成为文化最高理想的条件。中国文化的最高理想，涉及的是并不仅是某一个阶层或行业中的人安身立命的终极归宿，而是千千万万生活在这片土地上的人的终极归宿。

文化的最高理想虽然是文化共同体的理想，但应当立足于普遍人性的普遍需要，具有超越具体国家、民族、团体、宗教的普遍性。正因如此，它虽然不像宗教那样，靠把人引入彼岸或来世达到永恒，但是在现实生活中，是人性体验永恒价值、实现自我超越、找到立命之本的文化价值理想。因此，中国文化的最高理想决不仅仅是为中国人服务，而是必须为所有的"人"服务，包括中国人、外国人。从根本上说，它是为全世界，甚至整个宇宙服务的。

事实上，人类历史上所有伟大的文化传统，都是从普遍主义而不是特殊主义出发的。儒家、佛教、基督教、伊斯兰教等无不是普世主义的，从来没有宣称只为某一个民族、某一个文化或国家服务。无论是希腊哲学，还是近代人文主义，也没有哪一个是以体现某民族特色而提出来的。同样，今天西方人仍然崇尚的自由主义，也不是出于为哪个国家服务的目的而发明出来的。相反，正因为它自认为自由主义价值普遍有效，所以才对其他文化作出评判，并在评判中确立了西方文化的优越感。当然，由于自由主义价值自身所存在的问题，它的普遍主义也演变成了文化霸权主义，这才是我们需要汲取的教训。所以我们应当探讨如何从普遍主义角度确立中国文化的最高理想，而不演变成文化霸权主义。如果不是从普遍主义出发，我们将不可能在人类文明的新时代真正确立中国人的文化自信，也不能真正对人类文化的进步有所贡献。

一个误区：中国文化的最高理想必须是高度"中国化"的，必须体现"中国特色"。虽然我并不反对民族文化的特殊性，但我想提醒人们注意的是：如果我们认为中国文化理想仅仅是中国的，或只为中国人服务，就等于在自己的文化与其他文化之间筑起了一座墙，那我们会因为认识不到我们对其他文化的魅力而失去自信。更重要的是，如果我们不能站在全人类的高度，从普世价值出发来引领人类的进步方向，就不仅缺乏包容宇宙、吞吐六合的胸襟，而且也不能在精神上找到永恒和不朽。所谓"天下同归而殊涂，一致而百虑"（《周易·系辞下》），文化的特殊性并不意味着它们没有共同的终极目标和方向。

四

只有真正优秀的文化理想，才能确保一个民族千年万年的长治久安，确保一个民族在世界民族之林立于不败。狭隘的民族主义理想，本质上是自我中心主义，是胸怀狭隘和自私自利的表现，绝不能保证一个民族在世界民族之林立于不败之地。

因为民族主义的心态乃人们常见的本能反应，是经不起理性反思和批判的。正如在人际关系中自我中心主义者必然没有真正的实力和会遭淘汰一样，那些完全为民族主义所主宰的文化理想也不可能让一个民族在世界民族之林永远立于不败。二战时的日本和德国就是典型的例子。

孟子曰："仁者无敌。"（《孟子·梁惠王上》）中国文化在过去之所以成为世界文明史上为数甚少的几千年不曾中断的文化，除了种种偶然或外部的原因，还与中国人几千年养成的愿意与人和平共处、相互尊重的习惯有关，而决不是因为中国人会打仗、科技最发达、国力最强。曾几何时，我们忘记了祖先的教训，把一切寄托在经济发展和国力增强上，寄托在有一天能够打败某国上，寄托在所谓"实力"上。这其实是心灵空虚的表现，也使我们变成了别人眼中的野蛮人。毕竟经济的发展盛衰难定，国力的强盛不可永远，而文化的底蕴、文明的信念、人性的活力等，才是一个民族长治久安的根本，是一个文化长盛不衰的千年大计、万年大计。今天的国人，有几个认识到了这一点？

今天，我们到世界各国访问，会发现世界上绝大多数国家为自己的民族而自豪。当然，不同民族自豪的具体内容有所不同。"自豪"往往来源于对自己民族"独特性"的认知，就像我们每个人都可能因为对自身独特之处的了解远多于对别人的，所以为自己而感到自豪一样。相比之下，我们中国人更倾向于从祖先的辉煌历史中找到民族自豪感。然而，这种建立民族自豪感的方式是非常片面、一厢情愿的。因为，世界上任何一个民族都有值得向世人炫耀的"独特"成就。炫耀是一种以自我为中心和唯我独尊的心态。就像那些以自我为中心和唯我独尊的人会受到唾弃一样，一个只知道一味地自我夸耀的民族是不能真正参与到世界文化交流和全球化的浪潮中去的。这也不符合中华民族自古就有的谦卑做人的品质。而中国人今天的自我夸耀，从根本上讲还是因为一种内在的不自信，与一个多世纪以来养成的深深的自卑心理有关。

一些讨论儒学的学者，口口声声地大谈"和而不同"，但一遇到国际争端，就马上想到诉诸武力，强调实力决定一切，认为中国与其他国家或地区的冲突只有通过实力（或武力）才能解决。由此可见，他们实际上并不是真的关心世界和平，而是关心如何证明中国文化"伟大"，以图安慰其失去自信的心灵。这些人，在现代学科话语的支配下进入儒学或国学研究，不能在学术中找到人生意义的终极归宿，导致他们那缺乏爱心和失去平衡的心理只能在民族主义、功利主义之中获得慰藉。

一个多世纪以来，中国人在关于中国特色、中国文化特点和"中国某学"的话语中一再重述的，乃是其不能自己的、可怜的自卑情结，所以没有胸怀、气度和境界。同样的现象充斥在教科书、新闻媒体等话语中，即一方面不断地强调中国文化的特殊成就，另一方面反复渲染落后挨打的逻辑。我们非常可悲地发现，在这一类话语中，从来没有强调过：我们应当如何来包容、理解那些曾经伤害过我们的民族，中国人应该如何学会尊重和爱其他的人，包括那些与我们对立、仇视我们的人。从来认识不到，只有我们学会了尊重和爱每一个与我们不同种族的人，学会了包容和宽恕那些曾经深深伤害过我们的人，这个民族才能真正成熟，真正站起来，赢得全世界的尊重。

今天中国的民族主义在很大程度上来自不能走出历史的阴影。长达一个多世纪的蹂躏和欺压，那些难以忍受的屈辱，以及远远落后于世界强国的现实，都使得国人至今对那段历史耿耿于怀，不能正确看待，不能正确定位自己与西方发达国家以及其他国家的关系。世界上不少民族，包括一些在工业化和现代化方面取得了巨大成功的民族，曾因为民族主义甚嚣尘上而毁于一旦。民族主义的极端化发展就是军国主义，甚至法西斯主义。今天，伴随着中国经济的发展和综合国力的提升，一个有责任感的中国人应当提醒自己的同代人和后代人，千万不要犯一些国家已经犯过的错误。

我们要谨记：中华民族的复兴，绝不能给人们留下这样的负面印象——它是一个喜欢记仇和报复的民族，它对历史上的屈辱难以忘怀，它会欺负比自己弱小的民族，它追逐主导人类事务、支配种种资源的霸权和特权。而是相反：它能为人类的进步做点什么，包括向这个世界提供一些进步的思想和观念，即使这些观念未必能为其他民族所完全采纳。要想做一个真正进步的民族，首要的任务是解决自己的问题。这是一个永不停息、不能中止的过程，包括如何克服中国文化的习性所具有的根深蒂固的弊病，如何实现行业和社会的理性化发展，如何实现中国人精神的不断向上。一个伟大、进步的文明是通过自身的方方面面显现出来的。只有中国社会不断地走向完善，才能真正给全世界留下口碑和风范。孔子云："故远人不服，则修文德以来之。"（《论语·季氏》）

五

重铸中国文化的最高理想，不是基于建设一个经济富国、一个政治大国或一个军事强国的目标，而是必须基于建设一个真正伟大的文明，一个通过自身的活力让全世界向往的文明，一个真正对世界各种文化有示范意义的文明，一个对全人类有巨大吸引力的、真正进步的文明。由此，中国文化的最高理想，必须代表全人类最进步的价值，不仅是为哪个特定的国家或民族服务，而是通过把一个民族引导到进步和自我完善的方向上，从而对全人类的进步和发展作贡献，引领人类进步的潮流。

例如，富国强兵作为民族主义的理想当然没有什么不好，但是它的落脚点不是文明重建，因而也不能成为中国文化的最高理想。文明重建要确立的是具有永不磨灭的意义的文化理想和文化价值，而不是经济价值或政治价值。

重铸中国文化的最高理想，要从全人类在现代条件下都有的共同需要和渴望出发，来理解中国文明与其他文明相比的"优越性"，认为后者恰恰体现在满足或实现人性基本需要和目标的过程中，做得比别人好。这样，它才会对其他文化有吸引力，真正对其他文明产生强大的示范意义。因此，重铸中国文化的最高理想，绝不是为了追求某种仅属于中华民族的价值理想，把我们的民族和其他民族区别开来，满足于它的"中国性"。恰恰相反，正因为它追求的是基于人性基本需要的普世价值，无国别特征，所以才对每一个人都具有超越和永恒的价值，并激励人们舍生忘死、前赴后继地追求它。

儒家传统为我们提供了一种非常好的建立文化最高理想的途径——"夷夏之辨"。"夷夏之辨"的精神实质是"文明"与"野蛮"的对峙，从孔子的"修文德"到孟子的"王道"，都包含着这种精神。当然"夷夏之辨"如果理解不当，也可能变成新的文化霸权主义，即把中国文化机械地等同于文明，而把非中国文化机械地等同于野蛮。这是我们今天所要避免的。儒家的"夷夏之辨"告诉我们，如果一个文化是真正进步的、优秀的，不具有其他文化所具有的许多弊病，那么它就会自然而然地成为榜样。因此，文化的优越性不是建立在自我吹嘘上，而是建立在它所自然表现出来的吸引力上。孔子曰："德之流行，速于置邮而传命。"（《孟子·公孙丑上》）

《国语·周语》有云："先王耀德不观兵。"并引《诗》云："载戢干戈，载櫜弓矢。我求懿德，肆于时夏。"（《诗·周颂·时迈》）《左传·僖公二十八年》引《诗》以赞文公曰："惠此中国，以绥四方。"（《诗·大雅·民劳》）

让我们回到夷夏之辨来谈论中华文明重建和中国文化的最高理想。古典儒家的礼义思想，以夷夏之辨为精髓，代表了一种伟大的文化自信。其精神实质是要努力建成与一切野蛮行为对立的文明之邦，作为进步、自由、和平、幸福、宽容和爱的模范和源头。儒家主张用这种思想来处理与周边国家的外交关系，乃至与整个世界的关系，而不主张靠武力和征服。孟子曰：

> 今王发政施仁，使天下仕者皆欲立于王之朝，耕者皆欲耕于王之野，商贾皆欲藏于王之市，行旅皆欲出于王之涂，天下之欲疾其君者，皆欲赴诉于王。其若是，孰能御之？（《孟子·梁惠王上》）
>
> 以力假仁者霸，霸必有大国；以德行仁者王。王不待大，汤以七十里，文王以百里。以力服人者，非心服也，力不赡也；以德服人者，中心悦而诚服也，如七十子之服孔子也。《诗》云："自西自东，自南自北，无思不服。"此之谓也。（《孟子·公孙丑上》）
>
> 尊贤使能，俊杰在位，则天下之士皆悦而愿立于其朝矣。市廛而不征，法而不廛，则天下之商皆悦而愿藏于其市矣。关讥而不征，则天下之旅皆悦而愿出于其路矣。耕者助而不税，则天下之农皆悦而愿耕于其野矣。廛无夫里之布，则天下之民皆悦而愿为之氓矣。信能行此五者，则邻国之民仰之若父母矣。率其子弟攻其父母，自生民以来未有能济者也。如此则无敌于天下。无敌于天下者，天吏也。然而不王者，未之有也。（《孟子·公孙丑上》）

常听国人愤愤不平地抱怨说，境外政客或媒体是如何误解我们，妖魔化我们的。这使我想到孟子在两千三百多年前说过的一句话：

> 爱人不亲，反其仁；治人不治，反其智；礼人不答，反其敬。行有不得者，皆反求诸己，其身正而天下归之。（《孟子·离娄上》）

为何我们一方面大谈传统文化伟大，在现实中却没有古人的美德？试问暴跳如雷地指责西方人对我们的不公，符合古人的智慧吗？为何我们在国际事务中稍微受了一点委屈，情绪立马上升到仇恨，并把一切希望寄托在"祖国强大"之上，而拿不出耐心、包容和爱来？孟子曰：

> 仁者如射：射者正己而后发；发而不中，不怨胜己者，反求诸己而已矣。（《孟子·公孙丑上》）

一个真正文明、有教养的礼仪之邦，岂能因为别人的批评或误解而作出粗鲁的情绪化反应？这样的反应本身，是不是恰好证明我们还没有资格成为人类文化进步的使者，离扮演引领世界文化的进步潮流的角色还相距甚远？它不仅是没有自信和教养的表现，也与"夷夏之辨"精神背道而驰。

六

基于上述辨析，我认为今日中国文化的最高理想，至少应包含这样的内容：每一个生命的健康成长，每一个人潜能、创造力与个性的发展，人格尊严与正当权利的确保，以及人生幸福与价值的实现。这一理想的精神实质在于把每个生命本身当作目的。在更高的层次上，它追求的是世界各民族的大同，甚至是人与宇宙共生共长、相辅相成、和谐发展。这一切，也许可用"保合太和""各尽其性"八个字来概括。

现在我们可以根据早先所说的、文化最高理想赖以成立的若干条件来讨论：这里所提出来的内容，是否有资格成为中国文化的最高理想？比如，它是不是自明的、人人都能接受或无法否认的？它是否可看成一种普世价值，不受国别、种族、宗教界限等的限制？它是否对所有行业、所有阶层的人同样有效？它是否有利于中华民族与其他民族通向进步，良性竞争而不是"争强斗狠"，从而有利于中华民族永久自立于世界民族之林，有利于世界的和平和进步？它是否可算是最高层次的文化理想，从而与其他类型的价值（如主流价值、核心价值、人性价值等）相区分，还有没有比它更高的文化理想？

我想再次强调的是：这里所提的文化理想不仅对一切批判开放，更重要的是，它仅代表思考问题的一种方法、一种视角，而不是一个现成的、随时可以套用的结论。

我们可以把西方文明18世纪以来的文化价值理想如自由、民主、人权等拿来与这里提出的文化理想相比较，看看哪一个更有资格成为人类文化的最高理想。我相信民主、自由、人权等价值，但决不认为它们可成为人类文化（当然包括中国文化）的最高理想，尽管它们与我所提的文化最高理想有相通之处。这一点，从本书后面各章的论述中应该可以得出。

相比之下，本章所提中国文化的最高理想有其独特的优势：如果以之为标准来开展世界各民族之间的竞争，那么世界各民族之间竞争的内容将不是政治力量、军事力量或综合国力，而是在文明、进步的程度上互相竞争；一个能使更多的人获得个性的发展、人格的提升、尊严的确保、自由和价值的实现的民族，将是更进步的民族；一个靠强力招摇于世、对内压制人性发展、对外炫耀武力的民族，就属于野蛮的一类。由此出发，一切文化霸权主义将无所遁形。

上述所谓中国文化理想，看似有点自由主义色彩，不过在中国古代思想史上，可以找到大量支持它的资源。

例如，《中庸》中讲"成己成物"和"尽其性"，与我们今天所说的人性潜能的充分发挥、人格的健康与人的全面发展理想是完全一致的。《周易·象传》中的"乾道变化，各正性命"，《系辞》中的"生生之谓易"，其道理也与我们今天所说的人性健全发展的目标完全一致。

又如，《礼运》中的"大同社会"，实指一个完全实现公平和正义后的社会理想。所谓"选贤与能，讲信修睦，故人不独亲其亲，不独子其子，使老有所终，壮有所用，幼有所长，矜寡孤独废疾者，皆有所养"，与前面所讲的中国文化最高理想是完全一致的。

再如，《周易·象传》讲"保合太和"，《中庸》主张"致中和""与天地参"，可以说正是前面所说的各民族的大同，人与宇宙共生共长、相辅相成与和谐发展理想的古典表述。

究竟什么是上述文化理想背后的来源也许并不重要，因为我们试图站在人性这个简单的平台上，来寻找衡量人类不同文化进步、好坏、优劣的共同尺度。

人们也许会问：一个国家，如果不能在经济上富足，在国际事务中展现政治军事实力，只是一味追求本篇所说的文化最高理想，岂不是纸上谈兵？况且文化理想的实现需要一定的客观条件来保证。我不反对这一说法，但是本篇所谈的是文化理想，不是政治理想、军事理想或经济理想，更不反对人们追求政治理想、经济理想或军事理想，只是我们认为文化理想应当居于更高的层次，对后者有指导作用。例如，政治地位的提升不能被用来追逐霸权，军事实力的提升不是为了征服或欺压，经济实力的增强不能以剥削别国为前提，等等。一个政治家希望中国成为一个政治大国、经济富国或军事强国是可以理解的，但是一个民族的最高文化理想应该受更高级的文明理念支配。

文化理想的重建是国人精神信仰建设的一个重要组成部分。不过文化理想只是社会精神信仰系统中的一部分，而非全部。一个社会的精神价值系统至少包括如下若干方面：

1.文化最高理想。

2.社会主流价值。它包括在一个社会中占统治地位的一系列道德价值与行为规范。比如传统中国社会的主流价值有仁、义、礼、忠、信、孝等，古代雅典城邦的主流价值据柏拉图等人总结为正义、勇敢、大度、节制等，现代欧美社会的主流价值有自由、人权、平等、博爱、民主、法治等。

3.宗教价值系统。任何一种宗教都会提供一套价值系统，并通过信仰的方式来体现。宗教价值有时与社会主流价值相互促进，比如很多宗教教人为善，从而与社会主流价值一致。宗教是迄今为止人类多数民族精神生活中最主要的组成部分。它的不可替代的作用之一是通过系统、专门的训练渗透到人们生活的每一个细节中。它还有一个独特的特点，就是超越性，即通过彼岸或永恒来帮助人们实现灵魂的终极转化和拯救。

在上述三个方面中，本章所探讨的是第一方面。与社会主流价值相比，文化最高理想有两点不同：如果说社会主流价值是多种多样的，那么文化最高理想则是"唯一的"；如果说社会主流价值是普通层次的，那么文化最高理想则是"最高层次的"。与宗教价值相比，文化最高理想亦有两个特点：如果说宗教价值是彼岸的（other worldly）和超验的（transcendent），那么文化最高理想则是此岸的和世俗的；如果说宗教价值是从个人出发的，那么文化最高理想由于属于文化理想的一部分，所以是从文化出发的，带有为文化指明方向的性质。文化最高理想不同于宗教理想，尽管二者都可能从普世主义角度提出自身的价值。这是因为文化最高理想不是由某种宗教组织提出来的，它是全社会所有公民的价值观。只有全民信教的民族，才会把他们所信的宗教的终极价值，当作本民族的最高文化理想，并从宗教来规范本民族的主流价值。对于这样的民族来说，上述三个方面的文化价值系统就合而为一了。对于多数国家或民族来说，上述三个方面的价值系统是相互区分并有层次之分的，其中文化最高理想对其他两个方面的社会价值起规范和指导作用。无论是社会主流价值的形成，还是宗教等社会空间的理性化与自治，都可以在文化最高理想的指导下进行。

附：文化与文明

现代语言中的"文化"来源于拉丁文*colore*一词，本义耕种、栽培等（在教会中则指崇拜），后延伸为个人心灵和涵养由学习而获得的进步，即涵养、教养之义。这一含义在现代汉语中也存在（比如"文化素养"一词）。一般认为，"文化"一词的现代含义是人类学家爱德华·泰勒（Edward Tylor，1832—1917）于1871年创立的，指一个社会知识、信仰、艺术、道德、法律、风俗乃至技能等等的复合体。① "文化"是一个现代术语。这可从现代"文化"定义直到1871年才形成这一事实得到说明。克鲁伯（Alfred Louis Kroeber，1876—1960）、克鲁克洪（Clyde Kluckhohn，1905—1960）一共搜罗到164种不同的"文化"定义，其中157种均发生于1920—1950这30年间。②

史密斯（Philip D. Smith，1964—）概括了"文化"的三层含义：智识、精神和审美能力的进步；各种文艺活动及其产物，如电影、艺术、戏剧等；民族、群体或社会作为一个整体的生活、活动、信仰和习俗。③克鲁伯、克鲁克洪所编《文化：关于概念和定义的检讨》一书对"文化"一词的来源及演变作了最为系统而全面的考察，他们在归纳"文化"的各种不同的定义时，发现了如下一些"文化"关键词：（1）罗列条目（如泰勒的定义）；（2）"传统或遗产"；（3）"习得"；（4）"自我调节手段"；（5）"生活规则或方式"；（6）"模式化行为"(patterning)；（7）"习惯或习俗"；等等。这些非常有助于我们认识文化的特征。④

大抵来说，文化人类学家倾向于把文化当作一群人（一个种族或民族）的生活方式。例如林顿（Ralph Linton，1893—1953）说，文化就是"任何社会的整体生活方式"⑤；克鲁克洪说，文化就是"某个人类群体独特的生活方式，他们整套的'生存式样'"⑥；赫斯科维茨（Melville Jean Herskovits，1895—1963）说，"文

---

① Alfred Louis Kroeber and Clyde Kluckhohn, *Culture: A Critical Review of Concepts and Definitions* (Cambridge, Mass: The Museum, 1952), 9–11；［英］爱德华·泰勒：《原始文化：神话、哲学、宗教、语言、艺术和习俗发展之研究》，连树声译，谢继胜、尹虎彬、姜德顺校，广西师范大学出版社2005年版，第1页。

② Kroeber and Kluckhohn, *Culture: A Critical Review of Concepts and Definitions*, 149–150.

③ Philip Smith：《文化理论的面貌》，林宗德译，（台湾）韦伯文化国际出版有限公司2004年版，第1—2页。

④ Kroeber and Kluckhohn, *Culture: A Critical Review of Concepts and Definitions*, 150, ref. 41–71.

⑤ ［美］拉尔夫·林顿：《人格的文化背景：文化、社会与个体关系之研究》，于闽梅、陈学晶译，广西师范大学出版社2007年版，第20、28页。

⑥ ［美］克莱德·克鲁克洪等：《文化与个人》，高佳、何红、何维凌译，浙江人民出版社1986年版，第4页。

化就是一群人的生活方式"[1]。

文化的形成可能与长久的历史积淀有关，因而，它的特征不会轻易被改变。这是因为文化包含某种特定的思维方式、心理结构、价值观念等，而一个社会的制度结构、社会整合方式等往往是建筑在这些深层的思维——心理结构之上的，后者具有十分顽固的历史连贯性。本尼迪克特（Ruth Benedict，1887—1948）认为文化内部有一种"无意识选择原则"，把大量的行为转化为某种一致的模式。[2]克鲁克洪则认为可将文化区分为显型（overt）与隐型（covert）两个层面，其中显型文化指人们可以有意识地把握的内容，隐型文化则是人们通常察觉不到的背景性观念，由一系列无意识的文化预设构成。[3]

我在使用"文化"一词时接受了上述"文化"观点，并认为文化作为人们在其群体生活中历史地形成的特定生活方式，当它在大范围内部整合成熟时，就可能变成一种"文明"。因此，"文化"无疑是"文明"的基石，没有"文化"，就不可能有"文明"。但并不是每个"文化"都会演变成"文明"，只有精致、发达、成熟、有较大影响力的"文化实体"才可能成为"文明"。[4]亨廷顿（Samuel P.Huntington，1927—2008）将"文明"理解为"最广泛意义上的文化实体"，并从较大的文化圈出发来将人类历史上和现在的"文明"归纳为若干个。他所说的"文化"，也指人们整个的生活方式，包括价值、规范、制度以及思维方式，血缘、语言、宗教、生活方式等等均是它的构成要素。[5]

本书在接近于亨廷顿的意义上使用"文明"一词（尽管我并不完全同意他有关文明冲突的观点），把文明当作高级、发达、成熟而完整的文化实体，在相当广大的区域里发生影响力，而不局限于种族和国界。比如我们不称伊朗社会（作为一个

---

① Melville Jean Herskovits, *Man and His Works: The Science of Cultural Anthropology* (New York: Alfred A. Knopf, Inc., 1948), 29.

②［美］露丝·本尼迪克：《文化模式》，何锡章、黄欢译，梦觉、鲁奇校，华夏出版社1987年版，第37页。

③参见［美］克莱德·克鲁克洪等：《文化与个人》，高佳、何红、何维凌译，第3—34页。

④有关文明概念的含义及其与文化概念之间的异同，参见Kroeber and Kluckhohn, *Culture: A Critical Review of Concepts and Definitions*, 11—18；陈序经：《文化学概观》，中国人民大学出版社2005版，第28—42页。陈序经先生亦对"文化"一词在西方语境中的复杂含义作过较为系统的考察，参见《文化学概观》，第16—53页。

⑤Samuel P. Huntington, *The Clash of Civilizations and the Remaking of World Order*(New York: Simon & Schuster Inc., 1996), 40–48。

文化实体）为"伊朗文明"，而认为伊朗是整个伊斯兰文明的一部分。同样，我也不主张日本或韩国现代社会代表一个独立的文明，而倾向于认为一个不同于西方现代文明的东亚现代文明是可能的。①此外，我主张一个可以称为"文明"的文化实体，必定在核心及主流价值、制度架构、社会整合方式、宗教及精神传统等方面会表现出自身的"独特性"。这也正是它能在相当广泛的范围内发生持久影响力的原因所在。正如历史所多次见证过的那样，文明作为大的文化实体，其形成、兴起和衰落往往经历较长的时段，而这些过程不仅与外部的影响（包括其他文明及自然环境等因素）有关，也与文明内部的矛盾和冲突有关。每一个文明都是矛盾的复合体，充满了深刻而剧烈的对立、斗争和融合过程，并在这一过程中前进或倒退、兴起或衰落。

---

① 尽管杜维明等人已经在一个区分于西方的意义上使用"东亚现代文明"或"儒教东亚（文明或现代性）"等一些类似的词汇，但正如我在本书中所提到的那样，今日东亚社会并没有在核心和主流价值、制度架构、社会整合方式等重要方面真正从西方的影响下自觉地走出来，而是在一种激烈的东西方矛盾、紧张、对立的痛苦中彷徨四顾，找不到出路。因此，一种理想意义上的东亚现代文明或现代儒教文明并未诞生。杜的观点参见Tu,Weiming, Milan Hrjtmanek, and Alan Wanhman eds., preface to *The Confucian World Observed: A Contemporary Discussion of Confucian Humanism in East Asia*(Honolulu: University of Hawaii Press, 1992), 1–13; Tu Weiming, "Implications of the Rise of 'Confucian' East Asia," *Daedalus:Journal of the American Academy of Arts and Sciences* 129, no.1(2000): 195–218；等等。

第一章　从多元现代性到中国现代性

2000年，美国人文科学院杂志*Daedalus*在冬季号的第一期上设立了一个『多元现代性』专号，发表了多篇从非西方视野看现代性的论文。这个专号说明，越来越多的有识之士认识到现代性不可能只有西方一种模式，人类文明的多样化、多极化已日益成为广泛共识。对于非西方国家来说，多元现代性带来的真正挑战是，如何结合自身的传统，根据自身的处境创造本国或本民族的核心价值作出重估。对中国人来说，中国现代性的独特性、意义和道路何在，已经困扰了我们一个多世纪，至今莫衷一是，争论不休。必须说明的是，多元现代性范式不是强调民族特殊性，而是强调不同文化之间碰撞、交融、解休以及重构的过程。本章先梳理多元现代性的各种研究，然后分析多元现代性范式（paradigm）比必须先有各民族共享的底色——『现代性』，才谈得上『多元』，这是多元现代性范式（paradigm）比亨廷顿文明冲突范式优越的地方。本章先梳理多元现代性的各种研究，然后分析John Clammer、杜维明等人关于东亚现代性的研究，并在此基础上讨论中国现代性建设所面临的挑战。

一、从文明冲突论到多元现代性

　　1993年，美国哈佛大学政治学教授亨廷顿在《外交事务》夏季号上发表了一篇以"文明的冲突？"为题的论文，立即在美国乃至世界各地激起了强烈反响和广泛讨论。三年间讨论之多超过了该杂志过去半个世纪以来其他任何文章所引起的讨论。因此，作者不仅在美国各地参加了不计其数的讨论会，还应邀到到阿根廷、比利时、中国、法国、德国、英国、韩国、日本、卢森堡、俄罗斯、沙特阿拉伯、新加坡、南非、西班牙、瑞典、瑞士等十数个国家讨论该论文主题。[1]此后作者将论文内容扩充成《文明的冲突与世界秩序的重建》一书并于1996年正式出版。在书中，作者表达了这样的基本思想，即冷战结束后世界的格局发生了或正发生着重大调整，其基本特点是不再像冷战期间从意识形态出发划分阵营，而是呈现多极化（multipolar）或文明多样化（multicivilizational）趋势；各国将以文化的亲近性为基准划分成不同的阵营，并形成以西方、中国、印度、日本、伊斯兰、东正教、佛教、拉丁美洲、非洲等为代表的几大文明，未来世界冲突的首要来源也可能来自于这几大文明圈。

　　亨廷顿对西方文明代表普世文明的说法持强烈批判态度，认为视西方文明为最高级、最进步、最文明的思想乃是西方人"一厢情愿"的想法[2]，把西方文明包括西方的价值、制度和文化强加于其他文明，是"不道义"的[3]。该书对于西方文明的未来特别是在冷战结束后发生的衰落表现了深刻的担忧，同时对中国的兴起和伊斯兰世界的反动表现了特殊的关注。作者认为，鉴于人类世界已进入多极化发展或者说文明多样化的特殊时期，没有任何一种文明有理由宣称自己代表普世价值。他说：

　　　　文化和文明的多样性向西方人特别是美国人具有的、西方文化有普遍意义的信念提出了挑战。……在一个出现了种族冲突和文明碰撞的世界里，西方人

---

① Samuel P. Hunting ton, *The Clash of Civilizations and the Remaking of World Order*, 13–14.
② 他说，"所谓存在'普世文明'是西方人的一个观念，这一观念与绝大多数亚洲社会的特殊主义以及他们对不同人群之间相互区别的重视相悖"［Samuel P. Huntington, "The Clash of Civilizations?" *Foreign Affairs* 72, no.3 (1993): 41］。
③ Samuel P. Huntington, *The Clash of Civilizations and the Remaking of World Order*, 310.

对于西方文化普世性的信念遭遇到三个问题：错误、不道义（immoral）和危险。[1]

西方文明有价值不是因为它是普世的，而是因为它是独特的。因此，西方领导人的主要责任不是用西方的样子来重塑其他文明（这超出了一个正在衰落的力量的能力范围），而是去保存、保护和更新西方文明的独特性质。[2]

他指出，那些体现西方特征的东西，如个人主义、自由主义、立宪制、人权、平等、自由、法治、民主、自由市场、政教分离等等，均来源于西方特定的历史传统，在亚洲文化及其他文化中未必能找到共鸣，而其他文化也不一定非要向这些西方的价值、制度及文化学习；[3]相反，"西方人传播这些观念的努力导致了反对'人权帝国主义'的反应和对本土价值的重申"[4]。他甚至赞扬新加坡政府所倡导的一系列与西方文明的个人主义和自由主义相反的儒教价值，是保存自身文明特殊性的合理努力，值得美国政府效法。[5]他还引用"中体西用"这一说法强调，现代化不等于西方化，非西方国家面对西方文明的强势，不一定要采取全盘拒绝或全盘接受的态度，而应该在保持自身价值和传统的基础上发展现代科技、经济和军事。[6]

亨廷顿的论述，显然极大地凸显了文化在21世纪全球事务上的重要性。"在这个新的世界上，冲突的基本来源将主要不是意识形态的或经济的。人类最大的划分或最主要的冲突来源将是文化的"[7]。尽管许多人不同意以文化为基准划分世界阵营的说法，但是"文明冲突论"在全世界产生那么大的影响这一事实本身，就充分说明意识形态的力量不如文化强大。一个多世纪以来，人们在意识形态的斗争中付出了无比沉重的代价。这些斗争以各种政治变革、政治运动或政治清算的方式进行，导致多少颗人头为之落地，多少热血因之流干，多少个青春被它耗尽……今天，当革命时代结束，我们回过头发现，从长时段的历史区间来看，真正对人类历

① Samuel P. Huntington, *The Clash of Civilizations and the Remaking of World Order*, 310.
② Samuel P. Huntington, *The Clash of Civilizations and the Remaking of World Order*, 311.
③ Samuel P. Huntington, *The Clash of Civilizations and the Remaking of World Order*, 40–41, 69–72.
④ Samuel P. Huntington, *The Clash of Civilizations and the Remaking of World Order*, 40–41.
⑤ Samuel P. Huntington, *The Clash of Civilizations and the Remaking of World Order*, 318–320.
⑥ Samuel P. Huntington, *The Clash of Civilizations and the Remaking of World Order*, 41–42, 72–78.
⑦ Samuel P. Huntington, *The Clash of Civilizations and the Remaking of World Order*, 22.

史进程有实质性影响的东西还是文化，而非政治或意识形态。当然，这并不是说政治、意识形态与文化无关（许多政治或意识形态运动由文化背景而兴起），但二者的区别也显而易见。意识形态代表指导原理，文化代表生活方式；意识形态是暂时的，文化是持久的。

然而，亨廷顿的观点也有若干明显缺憾。

其一，亨廷顿主要注意到人类各文明之间的异质性，以及由这种异质性所可能引发的冲突，而忽略了任何文明都不是铁板一块，而是在不断变化着的事实。无论是西方文明还是中国文明或其他所有重要的文明，都经历了巨大的变化。何况在今天这样一个全球化时代，交通空前便利，交流空前频繁，各国之间的相互需要也空前深刻。另一个重大的事实是，几乎所有的非西方社会都面临着如何在西方文明的强大势力前选择和调整的问题。正如亨廷顿自己所说的，他们不得不在拒绝、接受或有选择地接受三者之间做出选择。而选择一旦发生，一个文明究竟还能不能保持自身的同一性是很难说的，未必像亨廷顿所认为的那样，非西方文明只是在学习西方文明的过程中本质不变。正如亨廷顿自己所指出的那样，今日西方文明的主要来源有古希腊哲学、罗马政治与法律传统、基督教、文艺复兴等一系列因素，这些因素没有一样不使西方文明的性质发生了深刻的变化。很难说西方文明在这些因素发生前后就有固定不变的本质。亨廷顿强调了不同文明的异质性、不相通性，而忽视了文明的流变性和共通性，尤其在今天这样的时代，多数文明正在发生的变迁都是极其深刻的，甚至可能是史无前例的。这些变化究竟去向何方，变迁后是否仍与西方文明异质，恐需认真探讨。

其二，对于非西方世界来说，与其说21世纪面临的主要挑战是不同文明或文化之间的冲突，还不如说是如何在西方文明的超强势面前寻找现代性。亨廷顿"世界多极化"或"文明多样化"的说法诚然正确，但是并没有切中非西方社会如何现代化这一要害。后者对它们来说才真正具有生死存亡的意义。一个多世纪以来，多数非西方社会都在极其痛苦地追求自己的现代性，有的甚至付出了惨重的代价，其中最艰难、最危险、最具有挑战性的议题就是如何在保持本土文化传统的基础上实现现代化。中国鸦片战争后从洋务运动、戊戌维新、辛亥革命、五四运动直到改革开放的艰难历程，就是最好的例子。因为在现代化的冲击面前，传统社会结构几乎遭遇了灭顶之灾，所有的非西方社会都同样经历着工业化和现代化所带来的社会结构的脱胎换骨，与此对应，政体、法律、教育、经济及生活方式也发生了深刻的变迁，与以前相比几乎面目全非。亨廷顿由于主要关心"为西方文明找出路"这一议题，对于非西方文明的出路，只是简单地认为非西方社会在接受西方现代性的时候，应当主要学习西方的科技和经济，同时保持自己的价值、传统和文化。而实际情况绝不是如亨廷顿所说的"传统文化加西方科技和经济"那么简单，许多非西方社会在社会结构彻底变迁、新的文化价值蜂拥而至的情况下，传统价值遭到了激烈批判，对一些西方价值的崇拜无以复加，结果是许多非西方社会因为难以在短期内自我调适、彻底重建，出现了剧烈的动荡，数十年甚至上百年间难以恢复正常，其深层原因需要进一步思考。

其三，亨廷顿对于西方文明非普世文明以及所谓文明多样化的论述，基本上是基于西方文化在非西方社会传播中所遭遇的反对来立论，而没有或很少从理论的角度来回答一些被公认为普世价值的西方价值如人权、民主、平等、自由、法治等之类，为何不能为非西方社会所接受。比如福山（Francis Fukuyama）认为自由民主制有普世价值，是因为他认为只有这种制度才能最大限度地满足所有人的尊严需要。[1]亨廷顿在书中几次批评福山的观点，但只是指出福山的观点过于乐观，而未从正面回应福山的立论基础。[2]事实上，我们早已习惯了"民主可以让人民当家作主""法治才能防止腐败和极权""自由人权代表人类基本需求且能确保人的尊严"等一系列说法。如果说这些东西就是西方的，非西方文化不一定要接受它们，必须给出充分的理论根据。在今日之日本、韩国等很多非西方社会中，上述的西方价值和文化思潮方兴未艾，受主流话语广泛推崇，尽管这些非西方社会引进和实践西方价值的过程也给他们带来了巨大痛苦和混乱。如何在结合传统价值的基础上，创造性地吸收西方文化、价值、制度，才是它们真正要面对的课题。因此，非西方文化在现代化的冲击下如何选择，绝不是"不能机械模仿西方""不能把西方文化强加于人"这一两句话所能回答得了的。

对于亨廷顿来说，忽视这些问题是自然而然的。因为他所关心的并不是非西方社会如何重塑现代性的问题，而是西方文明在新的世界格局下如何捍卫自身的问题，所以他的首要议题是世界政治问题。我认为亨廷顿思想最大的启发至少有两点：一是从新的角度让我们认识了文化的重要性；二是对当代世界以多极化发展或文明多样化为主轴这一大势的判断。但是他的不足在于无法回答非西方社会如何重建现代性的紧迫问题，也无法回答在这些社会内部一系列冲突的根源（并不完全是西方与非西方冲突）。这说明了"文明冲突范式"的局限性。2000年，美国人文科

---

[1] Francis Fukuyama, *The End of History and the Last Man*(London:Penguin Books, 1992).该书目前国内有若干中译本。

[2] Samuel P. Huntington,*The Clash of Civilizations and the Remaking of World Order*, 31, 66–67.

学院杂志*Daedalus*冬季号第一期设立了一个"多元现代性"（mutiple modernities）专号，刊登了多篇从非西方视野看现代性的论文。其中好几篇讨论了伊斯兰教和中东地区的现代性问题，一篇讨论了印度的现代性与政治，一篇以苏联等为例讨论了共产主义与现代性的关系，一篇讨论了美国现代性从独立革命到国内战争期间的样式，杜维明有一篇讨论了儒教东亚兴起的意义，还有一篇讨论了跨国移民运动与多元现代性的关系。这个专号也许可以看作当代西方社会科学界一个非常重要的公共事件。[①]因为虽然此前已有不少有关多元现代性的论著，但是明确地把"多元现代性"当作一个具有全球意义的焦点话题，似乎还是第一次。从此，"多元现代性"一词在社会科学界被广泛采用，随之出现了一些较大的研究课题。在有关的学术会议、研讨班及书籍里也常使用这一术语。[②]

多元现代性视角提出了与亨廷顿的文明冲突说不同的思考方向，即：现代世界的多极化发展或文明的多样化与历史上任何时期均有本质不同，因为这一过程绝不是像过去那样将不同的文明或社会完全分开。相反，在一个全球化时代，所有文明之间的联系空前地加强了，所有的文化或社会都必须接受现代化这一共同使命。因此，世界的多极化和文明的多样化同时意味着一个贯穿所有文化和社会的共同纽

---

① "Multiple Modernities." *Daedalus:Journal of the American Academy of Arts and Sciences* 129, no.1(2000).

② 此据Dominic Sachsenmaier, Jens Riedel, and Shmuel N. Eisenstadt, eds., "The Context of the Multiple Modernities Paradigm," in *Reflections on Multiple Modernities: European, Chinese, and Other Interpretations (Leiden: Brill, 2002)*, 1–23. 据艾森斯塔德等人介绍，迄今为止在多元现代性研究方面较有代表性的论著有：*Daedalus* 2000年冬季号之"多元现代性"专号（"Multiple Modernities," special issue, *Daedalus: Journal of the American Academy of Arts and Sciences*.）；艾森斯塔德专著《比较文明与多元现代性》[S. N. Eisenstadt, *Comparative Civilizations and Multiple Modernities* (Leiden: Brill, 2003)]；Dominic Sachsenmaier , Jens Riedel和Shmuel N. Eisenstadt三人合编的论文集《多元现代性反思：欧洲的、中国的及其他的解释》(*Reflections on Multiple Modernities: European, Chinese, and Other Interpretations*)；Mike Featherstone , Scott Lash 及 Roland Robertson合编的论文集《全球的现代性》[*Global Modernities* (London: Sage Publications, 1995)]；Peter J. Taylor的专著《现代性：历史地理的解释》[*Modernities: A Geohistorical Interpretation* (Cambridge, England: Polity Press, 1999)]。其他还有如，宗教与多元现代性：Robert Hefner的论文《多元现代性：全球化时代的基督教、伊斯兰教和印度教》["Multiple Modernities: Christianity, Islam, and Hinduism in a Globalizing Age," *Annual Review of Anthropology* 27 (1998): 83–104]；对北美与拉美现代性的比较分析：Luis Roniger 与Carlos H. Waisman合著的《全球性与多元现代性：北美与拉丁美洲的比较视野》[*Globality and Muitiple Modernities: Comparative North American and Latin American Perspectives* (Portland: Sussex Academic Press, 2002)]；等等。国内近年来也有不少介绍艾森斯塔德等人研究的文章在期刊杂志上发表。

带顽强有力和史无前例地建立起来，这个纽带就是现代性。多元现代性这个话题至少直接面对和试图回答亨廷顿文明冲突论所未探讨，却又是所有社会无法回避的重大问题：非西方社会如何在西方压力面前建设自身的现代性。换言之，亨廷顿显然没有探讨，在全球化和现代化的洪流中，为何非西方社会一方面追求自身的identity，另一方面又不得不面对向民主、自由、人权、法治等西方价值看齐的内部压力。亨廷顿一再强调文明之间的差异，而没有关心上述对所有非西方社会至关重要的问题。正如艾森斯塔德等人所指出的[1]，"历史终结"和"文明冲突"这两种观点分别代表了两个相反的极端：一个是（西方）文明普遍主义，一个是文化特殊主义。多元现代性研究范式则不然，它一方面充分重视现代世界多极化或文化多样化的事实，另一方面又注意到这些多样性是在一个共同的基础即现代性的基础上形成的，并致力于探讨这一既有多样性又有统一性、既独立发展又相互依赖的现代世界格局是如何形成的。因此，它假定了人类社会在21世纪的主要任务，不仅要保存和发挥自身的特殊性，而且要在建设自身现代性的过程中共同发展。这个问题显然是亨廷顿所没有注意到的。亨廷顿由于受自身研究话题的限制，并没有关注非西方社会如何面对现代化对它们所造成的巨大困境，而多元现代性范式则直接面对此问题。对于非西方社会来说，"多元现代性"范式相比亨廷顿的"文明冲突"范式的优越性在于，它既认识到当代不同文明同中有异，也注意到把它们串连到一起的异中有同。

讨论"多元现代性"之前，先整理一下"现代性"一词的含义：

今按[2]："现代性"（modernity）一词从拉丁文 *modus* 演变而来，英语中"modern"一词首次有记载的使用见于1585年；"modernity"一词首次有记载的使用见于1627年，指"现代的性质或特征"（quality or character of being modern）。《牛津英语词典》及《韦伯斯特词典》中"modern"意指"当前或现代的特征，与遥远过去相区别"。Modern 与 contemporary 不同，后者指"当前的时代或时期"。雷蒙德·威廉斯（Raymond William）指出，modern 和 modernize 较早期带有贬义，指某种合理性有待证明的变化；一直到19和20世纪，这一概念才有了褒义，指改进或有效。相比之下，contemporary 则是一个中性词。"现代性"的拉

---

① Sachsenmaier, Riedel, and Eisenstadt, "The Context of the Multiple Modernities Paradigm," 1–23.
② Anthoy D. King, "The Times and Spaces of Modernity (or Who Needs Postmodernism)," in *Global Modernities*, ed. Mike Featherstone, Scott Lash, and Roland Robertson (London: Sage Publications, 1995), 108–109.

丁文原型*modus*是"衡量"（measure）的意思。Anthoy D. King说，这让人想起另外两个单词：英语词modish（fashional）和法语词*á la mode*。无论是"衡量"，还是"时髦"，"现代的"作为一个褒义词，都有"值得他人效仿、是衡量标准"的含义。

戈兰·瑟伯恩（Göran Therborn）指出①，"现代性"绝不是一个中性词。18世纪以来，在欧洲，它代表时间之流中的进化。具体来说，"现代性"包含着传统与现代的区别，进步、进展、发展、解放、增长、积聚、启蒙、改良、前卫、世俗化等是现代性的关键词，从而与传统的智慧、美、荣誉等一些价值迥然不同。他进一步指出，现代性应当被理解为一种特定的历史现象，诞生于18世纪后半叶的西欧，早期先锋则有弗兰西斯·培根（Francis Bacon）于1605年提出的有关学术进步的观点以及17世纪后期法国的文艺运动。商业的快速增长、工业的兴起、科学的进步、法国大革命无疑是促使现代性诞生的决定性因素。文艺复兴和宗教改革也是那个黄金时代（即现代性兴起的时代）的一面镜子。

吉登斯（Anthoy Giddens）将现代性理解为"欧洲封建时期之后首先建立起来的制度和行为方式"，认为"现代性可以粗略地理解为与'工业化世界'相等同"，其中包括"物质力量和机器广泛应用在生产过程中所体现出来的社会关系（这是现代性的制度轴心）"，以及"资本主义"——作为"一种商品生产系统，既包括竞争性的产品市场，也包括劳动力的商品化"，还有"民族国家"等现代性制造出来的"特定的社会形式"。与韦伯（Max Weber）从工具理性及新教伦理的角度分析现代性，杜尔凯姆（Émile Durkheim，1858—1917）从"有机整合"（organic solidarity）与"机械整合"（mechanic solidarity）的区分来分析现代性，哈贝马斯（Jürgen Habermas，1929—）从"生活世界的殖民化"来分析现代性等不同，吉登斯主要从空间与时间相分离、"非嵌入性机制"（disembedding mechanism）、专家知识操控一切所带来的信用问题等方面来概括现代性的特点。②

Peter J. Taylor倾向于从更加宽泛的角度来使用"现代性"一词，把现代性作为一个"雨伞术语"，用来指生活在现代社会中的状态。它囊括了许多经验。这一理解强调了现代社会中人的生活经验，也很有意义。他说，"无论'现代'的后缀是

---

① Göran Therborn, *European Modernity and Beyond: The Trajectory of European Societies*, 1945–2000 (London: Sage Publications, 1995), 4.

② Anthony Giddens, *Modernity and Self-Identity: Self and Society in the Late Modern Age* (Cambridge, England: Polity Press, 1991), 14–21.

'性'（现代性）、'主义'（现代主义）还是'化'（现代化），都无法隐藏它们赖以建立的共同经验。我将把现代性当作一个雨伞术语，以涵盖所有这些后缀所代表的经验，指生活在现代社会中的状态。这里所强调的是'在社会中'（on society），但现代性的含义在范围上并不限于社会，而是代表一个社会的决定性特征。"①

　　综上所述，我想大体可以认为，"现代性"的本义指现代社会的性质或特征，广义上包括生活在现代社会的一切经验。但对于究竟什么是"现代社会"也仍然是个争论不休的话题。今天，多数理论家倾向于把现代社会理解为欧洲封建时期以后，特别是工业革命以来所诞生的、与人类历史上所有其他社会均有所不同的新型社会形态，其中包括工业化、市场经济、现代科技、公民社会等成分，还有人认为应包括资本主义、民主、法治、人权等因素。19世纪以来，随着卡尔·马克思、马克斯·韦伯、杜尔凯姆等人的理论努力，人们对现代性的含义——现代社会的特征——的认识大大加深了。20世纪中叶以后的社会理论家如帕森斯（Talcott Parsons）、哈贝马斯、吉登斯、福科、布迪厄（Pierre Bourdieu）等人无疑进一步推进了对现代性含义的理解。然而，所有这些有价值的现代性研究，均基于西方现代社会而言。非西方有无"现代社会"呢？如果有的话，是不是完全以西方为标准的呢？

二、现代性是多元的？

　　艾森斯塔德②是目前倡导多元现代性最活跃的人物之一。他意识到文化对塑造

---

① Peter J Taylor, *Modernities: A Geohistorical Interpretation*(Cambridge, England: Polity Press, 1999), 15.
② 中文又译"艾森斯塔特""艾森施塔特"等。其多元现代性论著参见 Eisenstadt, *Comparative Civilizations and Multiple Modernities,* Eisenstadt, "Multiple Modernites," *Daedalus:Journal of the American Academy of Arts and Sciences* 129, no.1(2000):1–29; Eisenstadt, "Some Observations on Multiple Modernities," in *Reflections on Multiple Modernities: European, Chinese and Other Interpretations*, 27–41; Shmuel N.Eisenstadt, "Multiple Modernities in an Age of Globalization," *Canadian Journal of Sociology* 24, no. 2 (1999): 283–295. 其中文译著可参见：［以］S.N.艾森斯塔德：《现代化：抗拒与变迁》，张旅平、沈原、陈育国等译，中国人民大学出版社1988年版；［以］S.N.艾森斯塔特：《反思现代性》，旷新年、王爱松译，生活·读书·新知三联书店2006年版；［以］S.N.艾森斯塔特：《日本文明——一个比较的视角》，王晓山、戴茸译，商务印书馆2008年版。

现代性的作用，重视当今世界国际政治、经济舞台上霸权中心的不断转移对现代性的影响，对中国、日本等为代表的东亚现代性也相当关注。Peter J.Taylor认为现代性并不是什么超越具体时空的超验存在，一旦脱离具体的背景就无法理解它的真实含义。杜维明主张只有超越传统/现代、西方/非西方、全球/地方等一些二分式思维方式，才能真正理解世界各地的现代性。Göran Therborn提出了现代性路径的多样性问题（plurality of routes to and through modernity），即欧洲、北美、日本、殖民地走向现代性的路径并不相同，代表了四种典型。也有不少有关多元现代性的个案研究，比如Stanley J. Tambiah对于世界范围内的人口流动与现代性关系的研究，Mark Juergensmeyer、Dominic Sachsenmaier从非西方与西方世界在全球化时代的紧张关系角度对现代性的研究，Peter J. Taylor、Björn Wittrock、杜赞奇（Prasenjti Duara）对欧洲现代性或现代性观念史的研究，Robert Hefner从基督教、伊斯兰教及印度教等宗教之间关系对现代性的研究，Renato Ortiz等人对拉丁美洲现代性的研究，杜维明、金耀基等人对东亚现代性的研究，等等。

　　多元现代性问题的提出，代表当今西方社会科学界的一个重要动向。在这个动向的背后，蕴含着现代性研究范式的转换。正如有的学者所指出的[1]，20世纪社会理论中占统治地位的观点，是把"现代社会"等同于"工业社会"，认为18世纪启蒙时期所提出的社会观念，如进步、理性、自由和科学，最终在现代工业社会中得到了落实，成为现代性的普遍内涵。他们由此构造了一个"传统/农业社会"与"现代/工业社会"的二元对立。这种普遍主义的现代性观念，今天在社会理论界遭遇到越来越强烈的反对。人们认为，各国的国情不同，文化与社会政治状况等方面的重要差异，西方现代性自身内在的问题，以及当代许多非西方国家对西方世界的排斥态度和民族主义等一系列因素都决定了现代性不可能永远保持与它的源头即西方形态一致。因此，把现代化或全球化等同于西方化是完全错误的。艾森斯塔德说：

　　　　多元现代性观点认为，理解现代世界，事实上也是解释"现代性的历史"的最佳途径，就是把它看作一个现代性的文化纲领和文化样式以多样性的方式不断建构和重构的故事。[2]

---

① Peter J. Taylor, *Modernities:A Geohistorical Interpretation*, 19—20.
② Eisenstadt, "Some Observations on Multiple Modernities," 27.

"多元现代性"一词的最重要含义之一就是，现代性不等于西方化。西方现代性模式并不代表现代性的唯一面目，尽管它具有历史的优先性，并且相对于其他现代性来说继续有基本参照作用。[1]

按照他的思路，我们可以把现代性比作一条河流。这条从西方发源的河流在流向其他广大地区的时候，不得不随着地形、地貌、土质、生态、气候等一系列外在因素而变化。我们不能先验地预设这条河流有什么永恒不变的"本质"，而只能根据它在发展过程中所呈现出来的情况来理解其形态和含义。因为在这条河流横冲直撞的过程中，它的形态、成分、核心等都有可能发生变化。尽管这条河从其发源地到其他各地的历程有清晰的脉络可循，但是它在各地之间的表现形态不能被理解为其原始样式在各地的复制或翻版。

杜赞奇指出，在欧洲，18世纪中叶时，人们还承认有其他文明（包括印度文明、中国文明、美洲本地文明等）存在；但是从19世纪中叶开始，人们逐渐不承认人类其他文明是"文明"，而认为只有欧洲文明是真正意义上的文明，文明从复数变成了单数，认为欧洲文明代表唯一进步、优越的文明，并必将为全世界所有国家和民族所接受。这种文明观也是在欧洲现代民族国家形成的过程中形成的。这种欧洲中心主义的文明观一直到一战至二战之间才得以真正改观。其中对改变这种文明观贡献最大的两个人物是斯宾格勒和汤因比。斯宾格勒分析了西方文明的衰落，其用来描述其他文明所用的术语"文化"，正是今日多元文明观意义上的"文明"之义。[2]汤因比的文明观本书在附录中有专门分析。

一些学者指出，一直到20世纪五六十年代，卡尔·马克思、杜尔凯姆，特别是马克斯·韦伯等经典社会学家的思想仍然在社会科学界占统治地位。20世纪50年代以来，经典现代化理论认为，现代性或现代社会结构的核心就是"解闭"（decomposition），即社会动员能力日益增强，社会结构、制度和文化之间的互动和相互塑造日新月异。这些主要体现为社会结构日益分化，都市化及市场化的程度不断加深，沟通渠道及教育机构持续发展。由此促使了现代国家、民族共同体以及新型的、资本主义政治——经济的产生。结果，现代性被理解为一种塑造着特殊

[1] Eisenstadt, "Some Observations on Multiple Modernities," 27.
[2] Duara, "Civilizations and Nations in a Globalizing World," in *Reflections on Multiple Modernities*, ed. Dominic Sachsenmaier et al. (Leiden: Koninklijke Brill NV, 2002), 79–99.

类型个体人格的、独特的文化纲领。这种现代化理论的假定之一是：世俗化的理性主义世界观——包括强烈的个人主义人生观——和现代社会结构密不可分。二战以后，绝大多数社会学理论、现代化研究及工业社会研究均认为，从欧洲现代性中发展出来的制度、管理和整合方式，以及现代性的文化纲领等，将会在所有现代社会中占统治地位。①然而，这种观点正确吗？

　　Charles Taylor提出，忽略文化差异，把现代性当作来自同源同质的思想，导致陷入种族中心主义牢笼。利奥塔（Jean-Francois Lyotard）认为，西方现代性的宏大叙事对非西方文化来说简直就是暴力，是一种摧残和毁灭。越来越多的人认识到，现有的现代性定义是高度西方式的、男性的、白人的、个人取向的和非生态化的。Therborn认为现代社会发展不能被压缩成"西方及其他"这一程式。②杜维明先生指出，黑格尔、马克思及韦伯等人虽然认识到现代性的缺陷，但是仍认为现代性是"精神"的展开过程，是人类历史发展的必然规律，儒教东亚、伊斯兰教中东、印度教印度及佛教东南亚均只能接受西方现代化的历史目标，而无法对之作出实质的贡献。③在这里，文化的多样性遭到了否定，接受西方现代性成为一切民族无法抵挡的趋势。然而实际情况是，在一些西方现代思想家看来正确自明的观点，在全球视野中却只有地方性含义，而不是普遍有效的。无论在西方还是非西方，从传统到现代的过渡均未发生，传统从未消失，现代化过程被各种不同的地方文化传统所重塑。

　　其一，现代性从其发生时起，就从未有过统一不变的含义，即使在欧洲也是如此。

　　Peter Taylor认为④现代性本来就充满着内在的矛盾。这种矛盾意味着现代社会永远处在解体、重构的变动之中，一方面是秩序和混乱永恒不断地交替并存，另一方面是它提供了变动不居的社会环境，没有什么东西不会过时。这就导致那些试图在现代社会确立秩序，或把现代性固定化为若干方面的计划迟早都会过时。无论是发达国家的计划、公司集团的计划，还是苏联的计划，都是如此。事实上自从启蒙，甚至更早的16世纪以来，西方的现代性就一直在变化，并无固定不变的含

---

① Eisenstadt, et al., "The context of the multiple modernities paradigm," 3–4.
② King, Ambrose Y.C., "The emergence of alternative modernity in East Asia," in *Reflections on Multiple Modernities*, ed. Dominic Sachsenmaier et al. (Leiden: Koninklijke Brill NV,2002), 139–152.
③ Tu, "Implications of the Rise of 'Confucian' East Asia," 195–218.
④ Taylor, *Modernities:A Geohistorical Interpretation*, 16–18.

义。比如20世纪社会理论中占统治地位的观点，是把"现代社会"等同于"工业社会"，但是事实上这一观点的片面性在于：一方面忽略了前工业时期如18世纪甚至更早，也已经"进入现代"了；另一方面，20世纪70年代以来后工业社会的来临，是不是就不属于现代社会了呢？有人说这是"后现代"社会，但是如果我们发现把"现代社会"等同于"工业社会"的片面性，就会发现所谓"后现代社会"，乃至后工业社会，仍然是现代性——更准确地说，日常现代性（ordinary modernity）的一个方面。

Taylor认为[①]，欧洲的现代性从来就不止一种，从历史角度看，至少存在过三种形态，如果从早期即16世纪开始分析西方社会的发展历程的话：一是16—18世纪荷兰领导的商业现代性（mercantile modernity）；二是19世纪英国领导的工业现代性（industrial modernity）；三是20世纪美国领导的消费现代性（consumer modernity）。

上述三种现代性，之所以被作为三个不同时期的标志，是因为它们都伴随着一种霸权主义，即某个国家或政治中心向周边辐射，并影响、支配和同化其他国家和地区；而从一种现代性到另一种现代性的过渡也是霸权中心的一次转移。

Göran Therborn从路径的多样化来说明现代性的多样性。显然，他这种路径差异的观点有助于说明多元现代性形成的原因。他从历史的角度分析了四条现代性路径：

欧洲路径：在欧洲，现代化的扮演者主要是民族资产阶级。但在瑞典和俄国，工人阶级似乎起了决定作用。

"新世界"路径：否定了欧洲的政府。在新世界，即美洲，底层的大众民族主义是关键性的集体行为者。

外部威胁下的路径：自上而下的、民族主义的现代化路径，如日本和19世纪的德国。当现代化是由于来自外部的威胁时，社会变革带有防御性，且自上而下。同时，一些传统文化的象征（如日本天皇）得以保存。

殖民地路径：殖民地地区在异质文化的主导下以一些大城市为中心进行的现代化过程，其主要行动者是外国的民族主义者。

作者认为，一个民族或国家采取什么样的现代性路径，取决于这个国家或民族在世界体系中的地位，也取决于这个国家或民族的领导者。他还认为，全球的现代

①　Taylor, *Modernities:A Geohistorical Interpretation*, 31–34.

化过程是由"四处摄取"和"形成群体"这两个相反而又相成的过程构成的。前者指不断冲破旧的限制（包括国家或民族限制），后者与此相反，即确立新的集体身份和群体边界的过程。在"后民族现代化"（post-national modernization）的过程中，系统的边界一再被打破，新的世界市场不断形成，累积效应不断增加，结果相应地，形成固定的群体边界的难度也越来越大。[1]

其二，脱离具体的历史情境，从一种抽象的原理、价值或核心范畴来衡量现代性，是导致把现代性单一化、欧洲化的主因之一。

例如，Björn Wittrock说，一种流行的观点是把现代性归结为自由市场经济、议会民主制度等若干核心范畴。[2]可是如果这样做，将发现即使在19—20世纪的欧洲也只有极个别国家符合此标准，甚至可以怀疑欧洲是否曾经进入过"现代"，或者说在欧洲是否真的有"现代国家"。从经济的角度说，欧洲多数国家一直是政府参与经济程度极深，非完全自由市场经济，其社会性质类似于黑格尔所说的伦理社会，而无完全意义上的自由市场制度，除了英国等个别国家直到19世纪末叶才发生国家干预主义下的资本主义。虽然多数西方国家确曾发生了王室命令及行会影响的中断，但也远远谈不上有过不受控制的自由市场经济和国际自由贸易。一直到20世纪30年代，多数国家仍对进口进行严厉的限制。从政治的角度说，议会民主制度亦只在欧洲极个别国家得到较完整的实现。英国、荷兰、斯堪的那维亚国家虽然在19世纪到来之际发生了从君主立宪制过渡到议会民主制过渡，但是从来没有实现过完全意义上的议会民主制。即使在法兰西第三共和国，投票权利也一直到二战结束才扩展到妇女群体。在这方面，19世纪初叶欧洲国家中也许只有荷兰是个例外，但这又与其所从属的俄国在1904—1905年间被日本打败有关。

Peter Taylor在《现代性：历史地理的解释》（*Modernities: A Geohistorical Interpretation*）中明确提出，从历史—地理的角度来看现代性，明确反对从一种具有跨越时间和空间的角度来理解现代性。在这里，时间和空间并不是用来说明超越时空有效的现代性的辅助工具，而是代表现代性的特征的，就像故事（现代性）与地图（空间）紧密地结合在一起一样。作者认为这是从具体的情境出发来理解现代性，从历史—地理的视角看到的是多样的现代性，而不是单一的现代性。具体来

① Therborn, "Routes to/through Modernity," in *Global Modernities*, 124–139.简短的综述参见 *Global Modernities*, 10–11。
② Björn Wittrock, "Modernity: One, None, or Many? European Origins and Modernity as a Global Condition," *Daedalus:Journal of the American Academy of Arts and Sciences* 129, no.1(2000): 31–60.

说，是从16世纪以来从商业现代性，到工业现代性再到消费现代性等的变化过程。此外，这种思维方式还可以让我们认识到，现代性有两个最重要的因素：一是由政治国家所代表的霸权中心对其他国家和地区的影响和辐射作用①；二是日常现代性概念。日常现代性是作者所提出的以追求舒适（comfort）为特征的现代性。②

Anthony D. King也提出，现代性主要不是一个"时间性"概念，而是一个"空间性"概念。具体来说，一方面，现代性并不是如人们所理解的那样，是一些价值观念传播的产物，代表某种抽象的"意义"，而是与世界体系相关的结构性存在。或者说，现代性主要包含空前未有的、普遍的交换过程，和通过殖民地生产所实现的、世界范围内的劳动分工。另一方面，现代性的"空间性"还体现在它发生于城市，特别是世界性大城市中。这些城市创造流动，并处于快速流动中。今天，在全球化时代，现代性并不仅仅发生于巴黎和纽约，而且发生于巴西的圣保罗和印度的德里等非西方国家的大城市里。在殖民地地区的国际性大城市里，不仅发生了人口和金钱的剧烈流动，也导致了方兴未艾的阶级的两极分化。对于这些地区来说，进入现代化才只有四分之一个世纪，还根本谈不上需要后现代性。③

其三，导致现代性多样化发展的另一重要原因是西方现代性本身不是完美的，而存在深刻的内在问题。正是因为如此，世界各国的人们不可能也无必要机械地模仿西方的现代性。

正如艾森斯塔德等人所指出的那样，源于西方的现代性，事实证明并不是像当初人们所预期的那样代表着积极、进步、解放，而是相反。两次世界大战的爆发，以及帝国主义和殖民主义，使人们越来越认识到西方现代性与战争、暴力、屠杀、压制、人口的非地方化是不可分割地联系在一起的。④西方现代化并不是像西方理论家自己所想象的那么美好，也不完全是启蒙理想的完整实现，而是充满了霸权、征服和奴役。⑤

Peter Taylor说⑥，现代性从一开始就蕴含着深刻的内在矛盾和问题，其实早已

---

① Taylor, *Modernities:A Geohistorical Interpretation*, 28–43.

② Taylor, *Modernities:A Geohistorical Interpretation*, 44–61.

③ King, "The Times and Spaces of Modernity (or Who Needs Postmodernism?)," 108–123.（简短的说明参见该书《前言》，preface to Global Modernities, 10）.

④ Sachsenmaier, Riedel, and Eisenstadt, "The Context of the Multiple Modernities Paradigm," 5–7.

⑤ Tu, "Implications of the Rise of 'Confucian' East Asia," 195–218.

⑥ Taylor, *Modernities: A Geohistorical Interpretation*, 14–15.

为经典社会理论所揭示，特别是西方经典社会学理论（以马克思、韦伯、杜尔凯姆等人为代表的）。他们在其经典著作中，用"异化""反常""铁笼""未知数"来形容现代性的负面特征。但令人遗憾的是，这些认识没有被西方社会科学界主流所接受，后者仍然以西方为核心，认为不发达国家或发展中国家都要以发达国家为目标。按照他的说法，一个本身存在着致命问题的现代性，却指望第三世界国家去学习它，以便实现"进步"，岂不是可笑之至？

其四，各国尤其是非西方国家的历史与文化传统差异，是导致现代性多样化发展的另一重要原因。

艾森斯塔德等人指出，世界各国现代性的扩张意味着来自西方、北欧、欧洲及后来美洲和亚洲的伊斯兰教文明、印度文明、佛教文明、儒教文明和日本文明等之间在文化前提和制度构成方面的碰撞。而这种碰撞的结果，必然导致现代性在不同的文化传统中不断得到重塑。[①] 杜维明认真分析了儒家现代性（Confucian modernity）之不同于西方现代性的一系列特点，并表示，可以想见，佛教式现代性、伊斯兰式现代性或印度教式现代性是完全可能的。

Dominic Sachsenmaier 指出，我们从西方现代性的核心思想和社会结构一直变动不居这一事实就可理解，在非西方的现代国家里，现代性的差异必然会更大。[②] 以民主为例。过去人们一直倾向于把它视作现代社会共同具有的特征，但事实上不同国家的政治文化、制度、公共领域结构均有深刻的差异，因为民主和市民社会植根于其中的社会文化背景不同。特别是在"亚洲四小龙"国家和地区，我们发现几乎所有在西方占主导地位的民族国家理论及民主的前提条件理论都不适用。事实上，不同的国家和社会在接受西方现代科技和经济影响的同时，不是变得越来越接近，而是变得越来越不同了。Sachsenmaier 的观点可以从郝大维、安乐哲（Roger T. Ames）的研究中得到证实。

郝大维、安乐哲指出，有人认为自由民主制（liberal democracy）、资本主义和现代科技这三者代表现代性的三个最主要方面，因而也会成为人类所有社会发展的必然之路。这种观点是完全错误的，至少对中国来说未必适用。他们根据自己对中国文化的研究认为，中国无论是过去还是未来都将是一个社群主义的社会，如果中国人实行民主也应该是社群主义的民主。不能说这种民主不如西方的自由民主制

① Eisenstadt, "Some Observations on Multiple Modernities," 36–37.
② Dominic Sachsenmaier, "Multiple Modernities—The Concept and Its Potential," in *Reflections on Multiple Modernities: European, Chinese, and Other Interpretations*, 43–44.

好，相反，社群主义的民主可以避免以权利为基础的自由民主制的一系列缺陷。他们反对局限于从政治、经济的立场来谈亚洲民主，认为文化的视野对于理解亚洲民主异常重要。他们说，社群主义同样是美国实用主义传统的一部分。该传统代表一种实践哲学，要求考虑一系列有关制度和人的价值，因而也是一种文化关怀。这种实用主义的文化态度，与儒家的态度是一致的，可以用来建构另一种类型的民主和现代性。他们试图论证，以权利为本位的自由主义从根本上不适合中国国情，并主张"儒家传统中包含可以转变成社群主义式民主社会的成分"①。因此，现代性不能完全按照西方样式来理解，而必定是多样化的。

Mike Featherstone和Scott Lash指出，全球化过程是全球各种不同势力相互竞逐和斗争的过程。在这一过程中，由于具体情境的不同，非西方国家可能倾向于从自己出发来建构一种与西方现代性话语同样有普世价值的概念，所以不仅有欧洲化和美国化，也可以有日本化和巴西化。这种对于现代性的多元化回应方式，意味着"全球现代性"的到来。②在这里，"全球现代性"是复数，而且指多个不同的现代性以自己为中心向全世界各地区辐射。因此，一些西方理论家构筑的"传统——现代性——后现代性"的单线发展模式在全球化时代并不适用。

笔者将在下一小节专门展开论述东亚文化传统是如何在塑造东亚现代性的过程中发生作用的。

其五，非西方社会与西方社会的冲突日益激烈，导致许多非西方国家都在追求新的民族认同。这是导致现代性多样化的又一重要原因。

Mark Juergensmeyer以"9·11"事件为例，从分析伊斯兰教世界的反美情绪入手，试图说明：这次事件并不仅仅是反对美国的霸权和非正义，也是在一定程度上反对现代化和全球化，因为"世贸中心"代表的不仅仅是美国，而且是现代世界的商业经济中心。但是，从恐怖分子精通现代技术手段等来看，他们恰恰又没有反对现代性和全球化。伊斯兰世界的反对西方运动，从本质上说反对的是现代主义中的世俗化、个人主义及其怀疑主义。但这不等于他们没有建立自己的现代性。相反，通过接受现代民族国家概念和采纳现代科技和金融手段，他们宣称建立了自己的现代性。这种现代性是建立在种族—宗教认同基础上的，是一种宗教民族主义现代

① David L. Hall and Roger T. Ames, *The Democracy of the Dead: Dewey, Confucius, and the Hope for Democracy in China* (Chicago and Lasalle, Illinois: Open Court, 1999), 13.
② Mike Featherstone and Scott Lash, "Globalization, Modernity and the Spatialization of Social Theory: An introduction," in *Global Modernities*, 3.

性。它的影响所及并不限于个别伊斯兰国家，而是有全球化趋势。

作者指出，这种反西方的、宗教民族主义的现代性，可以看成全球化的一个产物。为什么这样说呢？这是因为不少非西方国家自认为自己在全球化过程中受到了西方的控制、剥削和不公正对待。本来，从19世纪到20世纪上半叶的殖民运动就已经让非西方国家受到剥削。20世纪后半叶以来，虽然不少国家走向独立，但是并没有因此而完全摆脱西方的控制。尽管在印度、埃及及伊朗都曾出现亲美的政治领袖，但是年轻一代越来越不相信这些人物，倾向于彻底走出殖民化，反对西方式"世俗化民族国家"概念，批评西方现代音乐、电影、视频、卫星电视节目在世界各地的传播，代之以建立在本土文化基础上的"种族—宗教式民族国家"概念。美国之所以成为这些国家的敌人乃至恐怖袭击的对象，部分原因是美国世俗化的现代主义的传播。不仅如此，基督教、佛教也正在表达或希望参与建立宗教社会的政治诉求。这些均与亨廷顿所谓文明的冲突相关。

金耀基指出，东亚国家包括中、日、韩等国长期以来的经济成就，说明非西方国家已经在自觉按照自己的方式追求现代性。它们不仅在模仿西方国家的现代性，也在现代化过程中寻求自身的文化认同，突出自己的特殊性。不少非西方国家追求现代化的同时，反对西方化，特别是有时表现为反对美国化。

其六，"多元现代性"作为一种研究范式，有其特殊的优越性。

Sachsenmaier分析了非西方社会在受到西方影响的过程中，所发生的传统文化与西方文化之间的冲突，以及对于这些国家来说寻找既适合本国传统又与现代性一致的文化是多么艰难。作者以中国为例，从晚清到五四运动、"文化大革命"以至于中国特色社会主义道路的发展过程，表明中国人近来一直在传统与现代性之间的矛盾关系中徘徊。不仅中国共产主义者，许多知识分子也视中国传统与现代性格格不入。中国人能否自觉地以宽容和开放的心态从传统中寻找到积极的资源，将会对世界很多地区产生影响。各国文化传统与现代性之间的冲突，导致许多人在"要么传统，要么现代"，即在本国文化优胜与西方文化优胜二者之间痛苦挣扎，以至于一些人常常陷入两个极端之间而不能自拔。"多元现代性"概念引导人们取消这种极端和二分的思维方式，因为现代性的多元性意味着它并不必然排斥传统，而是提醒各民族、各文化从自身的传统出发来面对西方的现代性，并根据自身情况加以改造、利用。[1]

---

① Sachsenmaier, "Multiple Modernities—The Concept and Its Potential," 46–49, etc.

　　Sachsenmaier较为深入地分析了以"多元现代性"概念理解"现代性"的优越性。他说，现代化导致了世界各国的反现代性运动，包括早期在德国、日本发生的激进的极权主义运动，和当今的宗教极端主义思潮。这些运动向我们呈现了古老的"文明"概念的消极作用：在一种极端相对主义的文明观的支配下，人们认为未来的世界就是不同文明体系之间相互竞争的关系，"胜者为王，败者为寇"，即达尔文主义的"优胜劣汰"原则支配一切，试图证明本国或本民族有条件主导世界各文明体系（二战时的日本就是例子）。"多元现代性"概念相对于"多元文明观"的优势在于：前者提醒人们生活在同一个地球上，处在同一个时代（即现代），需要相互合作、包容和开放；后者容易导致各文明的孤芳自赏或自我中心，并为了证明自己的"优越性"而开展并不友善和包容的竞争。

　　基于以上原因，作者试图得出结论，用"多元现代性"概念来理解现代社会的优势在于：它向人们暗示一种新的现代性的途径，即不同民族、不同文明和不同群体一方面可以保持自身的特殊性，另一方面又以开放和宽容的态度共同建设自己的一个全球共同体。"多元现代性"这一视角的合理性在于认识到现代社会虽有许多共同之处，但无论在思想、制度及其他方面均有不同的特征。认为现代性只有一个的思维方式，不利于人们处理或面对现今世界上所兴起的激烈的反西方运动，特别是一些原教旨主义用现代性手段来反对现代性。在这种情况下，文化上的"多元现代性"概念有利于降低西方与反西方人士间的紧张程度。如果把"西方"与"现代性"捆绑在一起，会和西方中心主义联系在一起，结果可能是双方都掉入韦伯意义上的"铁笼"中不能动弹。如果把"西方"与"现代性"分开，二者都能焕发活力。一方面，"西方"所具有的人文主义和宗教遗产均不再被忽略；另一方面，"现代性"必须要适应多种不同的制度环境、社会政治秩序及价值系统，从而获得更强的生命力和更广泛的认同。[1]总之，如果我们正视不同非西方文化与西方文化间的冲突和矛盾，并主张以一种多元、包容的心态来面对这些矛盾，那么"多元现代性"就是一个最好的选择。[2]

　　还有不少学者从跨国移民现象来说明过去的现代性概念已经不适用跨国界、跨文化的新的群体认同现象。比如从东南亚到北美，全世界现在有四千万名华人，这些人构成了一种新的自我认同。这种新的共同体不是过去的"民族国家"范畴和

---

[1] Sachsenmaier, "Multiple Modernities—The Concept and Its Potential," 42–43.
[2] Sachsenmaier, "Multiple Modernities—The Concept and Its Potential," 57–64.

"文明"的范畴所包含的。因为它超出了民族国家的边界，也不构成一个独立的文明（分布于不同的国家版图和不同的文明体系之内）。这些人的存在客观上构成了一种新的身份认同现象。这意味着过去从民族国家来理解现代性已经不够。①

三、奇特的东亚现代性

根据杜维明等人的观点，在对非西方社会现代性的研究中，东亚现代性，或者说儒教文化圈的现代性，自20世纪70年代以来就受到了西方学术界的广泛关注。这是因为自20世纪50年代以来，东亚已成为全球经济增长最快、现代化最成功的"亮点"，日本和亚洲"四小龙"的兴起引起了人们对东亚现代性的讨论兴趣。②

金耀基引用美国社会学家Edward A. Tiryakian早在1984年说过的话指出，"现代性的活动中心正在从北美转移到东亚"，因为东亚将会发展出一组社会文化信仰和价值，对不同地区的社会文化创新都有支持作用。尤其是"中国过去十多年来在'中国特色的现代化建设项目'方面令人难以置信的成功，为东亚地区创造另一种现代性提供了进一步证据。全球化并不能仅仅被看作西方现代性的产物，它同样是其他文化和文明在与西方相遇过程中所产生的反应及强烈反作用的产物。"③具体来说：东亚地区不仅模仿西方国家的现代性，也在现代化过程中寻求自身的文化认同，突出自己的特殊性（如追求"中国特色""亚洲价值"等，又如强调自己的文化比西方的优秀）；很多过去看来对西方现代性来说本质性的东西，如个人主义等，在东亚国家和地区被代之以团结精神和共同体主义。然而在西方，即使帕森斯也认为个人主义对于现代性来说是本质和不可避免的；一些学者发现，在东亚地

---

① Stanley J. Tambiah, "Transnational Movements, Diaspora, and Multiple Modernities," *Daedalus: Journal of the American Academy of Arts and Sciences* 129, no. 1 (2000): 163–194; Sachsenmaier, "Multiple Modernities—The Concept and Its Potential," 42–67; 参见Featherstone and Lash, "Globalization, Modernity and the Spatialization of Social Theory: An Introduction, "1–24。

② Tu Wei-ming, ed., preface to *Confucian Traditions in East Asian Modernity: Moral Education and Economic Culture in Japan and the Four Mini-Dragons* (Cambridge, MA: Harvard University Press, 1996); Tu, Hejtmanek, and Wachman, preface to *The Confucian World Observed.*

③ King, "The Emergence of Alternative Modernity in East Asia",147.

区，传统仍然出人意料地牢固。调查表明，在日本、中国台湾、中国香港等地从20世纪50年代到80年代之间，如"孝"之类的一些传统价值观出现了强化的趋势。

杜维明先生长期致力于研究儒教文化圈即东亚（Confucian East Asia）的现代性问题。他认为东亚现代性的重要启发之一是打破了传统/现代、西方/非西方、全球/地方等一些二分式思维。在西方人看来有普世价值的一些东西，在东亚现代性中被证明为只有地方性意义。他强烈指出西方启蒙以来所形成的思维方式的局限性，认为现代西方人所习惯的精神/物质、心灵/肉体、物理/思维、神圣/亵渎、造物主/万物、上帝/人、主体/客体等二分式思维，均与中国人的总体思维格格不入，也背离了希腊、犹太及早期基督教精神传统。培根"知识就是力量"的宣言，达尔文主义"优胜劣汰，适者生存"的思想，以及启蒙运动中的工具合理性信念，虽然促进了科学和技术的进步，也为帝国主义统治和殖民剥削提供了合法性论证。由此出发，他强调传统价值、东方精神传统的合理性，就是重视家庭伦理以及地方性社群伦理，主张人与人相互友爱及共同体平衡和谐，特别是儒家传统坚持平等而不是自由，义务而不是权利，人际相关性而不是个人主义。这些东亚文化传统被一些北美人权人士认为有助于强调威权式控制，乃是一种偏见。他还从六个方面总结了东亚现代性的含义：

（1）政府在市场经济中的巨大作用。

（2）法不能代替礼。礼是指人与人行为的规范，注重教养和集体参与。

（3）家庭作为社会的基本单元。家庭是人学习成为人的主要场所，家庭中的互爱是人类一切友爱关系的基本出发点。

（4）市民社会的繁荣发达并不是基于独立于家庭与国家的自发和自治，而是基于国家与家庭之间的互动，并促进二者之间的互动。

（5）教育是整个社会的公民宗教。教育的主要目的是人格培养，而不是局限于知识的灌输。

（6）通过修身和德性来促进家庭和谐、社会繁荣和长治久安。

他说，尽管这些理想在东亚国家和地区并未完全实现，但是其意义异常深远。将启蒙价值与"亚洲价值"相比较，前者有工具合理性、自由、权利、法治、隐私、个人主义等，后者有同情、公平、责任、礼制、公共精神、集体取向等，可以说后者同样有普遍性。如果前者可以结合进东亚现代性中，后者也可以有益于西方现代性。

由于日本是东亚地区现代化最早的国家，日本现代性也成为东亚现代性研究中最重要的部分，数十年来在日本研究方面积累了不少优秀的成果。John Clammer以其长期生活在日本的经验为背景，以广博的西方社会学理论为基础，对日本现代性的内在特征进行了深入的解剖，对其与西方现代性的区别展开了生动细腻、鞭辟入里的分析，向我们展现了一幅深受儒家影响、具有典型的东亚文化特色的东亚现代性图画。作者由于受视野限制，认识不到其所描绘的日本社会生活面貌在东亚文化中具有的广泛的共同性；由于对儒学不够了解，也没有研究日本现代性与儒家传统的关系。下面就让我们以John Clammer为主，同时参照Johan P. Arnason、艾森斯塔德等人的有关观点，略述其重要观点如下。

（一）社会结构

西方人曾经在一段时期里认为日本与西方相似，把明治维新比作欧洲革命，把二战日本政府比作德国政府，在20世纪40年代末到50年代末把日本的工业化与英国相比，把日本的家庭及血缘组织与德国比拟。但很快他们发现日本社会与西方之间不仅有同，亦有重要差别。[①]

在西方，有人称日本社会为集体社会，强调个人对集体的忠诚，而非阶级社会；有人称之为冒充成"民主社会"的共产主义社会；有人称日本社会外表像现代社会，其实仍然是封建社会。尽管有如此多不同的说法和理论模式，但是人们均承认日本社会不是一个阶级社会，其不平等可能来自"等级制"。然而，这种"等级制"却不能用西方人心目中通常具有的、人对人的压迫来理解。准确地说，日本社会的等级制建立在一种特殊的文化总体主义（holism）之上，一种允许反面存在、要求人人高度参与其中，从而保证个人自由的总体主义。这种在西方人看来匪夷所思的社会，恰恰在日本活生生地存在着。[②]

John Clammer引用法国学者Louis Dumont的相关研究指出，[③]日本社会或印度社会所代表的一种令我们无法理解但又真实可能的社会形态，即总体主义却并不意味着极权主义，而是一个总体主义的自由社会！Dumnot通过对印度种姓制度（the Caste System）的研究揭示了西方社会科学研究范式所无法理解的一个现象，即在

① Shmuel N. Eisenstadt, *Japanese Civilization: A Comparative View* (Chicago: University of Chicago Press, 1996), 2–3.

② John Clammer, *Difference and Modernity: Social Theory and Contemporary Japanese Society*(London: Kegan Paul International, 1995), 98–102.

③ Clammer, *Difference and Modernity*, 98–102.

印度，一方面是人与人之间高度相互依赖的关系对个人的限制，另一方面是个人参与其中并能高度独立的社会制度。Dumont称holism为可以包容其对立面的等级制度，个人的能力是从整体中学来，并反过来贡献于整体的。这个社会中一直有很强的个人主义，不过它一直饱受其反面的折磨。这种整体与个人之间的关系特征，对于西方文化是难以理解的。现代日本正是这样一个总体主义的社会，却同时拥有高度的现代性，甚至后现代性。

根据John Clammer的研究①，我们可以说日本社会的等级制，其内在秘密在于它是一种身份等级制。在这里，身份是一种文化道德存在，它的功能是不能通过法律、法规和条文来理解的，而是在人际关系中高度灵活地表现出来，体现为每个人都必须根据自己的身份来承担相应的责任。身份（chii）并不是封闭的、孤立的，它是在与其他身份缩短距离的过程中得到认可的。一些人没有财产，身份很高；另一些人有很多财产，身份却低。拥有较高的地位，责任也更大。教育是造成身份差别的重要原因。因此身份恰恰是对阶级、等级的解放，它的真正基础是互爱以及通人情。结果，社会并不是建立在法律或法则的基础上，而是建立在公共道德秩序上。

（二）个人与社会

日本的政治制度与社会相分离，民众普遍对政治冷漠，全国真正有力量的是大型商业和专业化的官僚机构，社会的力量包括：知识分子的权威，教育工作者在确定社会价值方面的能量，家庭生活中重视父母领导的儒家观念，女性在家庭中比男性更有作用……社会的力量就这样被分散了。②

在日本，秩序、工业化与村社共同体与文化——道德共同体的并存，使得庞大的社会结构及等级秩序不复成为毁坏自由的力量。③社会把文化的力量加诸公司和企业：一是人们更注重精神奖励，身份高的不一定收入高（比如教育工作者、艺术从业者等），因此身份高并不意味着人与人之间的相互作用及相互关系减弱；二是高度的身份等级制并不导致最上层的垄断集权，高度发达的专业分工也未导致

---

① Clammer, *Difference and Modernity*, 116.
② Clammer, *Difference and Modernity*, 108.
③ Clammer, *Difference and Modernity*, 108.

大众生活在被牢牢控制的鸽笼中。相反，日本社会的理想模式是：决策依赖于共识，有平等的奖励系统，有工作的轮换，通过奖励来实现合作与自我价值实现，这些都极大地影响着人们的心理，有益于人们抛弃私我（selfishness），追求自由和参与。

日本社会如何避免异化：通过创立以群体为基础的群众运动，来避免庞大的组织机构所带来的负面效应，高度发展的社会参与意识使得决策必须建立在共识的基础上。评论家注意到克里斯玛式的人物在日本历史、政治及当代社会中是缺乏（或不存在）的。因为在社会权力高度分散，决策过程建立在相互理解和沟通的条件下，克里斯玛式人物是不需要存在的。[1]

日本的经验告诉我们：等级制度未必就是个体性的压抑；个人主义未必就是个体性的前提；共同体未必意味着团体主义。例如，在日本，"共同体"与"隐私"并不是相互对立的。日本人注重隐私，有女人的隐私，宗教团体的隐私，公司、企业的隐私，俱乐部的隐私……这意味着日本社会是一个外人不易进入的稠密网络，未必是公开政治化的社会。[2]

（三）人

和西方社会不同的是，在日本，人不能完全从其自身来理解，而必须从关系网来理解。"关系系统"比起个人来说具有存在的优先性，即使是祖先也是关系网的一部分。不是社会以个人为基础，而是个人以社会为基础。但是，这并不意味着个人与社会之间的关系是僵化、教条、机械、死板的。相反，它创造着动态和多元现象，一个不带有混乱和无序，也不把个人孤立出来的动态和多元的社会。这种现象在人与人的相互依赖中被当作规范（或准则），或至少在理想情况下是可能发生的。"个人主义、平等和竞争"被代之以"关系、相互依赖及等级秩序"。[3]日本的社会从内在层面表现为一个"社会化的社会"，即所谓"关系的"或"情境的"社会，社会关系、个人与他人的互动在其中至关重要。这种特征，常被西方学者错

---

① Clammer, *Difference and Modernity*, 110.
② Clammer, *Difference and Modernity*, 111.
③ Clammer, *Difference and Modernity*, 102.

看成"集团主义"（groupism）。[①]

　　日本社会对个人的要求并不是机械地服从于某种规则，而是个人主动、积极参与社会和谐事业的创造，并从中获得个人乐趣。日本社会的事业是一种以创造和谐为己任的真正的乌托邦事业。日本社会所追求的"完美"或"完美的人"不是西方意义上的，而最好定义为至诚（sincerity/magokoro），具有内在强度或精神的性格取代了对道德法则、思想观念或物质对象的全盘服从。人的生命被理解为反复无常、多灾多难乃至神秘莫测的，可是人的状况即使不能被完全超越，至少可以被激活，但不是通过激进的个人主义或彻底的自由，而是通过训练来激活，比如对一门艺术的执着和掌握，以及在最高层次上对"关系"的掌握。[②]

　　东方人的"和谐"，常常被西方人理解为不允许异议的集团主义。然而在日本，对和谐的追求作为一种社会哲学（原则）不是集团主义或如族群主义，和谐意味着人生的快乐，意味着集体团结。这种和谐，不是因为缺少挑战而形成的，而是需要通过对精神完美的追求而获致。[③]日本社会的意识形态和实践强调人——自然——社会的三位一体关系。这种模式改造着人们对自我、自由以及社会的理解。[④]因此，在这里，我们看到一种极为有趣且重要的现象，即社会的事业意味着每个人必须训练自身，使自己掌握一门人际关系的艺术，学会自觉地在人与人的交往中创造和谐，从而找到人生的快乐。有的日本学者批评个人——团体之分，提出情境主义或人际关系主义，因为他们认识到是人与人之间的关系、相互依赖和信赖构成了社会现实。[⑤]

　　日本现代性另一不同于西方的特征，是"人"的概念受到佛教等的塑造，其主观性与西方有着完全不同的宗教背景，因而与强调理性主义以及人与自然分离的西方"人"的主观性非常不同。[⑥]可以说，日本人的主观性是通过与西方迥然不同的自然观、审美观、自我观等塑造出来的。尽管它受到经济体制的影响，但对经济体制有反作用。[⑦]

---

① John Clammer, *Japan and Its Others: Globalization, Difference and the Critique of Modernity* (Melbourne: Trans Pacific Press, 2001), 90–91.

② Clammer, *Difference and Modernity*, 103.

③ Clammer, *Difference and Modernity*, 103–104.

④ Clammer, *Difference and Modernity*, 107.

⑤ Clammer, *Difference and Modernity*, 118–119.

⑥ Clammer, *Difference and Modernity*, 92–93.

⑦ Clammer, *Japan and Its Others*, 93.

（四）礼

　　John Clammer认为，日本社会是一个礼制的社会。在西方，礼的衰落导致了文化的贫困。但是，在日本则不然。日本社会的"礼制"体现在从茶道到任何一种文化的表现形式上，即使反叛行为也会被"礼"吸纳进来。日本的等级制度在许多方面是行为的"礼制化"。这种礼制化过程，可以起到消解"阶级冲突"，从而促进和谐之功效。等级制度通过把人按年龄划分等级的制度和精英统治结合起来而分散或淡化了冲突。等级制度是自我再生产的，而其功能的礼制化使它很少受到挑战，反而受到了广泛的重视。这种等级制度并不意味着个人自由的消失，反而创造了能使生命更好地成长的秩序。因为，良好的礼仪把本来分离、分立的现实正式联系起来。

　　跟礼制相对应的另一个现象就是语言的艺术。日本人注重语言的"模糊性""不精确性"。学会语言的艺术，懂得礼貌的、超礼貌的和非常圆熟的语言十分重要。有男人的语言和女人的语言，有地方的语言以及其他各种语言的亚文化形式。语言的艺术是指懂得和善于在具体情境中说话的艺术，语言的模糊性、不精确但有助于缩小或避免人与人之间由于观点过于精确、清晰所带来的冲突。[①]

　　礼的盛行，导致一种在西方人看来似乎不可理喻的现象出现：对整体利益的强调并不堕落为极权主义；个人的自主性与对他人的依赖互补共存。John Clammer认为，东方传统社会结构本来就不一定导致个人自主性的摧毁，有时也可能释放个人的创造力，表现为人们可能在一种社会结构框架中创造新的传统。[②]

　　一个高度强调和谐的社会必须面对、消解和释放社会中的张力和压抑。这需要创造交流（交往），强调共处，并通过礼来达到理想的效果——哪怕是像吃饭、饮酒这样的共处都通过礼组织起来。此外，人们还创立公共礼仪，建立公共居住的共同体，发展悔悟之礼。再者，日本人互相送礼的习惯证明了这个社会在深层上的一个重要特征：即"以互助为核心"的精神。这种精神有助于社会和谐，因为它提倡合作。[③]因此，在日本，礼的发展使得一系列二元对立消解。这些二元对立包括：社会结构与个人自发性（spontaneity），职责与快乐，社会与自然，社会学与心理

---

① Clammer, *Difference and Modernity*, 105.
② Clammer, *Difference and Modernity*, 105–107.
③ Clammer, *Difference and Modernity*, 110.

学，形式主义与放任自流。[1]

（五）企业与组织的活力

　　日本企业的活力在很多西方人看来是无法接受的，因为这似乎是通过牺牲个人权益来实现利润最大化，仿佛个人是公司和企业的奴隶。与此同时，"终身制"（永不解雇）这一现象在西方人看来只会导致企业竞争力下降，而在日本却正好相反，它促进了企业效益的提升。John Clammer[2]帮我们解开了其中部分秘密。按照他的观点，如果说西方社会追求的是"权利正义"，日本社会就可以理解为一个"身份正义"的社会。正如前面所说，"身份正义"本身就是对人的道德责任感的要求，身份高本身就意味着更大的责任。身份低的工人们可以批评工厂以前的状态，认为上级应当以身作则，在下属中培养同情、尊重和关爱等；可以指责上级缺乏这些品质而"不义""自私""没人性""粗鲁"及"野蛮"。

　　日本社会的身份正义，意味着一种特殊的个人与公司之间的情感联结的建立，保证了个人对所在集体的归属感。正是这种联系、这种归属感，使得公司时间优先于私人时间，员工不顾正常作息时间工作，假期工作也是普遍现象。所有这些得到的回报就是：额外收入、年收入增长、永不辞退等。但是不能说现代日本的生产率高是因为工资高。日本工人的工资并不算高，但其投入之多令西方人震惊。这些表明，在日本的公司、企业中，"文化"扮演着重要作用：低收入差别，阶级差别模糊，对工作时间的态度，特别强调身份而不是权利正义，或者二者不分。由于工作包含着对他人的责任心，因此所有的工作环境变成了一个由责任感组成的互利互惠网络，一种对同属于整个集体的"善"的追求，而不是指人们利用工作来谋求个人利益和实现自私目的。[3]

　　有人说，现代日本社会是一个贵族社会，但却应理解为是一个专制的特权被取消的社会，一个不需要民主革命的贵族社会，因为这个贵族社会并不制造通常意义上的阶级对立。在日本，身份关系成了阶级关系的替换物：在一个高度等级制的社会，人们并不从事阶级斗争，而是从事完善自己身份的斗争。这种斗争成为这个社

---

① Clammer, *Difference and Modernity*, 104–105.

② Clammer, *Difference and Modernity*, 115.

③ Clammer, *Difference and Modernity*, 116.

会分化的内部动力机制，所以身份解放了阶级和等级束缚。①

（六）日本对西方社会科学的挑战

日本社会对西方社会科学研究所提出的挑战是多方面的。

其一，对于日本社会，你只能从关系的角度来理解它，而不能从个人或单位（指所从属集体，如阶级、公司或单位）的角度来理解。②西方社会科学中的自我与日本社会的实际不符，日本的"人"是身心一体的。这决不仅仅是一种抽象的哲学学术问题，而是体现在医学、艺术、兵法、沉思、体育、表演及伦理学之中的现实。一种在一个文化中是错误的疾病，在另一种文化中却可能不然。③

Clammer进一步指出④，"社会科学"的标准化工具不能有效地解释日本社会，还体现在受基督教—犹太教传统影响而建立的西方社会学不能理解、解释受佛教影响甚深的日本社会中的"人"。犹太教和基督教的"人和历史"的概念是：人是一个独立不变的个体，带有目的论进步观的因果观念，有物质与精神的区分……黑格尔、马克思均受此观念影响。日本文化中并无西方人意义上的"个人"概念，而受佛教中区分self与ego的世界观影响甚深。

其二，由于价值和观念在日本社会起独一无二的作用，使我们重新认识韦伯式命题，不仅仅涉及韦伯的宗教伦理，而且涉及人们对自我、身体和自然的观念是如何深刻地影响着他们的社会组织的，甚至人们的宗教思想也是这些观念的历史产物。此外，这一事实还说明了为什么传统可以不是过去，而是构造现在的活的力量。⑤

其三，日本对社会科学一系列基本范畴的有效性提出了挑战。⑥

一是经济、文化与政治之间的基本分野不明显。日本的官僚机构和商业之间紧密相连，但均受制于文化，特别是它们各自的组织文化。经济是文化的，而社会也是经济的。由此可见，简单套用"经济""社会"等概念作为普遍的学科术语，就

---

① Clammer, *Difference and Modernity*, 115–116.
② Clammer, *Difference and Modernity*, 102.
③ Clammer, *Japan and Its Others*, 12–13.
④ Clammer, *Japan and Its Others*, 12–15.
⑤ Clammer, *Difference and Modernity*, 122.
⑥ Clammer, *Difference and Modernity*, 122–123.

将无法充分认识和理解它们之间的联系。

二是"社会"这一概念的含义已经改变。在日本，"社会"是一个关系之网，其中经济、政治等范畴的边界并不十分清楚。我们必须进行跨学科的研究，否则不可能理解什么是日本的"社会"。

三是日本人的差异观念由于受佛教以及神道教影响甚深，从根本上是存在论性质的，不能用经济竞争、边缘化来完全解释（"差异"指社会等级差异，社会不平等）。这不仅具有新的"现代性"含义，也涉及民族/个人的认同问题、文化政治学问题等。①

其四，日本社会还对传统的现代化理论提出了挑战，尤其是关于现代化、都市化、阶级、后现代主义权力关系的传统分析方式。日本社会既非马克思主义经济决定论式的，也非文化决定论或文化主义式的；既是现代的，又具有多方面的后现代性及传统性。这一切，让我们不得不重新理解传统的作用，自然的意义，自我、当事人与社会结构的关系，审美与社会理论的关系，情感、躯体与社会学的关系，文化、经济、地理等因素在构造社会中的作用，等等。②

其五，对日本人的思维方式进行分析，从统计学角度分析不如从宇宙论、存在论的角度来分析，日本人就算自己意识不到，其对于现实、自我、死后、鬼怪的观念也有宗教的基础。这种宇宙论构成日本社会的深层语法。如果日本的社会科学研究不考虑到这一点，就失去了解释力。因为西方的现代性理论把现代化看作一种世俗化，从而从人与自然分离甚至对立的角度来理解日本的现代性。③

当然，并不是所有的西方社会理论都无助于解释日本社会。Clammer指出，布迪厄和福柯的有关理论就有一定意义。布迪厄有关策略、"实践的逻辑"的理论解释作用就很大。此外，他的"场域"（field）乃是关系的，比"团体"更有助于解释日本。布迪厄还提出新的"阶级"概念，不是以经济、政治为中心，而是以文化为中心，也有意义。这些概念以及他的"资本"概念带来了社会学研究的方法论革命，也对过去的团体/冲突、阶级/平等等二分式范式提出了挑战。④

除了布迪厄，福柯的权力概念也是关系式的，存在于社会关系内部，具有经济的、性的及信息的作用。这种权力并无行政中心或首脑，它是一个网络中的存在，

---

① Clammer, *Japan and Its Others*, 12.
② Clammer, *Difference and Modernity*, 127–128.
③ Clammer, *Japan and Its Others*, 11.
④ Clammer, *Difference and Modernity*, 128–129.

而不是制度中的存在；无阶级的斗争，正是通过这个网络发生着。他不像韦伯和哈贝马斯那样从普遍主义立场来研究合理性，而是研究理性化的特殊形式，如疯癫、犯罪、性等。这些对于研究日本社会有间接启发意义。[1]

（七）现代性

艾森斯塔德指出，[2]日本获得的巨大成就使人们对西方文明的最基本观念产生疑问。在日本发展出来的现代性与西方视野中的现代性存在着明显的不同。日本作为非轴心文明，不存在一个大的或世界性的宗教，却实现了资本主义，这是对韦伯的否定。日本的现代性不像西方那样在一种普世精神的支配下形成，而是迫于本土化的强国思维。[3]

有人说日本还是一个前现代社会。例如，日本学者丸山真男（Maruyama Masao）认为日本虽然获得了现代化的成就，但从未获得"现代性"，因为它的群体意识中缺乏真正的"自我""道德自主"，而渗透着"精神权威"和"政治权力"。[4]还有一种观点认为日本不具有现代性，因为它站在世界历史之外而不受其弊。[5]更有观点认为，日本是世界唯一具有后现代性的社会。然而问题在于：所谓日本后现代性，只不过是日本社会的前现代特征而已。难道东方社会今天保留自身传统等同于"后现代性"？总而言之，也许应该说，日本的"非现代性"不等于"后现代性"，也难称为"前现代性"，因为日本文化背景与西方背景不同，二者不具有可比性。[6]

然而，也许正确的态度是认识到，现代性不能局限于西方的模式来理解。[7]对日本经验进行解释的社会理论，其明显的起点是一种不同的现代性之路和景观的问题。关于这一点，西方理论家并未作答。西方理论家在关心现代性的时候，未对日本现代性引起足够的重视，所以才会出现各种误解。

---

[1] Clammer, *Difference and Modernity*, 129–130.

[2] Eisenstadt, *Japanese Civilization*, 1.

[3] Eisenstadt, *Japanese Civilization*, 427–432.

[4] Clammer, *Japan and Its Others*, 80–83.

[5] Clammer, *Japan and Its Others*, 3, 87.

[6] *Clammer, Japan and Its Others*, 87; Clammer, *Difference and Modernity*, 126.

[7] Johan P. Arnason, *Social Theory and Japanese Experience: The Dual Civilization* (London and New York: Kegan Paul International, 1997), XIV—XV; Clammer, *Differnce and Modernity*, 126.

现代性的含义在日本与在西方迥然不同。日本创造了一个没有异化的现代性。启蒙所倡导的"理性化"以及韦伯所言的理性化过程在日本的表现是如此不同。欧洲的理性化过程的特点是客观主义、普遍主义、法治主义和科学主义。日本的理性化过程的特征则是主观主义、特殊主义、情境主义、关系主义和审美主义。[①]日本的现代性反对普遍主义，趋向共同体主义，国家对塑造自我发挥作用较大，它是一个注重道德、文化作用特别强大的现代性，一个从内部主动适应、调适出来的现代性。[②]"如果说存在一个现代世界，直接对西方认识上的霸权主义构成挑战的重要社会的话，这个社会就是日本。"[③]

日本对马克思、韦伯关于资本主义的起源及其本质的理论模式也构成了挑战。例如在社会分层方面，一方面是极端的等级划分，另一方面又无阶级可言。日本社会内部的人群、人种、阶层等之间的差异赖以发生的机制需要深入日本社会内部才能理解。作者把它比作印度种姓制度，一种高度等级化的社会秩序，每个人在其中的位置固定不变，但要获得此位置必须付出沉重代价，即必须认同主导的意识形态。对于日本社会内部等级差异的解释，来自以"同化"为基础的文化逻辑在起作用。它把一部分符合标准的人吸收进来，把另一部分人排斥在外，这种逻辑受到了全球化浪潮的冲击和挑战。[④]

日本社会创造了一种新型的文明，一种高度艺术化和经济发达的动态社会机制，而未出现西方现代社会的一系列弊端（如犯罪、城市衰退、缺乏动力、不满意感等）。它采纳了资本主义，却以自己的方式冲击了西方资本主义；反对了基督教及多数西方元描述；吸收了西方的技术、时尚和大众媒体，却赋予它以自己独特的形式；既是后现代的，又是高度传统的；反对了阶级，但倾向于等级制度，同时促进着和谐；高度的人道化，却未遭遇西方人道主义的问题；宗教在其中无意义，但又渗透在社会各方面；一方面追求经济增长，另一方面又把生活艺术化。此外，在日本，"民族国家"的意义衰落了，从国家来建构社会的普遍主义宣称被放弃，把西方当作一个普遍历史过程的观点成为无效，比较的社会学研究比后现代的社会学更重要。[⑤]

---

① Clammer, *Difference and Modernity*, 126–127.
② Clammer, *Japan and Its Others*, 90.
③ Clammer, *Difference and Modernity*, 13.
④ Clammer, *Japan and Its Others*, 3–4.
⑤ Clammer, *Difference and Modernity*, 120.

日本的文化深受佛教，特别是日本宗教中的"中空"思想的影响。Roland Barthes把日本文化称作一个与所指无关、由他人炮制出来的、空空如也的能指系统；Kurt Singer指出日本人对于空间、时间、自然的概念也与西方的不同。①日本的地方认识论区别于西方的地方在于，佛教把超自然/自然、人/神高度协调统一起来，这种情结构成了日本文化的深层语法。因此，在日本，分析人的心理的方式不是弗洛伊德式的，其基础可能是宗教。认识不到这一点，而是用西方的世俗化特征为框架的现代性模式来理解日本社会，就不适用。②日本人试图建立一种具有排他性的生态性的后现代社会。这种社会是社群主义的，与西方社群主义一样具有保守特征（重视传统和排他）。③

John Clammer指出，④人类学家们已经知悉，不同的社会建立在不同的原则上，同样可以运行良好。日本社会极大地证明了这一点。这一事实提出了如下方面的根本问题：等级制的合乎自然、社会问题的解决方式、原子式个人主义的严峻问题、没有极权的总体存在的可能性。

全球化正在改变许多统一的或单一的现象，这并不意味着对具体案例的细致历史分析可被取代，恰恰相反，日本社会对世界宗教及各种国际运动的本土化接受和修改，都说明了这一点。日本的现代性启示我们：西方人对现代性的本质的普遍主义观点受到了挑战，现代性没有普遍适用的历史过程，从社会结构及文化观念的角度看，不同民族可能有不同的现代性。⑤

四、追问中国现代性

2006年11月24日，中国领导人在伊斯兰堡会议中心向巴基斯坦各界人士发表的演讲中，有这样一段话：

---

① Eisenstadt, *Japanese Civilization*, 7–8.
② Clammer, *Japan and Its Others*, 10–12.
③ Clammer, *Japan and Its Others*, 15–16.
④ Clammer, *Difference and Modernity*, 119.
⑤ Clammer, *Japan and Its Others*, 2; Clammer, *Difference and Modernity*, 126.

　　世界是丰富多彩的，应该承认各国文化传统、社会制度、价值观念、发展模式的差异。这是世界充满活力的表现，也是世界蓬勃发展的动力。……中国愿同巴基斯坦一道，共同致力于实现不同文明和谐进步，维护世界多样性和发展模式多样化，为推动建设持久和平、共同繁荣的和谐世界而不懈努力。①

　　我们发现，上述讲话在内容上与前述亨廷顿的多元文明观或世界多极化发展的思路颇有一致之处，差别在于亨廷顿关注不同文明之间的冲突，而此处强调和谐发展。和20世纪初叶的全盘西化论相比，今天的中国学术及思想潮流似乎比过去任何时候都更强调本土化。这是中国人今天在国力发展到一定程度后开始追求自我认同的表现。本书认同上述发言中的多元文明观。然而，在如何建设中国的现代性或中国模式的现代文明方面，争议恰恰极多，而且，追求"中国特色"也可演变成狭隘的民族主义。

　　鉴于今天的中国已经是一个在国际舞台上有着举足轻重地位的大国，中国人不仅在经济上，而且在精神文化上也已经开始影响整个世界，所以它需要以开放的心态向世人展现自己重建一个伟大文明的胸襟和气度。另一方面，在今天这种资讯高度发达的全球化时代，任何一种文明都不可能在纯粹的本土性中自我陶醉或自满自足。因此，文明或文化的特殊性可能是一个事实，但这并不等于文化的特殊性处处都是好的，任何文化都有自身内在的问题需要克服。更何况有效地吸纳其他文化特别是西方现代性的积极成果，对本土文化与西方文化成分进行创造性的融合，在今天这个全球化时代早已是大势所趋。这并不是中国独有的问题，后发的现代化国家在现代化过程中，在处理本土文化的特殊性与人类文化的普遍性这二者之间的矛盾关系时，可以说都遇到了同样的问题。

　　一百多年来，中华民族面临的最紧迫的任务始终是如何在强势的西方文明面前重建自我。过去几千年来支撑中华文明的精神价值传统被彻底毁坏，导致千千万万人找不到人生的方向，导致整个民族灵魂的沉沦。这是个天下坏乱已极，人心迷失方向的年代。用古人的话说，天下之大本不立，故是非颠倒、黑白不分。我们必须搞清楚，中国文化的最大逻辑是什么？中国社会自我整合的规律有哪些？未来中国文化的核心价值是什么（是民主、自由、人权吗？），中华民族的前进动力机制和

---

① 胡锦涛：《弘扬传统友谊　深化全面合作——在伊斯兰堡会议中心的演讲》，《人民日报》2006年11月25日。

根本方向在哪里？当代中华文明重建的根本使命是什么？什么是中国文化的最高理想？等等。这一系列复杂的问题集中到一点，就是今日中华文明重建的问题，当然也是中国现代性重建的问题。一个新的、重建出来的现代中华文明，可能在哪些点上与西方文明及人类其他文明不同。我们能不能从理论上说明，在这个世界多极化和文明多样化的时代，在这个现代化和全球化的处境下，一个具有现代性的中华文明对世界来说意味着什么？我们不能像日本等民族那样被动地或不自觉地形成一种新文明，而必须自觉地、有意识地追求。

亨廷顿的多元文明观，艾森斯塔德等人的多元现代性，使我们再次认识到建设中国现代性不能照搬西方的模式；东亚现代性特别是日本现代性的研究，让我们深刻体验到东亚现代性的魅力。然而，这些研究多半是西方有识之士从外部观看东亚文明，而不能回答我们自己从内部如何选择的大问题。他们无法理解非西方世界内部的强烈紧张，那就是由于西方现代性带来的传统与现代之间一系列不可调和的矛盾。以民主化而论，一战以来世界上那么多国家和地区发生军事政变，很多国家政局长期不稳，政权更迭像走马灯一样频繁，不能说不是受西方的影响。以中国而论，辛亥革命以来经历了那么多痛苦的革命，甚至到了整个国家四分五裂的地步。以今日之韩国等地而论，可以发现，人们一方面对民主、自由之类的西方价值崇拜有加，视欧美文明如天外明灯，另一方面却面临着因为引进西方现代性所带来的深刻的社会问题。艾森斯塔德等人的观点诚然有理，但毕竟是站在外部观看的一种现象。对于站在内部的人如何选择、如何生活，根本无法提供真正有意义的指导或有价值的指南。现代新儒家试图全面吸纳民主、自由、人权等西方价值，但同时对于它们与东亚文化的根本张力缺乏清醒的认识，对于什么是中国文化的核心价值也停留在模糊不清的地步。

对多元现代性讨论的批评性思考引发了一个根本性的问题，即一个文化的核心价值建立的根深蒂固的基础是什么？有无可能是这个文化千年来形成的内在逻辑结构？这是因为，今天我们要回答中国文化或其他非西方文化的基本价值是不是人权、自由和民主，是不能仅仅从该文化自身固有价值的"优点"来说明的。一方面，生活在东方文化中的东亚人会觉得他们固守自身的传统，无法适应这个世界的外部挑战，毕竟现代化的挑战是任何社会均不得不面临的。在接受西方科技成就、工业化、社会结构甚至管理模式的过程中，东亚人难道可以不接受西方的价值观念吗？难道"器"与"道"真的可以分离吗？难道社会存在与社会意识可以脱节吗？另一方面，由于外在的社会结构已经变化，变得越来越与西方现代工业社会同质，人的价值观念也在很多方面与西方社会趋同，比如民主、自由这类价值，其在东亚工业社会受到人们喜爱的原因并不能仅用"盲目崇拜"来形容，而似乎已经是他们自己的日常生活的一部分。再一方面，有些西方现代性的基本价值，至少从理论上看符合人性的基本需要，是可以作为普世价值来对待的。这样一来，就需要回答，东亚社会特别是儒教文化圈，是否可能建立一种新型的、不同于西方文化的自身的文明？

还有一个问题就是：如果未来世界是一个多元现代性并存的世界，是一个文明多元化的世界，即人类文明的样式和模式是多元的，那么未来的中国文明可能会是什么样子的？它的样式赖以存在的根本基础是什么？我们发现，杜维明等人所描述的、具有社群主义特点的东亚现代性，是在不自觉中自然形成的，而不是人们自觉追求的。这类描述还没有从根本上正视当代中国或东亚人内心世界激烈的焦虑、彷徨。那就是在向西方现代性激烈变迁的过程中，他们的精神生活变得越来越飘忽不定，他们并不知道自己该追求什么样的生活理想。包括杜维明等人所描述的东亚现代性的一系列特征，诸如重视家庭、依赖于共同体生活、注重交流与合作，也正在迅速的解体过程中，受到年青一代日益明显的唾弃。比如在韩国，我们发现与中国大陆一样，年轻人越来越不愿在婚姻及前途等事情上受长辈束缚，结婚后基本上不愿意与父母同居。也有心理学研究表明，个人主义在日本和中国越来越强，即人们越来越追求一种仅属于自己的生活，甚至可以不要小孩；另一个重要现象就是离婚率越来越高。这种趋势最终会走到什么地步呢？会走到与欧美同样的境地吗？至少毫无疑问的是，传统的、纵向的家庭关系——以宗族延续为使命的家族观念——在东亚地区的现代化都市中已几乎完全解体。而这种关系几乎是过去一切中国或东亚传统价值的大本营和发源地。杜维明等人描述的所谓家庭本位特征在东亚似乎正让位于一种新型的社会形态，至少"家族"观念已经让位于"家庭"观念。

必须清醒地认识到，在今天这样一个资讯高度发达、人欲急剧膨胀、诱惑四处泛滥的全球化时代，凡是真正对人们来说有吸引力的东西都会受到青睐，尤其对喜欢反叛的年青人来说。指望用传统价值的所谓"合理性"来吸引年青人，让他们恪守是不大可能的。除非有相应的社会经济基础，否则指望复归到过去的家族时代是不切实际的。我们需要追问的是，如果中国人或东亚地区家庭生活方式不会与欧美个人主义社会趋同，那么这样做的基础是什么？我想唯一可以说明的基础，绝不是什么社会经济基础，也不是什么哲学形而上学思想，而是中国人的深层心理结构。由于深层心理结构具有强大的惯性，所以如果深层心理结构不变，且能决定一个社会的基本价值、生活方式、制度结构，我们才能说明未来的中华文明保持自己的特殊性是有意义的。

我们之所以从文化的角度来回答上述问题，原因是显而易见的。那就是，唯一可以决定未来中华文明与西方文明不同的东西，不是哲学形而上学观念（传统本身的合理性），也不是社会经济基础（已经变得与西方一样），而是文化心理结构。我们就需要搞清楚：文化心理结构究竟能在多大程度上发挥作用，比如在决定一个社会的基本价值、生活方式、整合方式、制度特征等方面究竟有多大作用？中国文化的深层心理结构究竟是什么？它在过去几千年里发生变化没有？又曾在上述几方面起到过什么作用？一百多年来的中国文化研究，往往停留在一种概念式、轮廓式的"素描"上，而不能说明中国文化的深层机制。不能说明中国社会一系列深层矛盾和斗争何以发生，特别是支配中国社会自我整合方式的内在逻辑是什么，包括儒家为何在中国历史上长盛不衰，儒、道、法三家为何在中国历史上长期共存甚至互补，中国人的劣根性、丑陋性可否用文化习性来解释，中国文化的习性将在何种程度上支配未来中国的现代性，等等。

多年来，我在自己的学术思考中遇到的一个基本问题是未来中华文明的基本走向问题。本来这个问题也许并不值得太多思考，因为一个文明的走向可以被理解为各种现实的与历史的因素综合造成的。从西方认知主义传统出发，也可以说，一个由人似乎没有必要把拯救某个国家或民族的未来前途当作其学术研究的基本任务。或者说，这样一种世俗的功利主义动机并不应当成为从事学术研究的支配力量。又或者说，在民族主义动机支配下的学术研究可能没有太多的理论意义。但是，如果换一个角度来看，问题也会不一样。我们在胡塞尔、哈贝马斯、斯宾格勒、海德格尔、雅斯贝斯等人对于欧洲文明今天所遭遇的空前危机的强烈关怀中，可以体会到对现代西方文明特征、危机及前途的诊断，乃是许多当代西方哲学大师的中心问题。今天，连西方学者们也在谈论"多元现代性"，未来中国的现代性作为一种可能与西方现代性不同的现代性，对于我们理解未来中华文明的特点究竟有多大意义，理应成为一个值得关注的议题。

假如我们能从狭隘的民族主义情绪中走出来，从一种纯粹客观的态度和科学研究的立场思考问题，我们可以追问：未来中华文明的形态真的是一个不需要思考的问题，只要等它自然而然地形成就够了吗？或者说，是否有可能未来的中华文明，只要被理解为这样的一个自然历史过程，即西方工业化、市民社会、法治与民主、科学技术等因素在中国文化中的自然渗透过程，而未来中华文明的形态具体是什么，是目前无法精确预知的，它依赖于一系列历史与现实因素的相互激荡。这样一种思路不仅潜含着不可知论的倾向，而且更重要的是，它否定或者至少回避了这样一个至关重要的问题，即未来的中国是否可能形成一种有独特价值和意义的、与西方文明表面上相似而本质上不同的新型文明。所谓表面上相似，是指它可能接受了一系列西方的政治、经济和社会制度，包括法治与民主、经济结构、市民社会、教育和知识体系，其中包括个人自由、尊严与价值的确保，社会空间的自治与理性化发展，政治制度的民主化与法治的建立等等；而本质上不相似，则是指支配这个社会的基本价值仍然是中国式的，比如德、义、信、礼、忠、仁等。这个社会中真正有力的东西仍然是人际关系，这个社会中自我完善的主要任务仍然是"治人"而不是"治法"，这个社会中个人安身的主要落脚点仍然是家庭以及人际圈等等。

我提出这个问题决不是无病呻吟，它的意义在于：如果此话当真，那么就将有两个重大后果值得思考：第一，身为中国学人，在未来的现代化浪潮中，仍将不得不像古人那样，把道统的重建当作未来中国文化建设的主要任务；未来的中国仍将不得不走古人一样的"教育为本、文化立国"的道路；儒家传统（当然要经过一系列改造）仍然有可能成为中国最大的意识形态，人们需要再次认识它的重建和复兴对中华文明的重大意义。第二，未来的中国文明，无论成败或好坏，都将可能成为一个与西方文明本质上不同的文明形态，它预示着多元现代性并不仅仅是一个自然历史结果，而且是一个有待人们积极建设的理想。中国人在保持自身文明理想的同时，一方面将会面对中国文化自身的一系列根深蒂固的问题，另一方面可以通过向世人昭示自身文明的独特形态及其意义而为人类作贡献。

当然，也有一种可能，那就是上述所说的、与西方文明本质不同的部分，将不可能出现，儒学的兴盛也将成为历史的记忆，而不是现实的必然。如此说来，未来的中华文明将不复可能作为一种本质上与西方文明不同形态的文明而复兴；即便复兴，也不是本质上与西方文明不同；即便有与西方文明不同的成分，也是基于过去几千年来的历史传统使然，而不是在其文明的根本形态上与西方不同；即便会有自己的特色，也只是在一些无关乎本质的内容上不同，比如在社会基本制度上，在文化的核心价值上，在人们的基本生活方式上，该文明与西方文明并无本质不同。如果此话当真，那么我们就应该认同于西方文明中心论，一切向西方看齐，比如学习西方人的法治精神，议会民主制，全民公决和公民投票，市民社会自治……其中最为核心的莫过于，要学习西方的文化价值，其中包括：第一，西方文化中的意识形态，如自由主义和个人主义传统；第二，西方人的宗教，如基督教。当然这不是说不再保留中国传统的意识形态和宗教，如儒、释、道。这样一来，就回到全盘西化论上了，但真是这样的吗？

第二章 文化模式、文化心理与礼治

学者们常倾向于把中国文化的特征与儒学联系在一起，把儒学看作中国文化的主要塑造者，而不能解释为什么儒学在中国文化中长盛不衰。这里提出一种新的角度来理解中国文化模式及其与儒学的关系，即主张儒学之所以在中国文化传统中长盛不衰，是因为与早在儒家之前即已形成的中国文化的深层心理结构有关。文章以「礼」为例来说明，关系本位或关系主义的中国文化模式或心理结构，决定了在中国社会中，「礼」在社会整合方面更有效，也说明儒学在中国文化中有根深蒂固的土壤。

如果「法」代表一个社会的「硬制度」，具有强制性和不顾人情的特点；「礼」就代表一个社会的「软制度」，具有照顾人情和可随处境不断调整的特点。从中国文化的模式来看，「礼」这种顾及人情的软制度，比「法」更适合于中国文化的心理结构。这才是儒家能够战胜法家的根本原因。最后，文化的惯性也决定了在未来的中国，礼治仍将是中国现代性的应有之义。这有助于我们从新的角度来理解儒学的现代意义。

从本章开始，我们将对中国现代性具体内涵进行探讨。

曾经在漫长的岁月里，中国人自认为是世界文明中心的重要理由之一是中国人知"礼"。礼是中国人心目中衡量人与禽兽之别，以及文明与野蛮之分的重要标准。我们不妨要问：在通向现代化的过程中，儒家有关礼和礼教的思想，是不是完全过时了呢？换言之，"礼"与现代性是什么关系？

尽管在西方已有不少学者对礼的内涵及其现代意义作了有价值的探讨（见本章后附），仍不能回答这样的问题：为何礼唯有在中国古代得到了极大的发展？为什么唯有中国人倾向于把自己的文明称为礼教文明？毕竟这样的现象在世界其他文明体系中并不突出。虽然中国人曾长期以其礼教文明的成就而自豪，但恰恰是这个"礼"在西方文化中远没有什么突出的位置，一般人通常不过把它理解为礼节规矩之类的。如果说西方文化崇尚法治，中国文化崇尚礼治，则这一现象本身就很有意思，它说明了"礼"有可能是我们解开中西方文化差异秘密的一把钥匙。①

学者们在理解中国文化特征的时候，常倾向于从儒学的特征看问题，把儒家传统直接当成中国文化特征的主要塑造者。②这样理解诚然有合理性，然而也存在这样的问题：为什么西周礼乐传统在经历春秋战国长达500多年的毁坏之后，到汉初却能在一夜之间恢复过来？为什么数千年来，儒家传统多次惨遭毁灭性打击，却能

---

① 礼在中国文化中的特殊重要性至少表现在三个方面：其一，作为衡量人之为人的重要标志。"礼"是孔子提出的"五常"之一。"今人而无礼，虽能言，不亦禽兽之心乎？"（《礼记·曲礼上》）其二，作为处理人际关系，在一切人事交接中最重要的指针。"夫礼者，所以定亲疏、决嫌疑、别同异、明是非也。"（《礼记·曲礼上》）其三，作为治国安邦、天下太平的最重要利器。即所谓"上下之纪、天地之经纬也，民之所以生也"（《左传·昭公二十五年》）。
② 例如西方学者在讨论儒教在东亚工业化地区的影响时，通常是直截了当地将当地将"东亚文化"称为"儒教文化圈"，将东亚人生活方式的方方面面包括人际关系网、公共精神、群体取向等，直接理解为儒教文化现象。似乎中国或东亚地区的人们与西方不同的、最为典型的生活方式皆可以"儒教文化现象"视之（参见Tu, *Confucian Traditions in East Asian Modernity*, 1–10; Tu, Hejtmanek, and Wachman, perface to *The Confucian World Observed*; Tu, "Implications of the Rise of 'Confucian' East Asia," 195–218）。另一方面，有些学者也明确地用儒家经典的内容来解释中国文化的一些特征，如黄光国先生［参见Hwang Kuang—kuo, "Chinese Relationalism: Theorectical Construction and Methodologyical Considereations," *Journal for the Theory of Social Behaviour* 30, no. 2 (2000): 155–178; 黄光国：《人情与面子：中国人的权力游戏》，杨国枢主编：《中国人的心理》，江苏教育出版社2006年版，第226—248页］。李泽厚更认为孔子的仁学思想极大地塑造了中国人的文化—心理结构，从而对构造中国人的民族性格以及中国文化的发展方向起到了巨大作用。他说："由孔子创立的这一套文化思想……已无孔不入地渗透在广大人们的观念、行为、习俗、信仰、思维方式、情感状态……之中……亦即构成了这个民族某种共同的心理状态和性格特征。值得重视的是，它由思想理论已积淀和转化为一种文化—心理结构。"（李泽厚：《中国古代思想史论》，人民出版社1986年版，第34页）

够一次次起死回生？为什么最近数十年来，儒家传统在已丧失殆尽的情况下，却能在短短十几年间成为国学复兴的热门话题？

一个事实是：在英文中很难找出可以精确翻译"礼"的术语来，ritual、rite、etiquette、propriety等这些常用来翻译"礼"的单词通常指礼节、规矩、礼貌、适度等，似不足以表达"礼"在中国文化中的特殊重要性；civility有时也被用来翻译"礼"，但是此词来源于欧洲中世纪时城里人的生活方式，因而与传统生活方式相对立。

另一个重要事实是：在西方政治学、法学、社会学经典中，几乎没有哪一本是专门研究"礼"的，更谈不上视"礼"为治国安邦最有效的武器。比如古希腊政治学经典，像柏拉图的《理想国》、亚里士多德的《政治学》，以及卢梭的《社会契约论》、洛克的《政府论》、康德的社会政治论著、黑格尔的《法哲学原理》，以及奥古斯丁、托马斯·阿奎那、孟德斯鸠、托克维尔（Charles Alexis de Tocqueville，1805—1859）、伯克（Edmund Burke，1729—1797）、马克斯·韦伯、杜尔凯姆等一系列思想家的经典著作，我们从未看到他们有谁系统、专门地论述过"礼"。这与儒家经典形成鲜明对照："六艺"或"五经"之一就是"礼"，围绕它形成了"三礼"，在后世又有无数学者专门研究礼，并写成了大量礼学专著（看看《四库全书总目提要》中的礼类著作就可一目了然）。

虽然"礼"在人类所有文化中都具有普遍意义，但它之所以在中国文化中扮演如此重要的角色，则可能与中国文化的习性有关。所谓中国文化的习性，是指中国文化在长达数千年岁月中缓慢积淀形成的一种文化心理结构。它构成了中国文化的基本模式。下面我们借用文化人类学、社会心理学等领域的研究成果，从"关系本位"或"关系主义"的角度来理解中国文化模式，并从这一角度出发来理解中国文化中人们内部自我整合方式的特点，从而探索中国文化模式或中国文化心理结构与儒家传统特别是礼学之间的内在联系。这也是我们理解中国现代性之不同于西方或其他民族现代性的基本出发点。在这个基础上，我们就能解开上述一系列问题的秘密，对儒学为什么在中国文化中长盛不衰以及礼教文明对中国现代性的特殊重要性等问题有新的认识。

我们可能面临的一个批评是：在礼教传统与中国文化心理结构这二者之间，究竟孰先孰后？对于这个问题，我想在这里略作说明的是：一是关系本位的文化心理结构，可以从包括殷周金文、《左传》、《国语》、《老子》、《庄子》、"三礼"、《尚书》、《易经》、《吕氏春秋》、《韩非子》等儒家获得独尊之前写下的古代文献中找到大量存在的证据；二是在儒家思想遭遇了致命摧残并正式退出多数人现实生活的新中国（特别是"文革"中），关系本位的文化心理结构仍然可以找到大量充分的证据。关于这一点，杨美惠（Mayfair Mei-hui Yang）、任柯安（Andrew B. Kipnis）等许多人的研究已经证明；三是即使你认为今日中国文化的心理结构是儒家塑造出来的，还是不得不承认，鉴于这一文化心理结构顽强的生命力，它所引起的社会问题更适合于用儒家的办法来解决。它的存在本身意味着礼以及儒学在中国现代性中的重要性。这是我们观察儒家传统在未来中国复兴的一个新视角。

一、文化理论的启示

20世纪初叶，就在后来影响中国学术界长达一个多世纪的进化论思想刚开始风靡中国之际，在西方学术界兴起了一股新思潮，矛头直指进化论。这个学派常被称为历史批评学派，是一个以美国人类学家博厄斯（Franz Boas，1858—1942）为领袖，由他的一群弟子共同构成的学术群体。该学派重点批判了以摩尔根（Lewis H. Morgan，1818—1881）、斯宾塞（Herbert Spencer，1820—1903）、泰勒等人的学说为代表的、在西方盛行了半个多世纪的文化进化论。其精神实质之一是认为人类不同文化各有其不同的价值体系或制度系统，不能用一种标准或今日欧洲文明的标准来衡量人类其他文化。它以人类学、解剖学、心理学等方面的大量知识强有力地反驳了欧洲文化中心论和白人种族主义。同时，博厄斯倡导高度尊重事实和充分了解经验的科学研究方式，批评不同的文化有所谓共同的发展轨迹或阶段之说。

在文化相对论思潮的影响下，出现了几位研究文化模式（patterns of culture）的著名学者，包括克鲁伯（Alfred Kroeber，1876—1960）、萨皮尔（Edward Sapir，1884—1939）、本尼迪克特等人。[1]他们认为，人类不同的文化有不同的主导特征，可以根据这些特征将这些文化从整体上区分出不同的模式。例如，萨皮

---

① 这方面的论著参见Alfred Louis Kroeber, *Anthropology: Race, Language, Culture, Psychology, Prehistory*(New York: Harcourt, Brace and Co., 1923/1948), 311–343；Herskovits, *Man and His Work*, 201–212, 542；［美］克莱德·克鲁克洪等：《文化与个人》，高佳、何红、何维凌译，第3—34页；［美］露丝·本尼迪克：《文化模式》，何锡章、黄欢译，梦觉、鲁奇校。

尔认为爱斯基摩人文化与北美印第安文化相比属于外向的，印地安文化则是内向的①。这种"内向型—外向型"的文化分类方式，与本尼迪克特提出的"日神型—酒神型"的文化分类有相似之处。他们还认为，人类文化的模式是无法预定或穷尽的，不能在没有具体研究之前，先入为主地确定任何一个文化的模式。文化模式的不同，决定了不同的文化之间往往缺乏可比性，对一个文化来说有价值的东西，对另一个文化来说可能就没有价值了。这就进一步为文化相对论提供了依据。②

除此之外，文化研究者们还从心理学角度来提出了"文化的无意识"和"文化逻辑"的思想。法国人类学家列维-斯特劳斯（Claude Levi-Strauss，1908—2009）以神话为对象、从结构主义角度分析了文化中无意识成分的重要性③。本尼迪克特认为文化内部有一种"无意识选择原则"，把大量的行为转化为某种一致的模式，因此文化模式的形成与文化无意识原则有关。④赫斯科维茨也分析认为，文化内部有时有一种"潜在动力机制"，它们是人们有意或无意中普遍认可的前提性原则，暗暗主宰着人们的行为方式。⑤克鲁克洪则认为可将文化区分为显型与隐型两个层面，其中显型文化指人们可以有意识地把握的内容，隐型文化则是人们通常察觉不到的背景性观念，由一系列无意识的文化预设构成。此外，人类学家林顿等人还提出了文化基本人格概念，认为不同的文化会塑造出不同类型的人格，⑥不同文化中的基本人格代表着不同文化的价值体系差异，不能相互通约。

上述这些文化理论，加上其他一些文化理论，如卡西尔（Ernst Cassirer，1874—1945）的文化哲学，格尔茨（Clifford Geertz，1926—2006）的文化阐释学，哈贝马斯的社会交往理论，布迪厄的实践社会学，吉登斯的结构社会学，沃尔纳（Fritz Wallner）的文化—生活世界理论等，构成了今日西方影响深远的文化理论资源。这告诉我们：不同的文化基于不同的深层无意识机制，可能有不同的模式、价

---

① Herskovits, *Man and His Works*, 50. 另参见Eward Sapir, *The Psychology of Culture: A Course of Lectures*, ed. Judith T. Irvine (Berlin: De Gruyter Mouton, 1993), 184–186。
②［美］露丝·本尼迪克：《文化模式》，何锡章、黄欢译，梦觉、鲁奇校，第18—19、35—44、184页，等等。
③［法］克洛德·列维-斯特劳斯：《结构人类学（1~2）》，张祖建译，中国人民大学出版社2006年版，第24、25、182—185、215—216、220—249页，等等。
④［美］露丝·本尼迪克：《文化模式》，何锡章、黄欢译，梦觉、鲁奇校，第37页。
⑤ Herskovits, *Man and His Works*, 221–223.
⑥［美］拉尔夫·林顿：《人格的文化背景：文化、社会与个体关系之研究》，于闽梅、陈学晶译，第99—118页。

值观念和制度结构。因此，我们下一步打算从文化模式、文化无意识机制等角度来研究中国文化的特征，并在此基础上说明中国文化的习性与儒学的关系。

二、中国文化的关系本位特征

李泽厚先生曾在20世纪70年代末、80年代初提出有名的"文化积淀说"，并运用这一学说来研究中国思想史。他不仅受到了德国先验主义传统的影响，也受到了卡尔·荣格（Carl Gustav Jung，1875—1961）和本尼迪克特等人的影响。文化积淀说关注人类各民族通过千百万年的集体生活所逐渐积淀形成的，相对独立于政治、经济变化而持久存在的文化—心理结构，认为它不仅可以解释艺术的形成、发展及其功能，而且可以解释一个民族的性格，特别是中华民族过去几千年发展过程中所显现的一系列特征。中华民族文化—心理结构的形成与"氏族宗法血亲传统遗风的强固力量和长期延续"有关。①

然而，李泽厚对于中华民族的文化—心理结构的具体内容是什么，似乎并无明确、一致的看法。他在研究孔子时提出这一结构主要指由孔子的仁学所代表的，包括血缘、心理、人道和人格四方面的动态平衡关系，②并认为"儒家的确在中国文化心理结构的形成上起了主要的作用"③；而他在研究"中国的智慧"时似乎又从血缘基础、实用理性、乐感文化和天人合一等若干宏观方面来理解它。④我认为李泽厚文化—心理结构的研究思路大体可以成立，⑤他的问题在于并没有真正揭示什么是中国文化—心理结构。他所说的文化心理结构，如血缘、心理、人道和人格四方面的关系，或者实用理性之类的，严格说来受制于更深层次的中国文化—心理结

---

① 李泽厚：《中国古代思想史论》，第299页。
② 参见李泽厚：《中国古代思想史论》，第7—40页。
③ 参见李泽厚：《中国古代思想史论》，第301页。
④ 李泽厚：《中国古代思想史论》，第295—322页。
⑤ 李泽厚的文化积淀说，参见李泽厚：《批判哲学的批判——康德述评》（修订本），人民出版社1984年版，第56—57、415、435—437页；李泽厚：《美的历程》，中国社会科学出版社1984年版，第30、32、35、59、265—266页；李泽厚：《中国古代思想史论》，第7—40、295—322页；李泽厚：《人类学历史本体论》，天津社会科学院出版社2008年版，第39、152—156页；李泽厚：《说文化心理》，上海译文出版社2012年版，等等。

构，或者说还没有上升到真正的中华民族文化—心理结构层面，后者在本书中被表述为"关系本位"。

下面我将揭示，文化心理学研究所揭示出来的、"以关系为本位"的文化—心理结构，有更强大的解释力。李泽厚提出文化—心理结构思路时，许多有关东亚文化心理学的研究刚刚起步，为他所不了解，所以他先入为主地认为中华民族的文化—心理结构主要是若干思想传统特别是儒家传统塑造出来的。殊不知，正如有的文化心理学家①所指出的，如果一种思想体系不能迎合相应文化中人的心理需要，是不可能在其中大获全胜的（李泽厚本人对此也有所认识②）。包括儒家传统在内的若干思想传统之所以能在中国历史上长盛不衰，还有更深层的文化心理原因（尽管我并不否认儒家思想传统等对塑造中华民族文化—心理结构有巨大作用）。本章之所以持这一观点，还因为"关系本位"的中国文化—心理结构（或者说文化模式）可以解释为什么儒家传统对诊治中国文化问题特别有益。

下面我们简单介绍一下侧重于从"关系本位"或"关系主义"角度来理解中国文化模式的研究。我们将从此出发来探索儒学在中国文化中的心理基础，并由此出发来说明儒学的现代意义。

（一）费孝通：差序格局VS团体格局

费孝通《乡土中国》③早在1947年就提出了有名的中国文化差序格局说，与西方文化的团体格局相对。他以水波纹来比喻中国传统社会中人与人的关系，"以

---

① 例如，美国密西根大学心理学家Richard E. Nisbett分别以孔子和亚里士多德代表东、西方思维方式，认为不能简单地说中国人的思维方式是孔子塑造的产物，而应认识到一种思维只有在该文化中有土壤，才会取得成功，这就是孔子在中国文化中成功而墨子没有的原因［Richard Nisbett, *The Geography of Thought: How Asians and Westerners Think Differently … and Why*(New York: Free Press, 2003), 29］。

② 李泽厚用从远古以来的宗法血亲传统来解释中国文化—心理结构的成因时，也以此来解释"为什么儒家会在中国社会和中国思想史上占据了那么突出的地位"。但是另一方面，他又说儒家"在中国文化心理结构的形成上起了主要的作用"，并致力于研究"在构成中国文化—心理结构中起了最为主要作用的那些思想传统"（参见李泽厚：《中国古代思想史论》，第298—301页），可以说这体现了李泽厚思想的自相矛盾。

③ 参见费孝通：《乡土中国　生育制度》，北京大学出版社1998年版，第1—95页。此书主要部分是从社会学角度来比较中西文化，颇多新见，思路和角度均与新儒家学者迥异，亦不同于从思想史角度出发进行的比较。

'己'为中心，像石子一般投入水中，和别人所联系成的社会关系，不像团体中的分子一般大家立在一个平面上的，而是像水的波纹一般，一圈圈推出去，愈推愈远，也愈推愈薄"[①]。中国式人伦的最大特点就是"从自己推出去的和自己发生社会关系的那一群人里所发生的一轮轮波纹的差序"[②]。相比之下，西洋社会的团体格局的基本特点是，"由若干人组成一个个的团体。团体是有一定界限的，谁是团体里的人，谁是团体外的人，不能模糊，一定分得清楚。在团体里的人是一伙，对于团体的关系是相同的，如果同一团体中有组别或等级的分别，那也是先规定的"。由此组成的社会，则"有些像我们在田里捆柴，几根稻草束成一把，几把束成一扎，几扎束成一捆，几捆束成一挑。每一根柴在整个挑里都属于一定的捆、扎、把。每一根柴也都可以找到同把、同扎、同捆的柴，分扎得清楚不会乱的"[③]。

《乡土中国》中有多处论及人治与法治问题，认为中国社会的差序格局决定了中国社会并不适合于西方那种意义上的法治，而适合于礼治。"礼治"与"法治"相对，礼的本质是社会规范，来源于经验的积累。因此将中国社会治理方式称为人治，理解为一部分人的好恶决定一切，与实际不符。作者说，"在中国传统的差序格局中，原本不承认有可以施行于一切人的统一规则"[④]，这样的社会忌讳人与人有公开的矛盾和冲突，最理想的状态是每个人自觉。与西方相比，差序格局社会里，道德决定政治和法律，而不是由一个外在的代表政治的宪法、代表公民团体利益的法律来决定一切。相反，在西方，法律与道德是严格分开的，法官并不承担道德教化的职责。与此相应的，法律诉讼也并不一定涉及道德评判和人格、面子问题。作者指出，西洋的法律概念传入中国，与中国固有的法律概念矛盾很大。

（二）梁漱溟: 伦理本位VS个人本位

梁漱溟《中国文化要义》[⑤]从"伦理本位VS个人本位"的角度来论述中国文化与西方文化之别，并从人情的角度十分精彩地论述了关系本位或伦理本位在中

[①] 费孝通：《乡土中国　生育制度》，第27页。
[②] 费孝通：《乡土中国　生育制度》，第27页。
[③] 费孝通：《乡土中国　生育制度》，第25页。
[④] 费孝通：《乡土中国　生育制度》，第57页。
[⑤] 参见梁漱溟：《中国文化要义》，中国文化书院学术委员会编：《梁漱溟全集》（第三卷），山东人民出版社1990年版，第1—316页。

国文化中的特殊含义。他说："伦理本位者，关系本位也。"①梁并强调，伦理本位或中国人的人际关系，是以人情、情义、情谊为核心的。其结果是在经济上表现为"夫妇、父子情如一体，财产是不分的"②；在社会组织上以五伦为基础，以义务而不是权利为联结纽带③；在法律上西方人那种法治传统，"礼俗"代替"法律"④；在政治上"以孝治天下"⑤；在宗教上人与人在情义上心心相连，彼此关照，"以人生之慰安勖勉"；在文化上，没有西洋的个人权利观念，不承认个体的独立性，总是把个人认作"依存者"，强调个人须以对他人尽责为美德⑥。作者说，中国人人伦关系的理想境界体现为：

> 要在有与我情亲如一体的人，形骸上日夕相依，神魂间尤相依以为安慰。一啼一笑，彼此相和答；一痛一痒，彼此相体念。——此即所谓"亲人"，人互喜以所亲者之喜，其喜弥扬；人互悲以所亲者之悲，悲而不伤。盖得心理共鸣，衷情发舒合于生命交融活泼之理。⑦

（三）许烺光：处境中心VS个人中心

美籍华裔学者许烺光（Francis L. K. Hsu，1909—1999）在《美国人与中国人》⑧这本书中提出"中国文化是处境中心（situation-centred）的以及西方文化是个人中心（individual-centred）的"这一说法，在学术界影响甚大。这本书代表了作者以其独特的个人经历对中、美两种文化、两种生活方式全面、系统、深入地反

---

①梁漱溟：《中国文化要义》，中国文化书院学术委员会编：《梁漱溟全集》（第三卷），第94页。
②梁漱溟：《中国文化要义》，中国文化书院学术委员会编：《梁漱溟全集》（第三卷），第83页。
③梁漱溟：《中国文化要义》，中国文化书院学术委员会编：《梁漱溟全集》（第三卷），第91—92页。
④梁漱溟：《中国文化要义》，中国文化书院学术委员会编：《梁漱溟全集》（第三卷），第121页。
⑤梁漱溟：《中国文化要义》，中国文化书院学术委员会编：《梁漱溟全集》（第三卷），第85页。
⑥梁漱溟：《中国文化要义》，中国文化书院学术委员会编：《梁漱溟全集》（第三卷），第91页。
⑦梁漱溟：《中国文化要义》，中国文化书院学术委员会编：《梁漱溟全集》（第三卷），第87页。
⑧参见Francis L. K. Hsu, *Americans and Chinese: Reflections on Two Cultures and Their People*, introduction by Henry Steele Commager（New York: Doubleday Natural History Press, 1970）。中译本参见［美］许烺光：《美国人与中国人：两种生活方式比较》，彭凯平、刘文静等译，华夏出版社1989年版。

省和思考。作者说："中国人与美国人的生活方式可以归结为两组对比：首先，美国人生活方式的重点放在个人的癖好上，我们把这一特征称为个人中心；与此相对应的是，中国人的生活方式把重点放在一个人在与其同仁关系中的恰当位置与行为上，我们把这一特征称为处境中心。第二组基本对比是，美国人生活方式情绪性突出，而中国人相比之下则倾向于不充分暴露内心。"①作者分别从艺术（如绘画）、文学、家庭观念、两性关系、吸毒、精神病、自杀、宗教等不同角度检验前面关于中、美生活方式的假定，可谓精彩纷呈。许的观点最突出之处在于揭示了人与人"相互依赖"在中国文化中的特殊重要性从许多不同方面来写，相当有说服力。由于此书是针对美国人而写，另一突出之处是对美国个人主义精神之分析。下面这段话可以说最典型地代表了该书作者的观点：

　　我们已经发现，相互依赖是中国人的突出特征，这种依赖于他人、特别是依赖于自己最亲近的群体（primary groups）中人的根深蒂固的倾向，给中国人带来社会的和心理的安全感。有了这种定位，加上从中引伸出来的神灵概念（concept of the supernatural），中国人很少再感受到在其他方面寻求物质或心理满足的冲动。然而，自主的美国人则竭力在自己的生活中把依赖于他人的事实或感觉除掉，这一追求完全独立的无止境斗争，持续不断地给他们带来永恒的社会—心理不安全感的威胁。与父母的亲密关系早期就被切断；取代它的婚姻关系时常不稳定；英雄如过眼烟云；属于哪个阶层取决于不停的个人奋斗以及从下往上爬；与上帝结盟虽然不像前述关系那样稍纵即逝，但受到了同样的分裂力量的影响。这是因为，有了完全自主的理想以及与此相应的、支持人们自主的上帝观念，美国人不得不在人或神灵之外寻找自己的最终定位。②

---

① Hsu, *Americans and Chinese*, 10. 参见中译本第12—13页。
② Hsu, *Americans and Chinese*, 278. 参见中译本第277页。

（四）何友晖：关系取向、关系支配性

香港大学心理学系何友晖（David Y. F. Ho）教授在其一系列论著中[1]，称中国或亚洲文化是关系取向或关系主导（或称关系支配性）的，并在这一基础上提出了关系主义的方法论。他认为西方主流社会心理学中盛行的个人主义方法有严重局限，主张研究"关系中的人"（包括"同一关系圈中的多人"，即persons-in-relation和"同一个人的诸多关系"，即person-in-relations），而不是单纯的个人或处境。这也是作者所提的"亚洲心理学"概念，在方法论上是黑格尔式的。这种方法论的产生与杜尔凯姆有关。[2]在心理学界，20世纪60年代以来已有不少学者批评个人主义方法论，特别是20世纪90年代以来随着对非西方社会研究的开展，这种批评日益强烈。他还提出，目前心理学界存在着范式转换的问题。关系主义作为一种方法论并非只能应用于亚洲，同样可应用于西方社会。[3]何认为，关系取向（relationship orientation）或关系支配性（relationship dominance）是把握儒家文化传统中社会行为之关键。[4]这种文化有如下几个特征：[5]

1.人与人关系的非自愿性与永久性。

2.角色本位：个人由其角色来决定，每个人都从自身所处角色上来定位自己。

3.关系认同：理解一个人要从其与周围人的关系入手，而不能局限于个人本身。

4.个体性发展受制于他人及环境。

---

① 参见David Y. F. Ho, "Interpersonal Relationships and Relationship Dominance: An Analysis Based on Methodological Relationalism," *Asian Journal of Social Psychology* 1, no. 1 (1998): 1–16；David Y. F. Ho, "Asian Concepts in Behavioral Science," *Psychologia* 25, no. 4 (1982): 228–235；David Y. F. Ho and Chi-yue Chiu, "Collective Representations as a Metaconstruct: An Analysis Based on Methodological Relationalism," *Culture & Psychology* 4, no. 3 (1998): 349–369；何友晖、彭泗清：《方法论的关系论及其在中西文化中的应用》，《社会学研究》1998年第5期。

② Ho, "Interpersonal Relationships and Relationship Dominance," 1–16.

③ Ho and Chiu, "Collective Representations as a Metaconstruct," 349–369.

④ Ho, "Interpersonal Relationships and Relationship Dominance," 3.

⑤ Ho, "Interpersonal Relationships and Relationship Dominance," 12–14.

（五）滨口惠俊：人际关系主义

日本学者滨口惠俊曾做过许烺光助手，两人交往笃深。他在许的影响下提出了"人际关系主义"，日语写作"间人主义"（contextualism）。①兹根据中国学者研究介绍其大致观点如下：

1.日本社会中的人不是孤立的原子式个人，"人"这一概念的本义就有与他人相关的成分在内，"行为者是'参与性'主体，即自身的生活空间包含在人际脉络中无法分割出来"②。个人主义有"自我中心主义""自我依赖主义""视人际关系为手段"等三个特点，人际关系主义则有"相互依赖主义""把人际关系视为本质"等特点。

2.人际关系中心主义在行为方式上有"状况中心型"的特点。"日本人倾向于根据所置身的具体'状况'随机应变地决定行为方式，而随机应变的相对行为标准则在彼此间心照不宣。"③

3.人际互动的核心要素是"缘"，"承认'缘'意味承认'相互之间非常相关'，自身是相对的存在这样一个事实。从某种意义上讲，人们在社会上的联系就是由血缘、地缘与职缘构筑的一张无限大的网络，在具有广泛连续性的"缘"构成的因果关系的体系中，彼此联结在一起。与此相对比，西方社会的人际关系则是自由的、独立的个人之间基于利益交换结成的互酬关系的相互作用。既然"缘"是前世注定的，也就意味着个人无法控制、无法摆脱。在尊重缘、信任缘的基础上才能达成互助关系，形成彼此相互支撑的'人脉'，这种价值观就是'人际关系主义'的核心"④。

与人际关系主义相对应的日本社会的原组织形态是"家元"。此词采自许烺光。"家元具有师徒关系上的等级制、拟制血缘制和互助经营制等属性，数量庞

① 中文介绍参见杨劲松：《滨口惠俊及其"人际关系主义"理论》，《日本学刊》2005年第3期。另参见郭峰：《日本：一个众说不一的群体》，《书摘》2004年第3期（其中谈到"间人主义"）。原著参见滨口惠俊：《日本研究原論："関係体"としての日本人と日本社会》，东京株式会社有斐阁1998年版；滨口惠俊：《"関係体"としての日本人と日本社会》，《社会学评论》1998年第4期。
② 杨劲松：《滨口惠俊及其"人际关系主义"理论》，《日本学刊》2005年第3期。
③ 杨劲松：《滨口惠俊及其"人际关系主义"理论》，《日本学刊》2005年第3期。
④ 杨劲松：《滨口惠俊及其"人际关系主义"理论》，《日本学刊》2005年第3期。

大，其组织运转方式及精神在日本社会的影响极其深远。无论是政府机关还是学术机构、大型企业还是宗教团体，其中都隐含着家元模式。"①所谓"原组织"，不是指单个的具体组织，而是指某种普遍的组织形式。

（六）黄光国：人情与面子的关系模式

台湾大学心理学系黄光国（Kwang-Kuo Hwang）教授也认同中国文化以关系主义为特征，并对中国人的关系心理学作了较为深入的剖析②，认为中国人在权力游戏（指掌权者与有求者之间的往来关系）时主要受到工具性联系和情感性联系两者的同时影响。完全从工具性联系出发做事，双方关系遵从的是公正原则；完全从情感性联系出发做事，双方关系遵从的是需要原则；当两种因素并存时，遵从的则是人情原则。因此当有求者需要找当权者办事时，他们的关系学可能从加强与后者的工具性联系或情感性联系入手。"有面子"与"没面子"都体现在对方买不买账上。作者又进一步认为，这种人际关系模式也是儒家所支持的。③作者还指出，儒家所说的"义"翻译成西方语境中的justice是错误的，因为中国文化中的"义"是情境化的、人情化的，而不像justice那样建立在"一刀切"（impersonal）的普遍原则之上。④

黄认为"人情""面子"是把握中国文化中人际关系的两个关键概念。我认为"人情"体现了中国文化中人与人之间联系的特殊方式，即情感性因素在其中占突出位置。上文所述的梁漱溟也已明确涉及这一问题。所谓情感性因素，我认为是指人与人之间以情和爱为基础建立起来的特殊联结，在"仁""恻隐之心"等术语中得到体现。它是"差序性的"（借费孝通语），故儒家说"爱有差等"。因而中国人的关系确如费孝通所说，是以己为中心、呈现为水波纹式扩展趋势，关系圈的范

① 杨劲松：《滨口惠俊及其"人际关系主义"理论》，《日本学刊》2005年第3期。

② 黄光国：《人情与面子：中国人的权力游戏》，杨国枢主编：《中国人的心理》，第226—248页［英文版参见Kuang—kuo Hwang, "Face and Favor: the Chinese Power Game," *The American Journal of Sociology* 92, no. 4 (1987): 944–974］。

③ Hwang, "Chinese Relationalism: Theoretical Construction and Methodologyical Considereations," 155–178；参见黄光国：《从社会心理的角度看儒家文化传统的内在结构》，黄俊杰编：《传统中华文化与现代价值的激荡》，社会科学文献出版社2002年版，第129—161页。

④ Hwang, "Chinese Relationalism: Theoretical Construction and Methodologyical Considereations," 155–178.

围和界限也不明显。但是费孝通未把人情作为核心来对待。"面子"则反映了中国人人际关系的另一重要特征，即中国人特别关注自己在他人心目中的形象或位置。所以，"面子"与"羞""耻"属于同一范畴的人际关系概念，但含义有所不同。"给面子"意味着当事人不愿因为某件事与另一个人关系搞僵或不和，它鲜明地体现了中国人交往的一大特征：对人不对事。

（七）尼斯贝特：contextual, relational and interdependent

20世纪90年代以来，在尼斯贝特（Richard E. Nisbett）等心理学家的领导下，包括Shinobu Kitayama、Hazel Rose Markus、彭凯平等一批学者在东亚文化心理（以中、日、韩为主）与欧美文化心理的比较研究方面取得了大量成果。尼斯贝特总结认为，东亚人习惯处境化、关系化和相互依赖的思维，把事物都看成相关的，处于因果循环链之中的存在。他们不习惯把客体当作一个脱离其处境的、孤立的对象来研究，尤其不习惯脱离具体事物建立一个抽象的范畴，或以脱离一切具体处境的普遍化原则（rules）来理解事物及其关系。此外，东亚人不把个人当作独立的，而是当作处境中的人。他们区分"圈子内"（in-group）与"圈子外"（out-group）。东亚人的关系意识使他们表现出对于争论的回避，西方人则迥然不同。相比之下，西方人习惯把客体当作脱离其背景和处境的独立个体，通过研究其属性建立起某种抽象的法则，并用线性因果而非循环式的因缘来解释事物之间的关系，习惯于建立范畴（category，范畴指脱离具体经验事物而建立的抽象概念，比如从熊猫、猴子到"动物"概念，通过明确界定"动物"的含义，再把它应用到其他动物的身上），确立抽象原则，以及进行纯形式的逻辑推理。[①]下面摘要介绍尼斯贝特所描述的若干心理实验：

心理实验一（独立性程度）：让一批来自美国、中国及日本的7—9岁的儿童参与一项试验，问他们："用G、R、E、I、T这几个字母可以拼出什么单词来？"一些孩子被告知，他们可以按照特定的方式来做；另一些孩子被给出若干拼字法，供他们选择；还有一些儿童被告知，他们的父母希望他们按某种方式来做。研究者要

---

① 较为系统全面的论述参见Nisbett, *The Geography of Thought;* Alan Page Fiske et al., "The Cultural *Matrix of Social Psychology,*" in The Handbook of Social Psychology, ed. Daniel T. Gilbert, Susan T. Fiske, and Gardner Lindzey, 4th ed. (Boston: McGraw-Hill, 1998), 915–981。

记录每个儿童采取的拼字方式及花费时间。美国小孩对于按照自己选择的方式做表现出最大的兴趣，而对按照妈妈的教导做表现出极低的兴趣，说明他们认为这样做会让自己的自主性受到伤害，个人兴趣得不到鼓励。相反，亚洲儿童对于听妈妈做表现出极大的兴趣。[1]

心理实验二（处境意识）：让一批日本大学生和美国大学生看96种不同事物的照片，其中有一半他们以往见过，一半未见过。然后，以两种方式重现这些事物，一种方式是让这些事物在与当初同样的背景中出现，另一种方式是让它们在与当初不一样的背景中出现。结果发现：日本学生对于重现背景未变的对象的识别能力强于美国人，而对美国学生来说，背景的变化对其识别能力根本没有影响。这说明：东亚人所认识的对象与背景"紧密地连在一起"。再将一批动物放在多种不同的背景下展示，测试美国学生与中国学生识别它们的准确度和速度。结果再次发现中国学生比美国学生更多地受到背景的影响。当背景发生变化时，他们犯了比美国学生多得多的错误。[2]

心理实验三（检测东、西方人对于他人及环境的敏感度）：给日本学生和美国学生看一段关于水下动物的视频，然后让他们汇报自己看到了什么。日本学生比美国学生更多地汇报他们"看到了"鱼的感受和动机，比如"红鱼的鳞受伤了，一定很生气"。让一批中国学生与美国学生看一些鱼在各种相关情景下游动或追逐的情景，比如一群鱼追赶另外一条鱼，或者它们在接近另一条鱼时突然离开。然后让学生们说单条鱼与鱼群的"感受"是什么。中国人遵照要求作了回答，美国学生则感觉很困难，无法回答鱼的感受。显然，东亚人对别人的"感受"比较敏感，而美国人对别人感受的敏感程度则相对低一些。[3]

心理实验四（检验东、西方人的群体意识。既然东方人认为群体是安全感之源，而西方人则否，那么……）：让一些人来参与一个"不幸体验"的试验。现在有一种苦味饮料，需要有一些人喝。受试验者需要通过抽签来决定谁喝。分两种情况进行抽签：一种情况下，受试验者被告知他需要单独抽签，共四次，每支签上有号码，四支上的号码总和决定他是否喝苦饮料。另一种情况下，受试验者被告知他与另外四个人一组，每人抽一支签，由四个人抽中的签上的号码总和来决定他是否

---

[1] Nisbett, *The Geography of Thought*, 58–59.
[2] Nisbett, *The Geography of Thought*, 90–92.
[3] Nisbett, *The Geography of Thought*, 60.

需要喝苦料，但受试验者不会见到同组的另外三个人。最后要每个受试验者说出，他认为是自己单独参与活动更幸运，还是四人一组参与更幸运。日本受试验者认为四人一组参与活动更幸运，而美国人则认为单独参与活动更幸运。事实上，没有任何证据证明，一个人参与与四人一组参与对结果有何实际影响。①

作者还提到，西方人喜欢按约定行事。一旦契约签定，无论环境的变化使当事人当初签约的动机发生了什么样的变化，他们通常都不会再考虑改变按约行事。但是相比之下，在相互依赖和高度处境型的文化中，人们则会根据环境变化来改变约定。一个例子就是20世纪70年代日本糖业公司与澳大利亚签定了一份合同，五年内以每吨160美元的价格向澳大利亚提供糖。但是合同刚签定不久，世界市场中的糖价大幅下跌，日方因此主动向澳方提出，根据环境的巨大变化协商修改合同。但是澳方不认为可以因为环境改变就修改合同，他们拒绝了日方的要求。②

（八）杨美惠、任柯安：中国人生活中的"关系学"

美籍华裔中国台湾学者杨美惠，对北京及华北地区人际关系盛行的情形及其功能进行了大量实证研究。③她认为人际关系既是走后门和腐败的温床，同时也具有其他的积极功能。她和一些西方学者有关中国社会中人际关系的研究，对我们每一个中国人来说都再熟悉不过了，特别是有关拉关系、走后门、请客送礼之类。

任柯安从人类学的角度对中国华北一个村庄——山东省邹平县冯家村（靠近淄博，该县亦是梁漱溟早年进行乡村建设的试验地）进行了为期二年（1988—1990）的实地进驻考察，对中国文化做了一个非常典型的微观研究。他分析了冯家村人们建立或重建关系的过程和方式，其中包括请客送礼、婚丧等种种礼仪活动中的关系、血缘关系基础上的关系网（本家、姑姑家、姥姥家、姨姨家等）。他接受布迪厄的方法论，认为传统或习俗并不是人们被动、盲目、机械遵守的规则，而是自觉地、有意识地、主动地参与其中。中国人的"关系"决不仅仅是达成某一其他目标的手段，也是目的。"关系"的运作，本身是一种生活，是身体化的（bodily），

---

① Nisbett, *The Geography of Thought*, 99.
② Nisbett, *The Geography of Thought*, 66.
③ Mayfair Mei-hui Yang, *Gifts, Favors and Banquets: The Art of Social Relationships in China*（New York: Cornell University Press, 1994）.

即与活生生的体验是分不开的。"感情"（类似于黄光国的"人情"概念）是关系中最重要的组成部分，是关系的主观内容，作者借用了孙隆基"人情的磁力场"这一说法描述之，他认为包括"磕头"在内的许多礼节性行为，均与中国人的关系心理有关。然而包括费正清在内的一批西方汉学家却把磕头误解成一种阿谀奉承或卑贱可怜的动作，殊不知磕头是一种社会生活形式，形塑个人的内心世界。所以，磕头是一种创造性而非破坏性的社会活动，带有积极的建设意义。这一点需要通过关系及与之相关的感情来说明。①

由于许烺光以来多位学者的努力，汉语"关系"一词目前在西方语言中已不再被译为relation、relationship或interpersonal relation，而常常被译为汉语拼音——guanxi。这是因为越来越多学者认识到，汉语中的"关系"与英语中的relation、relationship存在着基本的含义区别，relation、relationship在西方语境中指两个独立的"实体"之间功能性的互动关系，并不涉及中国人在人际关系中所投入的情感或人情的因素。

基于上述研究，我们对中国文化模式作如下假定：

> 中国文化的模式，可以概括为人与人心理上、情感上以及价值观上相互模仿、相互攀比、相互依赖的思维方式和生活方式，以及在人与人、人与环境的相互依赖关系中寻找自身的安全感。这种特征，我们称之为中国文化中的"关系本位"，也称之为中国文化的习性或中国文化的深层心理结构。

所谓关系本位，是相对于西方的个人本位提出来的。具体来说，在中国社会中，人与人之间在心理上、情感上以及人生价值追求上具有强烈的相互依赖性，而西方社会中人与人之间虽然同样存在某种相互依赖，但占主导地位的思维或生活方式可能是人在心理上、情感上以及人生价值追求上对神的依赖，或对自身的依赖。这种中国文化的特征，我们可称之为一种"习性"，因为它可能是在漫长的历史发展过程中，在大体相同或相近的社会生活方式中逐渐积淀而成的（我认为这种文化习性大体上在西周时期已基本成型）。正因为如此，它具有相当强的稳定性和历史连贯性，不会因为环境因素的改变而轻易改变。但是，我绝不是说这种习性一定永

---

① Andrew B. Kipnis, *Producing Guanxi:Sentiment, Self and Subculture in a North China Village*（Durham, NC: Duke University Press, 1997）.

远不变，变与不变的规律是什么显然值得进一步研究。

如果早在儒家思想获得独尊以前，上述这种关系本位或关系主义的文化心理结构就已经在中国文化中占据统治地位，那么儒学的提出，就不是空穴来风，而是针对此一文化习性的问题。因此，我们尝试换一个角度，从"礼"赖以兴起的文化心理基础来说明，儒学与中国文化的模式之间的内在关联，从而说明儒学在中国文化中根深蒂固的基础。

三、礼是关系本位下最有效的制度安排

现在就让我们从关系本位出发来理解礼在中国文化中的特殊意义。

按照古人的说法，礼的主要功能是限制人的欲望，从而确立社会秩序。荀子说，"人生而有欲，欲而不得……则不能不争""争则乱，乱则穷""故制礼义以分之"（《荀子·礼论》）。把礼的这一功能进一步放大就是为世间建立秩序，即所谓"理万物"（《礼记·礼器》）。《左传》则进一步把礼的地位提高到"上下之纪、天地之经纬"（《左传·昭公二十五年》）的地步。据此，礼的作用类似于宪法，甚至比宪法还重要。正因如此，"治国不以礼，犹无耜而耕也"（《礼记·礼运》）。将这些方面结合起来看，可以发现，礼的主要功能在于建立可靠的政治、社会秩序，甚至宇宙秩序。这充分说明了儒家所说的礼承担着社会制度的功能。如果这一观点正确，也就自然驳斥了另一种常见的观点，即：儒家把社会治理的希望完全寄托于圣贤、道德，而不像西方人那样寄托于健全的制度。儒家已经交待得十分明确，制礼的主要目的正是限制每个普通人都有的正常的"人欲"，甚至强调即使圣人也"不能加于礼"，就像再巧的工匠也必须遵守"绳墨"一样（参见《荀子·法行》）。

为什么儒家主要从礼而不是法的角度来谈制度建设？为什么儒家一直主张礼大于法？为了圆满地回答这个问题，让我们先厘清一下"制度"这个概念。

1993年诺贝尔经济学奖得主、美国杰出的经济学家道格拉斯·诺斯（Douglas

C. North）撰写的《制度与制度变迁》一书①是目前西方新制度经济学领域的名作之一。该书对正式制度与非正式制度的关系作了相当精彩的分析，指出非正式制度是一切正式制度赖以形成的条件，也是一切后者得以有效运作的前提。一切正式制度比起在背后支撑它的非正式制度来说，前者是冰山露出海面的部分，而后者是冰山深藏在大海的基体。诺斯所谓"非正式制度"（informal constraints），指的是习俗、规范、传统、风气、潜规则、流行信念之类的东西。我们都知道，法律是正式制度，"礼"无疑更接近于非正式制度。根据诺斯的观点，我们可以得出："礼"是"法"的基础，广泛普遍渗透在我们的生活中，比"法"更能反映一个社会生活的本质。从这个角度来看，我们可以发现，"礼"具有维持社会秩序的强大功能，一点也不奇怪。而且事实上，在任何一个社会，它的实际作用都比法强大得多。只不过由于它的"非正式性"，人们往往注意不到它罢了。

　　然而，非正式制度正是由于建立在社会习惯和传统基础上，或者说它的"非正式性"，所以缺乏可制作性。它的最大缺陷在于，过于体现具体情境的特点，过于灵活多样。跟正式制度相比，非正式制度总显得"普遍化"程度不高，不像正式制度应用起来简便易行。在不同的地域、不同的背景下，人们总是有不同的习俗和非正式制度。非正式制度的另一个致命弱点，就是对人没有强制性，因为它主要靠"多数人自觉认可"这一方式来发挥作用。如果有人不认可，可能会受到他人谴责，但不一定能得到及时纠正。所以在人类各个文化中，人们都把建立正式制度当作最重要的任务。毕竟正式制度操作性强，确立容易，废除也容易。它的强制功能以及"一刀切"的普遍性特点，也使其实践的功效更明显、突出。但是，正式制度的问题也显而易见。首先，正式制度由于完全依赖于"一刀切"的普遍原则，会缺乏灵活性，不合乎情理。实际生活中的人事总是多种多样、千变万化的，很多事情合法而不合理，或合理但不合法。正式制度的这一特点，导致它的"非人性化"，使得很多人成为无辜的牺牲品。另一方面，正式制度由于建立在"强制性"基础上，所以有时候对人们只能发挥惩罚作用，不能让人心服口服，从而不能有效地调动人们维护它的主观能动性。再者，正式制度由于不像非正式制度那样有强大的社会心理基础，加上确立和废除都容易做到，故易于反复无常，不能通过长期向一个方向努力产生累积效应。相比之下，非正式制度的另一重要特点是，它在多年的积

---

① Douglas C. North, *Institutions, Institutional Change and Economic Performance*(Cambridge: Cambridge University Press, 1990), 36–47.

习中缓慢形成，其权威性也往往在历史沉淀和社会氛围中形成。所以，非正式制度通常不是谁想订立就能在一夜之间确立的，而一个已有的非正式制度有时也不是谁想废除就能在一夜之间废除的。跟正式制度相比，非正式制度有更强大、更稳固的社会心理基础。

　　由上可知，正式制度和非正式制度各有优劣。一个社会的制度建设朝着什么方向努力，需要考虑其自身的"国情"。从儒家坚持"礼大于法"这一点可以看出，儒家真正推崇的是非正式制度，而不是正式制度。这一点最经典地体现在孔子"道之以政，齐之以刑，民免而无耻；道之以德，齐之以礼，有耻且格"（《论语·为政》）这一名言之中。严格说来，"礼"是介于非正式制度与正式制度之间，但更接近于非正式制度的一种制度。虽然在儒家传统官方化、意识形态化后的古代宗法社会中，礼制中的很大一部分后来转化成了正式制度，变成了具有强制执行力的"法"（家法或国法），但是古人仍强调它的"非正式"特征，主张"礼从宜，使从俗"（《礼记·曲礼》），认为礼的精神实质在于"敬"（《孝经》）这一活的精神，而不是循规蹈矩。也就是说，反对从"正式制度"的特征来理解礼。①总的来说，儒家所倡导的制度建设走的是以礼为重、以法为辅的道路，把非正式制度作为一项人为的工程来建设，使之由隐到显，由不彰到彰，由不规范到规范化，由不合理到合理。那么，为什么儒家主张礼大于法而不走西方的法治道路呢？这可从关系本位的中国文化模式来说明。具体来说：

　　首先，在以人际关系为本位的文化中，人和人之间相互整合遇到的一个不同于西方的主要问题就是，人际关系所具有的力量比任何东西都大，它像一条巨龙，任何外在的束缚都可能被它撕破，都不可能束缚得了它。设想一种凌驾于它之上的、理想的外在制度网络来束缚它从而使之理性化，本身就是行不通的。今天的中国人常常说，"制度是死的，人是活的"。它反映在关系本位的中国文化中，任何制度，只要在人心中没有牢固的基础，就随时可能被改变。这种行为被今人称为"变通"，被古人称为"权"。所以要在这种文化中确立起有效的制度，必须首先从人入手，而人的问题归根结底是人际关系问题，必须首先拿人际关系开刀，把解决人际关系问题当作首要大事来抓。即，要在人际关系中确立起一种有效的相互服从关

---

① "至于犬马，皆能有养；不敬，何以别乎？"（《论语·为政》）"祭如在，祭神如神在。""居上不宽，为礼不敬，临丧不哀，吾何以观之哉？"（《论语·八佾》）类似这样的论述在历代儒家经典中不胜枚举。

系，使得人与人之间从你争我斗、群龙无首变成和谐有序，唯此才能拧成一股绳，形成有效的社会整合。这就是说，在中国文化中，社会制度问题的解决依赖于人的问题的解决，更准确地说，依赖于人际关系问题的解决。这一事实的实际后果是：在中国文化中，什么能够有效地解决人际关系问题，什么就能当之无愧地成为建立健全社会最强大的武器。

那么，能够有效地解决人际关系不协调问题的利器是什么呢？是法还是礼？我们发现，礼作为一种制度安排，跟法相比在解决人际关系问题时更为有效，这主要是因为礼比法更好地体现了随处境而变化的特点。关系本位使得中国人习惯于"情境化的"思维方式，从自身当下切身的关系处境出发来看世界，并倾向于通过建构一种和谐、稳定的关系处境来获得安全感。这一切，导致中国人不习惯于接受"一刀切式"的、"非人化"的、冷冰冰的法则，而更喜欢因时因地制宜、适应当下处境特点的规则。由于礼在整合人际关系方面比法灵活性更大，所以它理所当然地比法更受欢迎。与正式制度强调"普遍性""强制性""非个人化"有所不同，礼的灵活性、弹性、柔韧性更强，更适合中国人的口味。这正是儒家提倡"礼大于法"的重要文化心理基础。我们看到，儒家经典中常强调礼的作用是塑造人与人的关系，可以用《左传》中的一句话来说明，即"明贵贱，辨等列，顺少长，习威仪"（《左传·隐公五年》）。但是在儒家看来，礼的功能不限于此。它可以有效地引导人面对复杂、多样的关系，达到与一切制度同样的功效。《礼记·曲礼》云：

> 夫礼者所以定亲疏，决嫌疑，别同异，明是非也。
> 道德仁义，非礼不成，教训正俗，非礼不备。分争辨讼，非礼不决。君臣、上下、父子、兄弟，非礼不定。宦学事师，非礼不亲。班朝治军，莅官行法，非礼威严不行。祷祠祭祀，供给鬼神，非礼不诚不庄。

其次，关系本位文化的最大特点之一就是重人情。这也是礼比法在中国文化中更受欢迎的又一重要原因。正如费孝通等人所揭示的，中国文化中人与人的关系是有等级、层次、亲疏远近之分的，而决定等级层次及亲疏远近的关键因素是人情，即梁漱溟先生所谓"一啼一笑，彼此相和答；一痛一痒，彼此相体念"的亲情世界。人情，说穿了是指人与人之间情感上的联结。这种联结，在英文中有时可表达为expressive ties，我认为译为affective bonds更佳（人情在英文中通常被译为favor，并不准确）。人情是中国文化中把人与人牢固地联系起来最重要的纽带。人情的建立有时非常不易，但一旦建立起来，就将导致一个人为另一个人奔命，甚至可以到达是非不分的地步。所谓"任人唯亲"，所谓裙带关系，所谓小团体主义等等，均与此有关。当然，人情的积极作用也是巨大的，它可以把人们真正地整合起来，促成共同体主义和集体主义的效率，并让人找到安身之所和安全感。这体现了中国文化中人们需要在与人而不是神的关系中安身这一重要特点。所以，重人情成为中国文化中天然的倾向，具有强大的、不可阻挡的力量。可以说，一个人不懂人情，对中国文化就永远处在"绝缘状态"。[①]正是人情的力量，使得礼比法在中国文化中更受欢迎，也使礼在中国文化中对人与人的整合所能发挥的作用比法大得多。原因很简单，非正式制度建立在更深厚、更牢固的社会心理基础上，所以更有"人情味"。古人特别是儒家一再强调，礼是顺应人情而作的。

> 礼义以为器，人情以为田。（《礼记·礼运》）
>
> 故人情者，圣王之田也，修礼以耕之。（《礼记·礼运》）
>
> 凡礼之大体，体天地，法四时，则阴阳，顺人情，故谓之礼。（《礼记·丧服四制》）
>
> 礼者，因人之情而为之节文。（《礼记·坊记》）
>
> 缘人情而制礼，依人性而作仪。（《史记·礼书》）

---

① 牟宗三先生在《历史哲学》一书中对中国古代社会中的人情世界，作了极为精彩的描述。他说"宗法的家庭族系，依着亲亲之杀，尊尊之等，实兼融情与理而为一，含着丰富无尽藏的情与理之发扬与容纳。……在此种情理合一的族系里，你可以尽量地尽情，你也可以尽量地尽理。而且无论你有多丰富的情，多深远的理，它都能容纳，绝不会使你有无隙处之感：它是无底的深渊，无边的天。五伦摄尽一切，一切摄于五伦。"（牟宗三：《历史哲学》，台湾学生书局1984年版，第74页）"无论为天子，为庶人，只要在任何一点上尽情尽理，敦品励行，你即可以无不具足，垂法后世，而人亦同样尊重你。"（牟宗三：《历史哲学》，第74—75页）"就在此'尽'字上，遂得延续民族，发扬文化，表现精神。你可以在此尽情尽理，尽才尽性；而且容纳任何人的尽，容许任何人尽量地尽（荀子云：王者尽制者也，圣人尽伦者也。孟子云：尽心知性知天）。在此'尽'上，各个体取得了反省的自觉，表现了'主体的自由'，而成就其为'独体'。"（牟宗三：《历史哲学》，第75页）

四、为什么不是自由？

尼斯贝特在描述东亚与欧美的思维方式差异时敏锐地意识到，由于东、西方的"人"的概念不同，西方的人权概念可能不一定适用于东方文化。他提到，人权是基于西方文化中个体独立性的概念，即社会是无数独立个体的聚集，因此西方人的社会是建立在"一与多"的区分基础上的。东方人倾向于把人理解为全体中的一部分，没有独立个体的概念，因而个人被理解为存在于与他人相互依赖的关系中，因此强调个人对他人的理解、照顾、责任和义务，而不是自己的权利。因此，他批评西方人从道德上来批评东方的人权问题，其实是不对的。对东方人来说，美国社会的许多问题是强调个人自由导致的。①

一批文化心理学家指出，②欧美文化把人理解为一种连续、稳定、自主、边界确定、独立于处境的实体。这个实体拥有一系列内在的个人属性，包括爱好、动机、目标、态度、信念、能力、主观感受等，并正是由这些属性支配、决定和影响着个人的外在行为。在这一基础上，每个人把自己想象成一个独特的自我（distinctive self）。具体表现为，在欧美文化中，父母从小就有意识地培养孩子们的自我意识。调查发现，有64%的美国母亲注重培养孩子们的自我意识，而中国母亲只有8%。美国中产阶级让孩子从婴儿起就与自己分开睡甚至分屋睡。在学校里，孩子们需要学会表达自己，描述自己，展示自己，甚至儿童的课程设置也是为了开发每个学生的独特潜力，强化他们每个人的"独特感"，所以已经个人主义化。美国孩子们养成了"对于一个稳定不变的我的欲望"，这个"我"是完整、稳定、不可分割和独立于周围环境的。例如，他们认为，一个人换了场合就隐瞒自己原来的观点，是自我没有稳定性的表现，说明一个人没有勇气坚持自己的信念。

在个人主义的文化中，孩子们从小就学会了在生活的各个方面养成自主的习惯，表现为被鼓励或被要求在各种各样的选择中获得自我的认同感，包括对自己的食物、衣服、冰淇淋、洗澡时间、发型……所有生活事情上自己做出选择。孩子们被鼓励对自己的每一件事情，哪怕是非常细小的事情，都由本人亲自决定。"你是现在就睡呢，还是先洗个澡再睡？"一个独立而自主的自我就是这样形成的。美国

---

① Nisbett, *The Geography of Thought*, 198—199.
② Fiske, et al, "*The Cultural Matrix of Social Psychology*," 920—922.

社会生活的方方面面都是围绕着让人们按照自己的喜好进行自我选择而展开的。在超市里，在餐厅里，在所有的购物场所里，人们被要求不断地进行自我选择，并由此展示、确认或表达他们的独特自我。"Help yourself."美国人就是在这一过程中获得自我的独特感，和对自身命运的主宰意识。在这些描述中，我们深深体会到西方人对个人自由的追求和热爱渗透在他们日常生活的每一个细节中，也证明他们对自由的信仰来自他们灵魂的"深处"。这是我们今天在西方意识形态、报刊媒体、文艺作品等一系列宣传中看到他们对自由不假思索地强调、颂扬或赞美的根本原因。

由此我们理解，当西方文化影响到非西方世界，他们会不自觉地、本能地从个人自由的角度来看人类其他文化。深受西方现代文化影响的人们，每每因为在儒家经典中找不到"自由"二字而深深叹息。在西方人的心目中，自由是衡量一个社会进步与否的最主要尺度。然而，恰恰是这个衡量社会进步尺度的东西在儒家传统中找不到。这难道不是证明了中国文化特别是儒家传统很落后吗？

对于这个问题，我们只要再回头看看中国文化的习性及其与西方文化的差别，即可理解。首先，在中国文化中，从人格发展的角度看，每个人在人生发展道路上的最大障碍并不是他人或群体对个体的压抑，而是能不能处理好自身与他人的关系。换言之，即使有这种压抑，也是人际关系的问题，需要通过人际关系的方式来解决。由于人际关系是变动不居的，又是高度人情化的，所以处理人际关系本身就是一门学问和艺术。人际关系的高度发达，使得中国文化中三种最常见的态度被发展出来，分别表现在儒、道、法三家之中。一是积极有为地建构人际关系，使之向好的方向发展。这就是儒家。《中庸》谓"君臣、父子、夫妇、兄弟、朋友之交"五者为"天下之达道"。细思可以发现这五种人际关系代表了当时社会结构下最主要的人与人关系，而儒家致力于规范它们，并深刻地指出：只要能将这五种人际关系引导到正常轨道上，天下就安定了。与此同时，儒家指出，以礼义之道来处理人际关系，才体现了人区别于禽兽之所在。因为禽兽处理相互关系的最常用方式是诉诸暴力，乃至你死我活，而不懂得相互尊重、照顾弱者。所以在长达几千年的岁月中，中国人一直以"礼仪之邦"自豪地认为自己是人类文明的中心，并不是没有道理的。《礼记·曲礼》中有言："夫唯禽兽无礼，故父子聚麀。是故圣人作，为礼以教人，使人以有礼，知自别于禽兽。"

然而，由于有些人际关系存在根深蒂固的缺陷，儒家并不能完全解决，所以中国文化又发展出道家和法家这两种态度。法家的态度是犬儒式的。正视贪欲难以根除的现实，本着自我中心或明哲保身的处世态度，法家主张掌握各种场合下人际关系的特点，尽量利用它，最大限度地为己服务。而道家则秉持对人际关系完全不抱希望的消极悲观态度，主张通过出世完全逃避人际关系和人情锁链，在物我两忘的神仙境界中逍遥自乐。

无论是儒家，还是道家或法家，均未主张一种类似于西方自由主义者所强调的、建立在个体独立性基础上的自由理想。如果道家的理想有一种自由精神，这种精神也是建立在"出世"的基础上，而决不是如西方自由主义那样，在此岸人间世界追求个人自由，因而二者在性质上完全两样。至于儒家，之所以主张通过修身、礼义的方式来规范人际关系，而不主张个人自由，是出于对人际关系复杂性的深刻洞察。因为很明显，人与人良好的关系只能通过相互尊重、相互理解、相互体谅来建立，而不可能通过追逐"个人自由"来建立。我们看到，在人际关系压倒一切的中国文化中，最大的威胁往往来自内部不和谐及其所引起的分裂，而导致内部不和及分裂的根源又往往是每个人自我中心的欲望。儒家的重要性在于，对群体的生存来说，如何协调每个人的欲望，使之不至于人人以自我为中心，导致争斗不息和分崩离析。所以，很自然地，这种文化不可能把个人自由当作其核心价值。我们看到，当20世纪以来西方自由主义被引进到中国来以后，立即引起不少人特别是深谙中国文化现实的政治家们的警觉和反感，不假思索地把自由主义等同于自我中心主义和狭隘的自私自利思想，并大加批判。在儒家经典中，我们则看到，礼义对于限制人欲的重要性一再被强调：

> 故圣人之所以治人七情，修十义，讲信修睦，尚辞让，去争夺，舍礼何以治之？饮食男女，人之大欲存焉；死亡贫苦，人之大恶存焉。故欲恶者，心之大端也。人藏其心，不可测度也；美恶皆在其心，不见其色也，欲一以穷之，舍礼何以哉？（《礼记·礼运》）

> 好恶无节于内，知诱于外，不能反躬，天理灭矣。夫物之感人无穷，而人之好恶无节，则是物至而人化物也。人化物也者，灭天理而穷人欲者也。于是有悖逆诈伪之心，有淫泆作乱之事。是故强者胁弱，众者暴寡，知者诈愚，勇者苦怯，疾病不养，老幼孤独不得其所，此大乱之道也。是故先王之制礼乐，人为之节。（《礼记·乐记》）

> 礼起于何也？曰：人生而有欲，欲而不得，则不能无求。求而无度量分界，则不能不争；争则乱，乱则穷。先王恶其乱也，故制礼义以分之，以养人之欲，给人之求。使欲必不穷乎物，物必不屈于欲。两者相持而长，是礼之所起也。（《荀子·礼论》）

从这些论述可以看出，古代儒家之所以不把自由当作核心价值，是因为中国文化的习性，特别是与没有个人主义传统有关。说得简单一些，个人自由不利于克服关系本位社会的中心问题。牟宗三描述了中国古代宗法社会中"道德的主体自由与艺术性的主体自由"。[①]这种自由，我们可以从孔子"七十而从心所欲而不逾矩"（《论语·为政》）的名言，孟子"中天下而立"（《孟子·尽心上》）的浩然气概，庄子的"逍遥游"宣言，唐诗宋词的永恒境界，禅宗和宋明"新儒家"的精神不朽等之中找到。不过这种类型的"自由"显然是指"道德情感上的自由"或纯粹主观的精神自由，而不是西方自由主义所指的、建立在个体独立性基础上的、与个人权利相关的自由。

五、从礼看儒学对中国现代性的意义

不妨这样来理解：如果现实生活中那些必须以强制方式实行的制度可称为"硬制度"的话，那中国文化中的礼就是一种"软制度"。在儒家文化中，礼是人们应当实行的，甚至必须实行的，但这并不意味着如果不实行就违背了国家或社会的法律，就会被相应的职能机构惩罚。一定时代或一定环境下的某些礼有时候对身在其中的人来说是具有强制性约束力的，但是与法律法规的强制性相比，后者的强制性要"软"得多。正是这种不带明确强制性的礼，在中国文化史上有着至高无上的地位，在儒家心目中比法律法规重要得多。可以说，儒教文明是一个礼教文明，这种现象本身就非常有趣，而不应当被错误地理解为"由于中国文化停留在前文明阶段，没有发达的法治，只能靠礼这种传统的手段来维系"。如果说西方社会是法治，中国社会就是礼治。对于人际依赖心理支配下的中国文化来说，硬制度可能会扼杀人性，和这个文化的文明理想背道而驰。

对于中国人来说，关系本位的中国文化模式决定了只有礼才能代表一种积极有效的社会整合方式，礼制好比是一种积极的制度，法制则只能是一种消极的、以防范为主的制度。所以自然地，礼会成为中国文化中真正有力的东西。"道之以政，齐之以刑，民免而无耻；道之以德，齐之以礼，有耻且格"（《论语·为政》），

---

① 参见牟宗三：《历史哲学》，第74—82页。

这一观点所传达的最重要的信息就是，在中国文化中，人心的整合，特别是人的主动性的调动有着特殊、重要的意义。只有当人们愿意主动、自觉地维系某种精神或价值时，才能真正建立理想的人际关系，而制度的意义也才能体现出来。在西方文化中，法的含义远远走出了消极防范的功能，本身就具有积极规范生活方式的强大力量，所以人们自然很难理解为什么中国人总是以消极的眼光看待法，也不认为中国人有真正意义上的法的精神。这一结论当然也是正确的，但若因此而误以为儒家认识不到制度的重要性，以实行法治与否作为衡量一个社会是否进步的准绳，就错了。

我们试图从文化习性的角度来说明，儒家在中国社会中存在的文化心理基础及其过去长盛不衰的根本原因。由于关系本位或关系主义的文化心理结构至今仍然顽强地存在于中国人的社会里，可以设想，在未来的中国，由于同样的文化模式，礼治仍将是中国现代性的应有之义。这又进一步说明儒学的复兴在中国文化中至今仍有牢固的基础。当然，我绝不是说要恢复过去的礼教。前面说过，非正式制度不是可以凭借个人之力在一夜之间订立的，而必须借助于历史的积淀、风俗的养成和传统的建立，需要强大而顽固的社会心理基础支撑。这是今天任何试图重建礼治秩序的人所不得不认真面对的。我们的研究使我们有理由坚信，人文社会科学如果只是套用西方的范式，而不重视文化模式和文化心理结构问题，习惯于从普遍主义的方法论及与西方完全一样的范式来研究中国社会，成果将非常有限。我们在这方面也只作了一点初步探索，相信还有许多更有价值的话题值得研究。

附：西方学者论“礼”的现代意义

本章侧重探讨礼在中国文化中存在的文化心理基础，但这不等于礼没有超越民族性的普遍意义。下面这组资料可以在一定程度上说明礼学的普遍意义，尤其在现代社会中。

其一，人类学家道格拉斯（Mary Douglas）从符号学的角度论证了礼作为文化的习俗和传统，其作用比正式的法律制度大得多。作者并不是一位儒家学者，其著作却系统、全面、深入地探讨了礼（ritual）的重要性，认为礼是传统社会中最重要的文化资源，而现代西方人通常所谓的“自由”不过是一种幻觉。她用大量宗教、儿童认识论及语言学等方面的例子来证明：人从来到世上的第一刻起就生活在种种关系、规范、规矩、礼节、结构等之中，每一个语言及行为都是受社会规范影响的产物，不存在脱离礼节规范的绝对自由，改变、变革只是用一种规范、结构取代另一种规范和结构而已，而非彻底摆脱规范和结构。作者进一步认为，现代社会中礼的衰落是其文化贫困的一种表现。①

其二，芬格莱特（Herbert Fingarette）《孔子：即凡而圣》一书对礼的作用有极精彩的阐述。他受西方语言分析哲学影响甚大，且不是一位专业的儒学研究者，甚至不懂汉语，他的这本书却对西方汉学界产生了振聋发聩的影响。从他以后，西方汉学界对《论语》及儒学的认识有了巨大飞跃。而这本书阐发最有力的方面就是儒家的"礼"这个概念。作者以极其生动的语言告诉我们，礼在当代人（主要指西方人）生活中无处不在，是一种神奇的力量，有时不能言喻却威力无穷。他还论证了许多我们平常意识不到的礼，正是决定我们一切人与人交往行为成败的关键，而且是人们在与他人的动态关系中"使人成为人"的关键。②

其三，美籍华裔学者柯雄文（Antonio S. Cua）教授对儒家的礼学作了相当精彩、深入的分析。他认为，仁和礼是道德生活中两个相辅相成的范畴。仁好比是道德行为的实质或内容，礼好比是道德行为的形式或准则。他引用现代西方伦理学理论指出，任何道德行为都不可能没有外在的标准，否则道德学说将失去规范意义。一个理想的人格，应该是道德生活上述两个方面的完美结合。儒家的君子正是这一结合的典范。③另外，他还认为，礼也可以说是人与人最恰当的交往方式，这就是它有时在英文中被译为propriety, rules of propriety, rules of proper conduct的原因。他还强调，从儒家传统看，礼还可以成为道德、宗教、审美价值的最高统一体。儒家不仅仅从祭祀的角度谈礼（宗教），也不仅仅从道德修养的角度谈礼（道德），还注重礼乐并举、礼乐交相为用（审美）。由此可见，儒家的礼决不是僵化、压抑人性的教条和阻碍社会进步的负担。相反，它至少有两个重要功能：从个人角度讲，它是培育道德人格，使人性自我实现的重要渠道；从社会角度讲，它是区分人

---

① Mary Douglas, *Natural Symbols: Explorations in Cosmology* (London: Routlege, 1996) .
② Herbert Fingarette, *Confucius: The Secular as Sacred* (New York: Harper and Row, 1972) . 中译本参见［美］赫伯特·芬格莱特：《孔子：即凡而圣》，彭国翔、张华译，江苏人民出版社2002年版。
③Antonio S. Cua, "Reflections on the Structure of Confucian Ethics," *Philosophy East and West* 21, no. 2 (1971): 125–140.

群关系的准则或规范。①杜维明在有关论文中也对仁与礼的含义及关系作了相近的分析。杜认为，礼是仁在特定情境下的外化，礼体现了儒家不只是在理论上谈仁，而且要在入世中实践仁的精神。如果说仁代表一种内在性原理，礼就代表一种特殊性原理。礼好比是世界的准则。有礼而无仁，人不成其为人；有仁而无礼，只是空谈。仁与礼之间存在一种张力和平衡，需要人在实践中体认和把握。②

其四，南乐山（Robert Cummings Neville）是美国波士顿大学的一位神学家，其主要成就在神学方面。但是他对儒学也情有独钟，《波士顿儒家》等论著的出版使他早已被公认为美国波士顿儒家的主要代表人物之一。礼成为他所重点阐发的对象，因为他认为礼代表一个文化中最重要的意义象征系统，其重要性体现在：任何成熟发达的文明均是象征符号发达、丰富、和谐一致的系统，象征符号是否和谐一致及有效运作是文明成败的关键，或者说文明好坏的标志，由此可见礼的特殊重要性。儒学的礼给我们的一个重要启发是：孝悌而不是生物性联系，尊重而不是使用权力，友谊而不是相互利用，才是人类生活中最重要的东西。由此，他说，文化是由礼构造出来的，礼代表文明的规范，礼构成或意味着人类社会中的和谐。他进一步从实用主义哲学观出发，指出：现代世界中"文明"的日益多样化、多元化，导致不同文化、文明样式之间的碰撞与融合成为现代世界上的主要问题之一，在这种情况下儒家的礼学思想给我们的启示之一是如何努力营造一种不同文化之间在生活习惯、行为方式、思想方式、风俗价值等方面的全面和谐。③

其五，《东西方哲学》杂志在2001年有一篇文章专门讨论儒家礼教思想与西方自由主义的关系，作者Hahm Chaibong在文章中论证认为，表面看来，儒家的礼教思想与西方自由主义是完全对立的，一个注重训练、适度、道德，一个讲独立、自由、自主。但是从另一方面看，二者之间所谓对立也可能是假象。因为自由主义者虽然把个人自由看得高于一切，但是从来不告诉人们如何运用自己的自由，如何实践个人自由。从这个角度讲，儒家的礼学思想注重个人训练，这对西方人如何在实

① Antonio S. Cua, "Li and Moral Justification: A Study in the Li Chi," *Philosophy East and West* 33, no. 1 (1983): 1–16.柯雄文另有专门论述荀子礼学的论著，参见Antonio S. Cua, "Dimensions of Li (Propriety): Reflections on an Aspect of Hsün Tzu's Ethics," *Philosophy East and West* 29, no. 4 (1979): 373–394。

② Tu Wei-ming, "The Creative Tension between Jen and Li," *Philosophy East and West* 18, no. 1/2 (1968): 29–39.

③ Robert C. Neville, *Boston Confucianism: Portable Tradition in the Late-Modern World* (New York: State University of New York Press, 2000), 8–15, 25–40.

践中运用自由同样是必不可少的，可见礼学与自由主义之间的鸿沟是可以填平的。[1]

除了上述诸家，还有不少学者对礼的内涵及其普遍意义作了一定的探索。[2]

---

[1] Hahm Chaibong, "Confucian Rituals and the Technology of the Self: A Foucaultian Interpretation," *Philosophy East and West* 51, no. 3 (2001): 315–324.

[2] 如Robert Eno, *The Confucian Creation of Heaven: Philosophy and the Defense of Ritual Mastery* (New York: State Univesity of New York Press, 1990)等。

第三章　儒学与民主关系再思考

20世纪中国学术界在理解儒学与民主的关系时，多半从一种非历史的、理想主义崇拜心理出发，从一种抽象的哲学原理（抽象人性论、价值论或形而上学）的角度来理解民主产生的原因，从而不自觉地预设了民主是普遍适用于人类一切历史条件的最理想的政治制度，认为民主就是人民主权或人民当家作主，是最大限度地体现人的尊严的制度，并构造了民主/专制二元对立的人为神话。正是在这些错误假定之下，「儒学反民主」与「儒家支持民主」这种虚假的理论对立出现了。也正是由于对民主的这种「乌托邦式」理解，很多现代学者包括现代新儒家学者对于中国古代未出现民主政治而深感遗憾，挖空心思地试图总结儒家未提出民主思想的原因，将中国古代未出现民主归因于思想，包括儒家的道德学说或内圣取向，并认为拥抱或建设民主是现代儒家的主要使命之一，或从儒家的「公天下」思想，或从一种抽象的人性论出发来讨论儒学与民主结合的理论基础。本章对上述现代新儒学中有关儒学与民主关系的研究进行检讨，试图澄清儒学与民主关系研究中的种种误区。

本章试图论证说明：其一，民主制与君主制一样，都是特定社会历史条件下出现，依赖于特定的社会、历史、文化条件的政治制度。古典儒学没有提出民主思想，是十分正常且合理的。因为，民主制与君主制一样，并不是什么可以超越一切历史时代、一切民族国家和文化差异而普遍有效的政治制度。长期以来，脱离具体的社会历史条件来理解民主存在的基础，是导致上述种种误区的主要根源。其二，民主政治即使在当代社会条件下也不是普遍有效的。从东亚文化尤其是中国文化的特征看，以党争和大众政治为特色的民主政治可能不如以修德、尊贤为特点的精英政治（贤能政治，meritocracy）有效。由此，并不是所有现代民族国家都应以民主为核心价值，而儒家的贤能或精英政治理想仍可能是未来中国政治文化的基石。其三，儒学本质上不是一种民主学说（尽管其中可能包含有利于民主的因素），这非但不是一大局限，反而有助于克服在中国文化中实行民主所可能带来的一系列根深蒂固的问题。正像历史上的儒学没有以拥抱君主制为自己的主要使命一样，今天的儒家也没有必要以拥抱民主制为自己的主要职责，而应该从其修德、尊贤的传统出发，为建设一种合乎中国国情的现代政治制度做贡献。

　　民主问题是20世纪以来人们理解儒家思想局限的重要因素之一，没有民主思想据说也是儒学落后于时代的重要标志。对于现代儒家学者来说，不承认民主似乎就是落伍的象征。为了证明自己进步，他们不得不一再证明儒家传统也有"民主的"成分或精神。一个多世纪以来，无论是儒家学者还是非儒家学者，都经常困扰于这样的问题：为什么中国古代没有出现过民主政治？为什么儒家没有提出过民主思想，而只停留在民本的层面？为什么儒家学者永远只知道寄希望于统治者的德性，而不知道以法或制度的方式来限制君权？以梁漱溟、熊十力、牟宗三、唐君毅、徐复观等人为代表的一批现代新儒家学者，更是煞费苦心地试图说明儒家或中国文化中没有出现民主政治的根本原因，甚至试图"亡羊补牢"，提出在中国文化中建立民主的相应方案。

　　伊佩霞的《剑桥中国史》[①]，费正清的《新中国史》[②]这类在西方大学里被广泛采用的历史类教材或教学参考书，在描述中国自鸦片战争以来的近代史时，一般都说晚清以来中国的保守官僚、士大夫正是受到儒学的熏陶，才夜郎自大、固步自封，拒绝改革和开放。这类观点对西方人的儒学观影响甚大。很多西方人认为中国人在儒家传统的影响下，自古崇尚权威，至今没有民主和自由，他们都说儒家"三纲"教育人们服从权威，如此等等。这些观点，反映了当前西方学术界对儒学与民主关系的主流看法，与中国"五四"学者的看法一致。不过，在美国汉学界，情况显然有所不同。狄培理《亚洲价值与人权》（*Asian Values and Humaun Rights*）、《中国的自由主义传统》（*The Liberal Tradition in China*）等书，杜维明关于儒学与自由主义的研究，均与中国近代早期学者如徐复观、唐君毅等人从儒家追求个人尊严及人格独立完整等角度论证与民主不相违背的倾向相一致。此外，郝大维、安乐哲《先贤的民主》（*The Democracy of the Dead*）关于社群主义民主的讨论，也体现了目前西方汉学界对儒学与民主关系的积极看法。

　　另一个值得关注的动向是，最近十多年来，对儒学以及所谓"亚洲价值"（Asian values）与民主的关系的讨论开始超出汉学界。例如，福山出于对亨廷顿等人的回应，对儒学与民主的关系作了正面辩护，或许值得一提。他指出，亨廷顿等人认为，儒学不支持个人主义、反对把法律置于一切现实权威之上等，所以与民主

---

① Patricia Buckley Ebrey, *The Cambridge Illustrated History of China*(Cambridge: Cambridge University Press, 1996).

② John K. Fairbank and Merle Golaman, *China: A New History*, enl.ed.(Cambridge, MA: Belknap Press of Harvard University Press, 1992).

不相容，这一观点夸大了事实。他说，诚然，儒学中有与民主不相容的部分，比如它倾向于"国家权威高于个人自由""和谐重于分歧"等。但是另一方面，儒学又包含着有利于民主的成分：首先，儒学主张通过科举考试选拔精英参政，这一思想具有平等主义的内涵。其次，儒学非常重视教育，而教育是民主得以健全发展的必要条件。其三，儒家有一种宗教和意识形态上的宽容精神，这一点在历史上得到了证明。他同时引用杜维明的观点指出，如果区分政治儒学与生活儒学（作为个人伦理），可以发现虽然儒学一直在历史上与政治紧密结合，但政治儒学从来不是它的本质内容，儒学的精神实质体现在个人伦理方面。正是后者，与现代民主不相冲突。即使从政治儒学的角度看，它在中国与日本也不一样，在日本并无改朝换代之说，"天命"从来不变；但是在中国，儒家并不支持盲目服从权威，也不认为"天命"永恒不变。①

Brooke A. Ackerly 也分别从三个方面分析了儒学与民主可能有的积极关系，认为可以从如下三个方面来对儒家政治思想作民主式的解读：其一，性善论。每个人本质上都是仁的，因而都能参政。其二，政治、经济及社会制度的功能在于培育人的德性，使之健全。其三，对于政治领导人及公民的职责和行为的公开批评，以及对旨在培育人的德性的机构的公开批评。显然，作者试图从这几个方面来说明儒学在现代民主社会的积极意义。福山等人从积极方面来讨论儒学的观点，其实在我国早就为新儒家学者如徐复观、张君劢、唐君毅等人所讨论过，因而并不新鲜。不过由于福山并非一位儒家学者，他的观点在西方学术界的影响自然有其特殊意义。②

胡少华对于儒学与民主的关系作了相当全面而完整的总结，主张对于儒家是支持民主还是反对民主的问题，持一种简单的肯定或否定态度都是完全错误的。他大抵认为儒家学说（他以孔孟学说为代表），本质上不是一种民主学说。所以它既不是本质上支持民主的，也不是本质上反民主的，而是"非民主的"。他认为儒学以家庭而不是个人为本位，没有公民选举思想，所以本质上不是民主学说。正因为儒学本质上不是民主学说，所以虽然它有一些民主成分，但是把它说成一种支持民主的学说未免太过。可是儒学不是民主学说，并不等于它一定反民主。事实上，它的许多成分确实可以与民主政治相互支持。他详细分析了儒学亲近于民主的方面，

---

① Francis Fukuyama, "Confucianism and Democracy," *Journal of Democracy* 6, no. 2(1995): 20–33.
② Brooke A.Ackerly, "Is Liberalism the Only Way toward Democracy? Confucianism and Democracy," *Political Theory* 33, no. 4 (2005): 547–576.

如儒学反对暴政，为人民权益说话；有参政问政精神，有"己所不欲，勿施于人"（《论语·颜渊》）的宽容精神，有"人皆为可以尧舜"（《孟子·告子下》）的平等精神。儒家与民主不同之处在于：儒学主张人性善，民主思想主张人性自私；儒家以家庭为重，民主以个人为主；儒家拥护等级制，民主不主张等级划分；儒家以伦理、道德代替法律，没有法治精神；最后，儒家没有选举及分权思想。但是这些不同，不等于会把一个社会引向极权。事实上，中国古代社会不是民主社会，但也不是极权社会，人民确实享有一定的自由，尽管不是有绝对保障的自由。在现实中，中国古代的皇帝或天子受到了许多外在因素的限制，不可能对百姓实施全面控制，社会的自主性和地方自治在中国古代得到了发展；天子的权威甚至在皇室内部也受到限制，诸如祖先训诫、礼仪、典章、习惯、风俗、大臣等。从实践效果上看，他认为儒家也在一定程度上支持了中国古代威权主义的统治：忠君思想、官僚体系、道德上的保守倾向、重男轻女、家庭中心思想等。胡的观点提醒我们，虽然唐君毅、徐复观等现代新儒家学者对儒学支持民主的倾向辩护甚力，但是他们由此推出，从儒家的道德理性精神可自然地引申出民主政治来，也是不切实际的判断，有夸大之嫌。[1]

此外，还有Albert H. Y. Cheng对牟、唐、徐、张及李明辉、林安梧等当代一批中国儒家学者的观点进行了讨论，探讨了儒家如何实现"创造性转换"的问题；Shaun O'Dwyer站在实用主义角度对儒家的社群主义民主的讨论，对安乐哲等人的观点进行了批评分析，等等。

我们的目的不在于全面说明儒学与民主的关系。对于儒学与民主的关系，本书以下述立场为前提，即儒家政治思想本质上不是一种民主学说。虽然儒学中确有许多有利于民主的成分，但也有许多与民主异质的成分；确有不少人严重夸大了儒学的"反民主"性质，但也有不少人过分强调了儒学的"民主"性质。我们既不想为儒学"有利于民主"辩护，也不想批判儒学中"非民主"的成分。我们要检讨的是，迄今为止对儒学与民主关系的大量研究，多是在下述可能成问题的思想前提下进行的，即民主制或自由民主制是人类社会或现代各民族一种理想的政治制度模式，是否采用这一模式是衡量一个现代民族国家进步与否的最重要指标之一。我将提出这样的问题：这一思想前提真的正确吗？

---

[1]Shaohua Hu, "Confucianism and Western Democracy," *Journal of Contemporary China* 6, no. 15(1997): 347–363.

　　我认为，儒学与民主关系中的理解误区主要在于：忽视民主只是人类社会特定历史条件下的特定政治制度安排，不知其在公民社会的合理性与君主制度在古代宗法制度下的合理性程度大致相当；从一种抽象人性论的角度来理解民主产生的原因，不自觉地预设了民主是普遍适用于人类一切时代的、最理想的政治制度，认为民主就是人民主权或人民当家作主，是最大限度地体现人的尊严的方式，并构造了民主/专制二元对立的人为神话。正是在这些前提假定之下，"儒学反民主"与"儒家支持民主"这种虚假的理论对立出现了。也正是由于对民主的这种理想化的、"乌托邦式"的理解，许多关于儒学为什么没有提出民主政治思想的追问和研究才得以出现，并衍生出许多争论不休的话题。鉴于在西方已有学者明确批评这些思想误区①，我们的批评将主要针对现代新儒家学者。

　　我提出另一个让大家进一步思考的问题，即：一个多世纪以来，特别是二战以来包括中国在内的大量非西方社会的民主化实践，究竟给了我们怎样的启发？从过去中国大陆及其他国家（包括菲律宾、韩国、新加坡、泰国、印度、日本以及许多拉美国家）的民主实践，我们是否发现，长期以来我们对于民主的理解存在重大误区或思想陷阱？正是这些误区或思想陷阱让这些国家在民主化改革中付出了沉重代价？我们试图揭示，在理解儒学与民主的关系时，人们常常忽略本来十分重要的两个取向：一是民主是如何在特定的社会历史条件下形成的；二是在不同于西方的文化背景下，民主赖以有效运作的文化心理基础。总而言之，我们的主旨说明：一是中国古代为何没有出现民主制；二是民主并非普世价值；三是反思在非西方社会中建立自由民主制之难；四是从文化习性的角度看"政统"在未来中国重建之路，不是简单地建立民主，而是恢复贤能治国；五是重新定位儒家在民主时代之功能，即不是如何与民主相结合，而是与其根深蒂固的问题做斗争。

---

① David L.Hall and Roger T. Ames, *The Democracy of the Dead*; Daniel A. Bell, *Beyond Liberal Democracy: Political Thinking for an East Asion Context* (Princeton and Oxford: Princeton University Press, 2006).

一、现代新儒家民主观的若干观点

大体来说，现当代学者特别是新儒家学者在研究儒学与民主的关系中，常常是在如下一些在我看来有问题的观点之下展开的：

观点一：民主政治是古往今来最理想的政治制度形式，具有超越时代的合理性，因为只有它才能充分体现人人平等，尊重人的尊严和主体性。

观点二：民主政治符合儒家的"公天下"理想和道德理性要求，只有通过民主政治，儒家的道德理性和"公天下"理想才能真正落实。

观点三：传统儒家虽有民主精神，但是在实践中一味寄希望于国君或统治者的德性和自律，而认识不到通过法律或制度给统治者以客观有效的限制。

观点四：中国古代君主制度所具有的许多根本性问题均与未实现民主政治有关，只有实现民主政治，才能从根本上解决君主专制的内在矛盾和问题。

观点五：中国古代未出现民主政治，或者说儒家未提出民主政治制度，与儒家的思维方式有关，或者说是思想用力方向偏颇所致。

观点六：现代儒学必须拥抱民主，以实现民主为最主要的使命之一，这是儒学实现创造性的现代转化的必由之路。

下面具体说明现代新儒家思想中的上述假定：

1.现代新儒家多从"公天下"这一角度论证民主政治之合法基础，并预设民主政治为一种超越时代的普世价值。

熊十力先生的《原儒》从源头来论证民主政治本于孔子大同思想。首先，他认为，民主是真正从公天下的角度解决政权合法性基础的唯一有效途径。因为君主制以一己之私凌驾于天下人之上，以其"独夫"的个人意志为"法"之基础，违背天下公意。"夫君主以私意制法，而宰割万物，未尝不自以为义也。然则义与不义，如何辨？民主论派则直断之曰义生于众。此真一语破的也。以独夫之意制法，迫天下亿兆之众以必从。虽欲勿陷于不义，不可得也。由天下亿兆之众各本其公欲、公恶，互相扶助、互相制约以立法，则不义之萌绝矣。义生于众，不生于独夫。大哉斯言！"[①]其次，在他看来，现代民主政治的思想基础即孔子"公天下"的太平世界构想，体现于《春秋》《礼运》《周官》等经典中。他依据何休的春秋三世之

---

① 熊十力：《原儒》，山东友谊书社1989年版，第575页。

义，提出孔子想要实现的大同世界（即"太平世"）就包含民主政治这一内容，因为该世界无阶级、无特权、无君主、无专制、无国界，人不为私，国不自为，人人安于仁义，各地互不相争，"天下为一家，中国为一人"①。

1958年，唐君毅、牟宗三、徐复观、张君劢四人发表的《中国文化与世界——我们对中国学术研究及中国文化与世界文化前途之共同认识》（以下简称《宣言》）认为，只有民主政治，才能从根本上解决政权合法性基础的问题，符合"天下为公"的理念；只有民主政治，才能从制度上限制统治者滥用权力；只有民主政治，才能让道德主体性真正落实，实现真正的政治平等。②这些民主观念与熊氏可谓一致。他们虽没有直接说民主政治是一切时代条件下一切社会最理想的政治制度，但其论说内容显然体现了这一预设。据此，民主与否可以看作衡量一个社会是否进步的最重要标准之一。他们强调，儒家认为"天下是天下人之天下"，而非一人、一家或一族之天下，这些思想以及儒家追求每个人的尊严和道德主体性，都必然导向民主政治，因为这些理想在专制政治之下无法充分实现。牟宗三对这种思想作了很好的解说。他引用黄梨洲"三代以上，藏天下于天下；三代以下，藏天下于筐箧"之言，称只有"民主政治"才能实现"'藏天下于天下'的理想"③。

唐君毅从"公天下"角度论述民主政治尤多。他在1953年《中西社会人文与民主精神》一文中说："我想民主政治，在原则上无人能反对。因政治是大家的事。政治上不应有依血统、种族、性别、经济地位、一党、一派而成之特权阶级；政治权力，应有一客观限制；人民基本人权应有一客观保障，都是可直接依人之道德理性而建立的命题。"④他又在1958年《民主理想之实践与客观价值意识》一文中说，我们可以从个人能力的解放、每个人的权利平等、社会安定和平、个人生命理想之实现等多种不同的角度理解，"民主"就像公理一样，其真理性会得到所有人的公认。他说：

① 熊十力：《原儒》，第621—659页，等等。
② 参见牟宗三等：《中国文化与世界——我们对中国学术研究及中国文化与世界文化前途之共同认识》，唐君毅：《中华人文与当今世界》，台湾学生书局1980年版，第865—929页。又题《为中国文化敬告世界人士宣言》，以下注称《中国文化宣言》。
③ 牟宗三：《新版序》，《政道与治道》，台湾学生书局1987年版，第20—21页。
④ 唐君毅：《中西社会人文与民主精神》，《人文精神之重建》，台湾学生书局1978年版，第396页。

　　民主之理想是自由世界的人几于共认的真理。我们可以从民主能解放一切个人的能力，来主张民主。我们可以从每一个人之权利，皆需要保障，来主张民主。我们亦可从每个人皆生而平等，上帝或自然之生人，并无各种阶级之别与人为的束缚，以主张民主。我们亦可从历史的试验，证明民主的社会政治，是更安定和平的社会政治，而主张民主。我们亦可从每一人能有其自觉的人格尊严，能自尊尊人，而不愿受无理之束缚，以主张民主。我们亦可从一切人皆同为上帝之儿子，或同为一绝对精神之分别表现的唯一个体，以主张民主。我们亦可从每人有一自觉的生活的世界与他人不同，而要求在其生活之社会化的历程中，充实其所生活的世界，而不丧失其所生活的世界，以主张民主。我们亦可以经由逻辑的分析，以知世间，只有个体为唯一的真实，每一个体之全部性相，皆不能等于其他个体，以主张民主。我们亦可以从人皆可以为尧舜，人皆是平等的能为圣之道德的主体，因而人亦皆当平等为政治社会之主体，以主张民主。最后一种是我平日喜欢讲的。因唯此是究竟义。但是与其余诸说，亦无必然之冲突，而且可相涵摄。[①]

　　他进一步指出，这一切民主的理由，又可从根本上归于两个原则：一是人与人平等原则，二是人与人差别原则。"民主之基本精神，即一平等的肯定差别之精神"，即"人与人人格之平等的肯定，与人与人之个性之差别性的肯定"。[②]他认为"平等"本身就蕴含着对"差别"的肯定，因为承认每个人平等，即等于承认人们相互差别之合理。尽管唐也认识到西方民主之发生由客观历史条件之决定，但是他并不认为民主政治是"局限于"特定的客观历史条件而有效的，西方历史上的客观条件因素只是诱因，使西方人更早地认识到民主的重要性而已。好比西方人比我们早认识到"地球绕着太阳转"可能与西方当时的科学环境有关，但不等于"地球绕着太阳转"对我们来说不是真理。

　　必须指出，现代新儒家学者从"公天下"及人格平等等一些抽象的政治原理来说明民主政治之必要的思想倾向，实已认定民主政治为超越一切时代之普世价值。因为很明显，只要"天下为公"无人能反对，就无法否认民主政治为一切时代通用的普遍价值。换言之，任何人类社会，只要不实行民主，即不符合"公天下"的

---

① 唐君毅：《民主理想之实践与客观价值意识》，《中华人文与当今世界》，第500—501页。
② 唐君毅：《民主理想之实践与客观价值意识》，《中华人文与当今世界》，第501页。

原则，即有专制之嫌。前述四人的《宣言》虽主张在"今日中国"实现民主政治，但并不是以"今日"中国之国情为由，而是以中国古代政治制度的内在问题为由，即从一种古代儒家自身道德理想的内在逻辑出发来主张民主。他们强调，儒家追求"公天下"理想及每个人的尊严和道德主体性，并不能在君主制下充分实现，儒家的道德理想和"公天下"精神与君主制存在矛盾。为了解决这一"根本矛盾"，"即必当发展为政治上之民主制度"[①]。因此可知，在他们心目中，民主政治不仅适合今天，同样适合古代，如果古代儒家认识到他们的理想与现实制度之间的根本矛盾的话。

2.现代新儒家学者对儒家政治思想多持批评态度[②]，多认为儒家道德理想中已有民主种子或精神，但是由于不能提出从法律制度上客观地限制君权，其原有的道德理性精神也得不到真正落实。

1958年，唐、牟、徐、张的《中国文化宣言》认为，儒家政治学说中存在着内在的矛盾或问题，因为儒家的道德精神与其在现实中所妥协接受的君主制是不相容的。"中国文化中之道德精神与君主制度之根本矛盾。而此矛盾，只有由肯定人人皆平等为政治的主体之民主宪政加以解决，而民主宪政，亦即成为中国文化中之道德精神自身发展之所要求。"[③]"我们所以说中国过去儒家之'天下为公''人格平等'之思想，必须发展为今日之民主建国之思想与事业者，则以此思想之发展，必与君主制度相矛盾。因君主之家天下，毕竟仍是天下为私。同时人民在政治上之地位，不能与君主平等……则君主制度必然化为民主制度。故道德上之天下为公、人格平等之思想，必然当发展至民主制度之肯定。"[④]

牟宗三认为，中国古代政治特别是儒家思想的最大问题之一，就是只有"治

---

① 牟宗三等：《中国文化宣言》，唐君毅：《中华人文与当今世界》，第904页。
② 熊十力《原儒》批评君主制，但同时认为孔子早有民主思想，惜后世儒家未能领会并付诸实施。他说，"《周官》之政治主张在取消王权，期于达到春秋废除三层统治之目的，而实行民主政治"（熊十力：《原儒》，第670页）。理由是《周官》主张对国家大事甚至包括国君人选无不进行"大询"（熊十力：《原儒》，第675页）。另一方面，晚周法家在儒家民主思想的影响下，已经提出民主政治，其基本观点载于《淮南子》。后者提出：其一，对国君之权要通过"法籍"和"礼义"来限制，以防其恣意妄为；其二，"法"的基础不是国君一人，而是"义"，"义"的基础又来自"众"（"法生于义，义生于众"）。也就是说，《淮南子》已明确提出以民意为政权最高基础的民主思想（参见熊十力：《原儒》，第575—576页）。
③ 牟宗三等：《中国文化宣言》，唐君毅：《中华人文与当今世界》，第904页。
④ 牟宗三等：《中国文化宣言》，唐君毅：《中华人文与当今世界》，第903页。

道"而无"政道"，或曰只有"治权的民主"，而无"政权的民主"。所谓政道就是政权的性质，治道则是指治国方法。易言之，只讨论治国方式，而对最高统治者本身无限制。"中国文化精神在政治方面就只有治道，而无政道……君主制，政权在皇帝，治权在士，然而对于君无政治法律的内在形态之回应。"牟批评中国古代士大夫"只向治道用心，而始终不向政道用心"，而"君相"成为"超越无限体"，"君是位上无限体，相是德上无限体"。①"真正的民主政治是在'政权的民主'。唯有政权民主，治权的民主才能真正保障得住。以往没有政权的民主，故而治权的民主亦无保障，只有靠着'圣君贤相'的出现。"②建立民主政体，从制度上限制君权，才是政道之所在。根据上述说法可以发现，在牟的心目中，如果古典儒家能够早一点认识到"纯向内用心"之不足，认识到政道比治道更重要，应该早就能提出并建立民主政治。可见他是假设了民主政治不仅适用于今日，同样适用于古代。

徐复观大体上认为儒家政治思想有德治、民本、礼治等特征，注重统治者的自觉和自律，注重统治者与人民之间"以德相与"而不是以力相迫，但缺陷在于没有把人民当作政治的主体来对待，始终只知道从统治者的自我完善入手。由于没有追求人民的主体性地位，唤醒人民的自觉和自立，并通过相应的制度给君权以客观限制，而是永远寄希望于君王的自觉和自律，所以当君王不听时，他们也没有有力的办法。他说，西方近代民主政治以倡人人生而平等的自然法、人与人相互同意的契约论及作为其后果的法治等为特征；相比之下，儒家却只是一心专注于"德"。他们所追求的德，"是一种被覆之德，是一种风行草上之德。而人民始终处于一种消极被动的地位：尽管以民为本，而终不能跳出一步，达到以民为主。于是政治问题，总是在君相手中打转，以致真正政治的主体，没有建立起来"③。他总结儒家政治思想的四大缺陷如下：

其一，只从统治者自身如何改变来考虑，而不能将其精纯的政治思想"客观化出来"，即未能通过确立政治的主体，使政治变成"各种自治团体的综合"；

其二，结果君相之德也难真正取得成效，因为"仅靠统治者道德的自觉，反感到天道的难知，而对历史上的暴君污吏，多束手无策"；

---

① 牟宗三：《历史哲学》，第187页。
② 牟宗三：《新版序》，《政道与治道》，第24页。
③ 徐复观：《学术与政治之间》，台湾学生书局1985年版，第55页。

其三，"纵有道德自觉的圣君贤相，而社会上缺乏迎接呼应承当的力量，圣君贤相也会感到孤单悬隔，负担太重，因之常常是力不从心"；

其四，由于社会空间的开发未受重视，"智识分子的精力，都拘限于向朝廷求官做的一条单线上，而放弃了对社会各方面应有的责任与努力。于是社会既失掉了智识分子的推动力，而智识分子本身，因活动的范围狭隘，亦日趋于孤陋"。①

总之，他认为儒家政治思想的主要局限是没有认识到我们文化中"缺少了个体自觉"这一阶段，从政治上说则"缺少了治于人者的自觉"这一阶段，结果导致对政治"缺少客观的限定的力量"②，所以会出现袁世凯一类的独裁者。他主张，"儒家的政治思想必归结于民主政治"，而民主政治"应以儒家思想为其精神之根据"③。

3.许多新儒家学者认为，中国古代未出现民主政治，与传统儒家的思维方式有关，即传统儒家之所以未能提出民主政治思想，主要是由于思想用力方向的偏颇所致。他们虽然也多认为西方民主政治之出现与其阶级或社会结构有关，但是倾向于把这些历史条件当作外在诱因，而不是内在根本原因。因为照他们思想的逻辑，如果能走出传统儒家那样的思想误区，自然就能提出民主政治思想来。由于不同学者的思想理路不同，他们虽同样从主观思想方面寻找中国未出现民主政治原因，却出现了差别甚大的解释方式。

在《原儒》中，熊十力论证认为孔子早在两千多年前即已提出民主政治之构想，体现于《春秋》大义、《周官》及《礼运》等之中。但遗憾的是，孔子的民主政治思想，竟然在其后几千年的岁月中未被儒家认识，这让他深为感叹。显然，在他心目中，后世儒家误读或背离了六经，未能正确领会孔子要旨，才导致孔子已有民主思想，却未能在中国实现。其他新儒家亦有类似思想倾向，但是解释方式有所不同，因他们不像熊那样强调孔子已明确提出民主思想，而往往只认为古代儒家有民主思想的种子或精神。

梁漱溟在《东西文化及其哲学》中，根据人们生活的态度划分了中、西、印三种文化类型，进而说明中国未出现民主政治是因为中国人的生活态度。他说人的生活态度有三，即"向前面要求"的态度，"变换、调和、持中"的态度以及"转身

---

① 参见徐复观：《学术与政治之间》，第56页。

② 徐复观：《学术与政治之间》，第58页。

③ 徐复观：《儒家精神之基本性格及其限定与新生》，萧欣义编：《儒家政治思想与民主自由人权》，台湾学生书局1988年版，第73页。

向后去要求"的态度。西洋文化走的是上述第一种路向，即"向前的路向"，所以才体现出民主与科学的"异采"。他说："德谟克拉西不是对于种种威权势力反抗奋斗争持出来的吗？这不是由人们对人们持向前要求的态度吗？"但是，"中国文化是以意欲自为、调和、持中为其根本精神的"，"印度文化是以意欲反身向后要求为其根本精神的"。①这两种人生态度导致科学与民主没有出现在中国和印度。按照梁的这一思路，只要中国古人有类似于西方那样的开拓进取精神，就可以打破历史条件的限制，发展出科学和民主来，而中国的历史就会彻底被改写。这种唯意志论倾向已遭到一些学者批判。②

徐复观与梁漱溟一样，也从主观方面总结中国未出现民主政治之原因，只不过他归咎于儒家"思想认识"上的问题，与梁有别。徐复观认为，儒家政治思想所犯的最大错误就是，总是从"统治者自身当如何改变"这一角度出发，很少从被统治者如何组织起来"由下向上去争"这一角度来想办法。其一切政治措施都体现了统治者"发""施""济"（发政施仁、博施济众）的特点。"因历史条件的限制，儒家的政治思想，尽管有其精纯的理论；可是，这种理论，总是站在统治者的立场去求实施，而缺少站在被统治者的立场去争取实现，因之，政治的主体性始终没有建立起来，未能由民本走向民主，所以只有减轻统治者毒素的作用，而没有根本解决统治者毒素的作用，反尝易为僭主所假借。"③他总结认为，儒家政治思想缺乏"治于人者"即人民的个体自觉，导致政治的主体未立，社会的空间没发动起来，所以不走向民主政治。因此，民主政治在中国古代没有出现，与儒家思想走不出自身的局限有关。换言之，如果儒家认识到上述问题，就不会有上述困境了。

下面我们重点介绍一下牟宗三的民主观。牟与徐复观类似，他强烈批评历史上的儒家，永远只知朝着主观方向，即道德修养方向努力，而不向客观架构方向，即建立法律或制度方向努力，致使民主政治在中国不立。他说秦汉以来的君主制由"皇帝""士大夫"及"人民"三者构成。在这三者当中，"圣君"不可期，唯有在"贤相"上下功夫，于是有"尽心尽性尽伦尽制""纯向里用心"，而不是向外、向制度上用心。"以往儒者从未想到君民解放出来后如何回应安排这一问

---

① 参见梁漱溟：《东西文化及其哲学》，中国文化书院学术委员会编：《梁漱溟全集》（第一卷），山东人民出版社1989年版，第381—383页。
② 参见张岱年、程宜山：《中国文化与文化论争》，中国人民大学出版社1990年版，第93—115页。
③ 徐复观：《儒家精神之基本性格及其限定与新生》，萧欣义编：《儒家政治思想与民主自由人权》，第72页。

题。他们所想的回应安排之道就是'修德'。民起不来，君成为一个无限制的超越体，则限制君的唯一办法就是德与'天命靡常'的警戒……但是道德的教训是完全靠自律的。没有道德感的君、相，不能以德自律，便对他毫无办法。天命靡常的警戒是渺茫难测的……以修德来期望君、相成为圣君、贤相，这是可遇而不可求的。""以往儒者顺道德价值观念而向尽心尽性尽伦尽制一路走，以期成为圣贤人格，在政治上成为圣君、贤相，此种文化精神一成为定型，便永转不出民主政治来。"①尽管他也认为西方之出现民主政治有阶级对立等客观历史原因，但这些只是外在的诱因，还与文化精神、儒家思维方式等主观因素有极大关系。他说：

> 以往儒者的用心就是这一个弯转不过。只顺"自上而下"的治道方面想，是以论事每至此而穷。不能转出来建立政道，则治道终不能客观化，而民主政治亦不能出现。②

牟宗三进一步上升到文化精神和理性思维方式的高度来总结中国未出现民主政治而西方出现了民主政治的根本原因。他在《历史哲学》中从"综和的尽理之精神"（中国）和"分解的尽理之精神"（西方）这两种文化精神的角度来解释中国未出现民主政治原因。他说：

> 中国政治史何以不向民主制一路走，而向君主制一路走，而且在以往二千年中，何以终未出现民主制，其故即在，从现实因缘方面说，是因为无阶级对立，从文化生命方面说，是因为以道德价值观念作领导而涌现出之尽心尽性尽伦尽制之"综和的尽理之精神"。③

所谓"综和的尽理之精神"，即将事物之间的种种关系，特别是人情事理理顺疏通、融合无间的"圆而神"的精神。用他的话说，就是"上下通彻，内外贯通"，包括尽心、尽性、尽伦、尽制以尽理。④与之相对的是"分解的尽理之精神"。所谓"分解的尽理之精神"，是指和外在的对立面做斗争，并发展成以阶级

---

① 牟宗三：《历史哲学》，第186—187页。
② 牟宗三：《历史哲学》，第190页。
③ 牟宗三：《历史哲学》，第185页。
④ 牟宗三：《历史哲学》，第167页。

或集团的方式斗争，最后通过订立客观的法律制度、规定双方的权利义务、"方以智"的精神。他认为，民主政治背后的基础是分解的尽理之精神。"何以说民主政治其背后的基本精神也是'分解的尽理之精神'？盖民主政治之成立，有两个基本观念作条件：一是自外限制，或外在地对立而成之'个性'。此与尽心尽性尽伦尽制之内在地尽其在我所成之道德的圣贤人格不同。二是以阶级的或集团的对立方式争取公平正义，订定客观的制度法律以保障双方对自的权利与对他的义务。此与一无阶级对立之社会而其文化生命又以道德人格之个人活动为主者不同。"①

　　在《政道与治道》一书中，牟又分别从理性之运用表现与理性之架构表现这一角度来解释中国未出现民主政治之故。所谓"理性之运用表现"，指将一切对立面融合无间和向内收敛的思维方式。用牟的话说，就是"摄尽所能""摄物归心""免去对立"，将自己与对象融为一体，"成为彻上彻下的绝对"。所谓"理性之架构表现"，我认为是指人的理性追求向外发展，通过制造、征服和超越对立面来发展自身，因此也是一种"外延表现"。"架构表现则相反。它的底子是对待关系，由对待关系而成一'对列之局'（co-ordination）。是以架构表现便以'对列之局'来规定。"②牟表示，"综和的尽理之精神"与"理性之运用表现"对应，"分解的尽理之精神"与"理性的架构表现"对应。"西方文化发展之途径固是'外延表现'之途径"，"它是人类理性客观地对社会阶级而发……依阶级集团的方式争取权利上之平等"。③总之，西方文化能发展出科学和民主来，与理性之架构表现有关。中国文化由于注重理性之运用表现，追求天人合一和内心境界，所以不可能发展出科学与民主来。

　　循着这一思路，牟提出中国民主政治之实现，需要从理性之运用表现通过"曲通"或"坎陷"转出"理性之架构表现"。他还指出，由于中国无阶级，社会历史背景与西方不一样，因而"不能模仿西方通过阶级斗争的方式"来实现民主政治，"把理性的作用表现转成理性的架构表现，亦即转成对列格局的表现。这才是中国现代化的正当途径"。④

　　4.鉴于上述对于民主制、君主制及儒家思想内在问题的分析，现代新儒家学者基本上认为现代儒学最重要的使命之一就是在中国实现民主政治。这不仅可视为衡

---

① 牟宗三：《历史哲学》，第172—173页。
② 牟宗三：《政道与治道》，第52页。
③ 参见牟宗三：《政道与治道》，第155—156页。
④ 牟宗三：《新版序》，《政道与治道》，第25页。

量当代中国走向进步的主要标准，也是真正落实儒家的道德理性精神的必然要求。

唐、牟等四人的《宣言》就强烈地表达了"民主建国"是中国当下之主要使命之一。在他们看来，建立民主政治既是克服儒家政治思想内在矛盾之办法，也是解决传统中国政治之弊端、实现中国政治进步的唯一可行途径。"现在之问题，则唯在中国民族迄今尚未能真正完成其民主建国之事业"，"今日中国之民主建国，乃中国历史文化发展至今之一大事业，而必当求其成功者"。[①]

牟宗三在《道德的理想主义》中称，民主政治是近代化所带来的"政治生活方面的常轨"。从西周贵族政治到秦汉以后的君主专制是一大进步，从君主专制到民主政治又是一大进步。他提出，儒家学术的现代外王"必须函摄近代化的国家政治法律之建立"，"以民主政治之实现为其生命中真实之理想"，这同时构成今日儒家学术之第三期发展的重要使命。如果这种外王不能实现，不仅儒家的外王理想得不到实现，儒家所标榜的内圣、仁义或道德理性也得不到实现。因此，"我们必须了解民主政治之实现就是道德理性之客观的实现"。也就是，实现民主政治，乃儒家道德理性实现自身的必然要求，由此"可知民主政治即可从儒家学术的发展中一根而转出"。[②]因此，"政统之继续，此即由认识政体之发展而肯定民主政治为必然"[③]。

徐复观可能是现代新儒家学者中不仅从理论上而且从实践上追求民主最力的人物之一。他于20世纪50年代在香港创办《民主评论》杂志，并撰写了大量有关民主的论著，终生宣传"民主政治，却才是人类政治发展的正轨和坦途"[④]。

尽管牟、唐、徐等人并不主张机械地照搬英美自由民主制的模式，而是试图用儒家的德化传统来改造民主，但是对于如何用儒家的道德传统来纠正民主政治的局限，他们都未能提出建设性的制度设想，多少容易引起空谈之讥。这一点上，显然不如贝淡宁（Daniel A. Bell）先生那样有创意。

下面将系统地对上述现代新儒家的民主观加以批评。在正式批评之前，我们将介绍西方一些有关的民主理论，为批评提供理论基础。

---

① 牟宗三等：《中国文化宣言》，唐君毅：《中华人文与当今世界》，第901、904页。
② 以上参见牟宗三：《道德的理想主义》，台湾学生书局1982年版，第155—156页。
③ 牟宗三：《序》，《道德的理想主义》。
④ 徐复观：《学术与政治之间》，第54页。

二、民主的历史文化基础

（一）从巴林顿·摩尔对民主的阶级分析说起

巴林顿·摩尔（Barrington Moore Jr.，1913—2005）的《民主和专制的社会起源》（*Social Origins of Dictatorship and Democracy*）是西方学术界公认的一部名著，作者曾任芝加哥大学、哈佛大学教授。该书主要从阶级分析的立场出发，说明具有不同阶级和社会背景的国家走向现代化的道路为何不同。作者提出迄今为止人类现代化的三条道路，并对这些道路形成的深层社会原因进行剖析：第一条是以英、法、美为代表的通向议会民主制的道路，第二条是以德国和日本为代表的法西斯主义道路，第三条是以俄国和中国为代表的共产主义道路。作者认为，这三条道路的形成都不是偶然的，而是有特定的社会历史背景。正因为如此，其现实后果特别是在造成政治民主或专制方面的后果也大不相同。具体来说：

英、法、美：新兴的资产阶级在与封建贵族势力的斗争中获胜，作为自下而上发动起来的运动，它引发了真正意义上的"革命"，即以新换旧，从而促成了现代议会民主制的兴起。

日本和德国：旧的地主阶级和贵族并未消失或被打败，新兴的资本主义是在这些旧的传统势力的主导下兴起的，因而没有进行真正意义上的资产阶级革命，而是旧的封建贵族与资本主义相结合所发动的工业化和社会政治改革。但是处于主导地位的旧势力不可能真正支持民主，因而现代化的成功导致了法西斯主义。类似的倾向在中国国民党的统治时期也存在过。

俄国和中国：长期受压榨的农民推翻了旧的封建贵族阶级，这种革命自然倾向于受剥削者的立场，所以出现共产主义也不是偶然的。但是农民作为传统社会的一部分，并不具有现代资产阶级的民主思想，因而也不可能走向议会民主制。

作者的主要观点是，这些不同的国家出现了如此不同的现代化道路，主要是由其国内原有的阶级及社会背景决定的。他认为，资产阶级是各国推动议会民主制建立的真正动力，但是在通向现代化的激烈阶级斗争和变革中，只有英、法、美才出现了以资产阶级取得胜利的资产阶级革命，而在德国、日本、俄国和中国并没有真正的资产阶级革命。必须明白的是，德国和日本的现代化成功表明，没有真正的资产阶级革命，照样可以有工业化、现代化和资本主义的发展，但是在政治上的后果可能不一样。具体来说，日本和德国的工业化和资本主义是在封建贵族的支持下，由国家主导，自上而下发动和组织起来的，不同于英、法等国。在后者那里，是通过一场自下而上的长达数百年的资产阶级革命运动，在一个长期以来王权与教权分离、有城市自治传统的社会中实现的。封建贵族势力与资产阶级代表了两种完全不同的传统和生活方式、法律观念和政治制度理念，因而只有资产阶级革命才是真正意义上的"革命"，或者说真正地以新换旧，建立一种与传统封建社会完全不同的新型社会政治制度。在日本，资产阶级的势力在明治维新前相当弱小，商人阶层也从来没有从封建统治中脱离出来，因而明治维新不可能是真正意义上的资产阶级革命。正因如此，这种现代化改革不可能导向现代民主制。①

德国和日本的共同情况是，资产阶级在现代化变革中不占主导地位，而是土地贵族占主导地位，这与这两个国家在现代化改革以前封建主义占统治地位这一事实有关。在封建主义占统治地位的历史情况下，农民的势力并没有在斗争中形成真正的力量，或得到有效的组织，故而没有出现中国这样的共产主义革命。封建势力本身并不具有通向民主的观念、价值和生活方式，而是习惯于家长式管理，所以容易走向法西斯主义。

而在中国和俄国，严格说来现代化改革之前封建主义并不占统治地位，农民是这个社会的主体部分，封建贵族在这个社会中相当弱。同时，资产阶级在这两个国家里没有真正发展起来，资产阶级革命也不具备条件，唯有农民革命具有相当的社会基础。由农民主导的革命，自然也不具有现代民主观念，故而倾向于共产主义。

作者还说，即使在美国这个被当作民主典范的国家，如果当初国内战争中不是北方获胜，而是以南方种植园主为代表的势力获胜的话，那么它的民主事业也会受到严重影响，甚至不会朝民主的方向前进，因为"种植园奴隶制是实行民主制的一大障碍"②。如果19世纪中叶美国的种植园经济对东北部构成压倒性优势的话，"当时美国的情况就会像今天一些现代化国家一样：大庄园经济、居于支配地位的反民主的贵族、软弱的带依赖性的商业和工业阶层，不能，也不愿意朝政治民主方向前进。大致上来说，苏联便是这样的国家"③。

———————————

①参见［美］巴林顿·摩尔：《民主和专制的社会起源》，拓夫等译，华夏出版社1987年版。英国部分见第1—29页，法国部分见第30—87页，日本部分见第182—251页，中国部分见第129—181页，美国部分见第88—125页，印度部分见第252—333页。该书第二部分主要谈亚洲国家即中国、日本和印度。
②［美］巴林顿·摩尔：《民主和专制的社会起源》，拓夫等译，第122页。
③［美］巴林顿·摩尔：《民主和专制的社会起源》，拓夫等译，第123页。

该书还考察了印度的民主议会制。印度既未爆发农民革命（该书将共产主义革命称为农民革命），也未爆发资产阶级革命，更未发生类似于日本、德国那种地主贵族主导下的工业化改革，却建立了民主议会制，就非常有趣。作者认为，印度在1947年独立后所走的道路，按照甘地的说法，是回到了印度过去的村社自治传统。这个传统虽有民主因素，但是本质上来说并不是现代意义上的民主。印度传统的一个重要特点是中央政权弱，基层相对独立性强，一切由种姓制度所代表，这样就避免了走一条类似日本、德国、苏联的现代化道路的可能性。因为后者有两个要素：一是通过剥削农民获得资本积累，以发展工业；二是地主贵族与现代工商业贵族的结盟（这一条最重要）。在这两个要素在印度均不明显。在印度，从独立后到20世纪60年代农村现代化发展的速度极慢，基本上不成功，而甘地的路线基本上是回到传统。另一方面，印度虽然也有大量的农民暴动，但是相对于中国来说温和得多，不成气候，故而没有走上农民革命的现代化道路。

（二）现代民主赖以产生的三个前提

摩尔的研究提醒我们注意民主作为一种制度构架，并不是某个人、某些理论家或某个具有爱民倾向的学者一个人一时的发明，而是由各国所处的特殊历史时代所决定的、特定经济社会条件下的特定产物。根据他的研究，民主在现代的成功，似乎更像某一部分人的成功，现代民主更像是资产阶级这个特定社会阶层的产物，这个观点颇有"马克思主义"的味道。

为什么摩尔认定只有现代的资产阶级才是真正推动社会向议会民主制前进的最坚定力量呢？这是因为，在欧洲，现代意义上的议会民主制是在从中世纪时逐步形成的自治城市的基础上诞生的。大约从公元9世纪开始，在意大利和法国南部的一些地区，在封建秩序的汪洋大海中开始兴起一个又一个相对独立的"城市"（初期只是作为城堡、集镇存在），其中的主要居民是游离于封建关系之外的自由民、商人、鞋匠、律师等。这些人被一个法语词——bourgeoise——所代表，该词与后来所说的第三等级、资产阶级、中产阶级等含义相近。它对于整个欧洲后来的发展所具有的意义是不可估量的。因为这个群体从表面上来说虽然没有什么特别，我们中国早就有了，但是与世界其他文明中不一样的是，它从一开始就与现存的、占统治地位的社会生活方式保持独立。直到后来，形成自治的城市，在城市里由市民自己选举市长，确立城市宪章，建立商业法庭，等等。这一切，就构成现代西方议会民主制的胚胎，成为今日我们在西方看到的现代民主政治的雏形。到公元12世纪左右，自治的城市像雨后春笋般在欧洲兴起，多数向王室缴纳一定的贡赋以换取城市自治的权限。自治城市代表一种全新的生活方式，从价值取向、行为规范、法律法规到政治运作模式，均与主流社会迥然不同。这是最有决定性意义的史实，因为它解释了：商人阶层在其他国家也大量存在，相对于中央政府独立的地方城市在中国及不少国家的历史上也并不少见，为何唯有在西方才形成了后来声势浩大的资产阶级革命？因为在非西欧的国家和地区，商人阶层或地方城市可能与中央政权保持了距离，但与主流社会价值和生活方式仍然是融为一体的。权力的分散化和多元化是欧洲中世纪以来特定的政治社会条件，也是自治城市及现代意义上的市民社会赖以形成的必要前提，它们共同催生了我们今天所见的现代议会民主制及法治。所谓权力的分散化和多元化，包括王权与教权的分离，封建贵族与市民阶层的分离，许多政权中心同时并存而非整日交战不休，等等。①在统一的中央政权之下，不可能容许新兴的商人阶层和自治市镇大量涌现，更不会让其在现存国家法度之外构成一套全新的法律和社会秩序。

综上所述，我认为民主政治的产生有一系列横向的现实条件和纵向的历史条件。在这些条件尚未具备的情况下，即使是再高明的思想家也不可能把民主当作政治制度的理想。这些条件包括：血缘纽带的冲破；公共领域的形成；公民社会的诞生。

我们看到，在以农业为主、血缘纽带成为社会经济乃至政治生活中最主要的整合方式的情况下，人类没有哪一个文明获得过真正民主的政治制度。"公共领域"（public sphere）严格说来是一个现代概念，但在古希腊的雅典等城邦中也并非不存在。它是在血缘纽带被商业贸易和新型社会交往冲破后产生的社会舆论领域，其核心是人从过去的"家族中人"演变成独立的个人。民主是在公共舆论领域以制度化的方式形成之后产生的。但在血缘纽带是最主要的社会整合力量的情况下，那种超出家族之上的公共舆论领域不可能以常规的形式出现在政治舞台上。

那么公共领域如何以常规形式出现呢？那就是：人与人之间以超出家族的形式联合成为一个经济实体或其他实体，在经济、政治、文化、教育等各种形式的公共生活中扮演着重要的角色，成为国家生活中最强有力的力量。这种家族之上、国

---

① 顾准非常精彩地描述了古希腊社会多重政治权力中心（城邦-城市国家）长期并存，长久分裂而不出现战祸或军阀混战的特殊的希腊政治社会状态。古希腊与欧洲中世纪在权力多中心方面有相似处。参见顾准：《希腊城邦制度》，中国社会科学出版社1986年版。

家之下的实体，自公元16世纪以来常被称为"市民社会"（civil society/*bürgerliche Gesellschaft*）。市民社会的诞生以"自由人"的出现为前提，自由人（公民）的首要含义就是冲破血缘纽带的人。在古希腊的雅典等城邦，我们可以看到伴随着血缘纽带在商业贸易发展中被冲破，全体人被划分成公民和奴隶，于是一个正式形成的"市民社会"成为民主政治的温床，其中公民大会成为最高权力机构。相反，在血缘纽带没有被完全冲破、市民社会尚未正式形成的斯巴达等其他希腊城邦，则没有出现民主政体或民主发育不良的情况。至于现代西方市民社会是如何经历极其漫长的岁月和曲折道路而形成的，这里就不多谈了。由此可见，民主决不是一个单纯的理论发明。

（三）民主制度赖以有效运作的社会文化条件

除了上述这些，我们还发现，民主制度即使有了上述政治、经济结构方面的前提，也不等于就能有效运作。民主制度的有效运作，在我看来至少还要依赖如下一系列条件：

1.从农业经济向商业经济的过渡。血缘纽带的冲破不可能是少数人主观愿望的产物，而是客观历史趋势，特别是生产力、生产关系发展的必然产物。当这种历史趋势没有形成时，人们自然不可能把打破血缘纽带当作社会变革的理想。今天看来，这种历史趋势的形成应当归因于从农业经济向商业经济的过渡，而后者不是某些人空想的产物，而是与一系列极其复杂的特定历史因素相关联。

2.交通工具或者信息传播工具的发达。民主政治需要奔走游说，当交通工具和舆论传播工具不发达时，选举的程序不可能有效地进行下去。在一个庞大的古代帝国里，一个候选人也许需要花十年以上的时间才能跑遍所有选区。在这种情况下，不可能指望通过真正能体现民意的选举程序来决定国家的政治。

3.新型公共权威的形成。民主需要文化基础，具体说来就是人们在心理上对新型公共权威的普遍认同，而这种认同往往需要一个漫长的历史过程。当不认同的时候，民主可以演变成不同族群之间血腥的相互残杀。这样的例子在历史上及今天的后发现代化国家屡见不鲜。因此，当认同民主权威所需付出的代价远远大于认同其他权威（比如"女王""天皇""皇帝""法老"等权威）时，认同后者未必不是明智的选择。因此，即使在血缘纽带已被冲破，但人们普遍存在对新型公共权威的认同危机的情况下，民主制度也难以有效运作。二战以后获得独立的许多前殖民地国家的民主实践，包括印度、巴基斯坦、菲律宾、印度尼西亚、智利、阿根廷等，都是这方面的例子。

多数民主理论家已认识到，民主并不仅仅是理论家在家里充满激情的设想，而主要是一种试验，一种生活方式。早在19世纪30年代，托克维尔撰写《论美国的民主》时，就特别强调了美国民主成功的主要秘诀之一在于以清教徒为主建立的新英格兰自治市镇。他指出，市镇是美国最典型的"下里巴人"生活的地区，而恰恰是在这里，方能体现一个国家政治制度的真正基础。因为市镇居民代表国民的大多数，而市镇居民的素质高低，包括他们的法律观念、道德素养、民主意识、公共秩序、生活方式等，能从根本上决定一个国家民主制度运行的好坏。美国民主成功的决定性要素在于新英格兰市镇的自治和民主状况比世界上多数地区要好得多。①

除此之外，托克维尔详细论述了美国民主有效运作的其他条件：自然环境、法制、宗教、民情。他明确指出：

> 法制比自然环境更有助于美国维护民主共和制度，而民情比法制的贡献更大。②
> 只有美国人特有的民情，才是使全体美国人能够维护民主制度的独特因素……我确信，最佳的地理位置和最好的法制，没有民情的支持也不能维护一个政体。③

那么，什么是民情呢？他说：

> 我在这里使用的民情（moeurs）一词，其含义与拉丁语原字mores一样。它不仅指通常所说的心理习惯方面的东西，而且包括人们拥有的各种见解和社会上流行的不同观点，以及人们的生活习惯所遵循的全部思想。④

因此，所谓民情，乃指一个民族的人们通过漫长时间的积累所慢慢积淀下来的、习惯性的思维方式和行为方式。此外，他又指出，宗教也对美国民主制度的维护起到了巨大作用。因为过于散漫自由是不能建立良好的民主的，宗教让人们通过

①参见［法］托克维尔：《论美国的民主》，董果良译，商务印书馆1988年版，第65—76页。
②［法］托克维尔：《论美国的民主》，董果良译，第354页。
③［法］托克维尔：《论美国的民主》，董果良译，第358页。
④［法］托克维尔：《论美国的民主》，董果良译，第332页。

自己的良心来限制自己，维护公共秩序。他说："法律虽然允许美国人自行决定一切，但宗教却阻止他们想入非非，并禁止他们恣意妄为。"①托克维尔的这些观点帮助我们认识到，任何一种制度都不可能仅凭其条文和规定就成为好的或坏的，民主不是某一些天下为公的人的激情可以成就的，必须有强大的人心、习惯和生活方式上的基础。

美国政治学者罗伯特·达尔（Robert A. Dahl，1915—2014），认为民主得以运行须具备如下五个关键因素：一是"选举出的官员控制军队和警察"。一旦军队和警察不听民选官员、甚至发动政变，民主也就无法保障了。二是"民主信仰和政治文化"，即"一个国家的公民和领导人强烈地支持民主的信念、价值和实践"，这种"信念和倾向渗透到一个国家的文化当中，并且大体能一代代传承下去，这就是民主最可靠的依赖"，因为否则"民主不可能经得住那些无法逃避的危机而幸存下来"。三是"没有强大的敌视民主的外部势力"，指他国、特别大国干预。四是"现代的市场经济和社会"。这主要是因为市场资本主义导致经济或财富不是完全被政府和权力所控制，并且培养了一大批堪为民主基础的中产阶级。五是"文化冲突很弱或不存在"。这是因为，"语言、宗教、种族、民族身份、地区，有时还有意识形态的不同，这些往往产生文化的差异"，造成文化冲突，"那些历史悠久、政治稳定的民主国家通常能避免严重的文化冲突。"当这些文化冲突无法消弭时，会给民主带来巨大的困难。②

美国密执安大学教授科恩（Carl Cohen）认为，"民主最基本的前提是要有一个社会，它可以在这个社会的范围内进行活动。……民主的过程是集体参与管理共同事务的过程"，"如某社会中的少数派在法律上或事实上受到肆意的排斥，不能参与整体的活动，该社会即已变质。这种排斥……最终可能摧毁民主。"不仅如此，民主还要以理性为前提。"民主的第二前提是理性"，因为这涉及人与人的关系，为此"必须假定所有成员至少具有参与共同事务所要求的基本能力。这些基本能力概括起来就是理性"。这些表明，民主不可能在社会不成熟的情况下仅凭少数人的空想建立起来。③

---

① ［法］托克维尔：《论美国的民主》，董果良译，第339页。
② ［美］罗伯特·A·达尔、［美］伊恩·夏皮罗：《论民主》，李风华译，中国人民大学出版社2020年版，第122—131、138—140页。
③ ［美］卡尔·科恩：《民主概论》，聂崇信、朱秀贤译，商务印书馆（香港）有限公司1989年版，第43、51、59页。

郝大维、安乐哲所著《先贤的民主》一书，基本出发点是自由民主必须在长久、持续、和谐、包容差异和对立的社会生活实践的基础上才能建立起来。作者反对局限于从政治、经济的立场来谈亚洲民主，认为文化的视野对于理解亚洲民主异常重要，民主并不仅仅是政治或制度，而是一种生活共同体。因此，实践、生活方式、习惯或风俗才是理解民主的真正切入点。该书对于西方人认为民主、自由、人权等构成的现代文明价值具有普世价值的思想提出强烈质疑和批评，[1]认为它们过分强调独立个人的自我意识和选择自由，结果变成了无休止的争吵，形成理想与实践的严重分裂。相比之下，杜威的实用主义与儒家思想传统共同包含着另一些内容，如重视以交流和沟通为主的共同体生活，强调和谐、处境（场域）和礼的功能。这些内容自有其不容忽视的价值。现代化的中国应该会是一个以礼（rites）而不是权（rights）为基础的社会，[2]中国的民主也应该是社群主义型民主。儒家思想传统中有大量的资源可用来建构一种社群主义的民主，避免以权利为基础的民主制的一系列缺陷。例如，儒家传统中的"和"并不是类似于西方那样主要建立在辩论、理性讨论和分析的基础上，而是建立在实践中达成共识的基础上，是审美的而不是理智的。建立在包容和差异基础上的中国人的和谐与共识，主要体现了审美的趣味和良好的生活习惯。作者认为，儒家的这一思想，对于理解社群主义的民主颇有意义。显然，作者认为，要想做到既容许差异，又保持协调，诉诸西方式的个人意识是不可能的，指望靠理性说服也不可能做到。只有通过一种共同体生活实践，让人们在参与活动中积极体验、自觉享受一种"和而不同"的境界，才有可能实现此一理想。尽管传统儒家并未面对民主化过程中的多元主义及少数民族参与可能带来的问题，但是并不妨碍我们从儒家传统中汲取有关资源建构另一种不同于自由民主制的新型民主。

（四）民主的风险与代价

Michael Kammen在一本题名《自由的领域：变动中的美国自由观念》的书中，搜罗了大量西方经典民主理论家论著中有关自由与秩序关系的观点，所搜罗的思想家包括洛克、托克维尔、伯克在内的一大批人。这些观点几乎都证明了自由是建立

---

[1] Hall and Ames, *The Democracy of the Dead*, 1–10.

[2] Hall and Ames, *The Democracy of the Dead*, 10.

在秩序上的，尤其是宪法和法律。没有社会秩序，民主的追求可能会给人类带来巨大的灾难和不幸。[1]这一观点与亨廷顿的研究相契合。

亨廷顿《第三波：20世纪后期的民主化浪潮》一书考察分析了全球范围内发生的三次大的民主化浪潮。[2]第一波发生于19世纪上半叶到1926年，以欧美国家为主；第二波发生于二战期间及以后，许多原先的西方殖民地国家或盟军占领国走上民主化道路，遍及欧洲、亚洲、拉丁美洲等地；第三波发生于1974年以后，包括中国台湾、韩国在内的大批亚洲、欧洲、拉丁美洲、非洲国家或地区。特别有意思的是，每一波民主化浪潮后不久，都会有许多国家发生民主倒退的现象，变成威权主义或极权主义国家。根据三次民主化及三次倒退的时间可列下表：[3]

表2　世界民主化浪潮

	民主化浪潮（年）	新增民主国家最多数量	倒退浪潮（年）	民主倒退国家数量
第一波	1828—1926	33个	1922—1942	22个
第二波	1943—1962	40个	1958—1975	22个
第三波	1974—	33个		3个

在那些发生民主倒退的国家里，往往发生军事政变或军人执政，政局长期动荡，政权不断更迭。第一波民主化倒退浪潮中，发生军事政变的国家有立陶宛、拉脱维亚、爱沙尼亚、葡萄牙、巴西、阿根廷、西班牙等。第二波倒退浪潮中，发生军事政变的国家多集中在拉丁美洲和亚洲国家，有秘鲁、巴西、玻利维亚、阿根廷、厄瓜多尔、智利、乌拉圭、韩国、印度尼西亚、巴基斯坦、菲律宾、希腊、土耳其、尼日利亚等。据统计，1962年世界上有13个国家发生了军事政变，而在1975年发生军事政变的国家增加到38个。

另一个值得注意的现象是民主倒退的现象，往往发生于原先不熟悉民主、采用

---

[1] Michael Kammen, *Spheres of Liberty: Changing Perceptions of Liberty in American Culture*(New York: Cornell University Press, 1985), ref. 83–93.

[2] Samuel P.Huntington, *The Third Wave: Democratization in the Late Twentieth Century*(Norman and London: University of Oklahoma Press, 1991), 13–26. 亨廷顿采取的是否为民主国家的标准是：其一，50%以上的成年男子有投票权；其二，执政者或者得到选举产生的议会的支持，或者得到周期性的全民大选支持。

[3] Huntington, *The Third Wave*, 16.

新体制不久的国家，以非西方国家为主。这说明急剧的变革可能导致急剧的倒退，也说明了西方发达国家的民主经验在非西方社会中的普遍不适应性。例如，在第一波浪潮中倒退的国家多在一战前后刚建立民主体制，不仅体制是新建的，国家也是新建的。那些1910年以前即已建立民主的国家中，只有一个国家（即希腊）在1920年以后出现反复。相比之下，1910—1931年新建的17个民主国家中，只有4个在20世纪二三十年代保持了下来。在第二波倒退浪潮中，以拉丁美洲、亚洲国家最为显著。到20世纪70年代中期，1958年新建立的32个民主国家中三分之一左右都发生了倒退。1960年10个伊比利亚南美国家保持民主，到1973年只有2个国家（即委内瑞拉和哥伦比亚）继续保持民主。

人们常谈论民主社会多么美好，民主的功能多么强大，却很少有人认真地思考，迄今为止，在非西方社会中，实现民主政治真正取得巨大成功的国家或社会为何少之又少？且不说中国1911年辛亥革命、陈独秀等人领导下的民主革命等均遭失败，就二战以来实践民主政治的一大批亚、非、拉国家或地区来看，真正成功的又有几个？远的不说，无论是实践民主的拉丁美洲国家如智利、阿根廷等，还是亚洲国家如印度、巴基斯坦、菲律宾、泰国等，均不能成为民主的成功范例。苏联解体后，在俄罗斯及东欧前社会主义国家，也纷纷搞起了民主化改革，但是在这些国家，我们今天看到的更多是社会的失序和混乱，至今没有起色。韩国、日本、新加坡也许是二战以后现代化最成功的地区，但是日本和新加坡由于长期一党执政，人们通常不认为它们代表典型的民主社会。而韩国，且不说它的现代化成功主要借由当初的威权政府来实现，今天的韩国由民主带来的问题甚多，凡是了解其内情者，没有人认为它的民主是成熟的。笔者在此地生活过，无论是直接接触还是间接了解的情况均证明，民主化对它的现代化特别是经济发展贡献甚少，带来的更多是无休止的党争、人心的撕裂及社会的混乱。人们对于政治人物相当缺乏信任感，政客们腐化堕落及缺少历史使命感与责任感的现象相当普遍且严重。越来越多的有识之士认识到，鉴于中国大陆的国情与这些地区相比要复杂得多，若将美国与韩国的民主化模式用之于中国大陆，后果不堪设想。我们必须认识到，当民主化带来人心的撕裂和族群的无休止斗争，当各种利益集团通过收买的方式控制国家的政治、经济命脉时，民主制度不一定比专制制度更尊重人性。当多数人不是以个体的人独立存在，而是生活在血缘、亲情、家族或乡土共同体纽带中时，或者个人完全被所在的群体绑架时，公民投票就不可能代表个人意志，而只代表生存共同体的利益需要。因此，假定民主竞选能尊重每个人的意志和尊严，也就完全成了一句空话。与此同时，现代文化相对论的成果告诉我们，如果假定这种"集体主义"或"共同体主义"的社会一定不好，一定以改造成个人主义社会才算好，那就是用一种文化的标准来衡量和要求其他文化，并不符合人类文化发展的多样性需要。

我们发现，在很多国家，有的民主化运动甚至导致了更大的专制和极权，而由于民主化运动导致内战的例子更是数不胜数，很多国家在几十年间政权的更迭像走马灯一样快。例如，葡萄牙1974年4月发生了青年军官指挥的政变，推翻了原来由马尔塞洛·卡埃塔诺（Macello Caetano）统治下的专制政府。此后，葡萄牙在长达18个月里一直处于骚乱中，出现了多达6个临时政府，政变与反扑连续不断。次年4月，温和派赢得选举，但是到了这年秋季，葡萄牙陷入了南北战争的危机中。直到同年11月25日，陆军团长António Ramalho Eanes用武力镇压了激进的左派分子，才保证了葡萄牙的民主。[1]当然，像葡萄牙这样的结局算是比较好的，动乱的时间较短，且最终走向了民主体制（尽管还是借助于非民主的暴力手段）。许多国家发生军事政变后，政局几十年间一直处于动荡之中，军事政变一个接一个，大规模的群众示威和社会骚乱持续不断，最后可能导致更加专制甚至极权的政权产生。之所以会出现这种情况，就是因为政治是无情的权力游戏，永远不会按照思想家心目中的理想原则来运作。尽管亨廷顿的政治立场似乎倾向于民主化浪潮是今日大势所趋，但是他对非西方国家的民主化现象有过分美化之处，显然对非西方国家民主化带来的人心的焦虑、族群的分裂、党争和内战等，缺乏深切的体会。

余英时在《民主与文化重建》一文中也曾论及中国文化与民主之关系，其中也强调文化心态、文化素质及文化状况之于政治民主化的重要性，提醒人们不要以为政治奇迹可以想当然地创造出来。[2]其言甚是，且亦为现实所证实。类似的观点，当参梁启超于近百年前论共和民主之不适用于中国。梁认为共和革命的结果必然是社会秩序土崩瓦解，讲得十分有理。梁因而主张君主立宪更佳。另外，章太炎也曾严厉批评辛亥革命后，国会议员素质低下，致使中国的太上皇从原来的一个人变成了一堆人。许多人认识到一场满怀激情的民主革命为何会走到自己的反面，演变成更大的专制，从今天看来也十分有趣。前述亨廷顿研究所揭示的民主化浪潮中的种种波折，其中不少国家至今未从波折中完全走出来。这些事实可以帮助我们理解这一点。

我们需要换一种眼光看民主，民主不是若干政治原理，可以像数学公式那样照

---

① 参见Huntington, *The Third Wave*, 3–5。
② 参见余英时：《钱穆与中国文化》，上海远东出版社1994年版，第278—287页。

搬套用在任何社会上，而是类似于人的皮肤，不是人为地想嫁接就嫁接得上去的。比如，我们能不能把一个白皙女子的皮肤移植到另一个皮肤黝黑的女子的身上，然后要求后者达到与前者同样的程度呢？生理学已经揭示，肤色与一个人的内分泌系统或内在生理机能密不可分。我们不能指望一个皮肤黝黑的女子，在不改变其生理机能或内分泌系统的条件下形成与别人同样的肤色。即使医学发达到可以将一个人的皮肤嫁接到另一个人的身上，也会因为后者内分泌系统不同，而让其再次变回原来的肤色。而且更重要的是，不同人的生理机能或内分泌系统受到先天和后天等一系列复杂因素的影响，其最佳生理机能状态不同，最理想的肤色效果也不一样。因此不同人的肤色不一定非要变得一样，也很难做到一样，机械地模仿别人有时会适得其反。虽然人人都可以使其皮肤在现有基础上变得更白一点，但不能按同样的肤色标准来要求两个不同的人。尽管爱美者也许可以设定同样的肤色标准，但不符合自己的生理规律，仅仅出于美学原因片面追求"理想的"肤色，反而会伤害身体健康。民主制度就像某种"理想的"肤色一样，同样不能随便套用，即：不能指望一个国家不考虑其自身内在历史—文化潜质或机能，在一夜之间建成民主制度；更不能一看到美国等西方国家民主实践好，就机械地模仿。因为建设民主与改变生理机能的过程类似，是非常艰难的。此其一。其二，正像健康女子的肤色必然各不相同一样，各国理想的政治制度也可能千差万别，并无统一的标准。不仅不是只有民主一条路可走，而且即使建设民主也必将走不同的道路。民主是否为理想的政治制度，也是根据各国自身历史—文化情况而定的，就像一个人的理想肤色是由其生理机能或内分泌系统决定的一样。

三、民主的若干误区

（一）民主政治并不必然意味着尊重人性

美国学者福山说，自由民主制（liberal democracy）是迄今为止人类所能接受的最好的制度，因为只有它才能最大限度地满足所有人的尊严。[①]这一观点也为我们前述新儒家学者所共认。这一观点真的对吗？

为了回答这个问题，我们先来看看民主定义的演变史。据亨廷顿介绍，[②]一直以来人们对民主的定义有两种取向，一种是从规范性的价值论立场进行的，把民主和"人民当家作主"（popular sovereignty）联系在一起，甚至主张民主建立在"自由、平等、博爱"等一系列崇高的价值之上。然而，这种定义方式在实际生活中并不切实际，过于浪漫、理想化。他指出，20世纪70年代以来，理论家们普遍倾向于从经验描述的角度来定义民主，把一套可以客观衡量的操作程序作为民主的本质要素。这个程序是指通过"公开、自由、公正的选举"来产生领导人，尽管按照该程序所选出来的政府不一定有效率，甚至腐败、短视、不负责任、被利益集团操控、不关心公共利益。为什么人们放弃过去那种理想化的、从价值角度对民主的定义，转向主张客观中立地、以程序为标准来定义民主呢？我认为其中一个重要的原因就是：长期持续的民主实践体会打掉了过去人为地罩在民主头上的光环，使人们开始从更加现实的角度来评价民主。就好比一个人没有电脑而又急切地想要电脑时，他可能会从电脑所具有的美好价值出发来理解它是什么，但是长期用电脑办公的人对电脑的好坏优劣体会甚深，自然倾向于从"事实判断"而不是"价值判断"的角度来定义什么是电脑。所以当一个国家从不民主向民主化过渡时，总是会有一些人喜欢从道义高度和价值立场出发来论证民主，这与他们对现实的不满及对民主的过高期待有关。

另一个导致人们放弃从理想化的价值目标出发来定义民主的更重要的原因，在我看来就是：现实情况永远是，迄今为止恐怕还没有一种政治制度是靠个别理论家在家中想出来后并实施的，几乎所有的政治制度都是在权力的博弈中诞生的。正因

---

① Fukuyama, *The End of History and the Last Man*, XI-XXIII.
② Huntington, *The Third Wave*, 5–13.

为政治制度的背后永远是权力的较量，所以人性的贪婪和自私，各种利益集团之间的利益平衡，共同决定了某种制度或政治体制是否能达到它的初衷，是否能实现对于人性的尊重。在这一过程中，一个民族的历史传统，人们习惯的权力运作模式起到很大的作用。因为一种政治制度的长期、稳定、有效运用，必须得到绝大多数社会公民在心理上对该制度作为一种游戏规则的权威性和严肃性的认可。这正是前面摩尔的研究告诉我们的一个真理，对于民主政治来说更是如此。由此可以理解，为什么在个别国家，以非法、暴力方式推翻通过正常选举方式上台的政府照样受到欢迎；为什么在有些国家，通过军事政变上台的执政者却能长期保持政局稳定，甚至因为对生产和经济建设做出贡献而赢得支持。

因此，衡量一种制度好坏与否，不能单纯看它在理论上怎么说，还要看它在实践中达到了什么样的效果。而决定制度的效果的因素之一，就是该制度是否能植根于一个民族的文化生活土壤之中。因此，对于政治制度的本质、功能和价值，不能光从它的理论原理上来理解，而必须立足于它赖以生长的文化心理基础。人类过去的经验无数次见证了，纸上非常美好的制度在现实中却可能百孔千疮、漏洞百出，甚至导致鲜血淋漓、尸横遍野、民不聊生。如果导致了与初衷适得其反的效果，如何能尊重人性？有人说，如果袁世凯不是野心家，如果蒋介石不屠杀共产党，中国的民主革命也许早就完成了。但是也许有人会这样来反驳，如果没有袁世凯和蒋介石，难保不会出现其他类似袁世凯和蒋介石的人。这一反驳之所以有道理，是因为当时中国的社会历史条件决定了袁世凯、蒋介石这样专权的人有市场，而后来毛泽东的成功就反证了陈独秀那种"秀才式"的、充满温情和浪漫情调的革命，由于不接受中国人习惯的权力游戏规则，注定不会成功。历史无情地证明，像孙中山、陈独秀这样浪漫的知识分子型政治家在中国成功的难度很大（孙中山在晚年显然明白了上述道理，所以建黄埔军校，推动北伐战争）。孙中山、陈独秀的理想主义的挫败决不仅仅是个人的失败，更重要的是对国家和民族都可能带来严重的后果，导致更多的人生命被摧残。这些正是我们不能仅仅从理论角度来理解某一种政治制度是否尊重人性的主要原因。

有人说，辛亥革命建立了亚洲第一个民主共和国。这样算起来，中国从事民主事业在亚洲国家中算是最早的了。只可惜这一革命并没有达成它的目标，此后中国爆发了一场又一场民主运动。我想，辛亥革命和"文化大革命"，已经给了我们一次又一次血的教训，那就是：民主主要是一个实践问题，而不是一个理论问题。民主是一种社会试验，是无数最普通的人经过长久训练后心甘情愿地接受的生活方式，唯此民主的理想才能真正保障无数人的权益，让人民当家作主，让绝大多数人的尊严得到尊重。这也是托克维尔强调美国民主成熟的内在秘密，和杜威、安乐哲、郝大维等人[1]一再强调民主是一种生活方式的道理所在。换言之，当社会条件不成熟时，民主的可能后果就是：族群撕裂、地方割据、军阀混战、生灵涂炭。这正是20世纪以来包括中国在内的许多亚洲、拉丁美洲国家所发生过或正在发生的情况。在这种情况下，如何能尊重人的尊严、保障人的权益、让人民当家作主？当然，也许在当今的有些国家和地区，民主政治确实会比其他任何政治制度让人性得到更多的尊重，但是这与在古代特定条件下实现君主制会比实现民主制让人性得到更多的尊重是一样的，都是基于特定的现实所得出的结论，而不能从一种先验的原理出发来证明民主制一定比其他制度更加尊重人性。

不妨以古代中国为例来讨论一下，在前述民主赖以产生的条件没有具备的历史背景下，强行推行民主政治，后果将会怎样？可以设想，当血缘纽带没有被完全冲破时，人与人之间的相互整合主要采取家族的形式。与此相应的，人们在文化心理上认同的是传统意义上的公共权威。在这种情况下，一切可能的公共舆论领域，都只是服务于家族需要的工具，而不可能具有自己的独立性。那么，民主有可能成为少数大家族之间你死我活较量的战场，而不可能体现公意（不仅如此，由于交通工具和信息传播工具的不发达，一个君主就是花几十年时间也难以走遍中国所有地区，他如何能够到处奔走游说，而民意又如何能得到有效的集中和快速的反馈？选举的程序如何能有效地进行？这也是民主不适合古代国家的另一现实原因）。从另一个角度考虑，我们也可以得出，君主制是古代士大夫唯一可以设想的政治制度安排，从三代以前的"公天下"转变为三代以来的"家天下"有其历史必然性。因为当时的主要矛盾是落后的生产力不能满足人们生活的基本需要，统一的中央集权制度才是解决这一矛盾的最有效途径。因此，在血缘纽带是社会整合的主要基础的条件下，根本没有民主政治的社会基础。难道只有孔子主张全民投票选举鲁国国君，才算进步吗？思想家不可能超越历史去思考问题，指责孔子、孟子没有民主思想是不合适的。

你可以说君主制有很多弊端，但这和我们今天批判民主有许多弊病是一个道理。"君主制有很多弊端"这一事实不能说明它在实践中比民主制更落后，因为两种制度都有许多弊端。我们至多只能说，在今天某国家，实行民主制会比实行君主制弊端少一些，因此民主制更能尊重人性。试想一想，如果春秋战国或秦汉时期的

---

① Hall and Ames, *The Democracy of the Dead*, 118–140, etc.

中国人采取全民投票的方式选拔国君和国家官员，中国也许会像今天世界上一些发展中国家一样，整日为军事政变和地方骚乱所困，结果可能是天下大乱、国无宁日，甚至生灵涂炭。当然，今天有的国家已经具备实施民主的客观历史条件，如果不选择民主就违背了历史潮流。即便如此，我们也必须认识到，民主在今天对人们来说是无可奈何地被选择的，就像"三代"以来人们虽然向往"公天下"，但在现实中还是无可奈何地选择了"家天下"一样。因此，我们必须再次回到这样的起点：我不反对民主，但是不得不承认，民主如果有什么"尊重人性""尊重人的尊严"的优越性的话，那也不是它的制度所自在地具有的特性，而是在某种特定的历史条件下才可能体现出来的优点。脱离具体的历史条件来赞美所谓民主的先进价值，是脱离现实的空谈。

有人认为，民主化实践的挫败，主要原因是没有严格认真地执行民主政治的原理，这是一种相当理想化的假设。且不说政治永远是残酷的、现实的，甚至血淋淋的，不能指望人们用虔诚的态度来落实某种制度；更重要的是，民主政治区别于其他很多制度的一个地方是它假定并承认人性是自私的，并认为通过民主这个体制，可以"让坏人干好事"。东亚特别是中国20世纪以来的民主政治实践给了这种假设一记响亮的耳光。因为人性的自私在不同的文化中，会以不同的方式来体现。在中国文化中，当鼓励人们按照自私的方式参政时，他们就会结成各个帮派，为自身的利益进行永无妥协的，甚至是你死我活的斗争，最终导致的后果有军阀混战、国内战争，有军人执政和白色恐怖，有整个社会秩序的全面瘫痪和更加残酷的极权，等等。这些难道不同样是人们按自私的方式行事的后果吗？

设想在美国南北战争中是南方获胜，后果会怎样呢？显然，在种植园主经济占统治地位的条件下，并不适合推行今日意义上的民主，那么这个社会的进步也不能用民主与否来衡量，有可能一种精英治国的政治模式更进步。你不能指望将种植园经济完全改造过来吧。你也不能说在种植园经济条件下形成的好的、进步的制度一定程度不及北方，即不能认为只有将南方经济结构改造成北方的样子，南方才有进步的制度。

（二）民主是普世价值吗？

一个幽灵徘徊在思想的天空中，我给它取个名字，称之为"民主/专制"二分式思维。这种思维方式的精神实质在于，将是否民主作为衡量一切制度进步与否的价值准绳。包括现代新儒家学者在内的大批学者，都把民主与否视为衡量一个社会是否进步的通用标准，把民主制度当成超越一切具体的历史处境而普遍有效的政治制度。一个人民当家作主的制度怎么会不好呢？怎么不可能在一切历史条件下普遍有效呢？于是人们会指责孔子为什么没有民主思想，难道孔子不愿意让人们当家作主吗？有的人更是怀疑中国人没有民主思想是不是因为特别崇尚权威。更有人认为，民主是解决一系列重大政治问题（包括腐败问题、低效问题、滥用职权问题等）最有效的灵丹妙药，是让中国社会走出"一治一乱"循环的有效途径。他们完全忽视了民主并不单纯是一个普遍的政治学原理，而必须深植于一个民族的文化生活中才有能效。这正是前述摩尔、托克维尔等人所总结出来的。如果我们把民主制度（或者其他任何理想的制度）比作一张"人皮"，这张"皮"绝不像一件衣服一样，可以随便从别人那里拿来穿到自己的身上。相反，正像人皮必须由人体内在生理组织中生长出来一样，别人的皮再好看也不能随便移植，民主这张皮也必须且只能根据各国自身的实际情况来决定能不能移植、如何移植，甚至有没有移植的必要。

　　一个多世纪以来，许多中国人视民主为一普世价值。曰：民主等于尊重每一个人的尊严。如果某制度尊重人的尊严，就称之为民主精神，反之则否。这一观念进一步泛化，使中国人今天把许多可能与民主无关的行为都称为"民主"。比如老师倾听学生的意见被视为"民主"，家长尊重子女的意见也是"民主"，政府官员考察民情也是"民主"……于是，"民主"这个原本主要限于政治制度运作层面上的事物，在近代中国被无限地放大为一种行为方式，一种待人态度，一种人人都应该尊奉的理想价值。从这个角度看问题，发现如此重要的价值，在我们老祖宗的典籍中却没有得到集中阐发；一个对于现代人来说最核心的价值，在我们的传统中却倍受忽视。于是，对中国传统文化的批判开始了。而有些热爱传统的人也从这种泛化的民主概念出发，立即发现我们的老祖宗虽然不曾使用"民主"一词，但确实有大量的民主思想，因为他们尊重民意呀，我们不应该冤枉他们……于是一系列有关中国古代有无民主思想的争论开始了……[①]

　　针对这种将民主等于进步价值观的做法，需要指出，现代人至少在如下几个跟

---

① 美国学者杜威从实用主义的立场出发，提出民主作为一种生活方式的设想。不过他所谓作为一种生活方式的民主，与我在这里所说的民主作为上级尊重下级、长辈尊重晚辈的生活方式是有本质不同的。因为杜威所说，按照我的理解，主要指人们先要学会过一种在争辩中相互宽容、相互妥协、相互尊重和理解的生活，民主的政治制度才能有效运转。参见Hall and Ames, *The Democracy of the Dead*, 118—140。

他们的私人生活关系最紧密的领域都不实行民主：学校、公司、教堂、军队（此一说法我从杜维明先生处听来）。除此之外，我认为还应该加上一项：家庭。也就是说，西方人虽然实施了民主政治，但是把它主要限定在政治领域，而关乎个人切身利益的家庭、学校、公司（工作单位）、教堂（个人精神信仰）、军队等领域，并不是主要靠民主来运作的。民主在我看来主要不能作为一种价值观来对待（正如前述），而是一个可以有效地促进政治整合的功能性概念。如果民主真是按照我们所理解的、任何情况下普遍有价值的话，那么，我们是不是应该认为：教会应该让教徒通过投票来选举教主，寺庙应该由和尚投票来选举方丈或住持，学校应该由学生投票来选举老师，公司应该由职员共同投票来选举经理，军队应该由士兵投票来选举将领……我想，没有人会认为这样做合适吧？也许你会说，教主、方丈、老师、经理、将领也必须尊重下属的意见，用毛泽东的话就是"从群众中来，到群众中去"，这也叫民主。如果民主的含义可以这样来解释和延伸的话，那么它还有什么现代性？人类自诞生以来就已经生活在民主中了。由此可见，把民主泛化为一种一切场合普遍适用的制度或方式，认为它天然代表着进步，代表着尊重人性，乃我们中国人对西方观念盲目崇拜的结果。家庭、学校、公司（工作单位、社会领域）、教会（精神领域），代表了我们每一个普通人日常生活中的绝大多数领域，而所有这些领域都不是靠民主来运作的。由此可见，民主并没有覆盖现代人生活中的主要领域。我们是不是应该重新反思一下20世纪以来中国人对民主概念的阐释史？

正如历史上那么多今天已过时的制度未必真能达到尊重人的尊严之成效一样，民主也未必真能达到尊重每个人的尊严之成效，这取决于具体的社会历史及文化条件。尊重人的尊严本来就应基于一更高的价值，尊重每个人的尊严是否意味着选择民主，要看是什么样的时代以及什么样的社会领域。难道在学校由学生投票选举老师就是尊重学生的权利和尊严吗？难道在公司里投票选举总经理就是尊重员工的权利和尊严吗？难道在寺庙里投票选举方丈或住持就是尊重人的权利和尊严吗？难道在军队里投票选举将领就是尊重人的权利和尊严吗？殊不知历史上尊重人的尊严的制度多矣，每个时期的每个好的制度都可能是对每个人尊严最大限度的尊重。尊重每个人的尊严未必必然地与民主相连，民主也不等于人文主义。在西方历史上及现代虽也有类似理解民主之思想，但目前理论界比较流行的做法还是将民主限定为一个政治运作程序，而不是一种崇尚的价值理想。

必须指出，从理论上讲，之所以出现这种视民主为普世价值的做法，一个根本原因就是过去从某种抽象的人性论、价值论或者形而上学（本体论）的角度来论证民主的基础。应该说这一做法无论在西方近代还是在中国近代都共同存在过。例如，在西方，卢梭、洛克等人继承了格劳秀斯等人以来的自然人性论，并以此作基础为民主立论；在法国大革命中以及其后的几个世纪里，曾有不少人从自由、人权、平等等价值观的角度来为民主特别是自由民主制立论；而中国学者牟宗三则从本体论（形而上学）的高度来论证民主。我们从下面熊皮特等人以来西方民主定义的变迁可以看出，从抽象的价值观、人性论甚至形而上学的角度来论证民主，试图为民主制度的合法性提供一个绝对、永恒的基础，这一做法在今日学术界早已被放弃。其原因不是别的，而是因为民主本来就没有抽象、绝对、永恒的基础。据说美国学者罗尔斯晚期致力于解决的一个重要问题就是，如何将"自由民主制"从一切可能的形而上学体系中剥离出来，使之"独立于任何已知的形而上学的基础"和"形而上学的'学说'"。他深深认识到，如果自由民主制有一个抽象的形而上学基础，将难以避免地走到与自身原则相对立的轨道上去。因为当一个社会中多数人或很多人不赞同自由民主制时，建立在形而上学基础上的自由民主制的支持者要么实现强制，要么听凭自由民主制无法继续下去，而强制与自由民主制的精神是不相容的。[1]正如有的学者指出的，政治制度问题与数学问题不同，不可能脱离具体生动的现实生活背景，从一种抽象的形而上学或人性论的理论前提中推演出来。日常生活中复杂多样的利益需要，特殊的历史文化传统，以及风俗、习惯、信仰、礼法等均会深刻地左右政治制度的形成和运作。[2]

所以，从抽象的哲学原理出发来为民主立论，主观上可能出于对民主的乌托邦崇拜心理，客观上所产生的一大后果就是把民主当成超越一切历史时代条件而普遍有效的普世价值。这种情况在中国学术界相当普遍。总之，我们必须彻底抛弃那种"民主政治是一切社会条件下最理想的政治制度"的思想预设。同时，必须认识到，政治制度在通常情况下不是哲学思想的产物，而是特定的经济、文化和社会结构的产物。对于民主政治，我们必须、也只能主要从现代社会结构特别是市民社会、公共领域、经济结构、文化心理等来理解它兴起并被广泛接受的原因。我们有理由认为，在中国古代小农经济及宗法制度占统治地位的历史条件下，君主政治比

---

[1] 参见白彤东：《旧邦新命——古今中西参照下的古典儒家政治哲学》，北京大学出版社2009年版，第26—29页。

[2] 参见蒋庆：《政治儒学：当代儒学的转向、特质与发展》，生活·读书·新知三联书店2003年版，第269—282页。由此，蒋庆坚决反对那种认为"西方民主思想在价值上具有不可置疑的可欲性，在效用上具有放之四海而皆准的普世性，在逻辑上具有自足绝对的真理性，在文化上具有超越民族的人类性"。

民主政治更能保护多数人的尊严和权益，尽管君主制本身的问题也很多。因此，孔子没有提倡民主制，和他没有提倡郡县制一样，丝毫不是什么思想的局限，只不过是他关心的问题不是制度的形式，而是制度的精神。在今日中国市民社会已经成型的条件下，民主已经是大势所趋，但即便如此，如果不小心对待，后果也不堪设想。因为在东方文化背景下，小团体主义、山头主义、帮派主义、地方主义等会成为实现民主的大敌，化解民主所可能具有的一切积极意义，使民主演变成像我们在菲律宾、智利、泰国等地所见的，以党派恶斗和族群撕裂为特征的长期、剧烈的社会动荡，甚至是分裂、内乱、政变和政权更迭不休。

（三）走出民主/专制二元对立的神话

人们通常倾向于认为，民主制度的发现是人类历史上的一大进步。从君主制度到民主制度，从世袭社会到公民社会，从等级关系到平等关系，这不是进步是什么？这里面包含了一种典型的"现代偏见"。更准确地说，典型的现代中国人的偏见。这种偏见来自五四运动以来严复等人传播的进化论，它对中国人的影响太深，后来的马克思主义思潮无疑又极大地强化了这种影响。按照这种进化论的历史观，人类历史是不断"进步着"的，从古代到现代，人类社会制度越来越进步，越来越文明。其实这种观点自20世纪中叶以来在西方已经被批得体无完肤了（本书最后一章有系统论述）。此处只想指出，社会制度是建立在一定的社会关系的基础上的，民主制度也好，君主制度也罢，都只是在特定的社会条件下才有效的。当社会条件不具备时，有些在我们看来代表进步和文明的制度也许只会起到反动或倒退的作用。民主就是一个典型的例子。如果有人要在欧洲中世纪主张投票选举伯爵，如果孟子提出用投票来选举齐国国君，如果武则天、王安石或张居正主张全民公投来确立皇位继承人，如果顺治皇帝退位前决定实行全民大选……后果将会是怎么样？你能说这些地方在这些时候实行民主，会促进社会进步吗？

即使在今天的历史条件下，民主也不一定是最理想的政治形式。人们选择它不是因为它"理想"，而是出于"无奈"。没有经历过民主制度的人容易把它想象成灵丹妙药，经历过它特别是对它的缺陷有切身体会的人，则会在厌烦它的同时认识到它不过是现代国家的一种制度安排，和历史上的君主制一样有许多根深蒂固的内在问题，只因为争议最少，人们才无可奈何地接受了它。从某种意义上讲，现代公民社会实现民主制的合理性与古代宗法血缘条件下实行君主制的合理性大致相当。如果我们把它理想化、神圣化，给它打上过于美丽的光环，等于是人为地制造一个海市蜃楼欺骗自己，最终可以说是自己忽悠了自己。正如余英时先生所言，"民主"不过是多种政治形式之一，且不是品质较高的一种政体。此观点可以柏拉图《理想国》为证。在该书第8、第9卷中，主人翁之一苏格拉底举出了五种典型的政体，即贵族政体、荣誉政体、寡头政体、民主政体和僭主政体。在对这些政体各自的好坏优劣进行详尽分析之后，他得出最好的政体仍然是贵族政体的结论来，并认为以"哲学家为王"的贵族政体是政治的唯一希望。柏拉图《理想国》中的政治理想多被后世认为是乌托邦，尽管如此，柏拉图对民主政体的批判却并非没有道理。我们知道，无论是民主政体，还是其他任何政体，其最终目标只有一个，就是保证让那些德才兼备的人掌权。那么民主是不是达到这一理想的最佳形式呢？答曰：否。民主者，民意统治也。正因为民主政治试图借助于民意来实现上述目标，而民意本身具有高度的不确定性、非理性、情绪性、盲动性、愚昧性，所以民主决不是人类最佳形式的政体。因此在西方，除柏拉图之外，19世纪以来批评民主政治的人不胜枚举。

柏拉图"哲学王"式的贵族政治，实际上是一个典型的贤人当政的政体。他所说的"哲学王"主要是指通过哲学学习而具备完美德行的人；他提出的培养及发现"哲学王"的方式，与中国三代以前尧舜考察和选拔继位天子以及汉唐之时通过辟举来选拔地方官的方式，有相近处。[1]我们甚至可以认为，按照柏拉图的观点，中国三代以前"公天下"的政体也许是柏拉图心目中最理想的政体。那么为什么人们却认为柏拉图的"理想国"是乌托邦呢？这是因为圣贤没有客观标准，该理想在现实中难以操作。在中国古代，情形也是如此。尽管人们一直歌颂三代以前"天下为公"的政治，但在现实中他们还是不得不选择"天下为家"的政治。也就是说，儒家选择"家天下"而不是"公天下"，不是出于"情愿"，而是出于"无奈"。正因为圣贤没有客观标准，所以"公天下"的选拔方式必然会导致"争"，"争"则"乱"。这就是说，"公天下"的政体缺乏操作性。《春秋公羊传》讲的就是这个道理。同理，我们今天虽然认识到民主政体不是最好的政体，但是还要选择它，也是出于"无奈"，是不得已而为之，完全出于操作性方面的考虑。

我认为，民主、专制的二分是现代人人为制造出来的神话，是一种仅对现代人的思维来说才有意义的神话，对于古人来说没有意义。没有一个唐代学者会认为当

---

① 陈祖为（Joseph Chan）亦指出，儒家政治模式乃是一种guardianship（柏拉图《理想国》护国者统治方式）。参见Joseph Chan, "Democracy and Meritocracy: Toward a Confucian Perspective," *Journal of Chinese Philosophy* 34, no. 2 (2007): 179–193.

时的君主制是落后和专制的象征，有必要取而代之。假使时间能倒流，今天的民主拥护者回到唐代，同样会发现，在唐代通过公民投票来选择国家最高领导人，不仅得不到官方支持，而且没有其实行的社会现实基础。唐代人没有实行普选制，不等于唐代人生活在专制之中。看看李白、杜甫、白居易的诗，你就会发现他们的精神世界是何等自由、奔放；看看当时学者批评时政的文章或奏疏，同样可发现当时人的精神世界并不是"专制"所能允许产生的。你也许会从唐代政治制度的运作中发现一些专制的因素，我也可以从当代最民主的国家政治运作中找到大量专制的因素。同样，我还可以从唐代文官制度中发现大量非专制的成分。事实上，我们必须承认，中国古代的君主制度，从夏、商、周到明、清，大体上是符合当时的社会条件的，是适合时宜的最佳选择，大概找不到比他们的政治制度更好的制度了。当然，就每个具体的时代而言，其政治制度和文官系统总有各种各样的问题，且各朝有所不同，包括设不设宰相、如何选拔官员、怎样限制宦官等。在这些问题上，各朝制度总是有改善的余地，但是大体的制度框架是符合当时时代条件的。

我们今天读《左传》，看到那么多弑君之乱发生后，特别是好多国家到了没有国君可立，不得不到别国寻找与公室有一点血缘关系的人立为国君（如晋国在鲁成公十八年厉公被弑之后，到周室迎立孙周为晋国国君，等等），可以发现，当时的人们没有盲崇君权，也不会听命于暴君，但是他们并没有因此而认为国君应该通过全民投票来选拔。我们应该承认，以血统为基础的君主继承制是当时时代条件下最合适的制度安排，也是最进步、最能保障人的尊严的。可见，用现代人普遍接受的民主来理解古代政治制度，一律视为"专制"，进而目之为落后与不尊重人的尊严，恐难成立。我们甚至可以这样想象，在春秋那个大变动的时代，如果真的存在一种比君主制更好的政治制度，人们完全是可以想得出来并付诸实施。特别是，当时在很多国家，国君荒淫无道被大臣所杀，而国家军政大权完全掌握在权臣的手里（如晋灵公被赵盾等所弑，齐庄公为崔杼所弑，郑灵公被子家所杀，郑僖公被子驷所杀，以及卫州吁弑君，楚灵王弑君，齐公子商人弑君，齐公孙无知弑君，齐陈乞弑君，鲁羽父弑君，鲁共仲弑君，晋里克弑君，楚公子商臣弑君，晋栾书弑君，宋督弑君，卫孙宁二氏弑君，吴公子光弑君……①）。这些弑君之臣在弑君后往往还是从公室中选取一个来继承君位（如果不是取而代之的话），而没有人认为全民普选为确定国君的最佳途径。这不仅仅是由于时代局限，他们想不到，而是因为它本

---

① 相关人物事迹可参见方朝晖编著：《春秋左传人物谱》，文津出版社2024年增订版。

身就并不符合社会需要（因为如前所述，民主的实行需要一系列客观条件，包括市民社会兴起，血缘纽带被冲破，普遍心理认同形成等）。

（四）等级制度不等于专制和极权

有人认为，儒家社会政治学说强调等级关系，这不符合民主要求。"明贵贱，辨等列""君为臣纲""君要臣死，臣不得不死"，这些大家耳熟能详的话是否能说明儒家社会政治学说中许多不合时宜的东西？其实，关于儒家思想中的等级观念，我在这里不想作太多辩护。就我所知，已有不少学者指出儒家所提倡的社会等级安排并非如我们今天理解的那样，把人划分为三六九等，而是类似于社会职能的分工，所以它承认所有的人在人格尊严方面一律平等。至于"三纲"思想，一直以来被现代人误解太多，其实儒家思想的本义完全不是在强调下对上的无条件服从，而是强调身为下级要具有从大局出发的精神。"君要臣死，臣不得不死"讲的是王朝法统的权威性，与我们今人讲"法律要你亡，你不得不亡"本质上是一个意思，没有什么可大惊小怪的。今天的法官可以昧着良心草菅人命，但是没有人因此而否定"法律要你亡，你不得不亡"的合理性。古代的皇帝可以干错事，但是"君要臣死，臣不得不死"的本义也绝不是要无止尽地强化君权。宋明儒家讲得很清楚，"尽己之谓忠"（程颐语），儒家为臣之道的实质是要忠于自己的良知和做人的道义。"三纲"思想的精神即使在今天也被普遍应用，比如上级的决定可能是错误的，下级职员虽有建议权，但是在行动中其根本职责还是严格、认真地执行，而不是与上级对着干；在战场上，上级对下级有时有生杀之权，"军长要你死，你不得不死"，但这种战场规定本意也不是为了无止尽地抬高军长的独断权；如果一位外交部长不同意中央的决定，这也不意味着他在出使外国时可以不严格执行中央的旨意，并按照自己的意志办事。[1]

在这里，我要向大家推荐两本书：一是Louis Dumont对印度种姓制度的研究，二是John Clammer对日本社会的研究。他们的研究有一个共同点，就是用大量生动的材料说明，所谓"等级制度就是压抑人性的、没有民主或自由的制度"这一观念是完全错误的。

---

[1] 参见方朝晖：《为"三纲"正名》，华东师范大学出版社2014年版。

    Louis Dumont通过对印度种姓制度的研究发现[1]：西方人在理解等级制时，误把等级制度当作与平等相对立的、压制人的个性和自由的制度，而不知道事实上任何社会都是等级制的。如果说平等主义是一个永远无法实现的乌托邦，那么等级制才是人类社会在正常条件下的生存状态。通过对印度种姓制度的大量剖析，证明它的所谓等级制度乃劳动分工和专业化的产物，等级制度远比我们想象的复杂，未必不合理，也与西方人心目中的等级制非同一个概念。他还批评西方个人主义的根源在于基督教传统，是一种虚幻的、带有偏见的意识形态，并不是我们理解世界的唯一有效方式。

    John Clammer通过对日本现代社会的研究发现[2]，日本是一个"没有阶级的等级制社会"，人们习惯于把日本理解为一个团体主义（groupism）的社会，即没有个人自由、权利可言的权威主义社会。其实这是完全错误的。他认为日本社会与其称之为权威主义社会，不如称之为总体主义，一种可以允许对立存在的等级制度。即，日本的等级制度一方面使个人从属于集体，另一方面并不意味着个人在集体中没有自由。相反，在日本，整体与个人之间的界限不明，本身恰恰说明了每个人的自由度都是存在的。这是特别强调关系和互动的文化，每个人都可以运用自己的能力来影响集体。日本社会中的集体主义，并不意味着人际关系一定是僵化的、机械的、与人性对立的，相反，我们看到的是动态而多元的现象。另外，日本社会中文化的力量比法律和制度的强大得多，内在生命力的培养和精神的发展，取代了对道德法则、思想信条或物质对象的全盘服从。人的状况即使不能被完全超越，至少可能被激活。他指出，日本人对精神和谐的追求，日本社会中秩序、工业化与各种人群共同体（包括村社共同体、文化及道德共同体）的共存，使得庞大的社会结构及等级秩序不复成为毁坏人自由的力量。

    Dumont和Clammer的观点使我想起一个问题，唐、宋时期的中国政治制度从表面看来是"专制的"，但实际上，你真的认为唐宋时期普通人的自由比今天的少吗？那时人们可以公开骂皇帝，指责朝廷，可以撰写讽刺朝廷的诗文，可以相当自由地结社、出版、信教等。我们也都知道，当时文人学士的诗文少见对皇权奴颜卑骨地赞美，当时宗教大师们的作品也极少以颂扬皇恩为主旨，以论证天朝的伟大为

---

① Louis Dumont, *Homo Hierarchicus: The Caste System and Its Implications*(Delhi: Oxford University Press, 1988).

② Clammer, *Difference and Modernity*, 98, 100, 103–104, 121–122, etc.

核心。由此可见，用要么民主、要么专制，要么是等级制社会、要么是自由社会这样的标准来衡量人类不同时期、不同地域的文化现象，有时是要出大问题的。Dumont和Clammer的卓越研究证明了，民主、专制、自由、平等、等级这样一些概念，都是西方自18世纪以来逐渐形成的概念，来源于西方特殊的社会状况，并被人们天真地打上了好坏优劣的烙印。事实上，不同文化中最适合的秩序，不可能有统一的答案，不能千篇一律地套用西方现代性的形成过程中所创造出来的范式。我们的生活中流行着历史的偏见，民主/专制二分，平等/等级二分，自由/秩序二分，就是其中最典型的例子。西方人已经越来越认识到它们的局限性，我们又为何要继续受其毒害呢？

四、东亚文化与民主

（一）西方与非西方之别

也许有人说，不能因为东亚或其他地区民主化实践中的挫败而否认民主的普世价值。民主之实现本来就需要时间，需要经历痛苦的过程。但是需要提醒大家的是：其一，西方人的民主实践如果从近代算起，可以追溯到公元9—10世纪欧洲的自治城市。一开始在意大利、法国南部，后遍及整个欧洲，兴起了无数个自治的城市或市镇。它们投票选举市长，建立商人法庭，确立城市宪章（现代宪政的雏形），等等。从这时到19世纪西方世界普遍兴起民主化运动，已有上千年时间。如果进一步追溯西方文化传统，则古希腊城邦（以雅典为典型代表）早就有过十分成熟、发达的民主历史，后来罗马的元老院制度也可算作现代议会政治的雏形。如此算来，西方人搞民主已有2500多年的历史。难道今日哪个东亚国家或地区有本钱花同样长的时间来建构成熟的民主吗？其次，即使有了来自希腊和罗马的政治背景，许多近代西方国家，如法国、德国、意大利、西班牙、葡萄牙、奥地利、比利时、丹麦、法国、德国、荷兰、挪威等，仍然花了近百年甚至数百年的时间才建立起相对成熟的自由民主制度，例如葡萄牙直到20世纪70年代才正式确立了民主制度，中间经历了多次政变和政局更迭。最后，古希腊民主政治的实践在今日之东方国家就更加没有可模仿性了。古希腊民主政治之发展，与当时地中海地区商业发达，冲破了过去占统治地位的宗族关系，以及与家庭势力、血缘亲情、裙带关系不占统治地位有关。此外，古希腊的奴隶制城邦里，人口少的只有几千人，多的也只是几十万人。而在这些人中，有公民权的只是少数。雅典在伯里克利执政的最繁荣时期人口只有30万，而公民人数只有6万左右。古希腊城邦的这一系列社会状况对于今日之多数国家特别是中国来说，没有模仿意义。

今天看来，西方的民主政治实践不仅有欧洲中世纪以来的市民社会传统作为背景，还有一个今天东亚多数地区所不具备的宗教及个人主义甚至自由主义的背景。我们在前面也提到，东亚社会民主化实践所导致的许多问题均与其根深蒂固的集体主义或关系主义的文化传统有关。用一些西方理论家的观点看，没有根深蒂固的个人主义传统会给现代国家的民主化实践带来深刻的问题。黑格尔在《精神现象学》中曾经探讨了个人主义传统从罗马到近代的发展，特别是从当初自我中心的原子式个人主义，到后来"普遍的"个人主义的演变。他从这一角度分析了法国革命对"绝对自由"的追求为何带来了"恐怖"。比起18世纪和19世纪初的法国人来说，东亚人当然更加缺乏黑格尔意义上的"普遍的个人"，其对民主自由的追求带来"恐怖"或混乱也就再自然不过了。尽管民主化并不一定非要以个人主义为基础，但是生活在东方文化传统中的我们都知道，东方世界的血缘亲情、裙带关系、家族本位、土匪豪强、门阀士族、地方主义等与个人主义完全不同的传统，极容易也已经给这些地方的民主化实践带来许多难以逾越的障碍，极大地妨碍了这些地区民主化实践的成效和质量。这一点也可从亨廷顿有关民主与基督教关系的研究中得到证实。

亨廷顿在分析近代以来人类历史上三次大的民主化浪潮的过程中，令人惊异地发现民主与基督教之间的深刻关联。[①]用他的话说，"西方民主与基督教之间存在很强的联系。现代民主首先在基督教国家获得最旺盛的发展"[②]。据他提供的资料显示，1988年，在46个民主化国家中，有39个国家的主要宗教是新教或天主教（相当于总数的85%左右）。这39个民主化国家在68个信西方基督教的国家中占57%，而在58个信其他宗教的国家中，只有7个是民主化国家（相当于总数的12%）（比较这三个数据，85%、57%、12%可发现问题）。他强调，这与基督教的教义内容有关，因为基督教主张个人的独立性及分权（政教分离），在许多国家教会与外部压制做斗争。因此，似乎有理由假设基督教的发展会促进民主化。具体来说，在19

---

① Huntington, *The Third Wave*, 72–85.

② Huntington, *The Third Wave*, 72–73.

世纪以来世界各地三次大的民主化浪潮中，在第一波、第二波世界民主化浪潮中，新教的影响比较大，而第三波民主化浪潮中天主教的影响比较大。第一波浪潮（发生于18世纪末至一战前后）中的民主化国家绝大多数是新教国家。第二波浪潮（发生于二战前夕至20世纪60年代初）中的民主化国家宗教属性相比于第一波有些分散，但是一项研究表明，在99个国家中，"新教人口比例越高，民主化程度也越大"①。在前面两波民主化浪潮中，天主教多半与民主无缘，而到第三波却完全不同了。亨廷顿认为这可能与天主教会组织制度的改革有关。天主教教会组织本来比较崇尚权威，在第一波和第二波中多半是一些穷国信天主教，而到了第三波民主化浪潮时（发生于20世纪七八十年代以来），绝大多数新教国家已经民主化，而天主教组织自身内部也经历了巨大转换，不再像以前那么威权化了。尽管亨廷顿认为儒教、佛教不支持民主化的言论遭遇争议，他对儒家的理解也很片面，但是他所提供的上述数据，难道不也再次深刻地反映了文化历史背景特别是宗教传统对民主化的重要性吗？他还重点举了韩国信基督教而导致民主化之例，也谈到了巴西、阿根廷的天主教普及运动，同时讲到了这些国家里基督教组织在民主化运动中的介入。这使我想到，在今天那些非基督教国家或地区，如果要民主的提倡者为了实现民主，而改信基督教，有几个国家或地区会接受？

　　总而言之，我认为，如果考虑到今日亚洲、拉丁美洲、非洲各国在国际环境、社会结构、阶级分化、教育水平以及人口、经济、宗教、文化等各方面与历史上的西方国家之间的重大差别，欧洲民主实践的一系列历史背景对他们来说就根本不具有模仿性。与其花时间来学习西方特定历史处境下的政治制度，不如结合自身的国情来做更有意义。此为其一。从中国的情况来说，虽然民主、自由必然成为中国现代性的一部分，但由于中国文化与西方不同，民主之所以难以成为中国文化的核心价值，原因在于中国文化不是个人主义的文化。由于这一点，中国文化中个人的自由需要被限制在不影响大局或整体和谐的前提下，才能真正有利于多数人的生存。因为中国人倾向于在人群中、在人际关系网络中，而不是在人与上帝的关系中或个人的超然独立中安身，所以，当个人自由被绝对化后，必然导致人群关系紧张，也会危及多数人生活的精神幸福和安宁（这一点下面论述）。现在看来，20世纪以来，中国人对民主、自由等西方概念的崇尚，在很大程度上是由于在西方文化的强势面前，一时丧失了立身的根基，认识不到民主、自由这些东西在未来的中国虽可

---

① Huntington, *The Third Wave*, 75.

能需要，但决不会成为中国社会整合的最有效武器，不会成为引导中国社会走向进步的核心价值。当然，我决不是说，没有个人主义传统，就不能或不应该实践民主，而是说必须正视，由于没有个人主义传统，导致民主化在东亚社会中容易呈现另一种类型的情况，可能遇到更多、更大的问题。忽视这一文化因素来看民主是极端幼稚的。

（二）东亚文化之不适合于党争

Kwok Leung（梁觉）、Michael H. Bond（彭迈克）等文化心理学者从事了这样一项心理学研究：一批中国的和美国的试验对象在实验中受邀担任报酬分配者的角色，他们被要求阅读一份与所在集体成员或别的集体成员一起工作的方案。报酬分配者（即试验对象）要么有比较高的投入，要么有比较低的投入，或采用公正原则，或采用平等原则来分配集体的报酬。结果发现：与美国试验对象相比，中国试验对象更喜欢对所在集体（in-group）成员平均分配报酬。但是当分配对象是别的集体（out-group）成员时，他们往往采取更公平的分配方案：

> 当试验对象被问及如果他们是分配者并从事报酬的分配时，中国的试验对象与美国的试验对象相比更接近于遵从公平分配方式，前提是分配对象是集体外成员，或者试验对象的投入低。然而，当试验对象的投入高，且分配对象是集体内成员时，中国的试验对象比美国更加遵从平均分配方式（the equality norm）。这些发现被我们从集体主义文化中保持集体团结的欲望这一角度来讨论。[1]

另外，该调查还发现，具有较高的人际关系取向的人分配报酬时使用平均分配方式的程度更高，而具有较低的人际关系指数的人则更喜欢使用公正分配方式。"高人际关系取向"（high interpersonal orientation）以对与他人的人际关系高度敏感为特征。相反，低人际关系取向则以对与他人的关系不敏感为特征，并具有寻求

---

[1] Kwok Leung and Michael H. Bond, "The Impact of Cultural Collectivism on Reward Allocation," *Journal of Personality and Social Psychology* 47, no. 4 (1984): 793.

自身投入最大化的欲望。①由此出发，作者认为，很明显，人们的社会情感取向是支配其选择报酬分配方式的一个重要因素，从而导致这二者之间的关系从个人水平到文化水平的转移。在人际敏感性（interpersonal sensitivity）高的文化中，和谐、团结更加受重视，平均分配比公正分配更受偏爱。另一方面，在注重生产率、竞争及个人成就的文化中，公正原则更受偏爱。②

按照黄光国先生的看法，关系主义文化的核心机制有二：一是人情，二是面子。③首先，由于人情的力量，所以会有"圈子意识"，并区分出"圈子内"（in-group）与"圈子外"（out-group）。④因为在这个社会中，人们需要在与他人的相互关系中寻求心理安慰、自我认同和自我防护力量。其最理想的情况则如梁漱溟先生所说，是"形骸上日夕相依，神魂间尤相依以为安慰。一啼一笑，彼此相和答；一痛一痒，彼此相体念"⑤。正是这种寻求情感、心理上相互依偎的倾向，中国文化中人容易分裂为各个小的团体、帮派、"山头"、"圈子"等利益—人情的共同体。这是因为现实中人与人在情感上"爱有差等"，所以大家都去寻找对自己来说能带来最大心理安慰和依靠的"小圈子"，并且不自觉地把"所在圈子"（所在团体、所在集体）当作谋求和捍卫个人利益的主要手段。由于在圈子内，人与人之间的情感联系较深，所以什么事都好办，但是圈子外的人，由于与自己的情感联系较弱，加之不能成为保护自我利益的屏障，所以人们有时会产生不把对方当"人"的倾向，至少不是"自己人"。由于有一种潜在的不把"非自己人"当"人"的倾向，所以在涉及利益冲突和个人需要时，人们不一定会在乎"非自己人"的感受，也不会真的在意自己的行为是否合乎社会正义，而更在乎是否合乎人情。这种圈子意识，或团体主义精神，导致身在其中的人们容易缺乏公正性，一切只是为了圈子

---

① Leung and Bond, "The Impact of Cultural Collectivism on Reward Allocation," 794.

② Michael H. Bond, Kwok Leung, and Kwok Choi Wan, "How Does Cultural Collectivism Operate? The Impact of Task and Maintenance Contributions on Reward Distribution," *Journal of Cross-Cultural Psychology* 13, no. 2 (1982): 186–200.

③ 黄光国：《人情与面子：中国人的权力游戏》，杨国枢主编：《中国人的心理》，第226—248页；Hwang, "Face and Favor: The Chinese Power Game," 944–974。

④ 区分"圈内"与"圈外"（或译为"群体内"与"群体外"）是近三十年心理学领域有关"集体主义/个人主义"研究的一项公认的成果，参见Harry Triandis et al., "Individualism and Collectivism: Cross-Cultural Perspectives on Self-Ingroup Relationships," *Journal of Personality and Social Psychology* 54, no. 2 (1988): 323–338。

⑤ 梁漱溟：《中国文化要义》，中国文化书院学术委员会编：《梁漱溟全集》（第三卷），第87页。

或所在集体的利益。这与人情在其中有着核心和枢纽的作用这一事实有关。由于人们都认识到圈子、帮派、团体是社会生活中最重要的力量，所以对与自己有利益冲突的其他圈子也特别敏感，加之上述"非自己人"的心理，可能导致圈子、团体、帮派之间的斗争你死我活。

另一方面，人际关系本位还导致面子心理在中国文化或东亚文化中成为人与人交往的重要心理机制。面子心理不仅意味着人们对于自己在活动圈中的"形象""地位""名声"等的追逐，还有一个强大的消极后果，那就是不愿意接受他人的批评，或者当自己有错时，出于要面子的心理而难以承认或接受。我们看到，在有的民主化地区，当一个政党的领袖犯错之后，同一党派的信众相当缺乏自我反省的勇气，还是千方百计地为"自己人"辩护。这其实就是"死要面子"的心理在其中起作用。因为一旦承认了"自己的领袖"有错，就意味着自己在别人面前"没面子"，而在中国文化中"没面子"有时就是"没尊严"，是让人很难忍受的。必须认识到，由于"人情"和"面子"所引起的帮派之争，给中国人在精神上、心理上带来的焦虑和不安宁感也十分强烈，因为关系本位的中国人需要在人与人的相互关系中寻求精神寄托。不仅如此，帮派斗争的非公正性、非理性以及"一报还一报"的特征也表明，它的后果往往是消极而非积极的，破坏性而非建设性的。这正是中国人相比于美国人，对集体内成员采取更平均化的分配方案的原因所在，因为管理者本能地觉察到有时宁可牺牲公平，也要维护整体的团结。这也有助于我们理解，为什么中国古代的贤哲们强调"和而不同"，提出"保合太和"，以及在民间社会人们喜欢说"团结""一团和气""和气生财""和谐"等。我们知道，中国文化从不主张将某种权利绝对化，而主张调和，主张妥协，崇尚谦让。也许还因为，古人早就认识到，在中国文化中，崇尚谦让、调和、妥协才能达到对个人权利的最大限度的保障。这不是因为中国人不明白个人自由的正面价值，而是因为在中国文化中，自由的绝对化会导致无休止的内混，而这种人际斗争一旦伤到了感情，"撕破了脸"，就永远别想再妥协了。

这一切都令我们理解，"党争"为什么在中国文化中一直受到反对。尽管古人所说的"党"与今日有异，但是我们通过20世纪中国的政治斗争历史，完全有理由相信，民主实践中的政党斗争只不过是古人所谓"党争"的一个体现形式罢了，甚至是其最糟糕的形式。下面我们辑录几段古人对党争的警诫之言。

《尚书·洪范》有：

> 无偏无党，王道荡荡；无党无偏，王道平平。

《左传》有：

> 亡人无党，有党必有仇。（《僖公九年》）
> 举其偏，不为党。（《襄公三年》）

《国语》有：

> 亡人无党，有党必有仇。（《晋语二》）
> 事君者比而不党。（《晋语五》）

《论语》中有关论述如下：

> 子曰："君子矜而不争，群而不党。"（《卫灵公》）
> 子曰："人之过也，各于其党。"（《里仁》）
> 君子不党，君子亦党乎？（《述而》）

现在我们再来看民主的问题。我们立即发现，对于不具有个人主义传统的中国人来说，民主的直接效果就是使人群结成帮派相互斗争这一在中国文化中最大的忌讳合法化、公开化。其最可怕的后果之一无疑就是它不但无益于社会主要矛盾的克服，反而更进一步地强化中国文化中的主要矛盾。一旦把个人自由绝对化，那就等于鼓励一些无理性的人际斗争无止境地进行下；一旦政治变成政党斗争的工具，就等于倡导丑恶、无耻、肮脏的利益群体之争，其后果是不堪设想的。由此可见，不懂得中国文化的习性就盲目地模仿和学习西方的经验，带给我们的后果是多么可怕！当然，这不等于说民主、自由为东方社会所不容，而是说如果不考虑东亚文化传统的特殊性，盲目模仿或照搬西方自由—民主政治制度，很可能收到适得其反的效果。

当然，我的意思决不是说，中国乃至东亚地区不应该民主化，而是说这些地区特定的文化历史传统必然给民主化改革带来问题，但这些恰恰一直被许多现当代的民主提倡者或思想家严重忽视。正是从这个角度，我们可以发现，儒家的"三纲"思想对于东亚地区民主化实践仍然有不容小视的意义，如果人们同意我的观点，认识到"三纲"的精神实质就是"在大局为重，从国家民族大义出发，从做人的良知和道义出发"①。因为我们看到，在今天的东亚民主化地区，党争之所以愈演愈烈，而永无妥协之日，正是因为人们太多地为一党之见所主宰。一党之私利以及所谓面子因素，都阻止了党争发展成良性循环的竞争局面。

（三）修德尊贤比制度重要

长期以来，不少学者认为儒家学说虽有民本倾向，但是认识不到制度的重要性。儒家对于君王，只是一味寄希望于君王从道德上自觉和自律。我们从第一部分牟宗三、徐复观等人那里已经看到，除他们之外持同样观点的还大有人在。②这一说法首先遇到的问题就是，如果我们承认在中国古代社会条件下，君主政体是唯一合理的制度选择，人们既不可能选择三代以前的禅让制，也不具备确立民主政体的社会现实条件（就像欧洲中世纪不可能实行民主制一样），那么，我们也就应该认识到，所谓"儒家不知道从制度上限制王权"的说法人为地预设了"只有选择民主政治，才叫认识到从制度上限制王权"这一前提。如果我们发现，儒家政治学说都以"君主制"为自然而然的前提来展开本来是时代历史使然，不能以此为据来批评他们不懂得制度的重要性。另外，更重要的是，即使假定了君主制这一前提，儒家还是发明大量的制度措施来限制权力，并以之作为整合整个社会的最主要手段，这充分地体现在"礼制"上。前文已述，儒家不是不重视制度，而是礼代表了中国文化中特别适合于中国文化关系本位特征的制度形式。然而，由于礼不等于机械、死板的制度，而需要相应修养和境界的人才能真正履行，所以礼治背后的原动力是德。中国人也确实重制，但是这个制是建立在礼的基础上的。如何贯彻落实则要取

---

① 我之所以对"三纲"的精神实质作这种解读，是因为有大量的事实根据。《论语·先进》有"以道事君，不可则止"；《孟子·告子》中有"长君之恶，其罪小；逢君之恶，其罪大。今之大夫，皆逢君之恶，故曰：今之大夫，今之诸侯之罪人也"；《孝经》中孔子与曾子关于争臣、争子、争友之有名论述，明确反对"从父之令为孝"；《礼记·檀弓》称"事君有犯而无隐"，《荀子·子道》有"从道不从君，从义不从父，人之大行也"。程子曰："尽己无歉为忠。"朱熹亦曰："尽己之谓忠。"我们从这些言论中不难发现，儒家从没有愚忠于权威的思想，由此再来理解《春秋》尊王之义，可以发现孔子认为当时天下乱的根源在于私欲的膨胀，这导致诸侯、大夫们不再能从大局出发，不再以国家民族大义为重。

② 这方面观点可参见谈远平：《中国政治思想——儒家与民主化》，（台湾）扬智文化事业股份有限公司2004年版，第209—211页；何信全：《儒学与现代民主》，中国社会科学出版社2001年版，第124—126页。

决于德。下面我们就要来说一下，为什么中国人重德远甚于重法。

综观几千年来的中国历史特别是政治史，可以发现，在中国文化中，社会进步永恒的动力是修德、任贤，而非制度。诚然，制度改革在中国历史上曾一而再、再而三地上演，制度变革在某些特殊历史时期所发挥的作用也确曾达到无与伦比的地步。但是总体来说，制度变革的作用往往是时段性的，而修德、任贤在中国文化中几乎是任何时期都需要的，而且是从根本上保证这个社会进步的力量。为什么这样说呢？因为制度总是有非人情化和"一刀切"的趋向。在一个由人情和关系编织出来的世界里，这一倾向让中国人很难忍受。中国人总是说"制度是死的，人是活的"，他们在自己的现实生活中也习惯于随时随地地对制度进行变通或冷处理。所以结果是，"关系网"的实际力量总是大于制度的。而关系网的偏私性，带来了大量的腐败、任人唯亲以及社会风气败坏等问题。要解决这些问题，当然还是不能指望通过制度改革，而必须走"以人治人"的道路（因为关系网的主要力量来自人与人的关系），即通过任贤，让有德者在位，改变关系网的主导者，才能对上述关系网的负面作用产生实质性的改变。当贤德之人的势力大时，就可能造就一种良好的风气，形成一个好的传统，对整个社会的影响力甚大。而好的风气和传统，需要通过礼这种人情化的活动来传承，不在最重要位置的普通人往往通过对礼的集体参与，领会到好传统的价值和意义，从而把它们一代代地传下去。由此，我们发现中国社会自我整合的规律，以及引导中国社会进步的永恒力量为什么是修德、任贤，而不是制度。

然而，令人遗憾的是，民主政治却要把人们引向与修德、尊贤、隆礼相反的方向，从而毁坏东亚文化的根基。在今天的东亚民主化地区，经常看到这样一种典型的现象，即政客与自己的选民之间形成了一种"生存共同体"。每个政客有一群较明确的"自己的"追随者，他需要在一定的场合、一定的时间为他们发声，经常政客口头之所说根本不是自己之所信，带有纯粹的表演性质。不要以为这是政客在为选民服务，实际上相反，是政客通过操弄一些具有民粹色彩的话题，才使自己爆红，成为一群人心目中的偶像。这些选民对政客的青睐带有典型的东方文化的"人情味"，即喜欢一个人到发昏的地步，完全不问是非，政客成了他们精神的慰藉、情感的食粮。然而这似乎不能怪选民愚蠢，而要怪政客别有用心地用民粹主义的话题来绑架选民，挑起不健康的社会情绪，引发尖锐的族群对立。可叹的是，这种完全没有责任感和道义精神、不惜以消耗庞大的社会成本和把整个社会引向不正常的方向为代价来换取个人职业生涯成功的政客，在东亚民主化地区已经屡见不鲜了。曾几何时，政治市场成了政客们吃饭的专业，他们个个都成了掌握大众心理的"高级专家"，言行处处都体现了善于利用民众心理弱点的特长。民主政治逼着政客们朝"乡愿"的方向走，千方百计地讨好、巴结大众，绞尽脑汁地迎合选民。在民主社会里，如果一个人不擅长巧言令色，不精通"乡愿"之道，很可能不会成功。孔子说："乡愿，德之贼也。"（《论语·阳货》）他老人家一定是深刻地认识到了"乡愿"在中国文化中危害之大。然而，在东亚文化中，民主政治如今成了培植"乡愿"最大的温床。所以民主政治在东亚文化中培养出来的，往往是一些只会花言巧语而没有做人的责任感和政治家的使命感的政客，而决不是能够"经天纬地"的政治领袖。同样的现象在西方当然也存在。

在今天的东亚民主化地区，还时常出现这样的现象：一位政客上台前，巧舌如簧，极具煽动力；一旦赢得权力后，人们就发现他贪腐、堕落、素质低下，内心世界肮脏龌龊。导致这种现象的原因很简单，就是民主政治让人们沉浸于口舌之争，而不是修德。民主政治实践史无前例地把口舌当成了实现个人成功的最重要手段之一。必须指出，以言辞为个人争取政治权力最重要的武器，这与中国文化对于人性及社会进步的基本要求是背道而驰的。仔细回味儒家思想，可以发现中国人几千年来一贯注重做人之道，强调"深沉厚重是第一等资质"，主张做人一定要"厚积薄发"，而不能过于张扬。在《周易·系辞》中，孔子谆谆告诫，言行为君子之枢机，"言行，君子之所以动天地也，可不慎乎"。我们看到孔子对于谨言的这些说法，作何感想呢？难道我们今天所实行的民主政治，不是天天在鼓励人们"巧言令色"吗？让我们从下面摘录的《论语》中有关如何"谨言"的主要言论来进一步思考这一问题：

> 子曰："巧言令色，鲜矣仁。"（《学而》《阳货》）
>
> 子曰："巧言、令色、足恭，左丘明耻之，丘亦耻之。"（《公冶长》）
>
> 子曰："巧言乱德。"（《卫灵公》）
>
> 子曰："君子食无求饱，居无求安，敏于事而慎于言。"（《学而》）
>
> 子曰："仁者，其言也讱。"（《颜渊》）
>
> 子曰："道听而涂说，德之弃也！"（《阳货》）
>
> 子曰："多闻阙疑，慎言其余，则寡尤。"（《为政》）
>
> 子曰："有德者必有言，有言者不必有德。"（《宪问》）
>
> 子曰："其言之不怍，则为之也难！"（《宪问》）
>
> 子曰："君子于其言，无所苟而已矣！"（《子路》）
>
> 子曰："君子耻其言而过其行。"（《宪问》）

子曰："夫子时然后言，人不厌其言。"（《宪问》）

子曰："予欲无言。"子贡曰："子如不言，则小子何述焉？"子曰："天何言哉？四时行焉，百物生焉，天何言哉？"（《阳货》）

子贡曰："君子一言以为知，一言以为不知，言不可不慎也。"（《子张》）

子曰："古者言之不出，耻躬之不逮也。"（《里仁》）

子曰："君子欲讷于言而敏于行。"（《里仁》）

子曰："可与言，而不与之言，失人；不可与言，而与之言，失言。知者不失人，亦不失言。"（《卫灵公》）

子曰："夫人不言，言必有中。"（《先进》）

子曰："言忠信，行笃敬，虽蛮貊之邦行矣；言不忠信，行不笃敬，虽州里行乎哉？"（《卫灵公》）

一言而可以兴邦……一言而丧邦。（《子路》）

孔子曰："侍于君子有三愆：言未及之而言，谓之躁；言及之而不言，谓之隐；未见颜色而言，谓之瞽。"（《季氏》）

子夏曰："君子有三变：望之俨然，即之也温，听其言也厉。"（《子张》）

子曰："言必信，行必果。"（《子路》）

子曰："贤者辟世，其次辟地，其次辟色，其次辟言。"（《宪问》）

孔子于乡党，恂恂如也，似不能言者。其在宗庙、朝廷，便便言，唯谨尔。朝，与下大夫言，侃侃如也；与上大夫言，訚訚如也……（《乡党》）

现代人不断地责问，儒家把一切希望寄托于改造国君，但如果国君不好，他们并没有发明任何手段来限制国君，所以儒家好像犯了大错。这其实是个假问题。因为他认为儒家应该发明一种可以重新任命国君的手段，却不知道人类在当时同样的社会条件下，还没有出现民主选举的例子。责问儒家为什么没有发明法律手段来限制君权，如同今人追问如果民主社会中的人民很愚昧、庸俗，并且坚持愚昧、庸俗，怎么办？民主社会虽然会提出一些办法，但如果无论你如何教育，他们仍然坚持愚昧庸俗，不等于说就不再举行民主选举了，毕竟民主社会的基本原则就是"多数统治"。几千年之后，人们如果指责说，民主的提倡者犯了个大错误，居然将一切寄托在愚昧、庸俗的民众的身上。这样的指责合不合理呢？其实，任何制度都有其难以逾越的局限。上述君主制下国君的问题与民主制下人民的问题都是这样的例子。选择或不选择某个制度，总是由于这些不得已，而非由于其完美。而世袭的君主制之所以在历史上不仅盛行于中国，而且盛行于日本、印度、中东、南美及欧洲中世纪，显然不是由于人们认识不到其内在的局限，而是因为它是当时条件下无可替代的唯一可行选择。

（四）儒学与民主的理论结合是个假问题[①]

这里批评的是"理论结合"，并未反对在实践中结合。[②]

在牟宗三的学说中[③]，我们看到，他将中国没有发展出民主上升到抽象的人性论的高度，并视之为中华民族文化精神所先天具有的一大缺憾。在《历史哲学》中，他将民主的没有"开出"归因于中国文化中缺少了"分解的尽理之精神"，而在《政道与治道》中又提出"政道之转出，事功之开济，科学知识之成立，皆源于理性之架构表现与外延表现也"[④]。可见他认为民主赖以产生的基础是一种特殊的主体而不是特定的社会、政治、经济及历史条件，这种主体的精神或面貌被他称为"理性之架构表现"或"分解的尽理之精神"。不仅如此，将民主上升到"存有论"高度来论证其合理性，事实上已经把民主错误地当成任何社会历史条件下都普遍可行的最理想的政治制度了。因为按照他的说法，如果古典儒家认识到"理性之架构表现"或"分解的尽理之精神"，早在先秦就应该提倡民主政治了。[⑤]

其实中国文化没有发展出民主，既不是孔子或儒家的任何过错，也不能说是缺乏牟宗三所谓"理性之架构表现"或"分解的尽理之精神"的缘故。一种制度的形

---

① 邓小军《儒家思想与民主思想的逻辑结合》（四川人民出版社1995年版）一书分析儒学与民主结合的逻辑基础。不过，该书最大的问题就是认定民主建立在一种抽象的人性论基础上，并把大量篇幅用之于分析西方及中国的人性论学说中相通的部分。他显然没有认识到，即民主从来都建立在一个社会特定的历史文化的基础上，而不是什么抽象的人性论基础上。邓小军的观点受到了蒋庆较为全面、有力的批驳，参见蒋庆：《政治儒学：当代儒学的转向、特质与发展》，第250—308页。

② 所谓理论结合的例子，包括牟宗三所谓"存有论"层面上的结合，邓小军《儒家思想与民主思想的逻辑结合》从人性论所试图建构出来的儒学与民主的结合方式等等。

③ 我曾对牟宗三"内圣开出新外王"思想作过专门检讨，参见方朝晖：《中学与西学：重新解读现代中国学术史》，中央编译出版社2022年版，第410—422页。

④ 黄克剑、林少敏编：《牟宗三集》，群言出版社1993年版，第92页。

⑤ 参见牟宗三的《政道与治道》《历史哲学》。另参见郑家栋编：《道德理想主义的重建——牟宗三新儒学论著辑要》，中国广播电视出版社1992年版。

成与发展取决于很多外在的现实条件，儒家作为一种精神运动，其主要职责不是去发明什么高明的制度（后者根据现实历史条件而演化），而是在现实制度框架内填充合乎人性的内容，使之人性化。比如，在儒家思想正式形成的先秦时期，中国还是世袭社会；我们也都知道秦汉以来推行的郡县制以及后来的科举制打破了爵位世袭制度，一向被看作中国古代政治制度的一大进步，也曾得到了绝大多数儒生的赞赏。但是为什么秦汉特别是宋明以来赞同郡县制和科举制的儒生们没有像牟宗三那样，提出"内圣开出郡县制""内圣开出科举制"的观点来？原因很简单，郡县制、科举制作为制度，在当时已经得到多数人的认可，而且它们的形成和发展事实上并不是儒家内圣开出的结果，儒家的主要作用是帮助人们实践，这才是最重要的。此其一。

事实上，中国人没有西洋那种民主和科学，这只是一个缺少，根本不是什么错误。恰如西方没有中国的太极拳和京剧，也只是缺少而不是什么错误。要学习的话，按照太极拳和京剧自身的内在规则来学就是了。其实即使太极拳与京剧也不是儒家创造出来的，儒家未能发明太极拳和京剧的原因和其未能发明科学和民主的原因相似。因此，从理论上总结所谓儒家缺乏民主科学思想之根本原因是没有必要的，弥补之道在于按照西洋科学民主之道学习之，学习的结果是构造一个新的文明景观。未来的新文明是一个新平台，其中中国古代传统与现代西方文化共存且相互促进。与过去相比，它有了不少新气象，而有些东西可能不变，如社会主流价值、文化生存方式、宗教信仰等。梁、牟、唐甚至陈独秀、李大钊等人均是从抽象的人性论出发来看民主和科学的，认为是中国儒家的思维方式导致中国文化没有发展出民主和科学。不知道民主受制于民族文化的习性，非抽象的哲学—思维方式可以致生，且民主政治尤其适合于西方个人本位的文化，对于东方的关系主义和集体主义而言，严格说来民主政治程序有操作难度。如果把民主泛化，当然可以说儒家思想不乏民主成分，但这样泛化地理解民主，其中存在的问题前面已述及。

其二，更重要的，儒家政治思想的主要特色是提出指导政治运作的若干原则，而不是提出某种新的制度架构。后者往往是人们顺应历史潮流做出的选择，不需要多费精力去论证。正因为儒家提出的只是政治运作的理念或原则，它们可以超越某种具体的政治制度而有效地发挥作用。作为政治原则和政治理念，它们无论在世袭制度、郡县制度还是民主制度下都可能被需要，也都可以有效地发挥作用。如今有人因为儒家没有认识到民主的重要性而指责它，我倒要问：为何秦汉以来的儒生没有人指责孔孟没有发明郡县制和科举制？事实上按照牟宗三的逻辑，我们恰恰应当认为中国古代文化中"理性之构架表现"太发达了，远远超过了西方文化才对。

因为中国人在过去几千年间在社会制度创新方面的发明实在太多了，取得的成就也举世无双，对西方现代文官制度的建立起到了巨大推动作用。这些制度创新是否也要说成内圣开出的"外王"呢？

封建制也罢，郡县制也好，都不能说是由儒家的内圣开出来的。本来就不是，儒家学者也没有必要论证成"是"。所以，儒家要做的工作只是说明在不同的制度架构下，儒学如何发挥自己的功能。与此同样的道理，有必要去论证儒学与民主宪政相结合的理论基础吗？难道不说明内圣可以开出民主宪政，就说明儒学落伍于时代了吗？这种思想本身恰恰是对儒学的现代意义缺乏自信的表现。

正如儒家没有必要提倡"内圣开出郡县制、科举制"一样，儒家今天也没有必要提出"内圣开出民主、科学"的口号来。民主制度的实施在今天早已是人们的共识，中国人也都接受它。儒家应该要做的主要工作不是从其自身的传统出发为之提出论证，而是说明在民主政治制度已然不可逆转的时代环境下，如何有效地贯彻原始儒家曾提出的一系列社会政治理念。这些理念包括"任贤使能""三纲五常""为政以德""正名"等。因此，我认为民主政治制度与儒家政治理想可以结合，但主要是在实践中相辅相成，形成一个带有张力的互补关系，就像儒家政治理想曾经在历史上与郡县制、科举制相辅相成，在张力中互补一样。不过，这种互补不是指理论上的结合，更不是所谓本体论或人性论上的结合。

一些当代新儒家主张儒家传统要现代化，就必须从理论上建设一个把民主政治、契约伦理吸纳进来的新的价值体系，来补充儒家社会政治学说的局限性。这里面有很大的误区。儒家政治学说的现代化，根本不需要一个所谓吸纳民主政治思想与契约伦理的理论建构过程，而是发挥其道德精英治国理念，在现实生活中对民主政治加以制衡。它要形成一种强大的社会道德力量，与民主政治运作过程之间构成动态的、充满张力的平衡关系。儒家传统在现代社会的主要使命之一是在这一动态过程中诊治现代大众的盲从、浮躁和猎奇心理，清除现代社会流行的世俗化、平均化以及功利化倾向，为克服民主政治环境下民众目光短浅、易被煽动等一系列弱点而奋斗。在中国社会，还有如何用儒家的政治理念来克服民主在中国文化中所可能带来的族群分裂、政党恶斗甚至国家分裂、诸侯割据等问题。此外，还有如何在民主、科学时代让儒学来诊治现代人疲惫的心灵。这当然更是个实践问题。这些才体现儒家传统的现代意义。像牟宗三等人那样沉浸在把民主理想吸纳到儒家政治学说中来，把儒学的现代性理解成一种完全脱离实际的"两层存有论"，是没有什么实践意义和学术价值的。

儒家与民主宪政的理论结合，之所以严格说来是个假问题，还因为儒学的精神并不是建立某种制度，而是为制度提供基础性价值。从三代的世袭制到秦汉的郡县制，社会制度发生了空前的变化，但孔子的思想并没有过时，因为儒家提供的基础价值没变，而汉代儒生们也不需要论证如何从儒学开出"郡县制"。从隋唐到两宋，中国的社会制度特别是经济、文化制度再次发生了翻天覆地的变化，但是倡导内圣的新儒家，也没有煞费苦心地去论证如何从"内圣"开出当时的社会制度这个新外王。张载写过井田制的文章，程颐论证过郡县制比三代的封建制好，但他们都只是就事论事，从不同制度的合理性本身来立论，而没有论证如何从老内圣开出新外王。如果硬要说老内圣可以开出新外王，也许关键是如何做的问题，而不是如何从理论上论证的问题。

我们必须认识到，历史上的儒家可能支持过某种类型的政治制度，也有自己的政治学说，但这并不等于说儒学应当将某种政治制度纳入自己的学说体系中去。比如孔子虽然主张恢复周礼，但是并没有论证过世袭制度。如果他论证过了，岂不成了秦汉儒家的一块心头病？汉代以来的学者也没有论证过君主制，尽管他们事实上是维护这一制度的。《春秋公羊传》有所谓"立嫡以长不以贤，立子以贵不以长"之说，似乎是个例外。但是《公羊传》的这一思想严格说来与儒家"三纲"思想一致，即探讨国家长治久安的根本大法，而不是探讨某个政体可立还是不可立的问题。

既然我们认识到，从历史的观点看问题，孔孟或儒家思想没有民主的成分丝毫不能说是一个历史性的错误，甚至连缺陷都谈不上。那么，牟宗三煞费苦心地提出一系列新奇的概念或说法来论证中国文化，特别是如何在儒家道统中加入与民主、科学相一致的成分，看样子有点像堂吉诃德，围绕着一个人为制造出来的"风车"斗得满头大汗。

因此，儒学与民主的结合，与历史上发生过的儒学与气功、京剧的结合，儒学与封建制、郡县制、君主制等的结合一样，主要是一个实践问题而不是理论问题，至少理论上结合点的论证并不是其首要任务。如果认识到儒家的社会功能与宗教的相近，就会发现，基督教或其他任何人类伟大的宗教与政治的结合主要不是理论上的，而是实践上的。正如没有哪一个宗教家认为基督教只有与民主、科学等现代性要素的理论结合（指在理论上寻找二者之间的逻辑结合点）是其在现代发挥作用、体现生机的必要前提一样，儒学也无需自认只有与民主、科学在理论上找到相结合的逻辑基础，才能找到其现代出路。需要思考的毋宁是，在民主、法治、科学的今天，儒学所能发挥的、抵制后者的消极后果的作用及方式是什么？

有人说，儒家思想不能克服一治一乱的循环，可见儒学在制度架构方面无力。

这同样是个假问题。原因很简单，这是传统社会制度的局限性问题，而不是儒学的问题，账算不到儒家的身上。一治一乱的循环，如果说是君主制下不可避免的产物，那么民主政治不可避免的问题可能是社会生活的庸俗化、平面化。这些问题既然是由制度本身的特征决定的，就不是哪个学派、哪种思想所能根治的，儒学只是能减轻特定社会制度所可能具有的负面作用而已。历史已经证明，在这方面，儒家所发挥的作用整体上是成功的。与此同样的道理，我们今天如果不得不选择民主、宪政的话，那么儒学的作用无非是尽最大可能减轻由民主宪政所带来的负面影响，而不可能根除民主所带来的庸俗化、大众化以及政党恶斗、族群分裂等问题。

五、重思儒学与民主

（一）"公天下"意味着民主政治？

前面我们谈过，现代新儒家普遍地将民主政治看作儒家"公天下"理想的最佳体现。我们在下面论证，这一说法没有充分的事实根据。而现代新儒家之所以陷入这一说法，主要是因为他们对民主政治过度理想化、不切实际的理解。这涉及两个问题：一是民主的定义问题，二是"公天下"一词的本义问题。

首先，"民主"的定义问题。鉴于"民主"这一概念的定义已有很多，此处只引述其中几种与主题有关的说法。从词源上看，democracy的本义是指人民统治（rule by the people），由此自然地引申出"民主"两个紧密相关的基本含义，即所谓"多数统治"和"人民主权"。包括科恩、Austin Ranney在内的不少学者均认同此观点。有的学者认为"人民主权"又包括竞选、分权等若干内容。[1]亨廷顿认为，[2]西方学者对民主概念的定义也有演变。20世纪70年代以前，不少人还倾向于从理想化的、价值规范的角度来定义民主，而此后就比较多地倾向于从经验描述的角度来定义民主，把民主定义为一种特定的选举程序。根据熊彼特（Joseph

---

① Hu, "Confucianism and Western Democracy," 347–363；谈远平：《中国政治思想——儒家与民主化》，第15—16页。

② Huntington, *The Third Wave*, 5–13.

Schumpeter）、罗伯特·达尔对民主含义的研究，亨廷顿提出，民主的本质内容就是通过全民参与的公开、自由、公正的竞选来确立最高领导人。当然，民主还可能有其他内容，但这一条应当是民主最起码的要求。政治辩论和公开竞选是罗伯特·达尔认为民主的两个关键要素。这意味着一系列公民自由和政治自由，包括言论、出版、集会和组织的自由，以便进行政治辩论和公开竞选。所以民主与自由有关，也与政治平等有关。但是把自由、平等、博爱等价值规范作为衡量民主的标准则为当今多数西方理论家所不接受。

其次，中国古代经典中的"公天下"本义是指通过禅让来确立接班人，而没有上述通过公开竞选和政治辩论来确立领导人的意思在内。联系《尚书》《礼记·礼运》中的上下文可以发现，古人所讲的"公天下"更加接近于今日所谓"精英政治"（更妥当的说法是"贤能政治"①，英文elite politics，meritocracy）而不是"民主政治"，因为它强调的是让真正有德的"圣人"即位。这一"圣德在位"的目标在儒家看来高于手段，鉴于"圣德"并不一定是家人，故不主张传位于子。根据《尚书·尧典》等的记载，为了实现"圣德在位"，需要借助发现、鉴别、考验等方式，即尧提拔、考验舜的方式。在中国的古书中，我们丝毫找不到以公民投票为特征的公开竞选来确立接班人的思想。

今按："公天下"之说主要来自《礼记·礼运》下述一段话：

> 大道之行也，天下为公，选贤与能。……今大道既隐，天下为家……

郑玄注：

> "公"犹"共"也，禅位授圣，不家之睦亲也。……"隐"犹去也，传位于子。

孔颖达疏：

> "天下为公"，谓天子位也。"为公"，谓揖让而授圣德，不私传子孙，即废朱均而用舜禹是也。"选贤与能者"，向明不私传天位，此明不世诸侯

---

① 我的同事及好友贝淡宁先生提醒我，"贤能政治"这个术语比"精英政治"更恰当。

也。国不传世，唯选贤与能也，黜四凶、举十六相之类是也。

"禅位授圣"，谓尧授舜也。"不家之"者，谓不以天位为己家之有授子也。天位尚不为己有，诸侯公卿大夫之位灼然与天下共之，故选贤与能也。己子不才，可舍子立他人之子，则废朱均而禅舜禹是也。

这段话的意思已经十分清楚，"天下为公"指传位于圣德，而不传于子。可见"公天下"的本义不是民主政治，而是民本，是贤能政治。"禅让"与"竞选"最大的区别在于，前者是以德治国，体现了精英政治的政治操作程序，而竞选强调群众参与，体现了人民主权、政治平等和多数统治的思想。这二者不是一码事。尽管在精神上，二者有相近之处，都强调天下不应为一家一族一派所垄断。

熊十力认为孔子早有民主政治思想，体现在《春秋》《礼运》及《周官》中，并说"《周官》之政治主张，在取消王权……而实行民主政治"①。理由是《周官》主张对国家大事甚至包括国君人选在内，无不进行"大询"。他说：

《周官》为民主之制，不独朝野百官，皆自民选。即其拥有王号之虚君，亦必由全国人民公选。秋官、小司寇掌外朝之政，以至万民而询焉。一曰询国危，二曰询国迁，三曰询立君。据此类推，则国之大询，当不止三事，如立法及举三公、冢宰与大政事，未有不经大询也。②

熊十力所谓"民选"，在《周官》中的本义是"大询"，即"征求民意"。然而，将"征求民意"等同于民主政治，显然不符合现代民主概念之本义，因为征求民意并不是指多数人的意见通过某种法定的程序来保证谁当选、谁不当选，至多只可说包含民主之萌芽。而且，如何征求民意的具体程序并不清楚，何况根本没有亨廷顿所强调的"全民参与的自由、公开、公正的竞选"这一民主的本质要素。另一方面，征求民意在《周官》中只是实现任贤使能的一环，目的是发现"圣德之人"。这也不是民主政治的本质含义。《周官》的主体思想仍然是任贤使能，可以这样说，它与民主的本质差别是，一个是"精英统治"，一个是"人民统治"。

诚然，正如不少前人所指出的，儒家传统确实存在许多有益于民主或倾向于民

---

① 熊十力：《原儒》，第670页。
② 熊十力：《原儒》，第675页。标点符号由引者加。

主的思想，比如民贵君轻、批评时政、反对无道昏君，此外还有重视教育和人民素质，以及"己所不欲，勿施于人"的仁爱精神，"人皆可以为尧舜"的平等精神，宗教和意识形态上的宽容精神等。但是，我们必须认识到儒家根本的关怀是如何让真正有德的圣贤在位，而不是如何实现人民主权和政治平等，后者是民主的两项基本要素。香港大学陈祖为（Joseph Chan）教授[①]通过对唐、牟等四人的《宣言》的批评，说明先秦儒家有关"公天下"的思想，不能被解读为民主。他指出，从"天下为公"（《礼记·礼运》），到"天下非一人之天下，天下之天下也"（《吕氏春秋·贵公》），再到孟子的"民贵君轻"等儒家思想，完全可以采取君主制而非民主制的形式。因为好的君主制同样可能得到人民的认可，而民主制度也可能得不到人民的认可。按照孟子的观点，一个好的、有德的君主，完全可以得民心，从而得到人民的拥护。他进一步指出，儒家的民本思想并不意味着采纳民主制度。因为无论是以民为本、顺从民意，还是提倡社会批评、反对无道昏君，儒家倡导的都是通过让有德的精英人物来实现，而不是通过民主来实现的。他认为儒家选拔人才治理国家的理念就是一种guardianship（柏拉图《理想国》中的护国者统治模式）。因此，他认为儒家政治学说本质上是一种精英统治思想，而不是民主政治思想。

看来，熊十力等现代新儒家之所以把儒家的"公天下"思想解释成民主，显然不是因为他们的儒学基础不够，而是他们对民主政治这个西方来的新鲜事物过于崇拜，认为只有将儒家的思想传统与之接上轨，才能"适应"现代需要。然而，今天看来，这种对儒家的现代解读方式不仅是不必要的，而且更重要的是，它抛弃了儒家传统中原有的优良成分，反而无益于中国人在接受民主的过程中有效地克服自由民主制的缺陷。

（二）"任贤使能"与"多数统治"

长期以来有一个重大的思想误区，即把民主政治与儒家的圣贤理想当作两个互不兼容的东西来对待，认为二者分属于两个不同的时代。其实圣贤治国——或者说

[①] Chan, "Democracy and Meritocracy: Toward a Confucian Perspective," 179–193.他认为从王韬、薛福成到唐君毅等儒家学者均赞同民主，可能是由于他们发现民主制度可以作为一种手段来促成儒家价值理想的实现，而不是把民主本身当作目的来追求。即使如此，孙中山和唐君毅等人在倡导民主的同时仍然有所保留，并批评民主制度下的道德败坏现象。因为在民主时代，儒家自然会关心民主机制能不能选拔出真正优秀的人来，真正为全民而不是部分人的利益服务。

"任贤使能"——作为一种政治原则与民主政治是两个不同层面的事物，是能够互补共存的。前者属于政治原则方面，后者属于政治制度方面。不同历史时代的政治制度是可以变化的，比如从君主制度到民主制度。但是，无论是什么样的政治制度，任贤使能都是需要的，如果有圣人出世当然更好。也就是说，"任贤使能"不会、也不应当因为民主政治的诞生而失去其意义。我们甚至可以说，民主选举也是任贤使能的一种手段。

这就是说，任贤使能超然于现实的政治制度而普遍有效，无论是民主社会还是君主社会都需要它。相反，民主制度不具有如此的普遍有效性。你也许会说，这与民主的理念不相符。因为我们都知道民主的基本精神是多数人统治，而任贤使能的基本精神是精英统治；民主意味着通过投票表决的方式来选举领导人，而任贤使能则是古代帝王们通过征辟、推举以及科举的方式选拔官员。因此，民主观念与现代民主政治制度相一致，而任贤使能的观念与古代世袭的君主政治制度相一致。这代表一种流行意见，但在我看来是错误的。

首先，我们必须坚定地抛弃"凡是不合乎民主标准的都是坏东西"这一观念。有了这一前提，我们就会发现：儒家政治思想中与民主不一致的地方，未必就是不好。恰好相反，儒家思想中有些与民主不一致的内容，正好是我们今天需要发扬的。我们还需要认识到，民主既然本身有那么多问题，如果能从儒家传统中找出若干有价值的资源来纠正其错误，有何不好呢？

正如有的学者[①]指出的那样，现代大国在全球化和资本主义的条件下实行民主时有许多无法克服的局限，包括国家规模太大、资讯不全导致的操作困难，专业分工过细等导致的公民参政能力缺乏（与教育有关），利益集团对政客的收买与控制，等等。由此出发，白彤东认为儒家的基本立场，即只有特定的人（君子、圣贤）而不是全体人才有能力参政，他的精英政治立场似乎是有道理的。他引用孟子"劳心/劳力"的有关观点来说明，古人尚且认识到有些人，特别是那些从事体力劳动的人因为自身的局限不具备参政议政的能力；而在现代社会，专业化分工空前精细，许多受过良好高等教育的白领所学到的也不过是有限的专业知识，不一定具备参政议政的能力。正是从这一角度出发，他主张应当重新认识儒家精英政治传统对民主政治的纠偏补弊作用。

现代新儒家受民主、专制二分式思维方式的影响，过高地估计了民主的价值或

① 参见白彤东：《旧邦新命——古今中西参照下的古典儒家政治哲学》，第1—77页。

意义，视民主本身自在地为好东西（具有超越时代、历史发展阶段、社会生活条件的普遍意义），于是觉得，儒家没有提出民主制度是一种缺陷，然后想着论证儒学中有哪些精华可与之衔接。殊不知民主只是一个制度上的程序，与历史上的君主制、三代时的推举制、秦汉以后的郡县制就其指一种程序而言并无本质差别。既然历史上的儒家没有想着论证儒学与君主制、推举制、郡县制、井田制之间的必然联系，今人花那么多精力来论证儒学与民主之间的必然联系，亦无必要。

其次，虽然民主与任贤使能代表两种不同的，甚至在一定程度上对立的理念，但这没有什么稀奇的。正因为不一样，才需要互补。"任贤使能"不仅与民主制度不一致，也与君主制度不一致。正因为不一致，所以才能对后者构成制约。我们都知道君主制度的精神实质是世袭，是家天下；而任贤使能的精神实质是用人唯贤，是公天下。如果儒家严格、彻底地沿着"任贤使能"的原则走下去，就应当追求公天下而不是家天下，并且反对君权世袭。那么为什么儒生在现实生活中却选择了与其精神不一致的君主制度呢？这是因为任贤使能只能作为一种理想、一种原则，而没有真正有效的可操作性。儒家的入世精神决定了，它一方面认识到在现实社会中不得不接受与其基本理念不一致的君主制，另一方面正因为如此，它强烈主张用"公天下"的精神和"任贤使能"的原则来抗衡君权，消弥君主制度带来的消极后果。这充分说明儒家本身是把政治理想与现实选择这二者相对区分开来的。

同理，今天儒家也许会不得不接受一个与其基本理念不一致的民主制度，又需要用其精英政治理念来抗衡民主的"暴政"，消弥民主制度带来的消极后果。君主制度也好，民主制度也罢，都是相应于特定的社会现实条件，特别是社会经济基础及生产关系结构而产生的，也都存在着自身难以克服的严重局限性。就像古人选择君主制度是出于"无奈"，今人选择民主制度也是出于"无奈"。就像古人选择君主制度不是由于儒家一样，今天选择民主制度也与儒家无关。一个多世纪以来的西方化运动，导致许多中国知识分子误以为民主制度是普遍适用于一切历史时代的理想制度，于是他们错误地把"孔子没有认识到民主"当作他和儒家的一个"缺陷"。这个错误早就应当被纠正过来了。至于由任贤使能精神所催生的中国古代官员选拔制度，如今已被中外学者们普遍承认它为现代文官制度的确立做出了巨大贡献。即使在今天的最发达国家，国家公务人员的选拔也仍然普遍采取与之类似的方式。

贝淡宁的《超越自由民主制》（*Beyond Liberal Democracy*）一书，强调儒家式贤能政治的现代意义，特别是其对于西方自由民主制的补益作用。该书认为，与西方相比，儒家化东亚传统的一个特点，是他们对于公民参政的理解有所不同。他们更重视家庭或家族生活，多数人把主要精力用于经营家庭及地方事务，而把政治交给受教育的、有公共精神的精英。精英政治并不一定排除公民民主参政，但可能采取最低限度的民主形式。儒家政治思想包含着协调精英政治与最低限度的民主政治（minimal democracy）的倾向。儒家精英政治通过科举的方式制度化，尽管自身有一定缺陷，但如按黄宗羲等提出的改革方案，可以改造成一种适合于现代民主体制需要，从而削弱现代自由民主制带来的消极后果的新型政治制度。在该书第六章，他提出了"儒家式"两院制设想，即由具有天赋和公共精神的精英构成的上院，和由人民选举产生的下院。上院成员以考核方式选拔，不需要经过民选；下院议员需经民选产生。白彤东也提出了类似的构想。他提出，鉴于民主制在现代社会条件下的各种局限，也许不如建立一个精英制和民主制的混合政体。他把这种政治实体称为"孔氏中国"。[①]

贝淡宁的观点使我想到，现代新儒家放弃精英政治，拥抱民主政治，是丢弃了自身的传统。尽管牟、徐、唐等人确实也多次提出要以儒家道德精神来济西方民主之弊，包括庸俗化、物化之弊。但是从整体上讲，由于他们对民主过于浪漫、理想化的观念太深，视民主本身为天然的进步事物，其思想的主导倾向还是主张拥抱民主为当代儒学的主要使命。至于用儒学来济西方民主之弊，则只是其辅助的性质。显然，他们并没有认识到，现代社会之所以选择民主制，与古人选择"家天下"的君主制一样，不是由于它理想，而是由于它是"最低限度的坏"的政治形式。如果认识到这一点，自然也不会强调儒学中支持民主的一面，更不会指望通过民主来实现儒家的公天下精神和道德理想了。相反，应该强调儒家政治学说本来就不是民主学说，其核心精神是道德—文化精英治国。这一儒家思想传统，加上儒家"三纲"所代表的"从大局出发，从做人的良知与道义出发"的精神，乃现代社会中校正民主之弊的异常宝贵的资源。因此，真正应该强调的不是儒学如何拥抱民主，而是儒学如何发挥自身非民主的传统，来与民主的消极后果做斗争。他们的浪漫主义和理想化特点还体现在，对于民主实践过程的高度复杂性缺乏清醒认识。中国诚然需要民主，但中国社会进步的主要动力不寄托于民主，而寄托于以任贤使能为原则的精英政治从制度上落实；不寄托于党争，而寄托于公平、公开、透明的参政议政模式真正落实。

牟宗三、徐复观、唐君毅均一再强调自由民主只有与儒家道德理性相结合，才

① 参见白彤东：《旧邦新命——古今中西参照下的古典儒家政治哲学》，第41—77页。

不致陷入错误。如果按照这一思路发展下去，显然会走到与贝淡宁等人相似的精英治国的路线上去。如果一直走下去，还会发现，未来中国文化的进步的主要动力仍然不是民主、法治，而是被调动起来的社会内在的精神与活力。在中国未来的发展中，"民主""法治"只是一些虽然必不可少，但是绝不代表崇高、神圣的"外壳"而已。就像一台电脑需要有键盘、显示屏之类的外在器件一样，但是你不能说这些东西代表电脑的核心成分。外壳可能在固定下来后变化不多，但内在的核心则需要不断革新、不断进步，才能推动电脑技术前进。尽管牟宗三等现代新儒家也一再强调儒家道德理性的核心价值，但实际对民主、法治等外壳的功能作了过度理想化和夸大的理解，上升到它们没有发展起来才是中国文化生命中最致命的问题，发展它们是当今中国文化生命成长、进步的最关键的步骤这样高的地步。因而，他们的学说让人有偏离儒家中心的感觉，对于如何在民主实践中修身，如何针对现代民主、法治实践中的问题发展道德理性，如何在民主、科技发展、工业化、资本主义的条件下定性、自省和慎独等这些最重要的问题上，他们反而提不出新见。因而，给人一种感觉，一种号称承续宋明心性之学的现代儒学，反而不谈心性了，而是沉浸在与心性无关的制度论证中。

（三）儒学对民主的纠偏功能

从文化习性的角度看，中国文化时常面临的一个问题是：在中国社会，每个人的人生价值都是在一定的人际圈中落脚的，人与人之间容易结成各种自保性的团体或小共同体（今天又称为"帮派""圈子""抱团"）。在这种情况下，"竞选"将极易变成一种不同群体之间为了面子和好胜心的角逐，而不是那种能保证真正有良知的人上台的方式。这样的竞选将不能保证竞选的成功者有为人民服务之心，因为竞选的成功意味着他以及他所在的群体对其他势力的胜利，也意味着他可以更加为所欲为和稳坐钓鱼台了。在公开的竞选中，一个真正有良知的人未必能被人接受。所以几千年来，我们的祖先都教育子孙后代不要"争"，不要公开地夸自己，要谦让。

因此，中国文化中发展民主最大的障碍就是地方主义、帮派主义、山头主义、小团体主义。也正是从这个角度说，我认为儒家的"三纲"思想对中国未来的民主政治实践仍将有着不可磨灭的意义。因为"三纲"思想的实质，在我看来可以解释为从大局出发，从国家民族大义出发，从做人的良知和道义出发。而我感到最值得深思的一个问题是：20世纪以来，那么多人在赞美和倡导中国民主，却很少有人认真探讨民主在中国文化中的实践所可能遇到的严重障碍，以及如何才能有效地克服它们。

中国文化中，另一个妨碍民主制度的致命问题就是"从风效应"。也许在世上所有的国家包括欧美国家的人们都有跟风心理，但是我们不要忘记，没有基督教、伊斯兰教或犹太教彼岸思想传统的中国文化，真正有力的不是神对人的影响，而人与人的相互影响。这正是中国文化强烈的"此岸性"（this-worldliness）特征。孔子曾用"风行草偃"（《论语·颜渊》）来比喻中国文化中上对下的影响。《孝经》《乐记》均提到"移风易俗"的重要性。在《毛诗》《大学》《左传》《孝经》等一系列儒家经典中，我们看到大量的言论强调只有在上位者以身作则，为民立极，才能正天下之风。古人所说的"风"，对应于今人所谓"校风""党风""学风""社会风气""行业风气"……我们看到，它们今天仍然对中国人社会生活的质量和整个国民的道德水准起到极大的作用。"从风"从另一个角度说，说明中国文化中人们的盲从心理非常强，人们受到他人影响的程度过深。有过"文革"经历的中国人应该不会忘记，在民主时代，大规模的群众运动可能导致无数人被盲目地席卷进去，去做一件非理性的事。整个社会的所谓"潮流"——有时被美化为"时代潮流"，却可能是一场盲动，对社会的进步和理性发展并没有任何进步意义。

用儒家的话说，中国文化可能不适合于"党争"这种形式的民主，而必须结合儒家的"选贤举能"式政治。中国社会自我整合的逻辑不同于西方，因为没有个人主义的文化背景而裙带关系盛行，加以帮派主义、小团体主义、地方主义极易在民主运动中造成巨大的社会混乱。所以在中国文化中，民主选举有可能导致只有巧言令色之徒才能当选，政治运动不能真正提升整个社会的道德水平和精神风貌，而变成口水战，变成舆论炒作，变成非理性的、无序和混乱的鼓噪和斗争。诚然，民主的实现需要经历痛苦的过程，而世界不可能有完美无缺的制度，但是这不等于民主制度在现有条件下一定是最佳选择。熊十力及唐君毅均强调了在党争上要有礼让精神[1]，显然是敏锐地感知到在中国文化中争斗太多必然会出问题。而他们均批评西方之尚争斗，导致人心不古，其实是缺乏文化相对论思想，认识不到在西方的文化

---

[1] 参见熊十力：《读经示要》，上海书店1996年版，第27—34页（分析参见何信全：《儒学与现代民主》，第44—45页）；唐君毅：《民主理想之实践与客观价值意识》，《中华人文与当今世界》，第536—539页。

背景下，竞争未尝不可达到好的效果。正如许多文化心理学者所指出的那样，在西方，人与人的联结趋向于不稳定，人们习惯于在不断否定、不断超越而不是相互依赖中找到安全感和人生价值。[①]由此可知，为什么在有着根深蒂固的个人主义传统的西方文化中，公开的政治竞选可能选拔出优秀的人才来当政，至少民主在其中比在中国乃至东亚国家更有效。

因此，我认为，与其探讨中国古代为何没出现民主，不如探讨在中国文化中如何与民主政治的消极后果做斗争。正像古代儒者将主要精力用于探讨儒家如何与君主制根深蒂固的问题做斗争（所以孔子、孟子、荀子均讨论到君道、臣道等）一样，今天的儒家也应当将主要精力用于探讨儒家如何与民主制根深蒂固的问题做斗争。曾几何时，宣称"儒家要与民主结合"似乎是现代儒家不得不做的一个自我表白，而这一表白本来是不必要的，因为它不仅颠倒了儒学本身的现代任务，还出于对儒学现代意义的不自信，以及误以为民主才是时代进步的指标，或者认为中国社会今后政治建设的主要任务就是建设民主。如果民主不是普世价值，如果民主不是衡量一个国家是否进步的主要标准，那么我们也许会发现，儒学没有必要将拥抱民主当作自己的主要使命，尽管中国在今后一段时期确实需要建设民主。如果将民主制度与君主制度放在同一层面上来思考，将其定位为一个特定时代里人们不得不接受、无可奈何地要接受的一套制度安排，我们就会认识到，如何与民主政治带来的消极后果做斗争，才是现代儒家应该努力的一个主要方向。也许有人说，儒家不同于其他宗教之处是它关心世俗生活，所以有政治儒学。然而这并不意味着儒学的主要任务是为某种政治制度作论证，而是提出用于指导政治运作的法则（比如"公天下""为政以德""为政为礼""移风易俗"等）。《周礼》看似是一部政治制度著作，但细读可知其主要关心的乃"惟王建国"的根本方针、原则或理念，特别是百官的功能、使命和责任，而不涉及建什么政体。严格说来，这些理念或原则，即使在现代民主社会，也不一定完全过时。

（四）儒学与民主的现实结合是个真问题

20世纪以来，几乎所有进步的中国学人（梁漱溟、牟宗三尤其明显）都在思索

---

① Hsu, *Americans and Chinese*, 1970; Ho, "Interpersonal Relationships and Relationship Dominance," 1–16; Ho, "Asian Concepts in Behavioral Science," 228–235.

为什么民主、科学没有出现在中国？为什么中国传统文化未提倡这些东西？如果他们认为这些东西并不是最重要的，或者不是现代文明的本质要素，一定不会这样来问。比如他们不会问，为什么西方人没有发明京剧和气功，也不会问为什么中国人没有发明哥特式建筑。显然因为后者并不是对于现代文明来说最重要的。我们也承认民主、科学是现代文明的要素，但我的主要观点是：追问为什么中国古代没有出现民主（科学此处不谈）则包含着对民主的误解，因为民主本来就是特定社会历史条件下的特定产物。如果说它好的话，也只是相对于特定的社会历史条件而言的。今天来看，西方出现民主与科学，乃历史偶然之产物，或特定历史与时代环境之产物，不必归之于某种抽象的人性论或本体论（如牟宗三的"存有论"）。古代儒家没有提出民主政治，也丝毫不能将其理解为儒家主体建构方面的缺陷或不足，而是与特定的历史、社会，特别是经济状况相关。在当时的生产力和社会经济状况下，君主制之合乎"天经地义"，就像在今天的社会状况下民主制合乎"天经地义"一样。既然如此，将中国没有发展出民主归结为中国人理性主体的某种先天缺陷或不足，岂不荒唐？

梁漱溟（早期）、牟宗三、唐君毅等人犯有这样一个共同的错误，即从中国思想家的思维方式来总结科学与民主发生的必然原因或哲学上之根源。其实，如果认识到科学、民主发生于特定客观环境中，及其对于人性之意义（如科学可以满足人的好奇心，有益于人性自由，而主要不是为了征服自然；民主是公民社会发展及商品经济发达的产物，并不是抽象的人性论的产物），对于后发现代化国家来说，所要做的主要工作就是吸收而容纳之。中国人的主要心理包袱来源是：过去儒家宣称自己可以解决一切问题，可以创造一个完美无缺的理想文明（在过去的历史时代背景下，作此宣言亦完全可以理解）；如今民主、科学在儒学传统中根本找不到，不知道如何定位儒学与它们的关系。其实如果想清了，就会发现二者本非不兼容，而是在我们自己的心里难容。

必须批评对民主的非历史的理想主义和普遍主义的观点。或许现代社会都可能会走向民主，但是民主未必对所有社会、所有民族、所有文化都具有同等重要性。这不仅是我个人的观点，也是如今不少西方学者的观点，前面提到过的郝大维、安乐哲和贝淡宁就是典型的例子。对于那些没有实行自由民主制的社会来说，预设只有实行民主政治才是其进步的首要前提的观点也是错误的。此观点人为地假定了一种进化论的历史观，即自由民主制是人类一切条件下最理想、最尊重人性的政治制度，如福山《历史的终结》一书所言，于是有了孔子或古典儒学为何没有发现民主的重要性，而始终停留于民本之疑问；进而又有儒家为何只认识到德性之重要，而不知道诉诸制度来约束人，为何不知道单靠德性不能解决帝王及官僚之腐败滥权的问题，即所谓宪政和法治问题。我们前面曾试图说明，中国文化的习性决定了对中国社会来说治人重于治法。因此，徐复观、牟宗三"中国古代有治权的民主而无政权的民主"以及儒家只重德性、不重制度的思想未必准确。此外，今日之需要民主政治，与古代之需要君主制度一样，并无任何性质之不同，皆时代条件使然。

有人也许会说，在古代建立民主制度困难并不等于就不应该实践它。这一观点仍然假定了"民主是一切条件下最理想的政治制度和普世价值"这一前提。然而，按照这个逻辑，中国古代思想家就应该把不断冲破宗法血缘纽带当作其重要使命。可是血缘纽带的冲破，本来就不是思想家带来的，而主要是商品经济的兴起导致的。难道血缘纽带在农业经济的条件下应该被冲破？难道儒家应当预见到商品经济的兴起、工业革命的到来及市民社会的诞生？况且，即使冲破了血缘纽带，建立了市民社会，也不等于可以建立民主制度。前面说过，民主需要一定的社会文化基础。这可不是一件轻而易举的事情，改造一种文化有时需要漫长的时间，甚至上千年。这就是为什么人类历史上主要的政治制度，多半是在现实的经济社会土壤中自发形成的，而很少是思想家发明的产物。无论是君主制，还是民主制，最初都不是思想家的发明。

无论新儒家学者还是自由主义者，均未认真探讨过在中国实现民主之文化障碍，或现实困难，及其相应对策。他们只有一种理想的浪漫假设，仿佛该制度能解决一切，只要认真地建立起相应的制度就行，而不知道政治之残酷，以及文化障碍之根深蒂固。从这个角度来思考，今日儒家应该思考的并不是中国要不要建立民主政治制度，而是如何才能建立民主制度，特别是"中国式"民主制度是什么。从文化习性的角度看问题，抽象地讨论儒学与民主可否相结合，而不研究在中国文化环境中建立民主之难，以及如何用儒家传统来校正民主制度的局限，就不可能建立起合乎中国国情的民主。在这方面历史已经让我们付出了沉重的代价。

正如历史上儒家从来没有拥抱过君主制一样，今天的儒学也没必要去拥抱民主制。相反，儒学的主要任务恰恰是以批评的态度来诊治民主所带来的主要弊端，这些弊端包括现代社会的大众化、庸俗化、从风效应、平均化倾向等。今天思考儒学与民主关系的人，如果笃信儒学，那么就应该这样来重新定位自己：其一，研究儒学在现代社会发挥道德教化和精英示范作用，来抵制民主所可能带来的根深蒂固的社会问题。其二，需要思考和研究中国文化的习性对实行民主所可能带来的巨大障碍，以及如何克服这些障碍的问题。正是从这一角度出发，我们发现在中国，由于民主不是在类似于西方的个人主义传统中进行，而是在集体主义的文化背景中实行，儒家针对中国文化中的山头主义、地方主义、帮派主义和小团体主义所倡导的"三纲"思想，其精神可以说仍然是中国未来推行民主政治所必不可少的。"三纲"精神仍是今日中国实行民主的前提条件。需知中国文化的习性决定了它不适合于发展一种把民众分成若干党派后进行无休止地相互争斗的政治运动。中国人更习惯于权威主义的管理方式，最好是道德精英治国（或曰贤能治国）。从这个角度看，我们发现现代新儒家，特别是提倡"民主建国"的新儒家学者，恰恰对于民主在中国文化中实行的最大障碍是什么思考最少，而对今日民主实践中的种种问题并无先见之明，或很少的应对措施。总而言之，儒学与民主关系研究的前提之一就是假定民主已成为现代社会不可避免的趋势时如何让儒学发挥作用来抵制民主带来的消极后果，以及认清中国文化的习性对于民主政治之实行所可能有的消极影响和负面障碍。

本章的论述决不是要反民主。因为我把民主看成不过像君主制一样的东西，认为二者都是特定历史条件下自然而然地出现的制度安排（只不过不要把它理想化，而要像古典儒家那样把它人性化、合理化）。一方面，站在现实主义的立场，我们也许可以认为民主政治也会成为中国政治发展之大势，承认这一现实，符合作者在本章的基本立场，但并不等于这一现实是可取的或值得的。所以另一方面，鉴于我们从中国文化的习性出发，发现以党争和大众政治为特色的民主政治并不适合于东亚文化的土壤，我们更加有理由呼唤儒学的复兴，以儒家的贤能治国精神来校正自由民主制所具有的根深蒂固的问题。我们把民主制当作一个今天人类无法避免的现实，坚持不懈地与之做斗争。在中国历史上，儒家对君主制的改造作用之大，从汉承秦制而精神实质却发生了本质性的转化这一点即可看出。同样的，我们可以预期，民主政治在中国文化中也许无法避免，但是中国人承西方之制却可以从精神实质上改造它。至于如何改造，改造的具体方案是什么，我想我们现在无法预测，也没必要预测。因为真正重要的不是设计什么制度，而是让儒家的精神真正光大。一旦精神光大了，在社会上形成了力量，总可以在民主制不可避免地到来时，发挥其应有的作用。

易言之，我的态度是视"民主"为一种未来中国可能无法避免的"现实目标"，而不是一种我们应该追求的"最高理想"。尽管从我的个人观点看，自由民主制在中国并不可取，但是我也充分认识到历史发展趋势无法阻挡，所以才会主张用儒家政治理念来校正它。我并不是个进化论者，不认为符合历史趋势的就一定是好的。我想儒家的态度应该是这样。

我当然承认，民主制特别是自由民主制也有它的优点，特别是舆论自由、政治操作公开透明、政治力量公平竞争之好处是十分明显的。从这个角度说，民主制如果能以成熟的方式到来，是再好不过了。我在本书中所强调的无非是，如果它不能以成熟的方式到来，后果可能是多么严重。从东亚文化的特征看，它的弊可能比利要大。

我并不否认精英政治的缺陷，但我在本章坚持东亚文化更适合于精英/贤能政治，是从比较优势的角度说的。精英政治的缺陷至少包括精英/贤能的选拔的可操作性不高，集权可能导致专制和腐败，大众权利、自由和尊严被剥夺，社会参与度不高，公平、公开、透明的竞争不够，等等。

白彤东提出儒家与民主关系的四种代表性观点，第一种认为儒家传统是实现自由民主制的羁绊，第二种认为儒家传统可以导出现代民主，第三种认为儒家传统比西方传统优越（我想蒋庆大概属于此类），他本人则主张第四种，超越现实的东、西方制度，即不局限于儒家的精英政治和自由民主制，而是在它们之上探索更新、更好的制度。[①]我想这也是一种思路。如果我们认为中国文化中最理想的政治形式是贵族政治、精英政治而不是民主政治的话，也许理想的中国社会的未来是自由精神加上精英政治。

在《论美国的民主》中，托克维尔写到，一开始来到美洲开拓殖民地的英国清教徒多是中产阶级，他们在一片荒无人烟之地开始生计，订立规章，确立法度，成立自治政府，用清教徒的自由精神建立自己的政权，为日后美国民主和自由精神的健全发展奠定了良好的基础。[②]这引起我这样的联想：设想17世纪初叶来美洲开拓殖民地的是中国人，而不是英国清教徒。当他们初到此荒无人烟之地，在他们之上没有政府、国家和法律，一切靠他们自己，他们将会如何组织起自己的社会呢？我想，他们绝不会想到英国清教徒采用的自由投票方式和民主原则，因为那样做并不是真正有效的。真正有效的方式，还是推举那些品德端正，有公益心、责任感和能力的人来管事。这就是儒家的任贤使能了。与此同时，他们还可倡导培育互相关爱的亲情，同舟共济的群体意识，亲如一家的大家庭精神。这就是儒家"齐家"为"治""平"之基的思想了。他们肯定会建立某种规章、制度，来规范和约束人们的行为。但是由于中国人从来不习惯于生活在硬性的、没有人味的法度中，人情大于法律，腐败和裙带关系在所难免。在这种情况下，最好的解决办法不是不断地制

---

① 参见白彤东：《旧邦新命——古今中西参照下的古典儒家政治哲学》，第13—14页。
② ［法］托克维尔：《论美国的民主》，董果良译，第30—49页。

定新的法度和规定，而是：一方面，以人情为基础来制定礼节规矩，这些礼节规矩
就像习俗和传统一样，在人心中产生巨大的约束力，它的力量比硬性的、没有人情
的法更大。这就是儒家的礼制思想了。"凡礼之大体，体天地，法四时，则阴阳，
顺人情，故谓之礼。"（《礼记·丧服四制》）另一方面，他们中的有识之士可能
会认识到，把这群人管理好最有效的途径还是办学校、兴教化、崇有德、任贤才、
敦风俗、美人伦，"正人心而后正天下"……这一切莫不是儒家的德治思想。唯
此，他们才能真正地组织起来。

第四章 王霸之辨、行业自治与儒学

行业的自治与理性化，是儒家王道传统的重要内容之一。

行业的自治与理性化，代表了中国文化中尊重人的尊严、个性和价值的传统，避免了西方自由主义的形式至上和过分倚重个人权利的缺点，对于我们理解「中国特色」的现代性有启发意义。它同时说明，那种认为儒家将治国希望寄托于个别人的道德与人格，而不能落实于一套制度体系的流行观点过于简单化了，行业的自治与理性化是指借助于行业传统、职业规范和社会风尚，来约束大多数人和一代代后来者，可以达到与西方的「法」同样的功效。须知西方自由主义所代表的形式至上的特点和个人权利绝对化的倾向，并不完全适用于中国文化土壤。我们分别从西周史学传统、孔子的「正名」思想、孟子的性善论以及宋明新儒家的社会实践等，来说明行业的自治与理性化是中国古代最重要的传统之一，在儒家思想中有着极为丰富的资源，是儒家王道思想的自然要求。

本章内容与下一章讲「社会空间的自治与理性化」相呼应。无疑，行业的自治与理性化也是社会空间自治与理性化的基础，社会空间的自治与理性化是行业自治与理性化的一部分。也许在中国文化土壤中，行业之道对政治权力的限制比市民社会对国家的限制更有意义。

一、《左传》中的史学传统

《左传》记载：鲁襄公二十五年（前548）夏，齐国权臣崔杼弑其君光，齐国大史直书其事，被崔杼所杀；其弟再书，再被杀；再嗣者又书，又被杀；第四位史官再书，崔杼终于杀不下去了。此间，齐国南史氏（盖为另一史官世家）得知大史尽死，奋不顾身地执简前往，听说崔氏弑君已被记下，他才中途返回。《左传·襄公二十五年》曰：

> 大史书曰："崔杼弑其君。"崔子杀之。其弟嗣书，而死者二人。其弟又书，乃舍之。南史氏闻大史尽死，执简以往。闻既书矣，乃还。

齐国大史氏不畏强暴，他们所捍卫的并不仅仅是"个人自由"或"真理"，更重要的是史学传统的独立性与史家的尊严。对史家来说，史学传统的独立性需要一代代人共同来捍卫，而史家自身的尊严是史家在写史过程中所发现和体验到的，他们通过把自己融入一个伟大的传统中而感受到了人格境界的升华。类似的事件在《左传》中还有记载：鲁宣公二年（前607），晋国大夫赵穿攻杀晋灵公于桃园。晋国大史认为这场事件的罪魁祸首是首席卿大夫（即赵盾），将弑君之人记为赵盾（即赵宣子），公示于朝：

> 大史书曰："赵盾弑其君。"以示于朝。
> 宣子曰："不然。"
> 对曰："子为正卿，亡不越竟，反不讨贼，非子而谁？"（《左传·宣公二年》）

赵盾是当时晋国中军帅，其地位相当于后世的宰相。虽然他掌握军权，甚至蔑视国君，但并不等于他可以用政治强力干预史官写史。在本次事件中，赵盾虽未亲自弑君，甚至想在弑君之际逃开，但由于赵穿为赵盾的侄儿，在赵盾的庇护下才获得权势，所以赵盾身为执政大臣，对弑君本有不可推卸的责任。何况弑君之后，他既非人在国外，亦未追究罪犯。故大史记"赵盾弑其君"，盖认赵盾为此次事件的罪魁祸首。从《左传》的记载可以看出，赵盾权倾一时，驱逐异己，培植亲信，治国无方，诸侯叛离，晋灵公欲杀而未成。赵穿为赵盾羽翼，为人跋扈，气焰嚣张，杀灵公实为救赵氏①。这是中国古代史学传统独立于政治的又一例证。

《汉书·艺文志》云：

> 古之王者，世有史官。君举必书，所以慎言行，昭法式也。左史记言，右史记事；事为《春秋》，言为《尚书》。帝王靡不同之。

中国古代史学传统之所以源远流长，也是因为它并非统治者手中任意操纵的工具，而是有自己的行业传统和规则，有史家独立不倚的品格和精神，否则史家也就无所谓人格尊严了。《礼记·曲礼》曰："天子建天官，先六大，曰大宰、大宗、大史、大祝、大士、大卜，典司六典。"大史是天官之一。《周礼·春官》则说："大史掌建邦之六典，以逆邦国之治。掌法，以逆官府之治；掌则，以逆都鄙之治。"大史更像掌握国家文书、史料，特别是国家重要档案、王朝法度的专业人士，其所掌握者为天子治天下的主要依据。"小史掌邦国之志，奠系世，辨昭穆"（《周礼·春官》），主要掌管各国的文献资料，尤其是诸侯的家族谱系，在祭祀时序昭穆、定仪节。《礼记·王制》云："大史典礼，执简记，奉讳恶。天子齐戒受谏。"据此，大史有向国君进言劝谏之责，国君得受大史约束。据《礼记·月令》，"大史守典奉法，司天日月星辰之行"，大史需了解天文、气象，及时向天子报告，并由此确定国君一年各季节之行事。

《左传》中有关列国史官的记载甚多：列国史官职称出现最多的有"大史"，见于周室、郑国、鲁国、卫国、晋国、齐国等；此外还有其他史官职称，如周室内史、鲁国外史、楚国左史等。《左传》中的史官人名则更多：晋国有史苏、史赵、史黯、史龟、大史董狐；楚国有左史倚相和史皇，周室有内史过、内史叔兴、内史叔服、史狄、大史辛甲；鲁有大史克、大史固；郑国有史狗、史鳅；卫有史苟、史朝、史鳅、大史华龙滑与礼孔；蔡有史猈、史墨；虢有史嚚；齐有大史子余；等等。根据《左传》中对史官的记载，可以归纳出春秋时代史官在列国的主要职能如下：

1.主持祭祀。祭天地、祖先、鬼神等，包括战争、灾异、疾病等一切需要祭祀

---

① 后文孔子赞晋国大史董狐"书法不隐"，而称赵盾为"古之良大夫"，据吴闿生考证为诡词。参见吴闿生：《左传微》，白北麟点注，黄山书社1995年版，第289—300页。《左传》中有许多此类诡词，明扬暗讽，参见上书《与李右周进士论〈左传〉书》。"赵盾"生平参见方朝晖编著：《春秋左传人物谱》，第188—200页。

场合均由祝、史主之。通常祝、史并称，"祝用币，史用辞"（《左传·昭公十七年》）①。参庄公三十二年、闵公二年、襄公二十五年、襄公二十七年、昭公十七年、昭公二十年、昭公二十六年、哀公二十五年；

2.占卜，《左传》中史官占卜皆限于解《易》。参庄公二十二年、僖公十五年、文公十三年、成公十六年、襄公九年、襄公二十五年、昭公七年、哀公九年；

3.作为史官记录史事。参宣公二年、襄公十四年、襄公二十五年、昭公元年；

4.从事外交、出使、结盟、辞令等。参僖公十一年、僖公十六年、僖公二十八年、文公元年、成公十一年、襄公二十三年、哀公十七年、哀公二十四年、哀公二十五年；

5.精通历史、天文、地理、疾病、五行等。参襄公三十年、昭公二年、昭公八年、昭公十二年、昭公十七年、昭公三十一年、定公四年、哀公六年、哀公九年；

6.懂治国之道及为人、为官之道，评论时事及人物。参桓公二年、僖公十六年、文公十八年、成公五年、昭公八年、昭公十一年、昭公二十九年、昭公三十二年、定公十三年、哀公十四年；

7.预言某人死生，预知某国兴亡。参庄公三十二年、僖公十六年、文公十四年、昭公八年、昭公十一年、昭公二十九年、昭公三十一年、昭公三十二年；

8.参与国政。参襄公四年、襄公十年、襄公十四年、襄公三十年、昭公七年、昭公十三年、定公四年。

在上述一系列史官相关的工作中，最重要的还是前四项，即祭祀、占卜、记事和外交。史官的这些功能，以及其他的职能如预言、分析事件、评论时事等，均与其掌握文书、档案、史料等，从而精通历史、天文、地理等知识有关。②这些说明，至少从西周时期开始，史官多为掌管文书、法度、族谱乃至天文、地理、方物的专业人士，既是国家最重要的文献档案和历史资料的管理者，也承担着为王朝治理提供法典依据的职责，故能协助祭祀、占卜、结盟、战伐、外交等重大活动，根

---

① 鲁国则有祝史同为一人之例，见哀公二十五年称"祝史挥"。

② 《左传》载：昭公二年，晋侯使韩宣子来聘，观书于大史氏，见《易·象》与鲁《春秋》。曰："周礼尽在鲁矣，吾乃今知周公之德与周之所以王也。"可见史官掌握王朝最重要的历史与文献资料。昭公十二年，楚灵王在与子革对话中，左史倚相趋过，王曰："是良史也，子善视之！是能读《三坟》《五典》《八索》《九丘》。"说明史官掌管历史文献，因此精通名物度数。昭公二十年，齐国大臣晏子与人讨论国君有疾非祝、史之责，论祝、史祭祀功能甚明："若有德之君……其祝、史荐信，无愧心矣。是以鬼神用飨，国受其福，祝、史与焉。……其适遇淫君……其祝、史荐信，是言罪也……是以鬼神不飨其国以祸之，祝、史与焉。"

据天文气象确定一年四时的主要活动，并须根据典章制度及经验向帝王或国君建言劝谏等。

由上似可推断，史学传统的独立性早在西周就在我国政治史上得到了认可。列国的史官都是代代相承，世守其职，用他们一代代人的经验来维持着自己的行业传统，在一系列重要的活动中捍卫史家的尊严。我们把这一行为称为"史学的自治和理性化"。所谓"理性化"，意味着史家记事有自身的规范和规则，这些规范和规则来源于可能是数百年甚至上千年的经验的积累，其社会价值也早已深入人心。古代政治家们深知，史家唯有不惧外力，坚持自身，才能保持史学之大用。正因如此，史记内容不允许随意由外力来改变，即使是帝王、权臣，也不能改变史家记事之规则。另一方面，这种规范和规则，也是史家安身立命之本，需要他们自己用生命来捍卫。因为若是史家随时向政治势力低头，不仅亵渎了史学传统本身，久之史学本身就丧失了价值，史家的尊严也就不复存在了。这正是我们开头看到春秋时代齐国、晋国大史舍身捍卫史学传统的原因所在。

二、正名与行业自治

美国著名汉学家狄培理指出，把儒学理解为将个人价值完全建立在群体之上，个人不过是其所执行的社会角色之和，或者个人只满足于服从群体及其确立的权威，这种思想是完全错误的。因为，儒家强调"为己之学"而不是"为人之学"，强调真正的自我发展，而不是获得社会认可或政治前途。[1]他指出，儒家倡导的君臣关系不是如今人所理解的那样强调君权至上，反对臣对君的抗议和批评。恰恰相反，孟子、朱熹皆明确反对臣对君的无条件服从。方孝孺、海瑞的故事，以及明太祖朱元璋撤销孟子孔庙牌位而遭钱唐激烈反对等，都说明儒家是有言论自由的精神的。如果考虑到西方式言论自由及示威抗议自由乃发生在另一历史情境中对人性的尊重，那么儒家的思想资源就不能完全用现代人的标准来衡量。[2]他还说，20世纪

---

[1] William Theodore de Bary, *Asian Values and Huamn Rights: A Confucian Communitarian Perspective* (Cambridge, MA: Harvard University Press, 1998), 23.

[2] De Bary, *Asian Values and Human Rights*, 19–21.

以来现代新儒家对民主、自由的强烈兴趣及辩护态度本身，也证明了儒学传统与西方自由主义存在相通之处。①他还专门写了一本书，系统地论证了儒家特别是宋明以来新儒家传统中的自由主义精神。②

儒家不仅关注史学的自治与理性化，而且倡导政治行业的自治和理性化，主张将君权和政治纳入理性化轨道中。具体来说，一方面，儒家的政治思想，主张"道统"高于政治，提出"君道""臣道"等一系列旨在限制君权或政治势力无限膨胀的政治思想。这些均与政治行业的理性化发展有关。《荀子》中专门有一章讨论"臣道"，认为臣子只要是从利于社稷的角度出发，可以不必服从于君。

更重要的是，在孔子、孟子等人看来，政治的理性化不是"如何限制国君"这么简单的一件事，而在于一种良好的风尚、传统能否形成。这需要通过人格的典范和一代代人的努力，体现在孔子的"正名"思想中。从孔子的"正名"思想可以看出，儒家政治思想与西方现代政治思想一个重大的不同，即不是将政治的希望寄托于一套客观、普遍、人人可依的"法"（宪法和法律）上，而是寄托于一种良好的传统的树立，并通过传统的确立来达到与西方的"法"同样的功效，即对多数普通人的约束。

> 齐景公问政于孔子，孔子对曰："君君、臣臣、父父、子子。"（《论语·颜渊》）
>
> 子路曰："卫君待子而为政，子将奚先？"子曰："必也正名乎！"子路曰："有是哉，子之迂也！奚其正？"子曰："野哉，由也！君子于其所不知，盖阙如也。名不正，则言不顺；言不顺，则事不成；事不成，则礼乐不兴；礼乐不兴，则刑罚不中；刑罚不中，则民无所措手足。故君子名之必可言也，言之必可行也。君子于其言，无所苟而已矣！"（《论语·子路》）
>
> 子曰："觚不觚，觚哉！觚哉！"（《论语·雍也》）

---

① 他还认为某种支持自由、民主与人权的制度程序，虽然不是在儒家的理论基础上产生的，但是不能说是儒家思维方式完全陌生的东西。我们不能说，儒家为亚洲国家反对人权的做法提供了基础。我们有理由相信儒家的历史经验能为《国际人权宣言》所罗列的许多人权提供积极支持，尽管同时会对其中其他一些人权提供消极的证明。参见De Bary, *Asian Values and Human Rights*, 14–16.

② 参见狄培理：《中国的自由传统》，李弘祺译，香港中文大学出版社1983年版。英文版：Wm.Theodore de Bary, *The Liberal Tradition in China*（Hong Kong: The Chinese University of Hong Kong Press & New York: Columbia University Press, 1983）.

正名的表面意思，用今天的话来说，就是拥有与自己的职位、角色相符的品质，包括个人的主观素质、职业道德、责任感和能力等。易言之，当官要有当官的样子，当老师要有老师的样子，当学者要有学者的样子，当政治家要有政治家的样子，当法官要有法官的样子，等等。

过去不少人认为，孔子的正名思想体现了儒家将国家的希望寄托于一两个人的道德品行，而不是制度，陷于人治而无法治。其实这种看法过于简单化了。孔子的用意不仅在于，为君有为君之道，为臣有为臣之道，经商有经商之道，为学有为学之道，更重要的是，他认识到多数普通人是需要有制度性的管束的。这个能管束他们、使其言行合制的事物不是别的，而是社会风气或行业传统。然而，这样的风气或传统不可能自发地形成，而需要有人来确立。那么谁有资格来确立呢？答案是只能是贤能之辈，而不可能是普通人。请问这样的思维逻辑天真吗？孔子显然充分认识到不能寄希望于普通人的道德自觉，才主张通过俊杰来引导社会风气，形成行业传统，确立行业规范，从而引导绝大多数不够自觉的人。他显然知道，好的传统可以一代代传下去，约束无数原本道德境界不高，也不指望其道德境界高的普通人。它还可以经过后人的不断耕耘，臻于完善，培养出一代又一代新人。一个社会中固然不可能人人皆是君子，但人品端正、德才兼备的人在任何时候都有，关键在于能不能发现并提拔他们。也只有通过这些人，才能实现行业风气的转变，和行业传统的确立。通过转变行业风气，确立行业传统，即可让当官的知道当官的样子，为师的知道为师的样子，经商的知道经商的样子，如此等等，这就是"正名"。因此，"传统""风气"和"规范"，可以达到与法同样的效果。所以，正名的精神实质并不是"人治"，而是"治人"，或者用今天的话说叫作"收拾人心"。我把它理解为儒家的政治理性化思想。它主张通过端正行业风气，引导多数人自觉遵守行业规范，让人们充分认识到如何让自己的道德素质、人格自尊、行为方式等与自己的身份、角色相符，从而形成广泛的约束力。《孟子·梁惠王下》曰：

君子创业垂统，为可继也。

正名思想的真正效果，落脚于行业传统的树立。就政治而言，存在一个优良政治传统的树立问题；就学术而言，存在一个学术传统的重建问题；就商业领域而言，存在一个商业传统的重建问题。在其他所有行业，都同样存在这样一个传统的重建问题。各行各业莫不存在同样的问题，也就是说各行各业都需要正名。行业传统的树立，可以达到规范行业行为的效果，也可以起到端正行业风气的效果。

三、行业自治与理性化的历史

在中国历史上，儒家不仅一直倡导史学和政治的理性化发展，同样强调学术、家族、地方社会、宗教乃至包括商业在内的百业的自治与理性化。这些思想，正如狄培理等所说的那样，在今天非但没有过时，而且极有现实意义。

狄培理认为，在现代以前，儒家视野或者价值对于独立的地方组织本来就具有支持性。他在有关论著中系统地分析了儒家思想所包含的社会自治传统，包括家族自治、村社自治、民间办学，以及与现代法治和宪政精神相一致的王道或"公天下"思想。具体说来：

1.学校①：在儒家历史上，一直非常重视民间办学。孔子的"有教无类"思想在朱熹那儿得到了发扬光大。宋代以来各种不为王公贵族所设立的学校，包括社学、义学、私塾在中国异常盛行，通常不受官方直接控制。另外，由儒家所发展起来的书院制度更是扮演着传播儒学、推动学术和弘扬独立思考精神的角色。

2.乡约②：早在11世纪，乡约事实上就已经存在，只不过是一种地方性主导潮流。后来它的发展与南宋王朝战败失权、国力衰弱，从而无力控制乡村地区有关。狄培理说，乡约代表新儒家的自由传统，是国家权威与家庭之间的一种力量。所谓自由，意指自愿原则、地方自治、协商和合作精神，官方干预的最小化，以人们共同认可的价值为基础推行行政。他认为新儒家对乡约的贡献极大，这主要由于新儒家主张村教。村教在明代有了很好的发展。朱熹之后，明人罗钦顺、王阳明、王廷相、罗汝芳、胡志、吕坤、高攀龙、刘宗周、陆士毅和陈宏谋等人均对村教有所贡献。王阳明最为典型，其"新民"等思想内容极详。同样的传统在朝鲜（16世纪）也得到了发展。12世纪日本有的中国学者甚至认为，乡村中国才是真正的中国。

3.法律③：汉代的国家法有如下特征：反对专制、主张仁政；在强调中央集权的同时，强调"礼大于法"，允许对皇权一定程度的限制以及家族自治；以开国皇帝的模范精神作为皇朝法律的终极基础；把圣德（superior virtue）作为法律的基础，而不是把系统、统一、一致的法律内容作为基础。"大唐律"是东亚国家长

---

① De Bary, *Asian Values and Human Rights*, 41–57.
② De Bary, *Asian Values and Human Rights*, 58–89.
③ De Bary, *Asian Values and Human Rights*, 90–117.

期尊奉过的皇法样板，在朝鲜、日本以及越南均是文明的象征。其基本特征是：强调王朝国家需要尊重习惯形成的及家族的传统；尊重礼制；其对国家权力的限制得到认可。明代法律有与此类似的精神。新儒家对皇朝法律的批判包括：援用《周礼》，超越、取代或改革皇室法，强调《周礼》及孔子的权威高于皇室。有的甚至强调诉诸道德修养而不是法律手段来治理社会的理想原则。黄宗羲在《明夷待访录》中提出了前所未有的法律思想，可看作儒家的宪法精神（Confucian Costitutionalism），其特点是不再简单地寄希望于国君的人格和品质，而是坚持对国君的制度化限制的重要性。

根据狄培理的研究可以得出，儒家思想传统充满了大量行业自治特别是社会自治的资源。从行业的理性化发展看，我认为儒家礼治思想是其中最重要的内容。例如，狄培理认为，与《周礼》相比较，乡约强调了自愿的、地方性的而非中央性的组织方式，以及对个人日常行为的促进作用；乡约不主张说教，而主张成员个人的道德潜力得以发挥，组织成和谐、合礼、有序的生活。他说，孔子"道之以政，齐之以刑，民免而无耻；道之以德，齐之以礼，有耻且格"（《论语·为政》）思想的精神是：让社会活动的巨大空间由人们对传统礼制的自发遵守而不是国家和法律的干预来组织，这种思想在理论上和部分地在实践上给了非政府组织——建立在家庭或社群的基础上——以存在的空间。①

狄培理的上述有关思想，还可从包弼德（Peter K. Bol）有关中国古代地方志的研究等之中得到证实。②

除狄培理、包弼德等人的研究外，近年来学术界关于中国近代早期商人精神的研究，也体现了儒学可以为商业的自治与理性化服务，也有的学者认为这标志着中国市民社会的兴起③。希尔斯（Edward Shils，1910—1995）则试图说明儒家思想传统中包含着丰富的市民社会成分。④我们可以说，行业的自治与理性化，不仅可以

---

① De Bary, *Asian Values and Human Rights*, 31–32.

② Peter K. Bol, "The Rise of Local History: History, Geography, and Culture in Southern Song and Yuan Wuzhou," *Harvard Journal of Asiatic Studies* 61, no.1(2001): 37–76.

③ 参见余英时：《儒家伦理与商人精神》，广西师范大学出版社2004年版；英语世界学者关于中国早期市民社会的部分讨论参见Symposium： "'Public Sphere'/'Civil Society'in China? Paradigmatic Issues in Chinese Studies III," *Modern China* 19, no. 2 (1993): 107–239。

④ Edward Shils, "Reflections on Civil society and Civility in the Chinese Intellectual Tradition," in *Confucian Traditions in East Asian Modernity: Moral Education and Economic Culture in Japan and the Four Mini-Dragons*, ed. Tu Wei-ming (Cambridge, Mass. : Harvard University Press, 1996), 38–71.

从儒家思想中得到有力支持，而且在中国古代社会中也有长久的实践，并不是什么新鲜的现代事物。

四、行业自治与性善论

然而，在儒家传统中，行业自治与理性化发展的目标不仅仅是为了某个行业本身，也是个人在职业化行为中安身立命的基本条件。从这个角度讲，行业的自治与理性化是符合儒家的人性论的。易言之，儒家的人性论，尤其是孟子的性善论为之提供了某种理论基础。孟子曰：

> 尽其心者，知其性也。知其性，则知天矣。存其心，养其性，所以事天也。夭寿不贰，修身以俟之，所以立命也。（《孟子·尽心上》）

这是孟子性善论最精彩的一段表达。它试图告诉人们只有按照合乎自己天性的方向发展，才是个人的人生价值得以实现（即安身立命）的根本前提。按照孟子的说法，无论我们从事什么行业，选择什么职业，都需要把自身人性的完满实现（"养其性""尽其性"）当作根本，而不是让自己成为任何外在目标的工具。

孟子王道理想的根本精神，决不止"民本主义"这四个字那么简单，而是基于对人的尊重，以及把每个人本身当作目的，闪耀着"人是目的"这一精神的光辉。为什么这样说？因为王道理想是孟子性善论的自然延伸。性善论强调"尽心""知性""养性""事天"这一过程，它的精神实质是认为人性本身是目的，实现人性自身的目的，就是实现"天道"即《中庸》所谓"成己"—"成人"—"成物"—"赞天地之化育"—"与天地参"之过程。这一点，用狄培理等现当代学者的话说，就是对人的尊严的尊重和对人的全面发展的追求。之所以反对霸道，是因为霸道不相信人性有自主能力，霸道假定了人需要依靠外在的权威和力量，于是自作主张、强行把人纳入一套原则或体系中。所谓仁政，并不是如现代人所误解的那样，强调国君要对人民施恩，而是主张发挥人的内在本性，让每个人的自主性真正地调动起来。①

　　孟子性善论的必然结论是尊重行业传统的独立性，与行业的自治和理性化完全一致，原因有二：其一，行业的自治与理性化意味着人们从事一项工作、选择一个职业并不是为了政治或意识形态，而是为了他们自己，出于他们自己的自由、兴趣、爱好，其中包含着对他们人生价值的理解和认识。因此，行业的自治和理性化是抑制极权和专制最有效的利器。就每个行业而言，只有尊重行业自身的逻辑，才能让人们实现自身的潜力，从而最大限度地让人们"尽性"。其二，从性善论的基本精神出发，可以自然引伸出这样的信念：只要各行各业的人们均能在其行业中"尽性"，天下自然会太平。也就是说，我们不必担心行业的自治与理性化发展会导致"天下大乱"，只要尊重行业逻辑和社会自身的规律，即可实现天下大治。极权和专制在这里找不到落脚点。这说明行业的自治与理性化，以及捍卫职业的神圣感与尊严，是符合儒家传统的根本精神的，也让我们对儒家传统的现代意义有更新的认识。《孟子·梁惠王下》有这样一则故事：

　　　　孟子谓齐宣王曰："为巨室，则必使工师求大木。工师得大木，则王喜，以为能胜其任也。匠人斫而小之，则王怒，以为不胜其任矣。夫人幼而学之，壮而欲行之；王曰'姑舍女所学而从我'，则何如？今有璞玉于此，虽万镒，必使玉人雕琢之；至于治国家，则曰'姑舍女所学而从我'，则何以异于教玉人雕琢玉哉？"

　　这段话本义是批评国君把英才作为实现其私人利益的工具。在一些国君的眼里，大臣或人才的唯一意义在于成全统治（或政治）的需要，但他们忘记了另一个重要事实：大臣或英才首先是人而不是臣仆，他们是为自己而学的（"为己之学"），而"为己之学"的终极目的是"尽其性"（《中庸》），即实现个人自身的价值。其次，在政治这个行业中，他"尽其性"——即实现个人自身价值——的途径就是：研究治国安邦的道理，遵从天下兴亡的规律，主动担负起为千千万万人谋幸福这一神圣使命，因而不可能为维护当权者的统治需要服务。其三，如果他违

---

① 在孟子与告子等人有关"义"的辩论中（《孟子·公孙丑上》），他更清楚地说明了这一点：践仁行义是因为这样做符合人性，是"由仁义行"，而不是"行仁义"（《孟子·离娄下》）。不仅在道德领域是如此，在其他领域也是如此。在与梁惠王有关仁政的讨论中，孟子更是强调了仁政的成效之一在于可使人人"制梃以挞秦楚之坚甲利兵"（《孟子·梁惠王上》）。

背上述原理、规律和使命，一味满足国君个人的私欲，放弃自己做人的原则，那么他的人格、尊严就会被贬低，他的个人价值也得不到实现。这些就是儒家提倡"臣道"的主要原因。"姑舍女所学而从我"，这句话的含义就是不尊重行业传统、专业精神和职业自身的逻辑要求，更不尊重专业人员的人格、尊严，使其丧失安身立命之本，人生价值被贬低。

　　总之，我们认为，行业的自治与理性化之所以符合儒家的人性论，是因为它符合儒家"人是目的"的精神，对于人性有无穷无尽的意义。今天，我们也认识到，行业的自治与理性化，即行业传统的树立，使得行业精英在职业行为中自觉地参与到一种伟大的精神传统中，体验该传统之魅力，从而鼓舞自己的身心，拓展自己的心灵，提升人生的境界，并达到安顿灵魂的效果。因为在博大悠久的传统面前，每个人都是渺小的；传统就像一条温暖的河，让我们躺卧于其上不胜安逸，遨游于其中其乐无穷。今天，各行各业的人都容易不自觉地把自己的行业当作手段、工具，而不是目的和价值本身，不能自觉地参与到一种伟大的传统中去。在今天这样一个行为分工十分发达、职业行为主导一切的时代，孟子的思想仍有着振聋发聩的启发意义。

五、行业自治与今日王道

　　1975年，狄培理就已指出，现代中国人经验中不幸的一方面是他们健全本能的挫伤，暂时失去了自尊，不愿通过结合过去来发展现在和未来。他说：

　　　　把一切价值都看成完全来自西方，而不是从自身的过去中成长起来的，或者单从未来而不是过去的角度来看它们，这种做法已经阻止了近年来中国人从自身出发的求道之路。这种变异及其急剧倒退在"文革"中表现得再明显不过了。①

　　儒家王道思想的精神实质是什么？我认为其中重要方面之一就是：反对把政治

---

① De Bary, *Asian Values and Human Rights*, 5.

逻辑或意识形态逻辑强行凌驾于行业行为之上，倡导行业自治与社会自治，包括学术自治、宗教自治、家族自治、地方自治等，还包括政统服从道统的特征。我相信这一思想对理解中国现代性建设的方向，仍然有重要意义。

行业的自治与理性化，同样是今天我们每个人"尽性"的必然要求。因为只有尊重行业自身的逻辑，才符合人性发展的内在需要；只有行业规则不遭外力人为破坏，才有可能符合人的天性，让人性的价值得到充分实现。如果行业传统可以由政治力肆意践踏或破坏，行业从业人员就不可能真正在其中安身立命，更不可能有职业的神圣感与尊严。久之，社会道德资源会被从根本上摧残，造成人心迷乱，人欲横流，社会失序。因此，今天的中国各行各业都存在"正名"的需要，即铸造行业传统，实现行业的自治和理性化发展。

在经历半个多世纪的意识形态高于一切、抽象名词统治百业的价值混乱之后，中国目前最急着要做的事情之一，莫过于行业的自治与理性化。行业自治与理性化的重建，也是无数人在本行业安身立命之本的建设，让人们从职业的神圣感和尊严中找到自身价值的落脚点，重铸社会道德之本。我们应该认识到，今日中国社会人心混乱、浮躁的主要原因之一，是人们不知如何在职业行为中寻找人生价值的正确定位。人们从小被教育为一些抽象的名词和象征符号（如国家、民族、人民、正义、真理等）而奋斗，而不知道怎么把自己塑造成为人，特别是怎样在具体的职业行为中找到个人的神圣感和人性的尊严。

今天，我们生活在一个分工高度发达、职业分化日益精细的时代，如何在自己的职业中找到安身立命之本关系着我们一生的幸福和命运。因为每个人都是特定行业的从业人员，而我们人生价值的一大部分来自专业的选择、职业的追求。从这个角度说，如果人们不懂得"尽其性"，即事业的追求不能朝着使自身人性得到充分、全面发展的方向，可以说是一生最大的悲剧。换言之，朝着"尽其性"的方向来发展自己的事业，做自己喜欢的事，充分发挥自己的潜力，这一方向的必然结果就是行业的自治和理性化。

不妨以学术为例来说明。今天中国学术进步面临的最大障碍之一，不仅仅是一个政治干预学术那么简单的问题。我们知道，学术进步从根本上来说需要依赖学者们的创造，需要有一批又一批优秀的学者、大师。这意味着，仅有所谓"学术自由"这样的外在条件还远远不足以促进学术的进步，学术进步的内在条件则更重要，那就是需要具有学者人格和大师素质的人出现。他能感受到学术的尊严、学术研究的无限魅力，为一个伟大的学术传统而深深感动，并愿意将自身无条件地奉献于这一伟大传统。也就是说，他能感受到学术的神圣感与尊严。从这个角度说，推进学术研究深度的唯一有效途径就是尊重学者自身的人格尊严，把维护学术自身的逻辑当作一项最神圣的工作来对待。

然而，有些人有这样一种观念：学术研究是为现实需要服务的，包括政治需要、社会需要、发展需要等。这些现实需要还可具体化为生产力进步、生活水平提高、民族自豪感提升、实现人类和平、社会可持续发展、综合国力达到世界一流水平……有些人虽然是"行外人士"，不懂专业知识，却自认有权对学者们进行"管理"，因为他们认为自己懂得社会现在需要什么，至少知道某篇论文或某个项目在服务现实需要方面有什么意义。总之，在一些人的心目中，学者只是实现外在社会需要的手段，他们应该给社会现实提供具有功利价值或指导意义的东西。学者们都是为自身之外的某个目标而存在的，而不是为自身的生命存在，不是为行业自身的内在价值而存在，也不是为了建立和推进某个伟大的人类学术传统而存在的。

认识不到学术传统独立的重要性，导致对学术的管理按照违背学术自身逻辑的方式来进行。让学术行业获得它自身的自主性和自治性，让学术传统的独立性得到充分的尊重，同时让学者们感受到学术的神圣感与自身的尊严——我把这些促进学术进步的最主要的要素合称为"学术事业的自治与理性化"。这里最需要强调的是，我采用"学术的自治与理性化"这一表达方式，而没有采用"学术自由"这一传统的表达方式的原因如下：

1. "学术自由"这一说法只强调学术研究不受外部力量干预，而未包括学者们自身的主观素质，后者才是实现学术进步的本质要素。

2. "自由"这一概念含义的绝对性，使它可能成为一部分人为己所用的工具。"自由"从来都不是绝对的，而是相对于社会情境和条件才有意义。

3. "学术的自治与理性化"意味着需要能够自律的学术传统，伟大的学术传统的树立才是学术进步的根本保证。

因此，从"正名"——行业传统的树立——这一角度来理解中国的现代性之路，也许能体现中国现代性与西方的一个重要差别。这并不是说，西方企业或大学没有行业传统，而是说中国的现代性走的是一条非形式主义的道路。所谓非形式主义，是指反对形式化的、非人情化的（impersonal）"规则至上"，认为真正适合中国文化的是一种介于规则与人情之间的"传统"。传统是由一群人在一起形成的某种类似习惯、风俗的东西，不像法律一样过分注重形式，但通过人心的力量对每个人构成约束。这不是说中国现代性不需要法治，而是说中国现代性的方向之一可能体现在行业的自治与理性化上。

民主、自由、人权、法治……这些概念多年来一直被看成衡量现代性的价值标准。毋庸置疑的是，这些概念以及自由主义，确能维护社会自治，促进行业的理性化。因为自由主义的信念之一，就是把个人作为社会行为者（社会学中习惯称为agent/agency）——无论是作家、学者、教授还是工匠、商人等——即各行各业的从业人员——自身作为目的，而不是单纯作为完成其他目的的手段。这才是对其人格的基本尊重。但是，正如我们在前面已经指出的，自由主义的局限性在于：它可能导致权利被滥用；在东方文化中，由于没有根深蒂固的个人主义传统，个人自由的绝对化往往导致族群的冲突、人心的撕裂甚至社会的失序等问题。所以，我宁愿选择用儒家的术语——"王道"与"霸道"——来表述我们的观念。我们发现：其实儒家王道思想的现代意义之一就是促进"行业的自治与理性化"，它在另一文化传统中也许可以达到与西方自由主义"殊途同归"之效。

按照狄培理的说法，儒家礼学以互助、关爱、理解为伦理精神之核心，而不是一味强调权利。这是儒家传统中与西方自由主义所不同的东西，也正是这种区别，在狄培理看来是最难能可贵的，因为这种社群主义精神既吸收了自由主义的优点，又弥补了自由主义的不足。他认为，礼制类似于西方历史上的人格主义（personalism）。与个人主义不同的是，它表达了对人的价值和尊严的尊重，以及对人格全面发展的追求，但他认为这些并不是通过诉诸孤立的个人权利和自由来达到的，而是在特定的文化传统和各自的社会共同体及其自然环境中实现的，所以才有益于社群主义。[1]

今天，有责任感、有良知的中国人需要思考的一个重要问题是：成为一个真正文明、进步的现代国家的基本前提就是，行业传统空前发达，行业的自治和理性化得以确立。我们不仅有领导和官员，更有一大批杰出的政治家、教育家、企业家、法官等各行各业的大师；不仅有经济的腾飞、政治的进步和科技的发达，更有尊严的保障、个性的展示、潜力的发挥以及人格的全面发展……而这一切，难道不需要以行业的自治与理性化为前提吗？

---

[1] De Bary, *Asian Values and Human Rights*, 25.其他从社群主义立场来阐述儒学对于现代性的意义参见 Hall and Ames, *The Democracy of the Dead*, 1999; Tu Wei-ming, *Centrality and Commonality : An Essay on Confucian Religiousness* (Albany, NY State University of New York Press, 1989)。

第五章　市民社会与现代儒学使命

西方历史上的市民社会是在权力高度分散化和多元化的特定背景下形成的，一开始就呈现出与现实社会及政治结构的异质性，与此相应的是其内部的理性化过程完成得较早。相反，对于许多后发现代化国家来说，市民社会与现实社会及政治结构是同质的，导致其内部的理性化过程迟迟不能完成。在这种情况下，后发现代化国家市民社会发展所面临的最主要问题是内部的理性化过程如何完成。

还可以这样来表述：市民社会在欧洲的发展历程在中国是不可模仿的。中国市民社会的发展道路有自己不同的背景和独特的要求，其中最大的难题莫过于社会的散漫、游离、缺乏自我组织能力。因为当社会缺乏自我组织和自我管理能力时，过早地拥有充分的自由反而会造成极大的混乱，更遑论对抗政府了。从中国乃至东亚文化的特殊习性出发，可以理解，在不具备欧洲市民社会早期成长过程的条件下，主张本来并不成熟、如散沙一般的社会走一条对抗并最终彻底战胜官府的道路，是不现实的。因此，市民社会的自治与理性化，才是未来中国市民社会实现自身的首要前提。正是从这个角度出发，我们再次发现了儒家传统对于中国市民社会健全发育的特殊功能。

表面看来，儒家从格致到治平的条目并不包含「社会」这一环。然而，儒家的外王条目本不是机械构成的，儒家选贤举能的精英主义和尽性化育的礼治思想实为中国市民社会自治与理性化的必由之途。

从个人修身的阶梯看，社会的自治与理性化实属于儒学「外王」范畴。因此，把《大学》八条目中的「治国」转化为「治业」乃是儒学今天的自然转换，也是儒学在市民社会的巨大挑战面前需要做出的反应。本章内容与第四章相呼应。

　　市民社会是20世纪90年代中国学界的热门话题。应该承认，市民社会的兴起是现代社会区别于古代社会的最重要标志之一，它从根本上改变了人类社会的结构，包含着现代性的全部秘密。本章第一部分详细考证西方市民社会早期发育、自治及理性化这一鲜为人知的重要过程，借此说明西方市民社会道路的特殊性。第二部分说明中国市民社会不可能走一条与西方相似的、以对抗为主、以彻底战胜国家为宗旨的道路。第三部分说明儒家传统如何应对现代市民社会的挑战，实现相应的转换，并发挥积极作用。

　　接下来我试图通过对"市民社会""市民—公民""城堡—城市公社—国家"等三组概念的词源学考察，揭示西方学者对市民社会的两种不同的观念和理解趋势，分析二者赖以产生的社会背景，亦即现代市民社会的两个传统：古希腊罗马时期的城邦或以城市为中心的政治国家，以及人们关于它的观念和思想；中世纪末叶以来在西欧涌现的自治的城市公社，它后来的发展，以及人们关于它的观念和思想。我认为，17世纪以来在一些西欧国家产生的现代市民社会实际上可以看作这两种传统的汇合。它既是一个"私人利益关系的总和"，又是一个"国家公民"的社会。这一社会在西方特有的政治、经济、文化背景下经历了漫长的发展演化过程。

　　人们往往从西方经典作家的论述出发去理解市民社会概念，而没有把市民社会当作一个活生生的社会历史过程对待。市民社会是特定历史条件下的产物，现代西方的市民社会是欧洲特有的文化传统和社会现实共同造就的。在不同的历史时期和不同的地方，市民社会可能会表现为不同的形态，置身于不同文化环境中的经典作家们也因此对它作出了不同的理解和阐释。通过对不同的市民社会学说背后隐藏的语言、文化、历史和社会现实背景的考察，我试图揭示西方市民社会的演变历程，从而说明应该如何理解欧洲历史上的市民社会及其对中国现代性的意义。

一、何谓市民社会？

　　"市民社会"一词在现代英语和法语中分别写作civil society和*société civile*，该词是从拉丁文*civilis societas*一词演化过来的。在拉丁语中，*societas*一词是协会、结社、联盟的意思，*civilis*一词的含义则比较复杂。①首先，它是指市民的或城民的。这里所谓市民或城民都与城市且与文明联系在一起。在古希腊罗马时期，人们习惯于认为那些遵守市民法生活的市民过着一种高贵、优雅、道德的生活，因此城市或市民生活本身就是和野蛮人相对照的文明的象征，*civilis*因而具有文明的含义。与*civilis*词根相同的另两个拉丁语词*civile*和*civiliter*至今仍指谦恭、礼貌、文雅、文明。其次，*civilis*在古代尤其是罗马共和国时期就代表了一种西方人特有的法律和社会至上的思想。*civilis*在拉丁文中的另一个含义是法律，还可指罗马共和国时期的民法。它在很大程度上是一个法律用语。乔治·霍兰·萨拜因教授指出，当时的人们不认为法律代表国家，也不认为法律是统治阶层或立法团体中少数人私人意志的产物。相反，他们认为法律是人类赖以共同生活所必须遵守的天赋的或至高无上的原则，法律和权利都来自天意而不是长官，也决不代表长官的个人意志和私人利益。用西塞罗的话来说，那就是"法律统治长官，长官统治人民"。在人们的心目中，法律是代表社会的，人们把社会和人民看得高于国家和长官。这种认为"人们就其本性而论从根本上说是社会的"的思想，早在公元前509—公元前27年的罗马共和国时期就已经非常流行了。它不仅体现在当时人们关于*jus civile*（市民法）、*jus gentium*（万民法）和*jus naturale*（自然法）的普遍观念之中，而且在西塞罗等罗马法学家的理论著作中得到了充分阐述。②再次，*civilis*在拉丁文中还有着重要的经济含义。*civilils*不仅指法律，而且指私人权利，不仅包括私人自由活动和居住的权利，而且主要指公民的私有财产不受侵犯的权利，及与他人订立契约和从事自由贸易活动的权利等。中世纪末叶以来，罗马法在西欧再度兴起，其影响日益扩大，主要原因之一即是当时欧洲城市的商人纷纷利用罗马法关于私人财产和契约等经济活动权利的规定来对抗世俗教会和封建领主③。不过，*civilis*的上述经济含义是在其法律含义范畴内取得的。也就是说，个人的私人权利是通过*civilis*作为民法（市民

---

① David L Sills, ed., *International Encyclopedia of the Social Sciencesc*, (New York: The Macmillan Publisging Company Company, 1968), 473. Civil的五个含义，包括遵纪守法、举止文雅、尊重他人甚至对手、公正讲理、崇尚普遍自由等。另参Charlton T. Lewis, *A Latin Dictionary for School* (New York, Cincinnati and Chicago: American Book Company, 1888/1916), 168 ;J. A. Simpson and E. S. C. Weiner (prepared), *The Oxford English Dictionary*, 2nd ed. vol. II(Oxford: Clarendon Press, 1989), 255-256.

②参见［美］乔治·霍兰·萨拜因：《政治学说史》（上册），［美］托马斯·兰敦·索尔森修订，盛葵阳、崔妙因译，南木校，商务印书馆1986年版，第199—214页。

③ Michael E. Tigar, *Law and the Rise of Capitalism*(New York and London: Monthly Review Press, 1977).

法）直接加以规定的。最后，*civilis*还有一个与公共生活、政治生活和国家密切相连的含义。和*civilis*相关的另两个词*civitas*、*civitatem*在拉丁文中有城邦、政体和政治国家的意思①，*civilis*在拉丁文中也有"国家公民"的含义。在古希腊罗马时期，公民概念本身就带有强烈的政治色彩，并不是每个居住在城邦或国家版图之内的人都有资格成为公民，而一个人一旦成为公民，就意味着他拥有了一般平民或外乡人所没有的一系列政治权利，其中包括参加选举或当选为执政官的权利、保卫城邦或国家不受侵犯的权利、私人财产不受国家武力侵犯的权利等。

米勒在《布莱克维尔政治学百科全书》中写道：

> 市民社会（源于拉丁文*civilis societas*）一词约在14世纪开始为欧洲人采用，其含义则是西塞罗在公元前1世纪便提出的。它不仅指单个国家，而且指业已发达到出现城市的文明政治共同体的生活状况。②

实际上，现代西方的市民社会思想不仅可以追溯至古罗马时期人们关于*civilis*的观念以及西塞罗等罗马思想家的思想，而且可以追溯至古希腊时期人们关于"公民"以及与之相关的城邦政治生活的思想。这些思想在柏拉图、亚里士多德等人的政治学说中得到了生动的体现。我们今天已很难确知*civilis socitas*在拉丁文中出现于什么年代，前引书作者也没有交待14世纪时欧洲人开始使用的"市民社会"一词是以什么语言形式出现的。但据笔者所查，*civil*一词于公元1290年首次在法语中出现，并于1718年被收入学术字典中。③由于该词是从拉丁文*civilis*演变过来的，因而含义也与之相似。它当时是一个法律用语，指民法，还有市民的、公民的、民用的等含义。而在英语中，*civil*一词据查于1594年以ciuill society这一古英语形式出现，并被解释成：ciuill society doth more content the nature of man then any private

---

① 霍布斯后来用civitas一词来指君主专制国家。该词常被我国学者译为"利维坦"，实际上它在古罗马时期指以城市为文明中心的政治国家。参见北京大学哲学系外国哲学史教研室编译：《十六—十八世纪西欧各国哲学》，生活·读书·新知三联书店1958年版，第98页；另参见Lewis, *A Latin Dictionary for School*, 168–169。

② ［英］戴维·米勒、［英］韦农·波格丹诺编：《布莱克维尔政治学百科全书》，邓正来主编，中国问题研究院、南亚发展研究中心、中国农村发展信托投资公司组织翻译，中国政法大学出版社1992年版，第125页。

③ Albert Dauzat, Jean Dubois, and Henri Mitterand, *Nouveau dictionnaire étymologiqte at historique*, quatrième édition revue et corriqée(Paris: Libairie larousse, 1964), 170.

kind of solitary living（可大致译为：市民社会比任何一种人类私人生活团体具有更丰富的人性内容）①。显然，英文civil一词也是从拉丁文*civilis*演化过来的。从上面的引文还可以看出，"市民社会"一词在其刚刚产生时就与古罗马时期的文化有着直接的渊源关系，它被人们当作一种文明、进步的社会形态。尽管"市民社会"一词在欧洲语言中出现的时间可能较早，但它的正式使用应当说是在17世纪末叶特别是18世纪以后。在英国，自从洛克在《政府论》中把civil society（多译为"公民社会"）当作一个核心问题来讨论之后，civil society在英国学术界便成为人们关注的一个重要课题。到18世纪中叶，市民社会问题在爱丁堡的苏格兰常识学派，包括休谟、亚当·斯密、亚当·弗格森（Adam Ferguson，1723—1816）等人那里获得了重视，其中亚当·弗格森是一位重要的市民社会理论家。在法国，卢梭可能是第一个使用*société civile*（市民社会）概念的重要思想家。在《论人类不平等的起源和基础》这本书中，他用这一概念来称和自然状态相对应的，由公正、理性和公民主权统治的文明进步的社会。应当注意到，18世纪的法国思想家更多地使用的还是另一个与"市民社会"等义的术语，即*L' étate civil*。该词多次出现于卢梭的《社会契约论》、孟德斯鸠的《论法的精神》等重要著作中。*L' étate civil*一词常被译为"公民状态"②，实际上该词是在和*société civile*同等的意义上被使用的。在法文中，*étate*既有状态、状况之意，也有国家、政体之意，卢梭、孟德斯鸠所讨论的*L' étate civil*是指一种公民的权利得到保障且在公民意志一致的基础上建立起民主政体的政治社会。它和洛克所说的那个civil society和civil government含义接近。

从大体上讲，在18世纪的英国和法国这两个拉丁语系国家，尽管人们的市民社会思想有一定的差别，例如英国人讲市民社会（civil society）时注重经济关系（私有财产权），而法国人更强调政治含义和革命色彩，但他们在使用civil一词时都带有异常明显的罗马文化的烙印。首先，他们把市民社会当作一种文明、进步、道德的社会理想。其次，他们把市民社会看作一个通过法律来代表人民的利益、保障公民的私人权利的社会。在这个社会里，法律和人民的权利是至上的，即社会至上。其三，他们强调市民社会是一个政治社会。在这个社会里，公民或人民能主宰或积极有效地参与国家政治事务，也就是说这是一个国家公民的社会。这些特征可能与

---

① *The Oxford English Dictionary*, 446.
② 参见北京大学哲学系外国哲学史教研室编译：《十八世纪法国哲学》，商务印书馆1963年版，第23、174—175页。

几个世纪以来拉丁文化在欧洲的复兴给人们特别是拉丁语系国家的人们造成了深刻的影响这一事实有关。然而，17世纪以来在欧洲部分商业发达国家形成的现代市民社会毕竟与古希腊罗马社会有着巨大的差异，洛克、孟德斯鸠、卢梭等人所描绘的那个理想的"市民社会"也绝不能等同于古代的希腊或罗马社会。在这种新的市民社会里，公民不再根据一个人的家庭出身或财产来划分等级，也不是享有特权的政治等级，公民的范围已大大拓宽。在现代历史上，现代公民的主力军是由中世纪城市里形成的市民等级即bourgeoisie的人演化来的。因此，仅从*civil society*、*société civile*等词的拉丁语原义来理解现代市民社会是不行的，为此我们引入另一组从词源上讲与古罗马时期的拉丁文化没有直接联系的市民社会概念，其中最主要的是德文"市民社会"一词——*bürgerliche Gesellschaft*。

德语中的"市民社会"（*bürgerliche Gesellschaft*）一词是由形容词*bürgerliche*（市民的、资产者的）和名词*Gesellschaft*（社会）构成的。这两个词都是日耳曼语中早就有的，与拉丁语没有直接关系。其中，*bürgerliche*（形容词）是名词Bürger（市民、资产者）的变化形式。在德国古典哲学家中，康德是第一个明确使用这个概念并把它当作一个重要问题加以讨论的思想家。可以说，康德和费希特的市民社会思想是18世纪法国哲学家关于"公民"及"公民社会"（即市民社会）的热烈讨论在德国的回应。康德和费希特都受到过法国启蒙思想家卢梭等人的深刻影响，也许正因为如此，他们把市民社会（*bürgerliche Gesellschaft*）理解成"普遍法治的公民社会"，理解成卢梭等人所描述过的那种理想、文明、进步的社会。然而，到了黑格尔和马克思那里，这幅文明理想的图画遭到了彻底的摒弃。[①]他们把市民社会直接看成"私人需要的体系"（黑格尔语）或"私人利益关系的总和"（马克思语）。黑格尔强调，在市民社会中每个人都把自身的需要当作唯一目的，而把他人仅当作手段。马克思则认为市民社会是由物质的交往关系构成的。与此同时，黑格尔和马克思都把市民社会和国家区别开来，市民社会不复是政治社会，它的成员也不是国家公民而成了单个的私人或个人，即从*citoyen*（公民）变成了*bourgeois*。黑格尔和马克思对市民社会的重新阐释使得过去人们在拉丁文化传统中从规范的意义上理解的市民社会概念发生了严重的动摇，同时这一问题又由于*bürgerliche Gesellschaft*一词含义的多样性而变得更加复杂。由于它不是从拉丁文演化过来，含

---

① ［英］戴维·米勒、［英］韦农·波格丹诺编：《布莱克维尔政治学百科全书》，邓正来主编，中国问题研究院、南亚发展研究中心、中国农村发展信托投资公司组织翻译，第125—126页。

义对拉丁文化没有直接继承性，结果中国学者有时将它译成"市民社会"，有时又不得不译为"资产阶级社会"。在英文和法文中，这一概念也相应地有两种译法，即译为civil society（英）、*société civile*（法），或bourgeois society（英）、*société bourgeoise*（法）。现在就让我们从词源上来考察一下*bürgerliche Gesellschaft*的真实含义应该是什么。

首先，从词源上看，*bürgerliche Gesellschaft*的含义与英语中的bourgeois society、法语中的*société bourgeoise*更加接近。德文中*bürgerliche*的名词形式*Bürger*在现代德语中有多种含义，可分别指市民、资产者或公民。由于*Bürger*又是从名词*Bürg*（城堡、要塞、城镇）演变而来的，其最初含义是指生活在城堡周围或城镇上的人，即近代早期城市里的那些商人、手工业者和自由民等。[1]今日德语中以*Bürger*的词根组成的复合词如*Bürgertum*、*Bürgerstand*、*Bürgerschaft*在中文中分别译作"市民阶层""市民等级""市民阶级"，它们在现代早期曾被用来指第三等级或中间阶级[2]。尽管*Bürger*后来（18世纪在康德那儿）也获得了"公民"的含义，但从词源上看，德语中的*Bürger*和法语中的*bourgeois*，德语中的*Bürgertum*和法语中*bourgeoisie*一词的含义是一致的。今查得，bourgeois一词于1080年首次出现在法语中，是从法语词*bourg*（同德文*Bürg*，即城堡、要塞或城镇）演变过来的，指生活在解放了的城市或城镇上的市民、自由民等；而其复数形式bourgeoisie（通常被译为"资产阶级"）于1240年出现在法文中，指作为一个整体的市民或自由民阶层。事实上，*bourgeois*（*ie*）一词的含义是非常广泛的，它包括早期城市里的商人、自由民、手工业者，乃至律师、帮工、学徒等，直到1830年之后人们才把*bourgeoisie*一词和手工业者区分开来。在法国革命前，*bourgeoisie*就是人们所说的第三等级，它的含

---

① Gunther Drosdouisk, ed., Duden, *Etymologie: Herkunftswörterbuch der Deutschen Sprache*, Band 7(Mannheim: Bibliographisches Institut, Dudenverlag, 1963), 90.

② 笔者在中央编译局马克思恩格斯著作编译室资料库中直接查得，马克思在著作中大量使用过的有关*Bürger*的词包括*Bürgertum*、*Bürgerstand*、*Bürgerklasse*、*Bürgerliche Kleise*、*Bürgerliche Stand*。它们在中译本中被译成市民阶层、市民阶级、市民等级等。马克思经常使用的*Bürger*一词一般在中译本中被译作"市民"，另一个词*Bürgermeister*分别被中译本译作"市长""乡镇长""地方长官"。

义也经历了一个演变过程。在法国革命中，*bourgeois*（*ie*）仍然带有贬义①。由此可见，*Bürger*一词从词源看上与bourgeois的含义更加接近，将德语中的*bürgerliche Gesellschaft*（市民社会）译为英语中的bourgeois society或法语中的*société bourgeoise*应当说是比较准确、比较符合该词本义的。从词源上还可以看出，*bürgerliche Gesellschaft*（德）、*bourgeois society*（英）、*société bourgeoise*（法）这三组概念的本来含义就是指一个由中世纪末期以来在欧洲城市里形成的商人、手工业者、自由民或第三等级构成的社会。这个社会就是马克思所说的*bürgerliche Gesellschaft*，把它译成"市民社会"当然是没有问题的，因为它的主体就是市民阶级或市民等级。法国人称之为*bourgeoisie*，德国人则称之为*Bürgertum*、*Bürgerstand*等。

其次，*bürgerliche Gesellschaft*以及与之相关的*société bourgeoise*等词给我们提供了一系列异常重要的理解现代西方市民社会起源和特征方面的信息。因此，笔者认为它们比来自拉丁文的市民社会概念——civil society、*société civile*等——更准确地反映了现代市民社会作为一个活生生的历史过程的起源和特征。第一，*Bürger*或*bourgeois*不仅代表了现代西方市民阶层的主体，而且更重要的是，它们准确地告诉我们，现代西方的市民社会一开始就是由那些生活在城堡或市镇之上的商人、自由民等构成的。这些人不同于罗马时期有着特定身份和特殊政治地位的公民，是一些既无身份也无地位直到18世纪中叶在一些国家仍被人瞧不起的商人或"流民"。第二，与古代公民相比，*Bürger*或*bourgeoisie*作为市民社会成员的重大不同在于他们早期不是公民，无须对国家、对封建秩序尽什么义务或过分地讲究国家公民的德行。恰恰相反，他们是一些精打细算的商人和有产者，追求私人利益就是他们的目标。第三，和古希腊罗马时期的"公民"社会相比，这个由*Bürger*或*bourgeois*构成的社会还有一个特点，那就是它自11世纪源起以来便一直和它外部的政治秩序和政治势力保持一种离心的关系，在近代早期是独立于教会和王权的自治的城市公社（commune）。这些现代市民社会的特有含义，我们可通过对*bürgerliche*

---

① Dauzat, Dubois and Mitterand ., *Nouveau dictionnaire étymologique et historique*, 103. *Bourgeois*还可作*bourgeoisie*的形容词形式，该词和*bourgeoisie*在现代欧洲语言中通用。"五四"时期，我国学者曾将*bourgeoisie*译为"布尔乔亚"，译为"资产阶级"实际上是借用了日本学者的译法。马克思将*bourgeois*当作"市民社会的一分子"［中共中央马克思恩格斯列宁斯大林著作编译局编译：《马克思恩格斯全集》（第3卷），人民出版社1960年版，第135、609页。］，实际上*bourgeois(ie)*在法语中虽然通常指拥有资产的人，但它其实并不等于资本家阶级（capitalists），后者是和无产阶级（proletariat）相对立的概念，从*bourgeoisie*和proletariat相对立的角度来理解该词不符合*bourgeoisie*的本来含义。

*Gesellschaft*等词的词源学探讨得以发现，但不能在源于拉丁文的几个市民社会概念中直接反映出来。这样我们也许就能稍微理解，为什么黑格尔和马克思能不受拉丁文化的影响，把市民社会理解成"私人需要的体系"或"私人利益关系的总和"，并从政治国家和市民社会二元区分的立场上来认识它。

最后，笔者还要指出另外一个重要事实，即要在德语中找到一个能精确翻译源于拉丁文中的"市民社会"（*civilis societas*、civil society、*société civile*）一词的词语是完全可能的。一位德国学者告诉笔者，严格说来，在德语中只有*Zivilgesellschaft*一词和civil society、*société civile*的含义完全相同。今查知，*zivil*这个德语单词是公元16世纪时从法文civil一词演化过来的，二者含义自然相同，即指市民的、公民的、文明的等意思①。然而奇怪的是，生活在18世纪中叶至19世纪的德国哲学家康德、费希特、黑格尔及后来的马克思等人却从未使用过*Zivilgesellschaft*这个术语来指称"市民社会"。事实上，*zivil*一词虽然在德语中出现较早且在近代著作中出现频繁，但是*Zivilgesellschaft*一词几乎从来没有为人们所正式使用过。我们可以从不同的角度来猜测德国哲学家使用*bürgerliche Gesellschaft*（甚至*Bürger Gesellschaft*）而不用*Zivilgesellschaft*来表示市民社会的真正用意。也许是因为zivil是一个外来词，而*bürgerliche*是日耳曼语中固有的词；也许是因为黑格尔、马克思等人有意要破除civil一词的拉丁文化含义，意欲强调市民社会是一个由现代的市民等级构成的社会；也许是因为他们试图强调这个由现代市民等级构成的社会是以相对独立于国家的方式存在的……总之，*bürgerliche Gesellschaft*（市民社会）的含义和civil society等源于拉丁语的市民社会概念的含义有重要差别。从词源上看，它和英语、法语中后来出现的另一组概念bourgeois society（英）、*société bourgeoise*（法）的含义更加接近。后者虽常被中国人译成"资产阶级社会"，但实际上它在现代史上和*bürgerliche Gesellschaft*一样，指一个由新兴的市民等级构成的社会。如果说从人们的使用情况看civil society，*société civile*应当被较为准确地理解或翻译成"公民社会"的话，那么*bürgerliche Gesellschaft*、*société bourgeoise*才真正应当被准确地理解或翻译成"市民社会"。据此，笔者认为，现代英语和法语中的市民社会概念不应局限于civil society（英）、*société civile*（法）、*L'étate civil*（法）等这几个，还应包括bourgeois（ie）society（英）、*société bourgeoise*（法）等。既然*Bürger*和*bourgeois*本来含义相同，*bürgerliche Gesellschaft*可译为"市民社会"，那么bourgeois（ie）society等又为

---

① Drosdowski, *Duden Etymologie: Herkunftswörterbuch der deutschen Sprache*, 784.

何不能译为"市民社会"呢？

二、市民与公民

现在，我们面对着两组不同的市民社会概念。其中一组是从拉丁文civilis societas演化而来的，带有罗马文化的明显烙印；另一组则是现代早期新创的，与拉丁文化没有直接的联系，但更能反映现代西方市民社会的起源和特征。现将这两组概念分列如下：

表3 市民社会概念

第1组	第2组
civilis societas（拉丁） *civil society*（英） *société civile*（法） *L'étate civil*（法）	*bürgerliche Gesellschaft*（德） *bourgeois（ie）society*（英） *société bourgeoise*（法）

我们发现，这两组不同的市民社会概念都和"市民—公民"这组概念有着不可分割的重要联系。正如前文所揭示的那样，在这两组市民社会概念中，第1组概念在历史上使人们倾向于把市民社会理解成"公民"的社会，进而理解成文明社会、政治社会。这种理解主要体现于18世纪英国和法国思想家的著作中。第2组概念在历史上则使人们把市民社会表达成一个真正的"市民"的社会，即一个由市民等级（*bourgeoisie*，*Bürgertum*）构成的、与政治国家相区分的私人利益体系。鉴于第2组概念中*bürgerliche Gesellschaft*一词自康德将*Bürger*赋予"国家公民"（*Staatsbürger*）的含义以来也获得了"公民社会"的含义，故而可以认为该术语同时包含上述两种含义，即"市民"社会和"公民"社会的双重含义。另一方面，从词源上讲，上述几种不同的市民社会概念也与相应语言中的市民（*Bürger*、*bourgeois*）和公民（*civis*、*citoyen*等）两词有着相关性。下面，笔者将通过对"市民—公民"概念的词源学考察以及人们在讨论市民社会问题时对这类概念的使用情况来说明：上述两种不同的市民社会概念的背后，存在着西方人理解市民社会时的两个趋势，即把它理解成"市民的"社会和理解成"公民的"社会的趋势，而18世

纪形成的现代西方历史上的市民社会可看作由这两种趋势所代表的两种市民社会传统在新的历史条件下的汇合。

现代欧洲语言——特别是那些属于拉丁语系的语言——中的公民概念，如英语中的citizen、法语中的citoyen无论在词形上还是在含义方面都源于拉丁文中的"公民"（civis）一词，后者据说又是从希腊文公民一词——πολιτηξ——移译过来的。德国学者乔·里特（Joachim Ritter）教授写道：

> ［公民］这个古典哲学概念，即希腊文中的πολιτηξ，拉丁文中的civis，是一个带有古代城市国家（Staadtstaates, πόλιξ, civitas）烙印的术语。[1]

根据恩格斯在《家庭、私有制和国家的起源》中对古希腊罗马时的公民状况的分析，我认为"公民"这一概念在古希腊罗马时期有下述一些共同特征，尽管该词的含义在这段历史时期一直在变化：首先，它指一个拥有特殊的政治权利的阶层，并因此和不属于公民阶层的绝大多数人相区分。只有公民才有资格参加投票，在公民大会上有发言权，有权利担任官职。因此，公民等级就是政治等级，"公共权力在这里体现在服兵役的公民身上"[2]。那些非本地出生的外乡人，那些被征服地区的臣民以及受人统治的奴隶都没有资格成为公民。其次，公民是一个拥有一定的世袭财产（特别是地产）、在经济上独立并依靠非公民阶层的人（奴隶）的劳动的人。"公民的权利和义务，是按照他们的地产的多寡来规定的。"[3]在雅典，梭伦把公民按照他们的地产和收入分为四个等级；前三个等级的人有权担任一切官职，第四等级的人只有在公民大会上投票和发言的权利。在古罗马，国王塞尔维乌斯·图利乌斯曾将公民按财产多寡分成六个等级。再次，公民就是自由民，他们的权利、地位和自由都是通过法律得到确实可靠的保障的。法律不仅保障了他们的政治权利和私人财产，而且赋予他们以很大的经济和社会活动自由。正因为如此，古希腊罗马时期的公民并不局限于某一职业范围——他们可以是贵族、长官，也可以

---

① Joachim Ritter, *Historisches Wörterbuch der Philosophie*, Band 1(Basel: Schwabe & CO. Verlag, 1971), 962.
② ［德］恩格斯：《家庭、私有制和国家的起源》，中共中央马克思恩格斯列宁斯大林著作编译局编译：《马克思恩格斯选集》（第4卷），人民出版社2012年，第145页。
③ ［德］恩格斯：《家庭、私有制和国家的起源》，中共中央马克思恩格斯列宁斯大林著作编译局编译：《马克思恩格斯选集》（第4卷），第130页。

是平民；可以是乡村地主，也可以是手工业者、航海家或商人。最后，需要强调的是，公民的存在，是以统一的政治共同体——国家的形成为前提的。不仅公民的政治权利是相对于国家而言的，而且公民的其他一切权利如财产权利和社会活动自由都是在统一的政治国家中通过公民大会的立法得到确认和保障的。用恩格斯的话来说，在古代的希腊和罗马，国家机构是在拥有私人财产的公民的基础上形成的，因为公共权力是在公民的身上体现出来的。正因为如此，才会有"以地区划分和财产差别为基础的真正的国家制度"[①]。另一方面，公民一旦成为公民，就要为国家尽一定的义务（服兵役、缴纳税赋等），还要遵守一系列有关公民的品质、性格和德行的要求。这些要求都与人们关于国家的一系列理念有关。对于古希腊罗马时期的"公民"概念，我们今天可以从当时遗留下来的法律文献，从柏拉图、亚里士多德和西塞罗等人的著作中清晰地发现，这些思想和观念在11世纪开始在西欧发生影响，并催生了现代公民概念。[②]

　　现在再让我们看看在英语和法语中公民概念的产生及其含义。现代法语中的"公民"（*citoyen*）一词是12世纪从（拉丁文"公民"）演变过来的，当时写作*citeien*。而英语中的"公民"（citizen）一词则是14世纪时受法语的影响产生的，曾经被写作citisein、citeseyn、cetisen、cytezyn、citizen等多种不同的形式（citizen的词形在16世纪以后通用）。无论是*citoyen*还是citizen，其含义都是从civis这一拉丁文中的公民概念继承过来的，早期指那些生活在城邦、城市或城镇上，享有一定的市民权利或特权的人。但是在16世纪以前，即在民族国家尚未形成的历史条件下，人们还没有，也不可能把这些市民权利或特权和政治国家联系起来。在英语中，citizen一词是在16世纪以后获得国家公民的含义的；而在法语中，人们到18世纪时才把*citoyen*理解为享有公民权利的、共和国的公民。[③]这两个时期正好与英国和法国民族国家形成的历史时期大致吻合。无论在英国还是法国，现代公民概念的形成和流行使用都是在民族国家初步形成，市民等级日益壮大及资产阶级革命已经兴起的历史条件下实现的。正因为如此，我们看到，这一时期的思想家们在讨论公民概

---

① ［德］恩格斯：《家庭、私有制和国家的起源》，中共中央马克思恩格斯列宁斯大林著作编译局编译：《马克思恩格斯选集》（第4卷），第145页。
② 参见顾准：《希腊城邦制度》，第10—20页；Ritter, *Historisches Worterbuch der Philosophie*, 962-966。
③ *The Oxford English Dictionary*, Paul, 442; Robert, *Dictionnaire alphabétique et analogique de la langue française*(Paris: Le Robert, 1978), 319–320.

念时把它和市民社会紧密地联系在一起，或者说，他们是在市民社会的范畴内讨论公民和公民权利的。从这个角度看，我国学者过去常将他们所使用的"市民社会"一词——civil society、*société civile*——译成"公民社会"，这样做是不无道理的。

　　具体地讲，17—18世纪的英国哲学家和法国思想家对公民一词的使用情况又有所区别。在英国，据笔者查阅，公民（citizen）这个带有强烈政治色彩的术语当时虽已形成，但其使用程度远不及在18世纪的法国那么热烈。霍布斯、温斯坦莱、洛克、休谟等人在大多数情况下使用的不是citizen（公民）这个词，而是在一种比较温和的意义上使用了"臣民""人民""人"等词。但事实上，这些概念的含义和公民这个概念的含义往往大体相当。[①]例如，温斯坦莱竭力宣扬共和制度和这样一种"共和国"的理想：在这个共和国里，每一个人都有使用土地的自由，都能以间接的方式参与国家法律的制定；在这个共和国里，人民是国家事务的真正主宰，而人民之间是通过象征和平与正义的法律联合起来的。这里的"人""人民"与卢梭、狄德罗所使用的"公民"一词含义相近。在洛克那里也有相似的情况，因为洛克一再宣扬和赞美的civil society确实是一个"公民的"社会。[②]在17、18世纪的法国等欧洲大陆国家，公民概念及公民权利成为人们关心的最主要问题之一。在斯宾诺莎、卢梭等百科全书派的作品中到处充斥着对于公民及公民权的讨论，这种讨论到法国大革命时期达到了顶点。一方面，他们所使用的公民一词的含义在许多方面继承了civis（公民）一词在古罗马时期的含义，即指那些享有特定的政治权利和经济活动自由（包括私人财产权利）的人，同时强调公民的权利和义务是由代表理性和正义的法律加以保障的；另一方面，公民是相对于统一完整的政治国家（共和国）而言的。只有在民族国家已经形成的条件下，在资产阶级共和国里才有真正意义上的公民。

　　然而，我们也不能过分夸大现代公民概念和古希腊罗马时期公民概念之间的联系，否则我们将无法认识现代市民社会与古希腊罗马公民社会的本质区别。首先，

---

① 关于"人"和"公民"两个概念之间的具体关系，见Ritter, *Historisches Worterbuch der Philosophie*, 963–965。

② 狄德罗曾经指责霍布斯对"臣民"和"公民"不作任何区别，而卢梭的下述一段话则可在某种程度上视作对"人（民）""臣民"和"公民"三个概念之间关系的一种概括。卢梭说，在共和国里，"至于参加联合的人们，集合在一起称为人民，个别地则称为公民，这是指参与主权的身份，又称为臣民，这是指服从国家法律的身份"。但他接着又说："但是这些名词常常是混淆的，互相通用的；在以十分精确的意义使用时知道加以区别也就够了。"（北京大学哲学系外国哲学史教研室编译：《十八世纪法国哲学》，第172、423页）。

与古希腊罗马时期相比，现代公民的范围已经大大拓宽了。它虽然与古代一样以政治权利为核心内容，但是现代的公民概念已经不像古代那样指一个主要与奴隶、外乡人等相区别的特权阶层。广义地讲，每一个国家成员都有可能成为并应该成为公民。现代公民概念坚决反对用一个阶层来压迫和奴役另一个阶层的古代观念，而强调人与人之间的平等关系。其次，从经济含义上讲，古代的公民被按其所拥有的财产多少来划分和衡量，在公民与公民之间产生了贵族和平民的等级区分。与此相反的是，现代公民概念在经济含义上只强调每一个人的私人财产及经济活动自由都应当得到保障，而强烈反对在公民与公民之间划分任何等级。这与现代公民思想建立在资产阶级的"自由""平等""人权"等这些新概念之上有关。再次，在古代，那些在乡村拥有大笔地产的地主和贵族最有资格成为公民，并且实际上是公民中的最高层。相反，现代的公民思想实际上是代表市民等级（*bourgeoisie*、*Dürgertum*）的利益的。正因为如此，它把乡村地主（领主）和封建贵族当成共和国和civil society（公民社会）的死敌，认为这些人最没有资格被当作公民。最后，从来源上讲，古希腊罗马时代的公民来源是具有一定的家族身份、出生于一定地点的人，而现代的公民应当说来源于中世纪末叶以来逐渐形成的商人、有产者、自由民阶层（*bourgeois*）即第三等级。人们认为现代市民等级即*bourgeoisie*中的优秀分子最有资格成为共和国的公民，或者说现代的公民是从*bourgeois*转化而来的。这个问题涉及*citoyen*（公民）和*bourgeois*（市民）两个概念之间的关系，让我们来加以分析。

我们说现代公民是从*bourgeoisie*转化而来的，这并不等于可以认为*citoyen*和*bourgeois*两个词同义。这个问题之所以重要，是因为它直接关涉到市民社会的两种不同理解趋势，还涉及西方市民社会的两个传统及其在现代的汇合。从词源上看，*citoyen*和*bourgeois*含义的区别是显而易见的。如果说，在民族国家形成以前，*bourgeois*和*citoyen*含义还有些相近，二者都可用来指称那些在城市或镇上的自由民，那么到了民族国家形成以后特别是18世纪之后，二者的含义就有了明显的区别。如前所述，所谓公民（*citoyen*），首先是相对于统一的政治国家（共和国）而言的，一个人只有作为共和国的成员，并被共和国的法律赋予相应的政治和社会权利，才能谈得上是公民。而*bourgeois*这个11世纪新出现的法语词长期以来一直是指商人、有产者、自由民等，它的存在并不是以政治国家为前提的。其次，正如乔·里特尔教授指出的那样，*bourgeois*一词在使用时主要强调的是市民等级——城市居民、出版商、手工工场主、自由劳动者、制造家等——的经济特征。笔者认为，所谓经济特征不仅包含拥有资产这一含义，还包括他是追逐私人利益的"单个的私人"这个黑格尔后来阐发出来的含义。相反，*citoyen*（公民）则主要强调了政治含义和道德含义。人们认为那种只追求私人利益而没有现代"自由、平等、人权"等公民观念的人（如贵族、领主）是没有资格成为公民的。"正如卢梭和狄德罗抱怨的那样，当时法国的城市里充满了*bourgeois*，但其中只有很少人能成为*citoyen*，法国革命中对这些概念的使用则表明这个比例发生了颠倒。"①最后，从外延上看，*citoyen*的范围大大超出了*bourgeois*，后者后来主要用来指拥有资产的人，而前者原则上可以包括任何一个国家成员。一个人成为*citoyen*的标准不取决于他的财产，而取决于共和国的制度和他个人的价值信念等。

　　*Bourgeois*一词及其与*citoyen*的重要区别在黑格尔和马克思的市民社会学说中引起了高度的重视，这显然与黑格尔和马克思在另一个与英法学者完全不同的立场上来重新理解市民社会有重要关系。如果说，康德由于在公民（*citoyen*）和市民（*bourgeois*）这两重意义上同时使用*Bürger*一词，从而在他的市民社会学说中抹杀或混淆了*bourgeois*和*citoyen*二者之间的重要区别的话，②那么到了黑格尔和马克思，这个问题便得到了充分认识。他们明确地不把*citoyen*（公民），更不把那个含义模糊、既可指市民又可指公民的*Bürger*当作市民社会的成员，而是将*bourgeois*理解作市民社会的成员。在《哲学史讲演录》中，黑格尔在谈到亚里士多德及古代的公民概念时，明确地提到了*Bürger*这个德语词的局限性。他说，"我们没有两个不同的字眼来代表*bourgeois*（市民）和*citoyen*（公民）"③。实际上，黑格尔在论述*bürgerliche Gesellschaft*（市民社会）时是从*bourgeois*而不是*citoyen*的角度来使用*Bürger*一词的。按照德国学者乔·里特的说法，黑格尔把市民社会的成员称为*bourgeois*。④在《法哲学原理》一书中，我们看到黑格尔一再强调，市民社会的成员作为个别的人，就是追求本身利益的私人。⑤这个私人当然不能被理解成在法国被人们普遍强调的，以参与政治生活和公共权力的运作及具有理性、平等、自由等

① Ritter, *Historisches Wörterbuch der Philosophie*, 964.

② 乔·里特教授说："康德在*Bürger*的定义中把*bourgeois*从形式上排除了，但在他那儿，财产完全是在*bourgeois*的社会解放的意义上成为*Statsbürger*（国家公民）的标准。"（Ritter, *Historisches Wörterbuch der Philosophie*, 964—965）何兆武先生则将康德所使用的*Bürger*一词翻译成"公民"而不是"市民"（参见［德］康德：《译序》，《历史理性批判文集》，何兆武译，商务印书馆1990年版，第4页）。

③［德］黑格尔：《哲学史讲演录》（第2卷），贺麟、王太庆译，商务印书馆1960年版，第365页。

④ Ritter, *Historisches Wörterbuch der Philosophie*, 965。

⑤［德］黑格尔：《法哲学原理》，范扬、张企泰译，商务印书馆1961年版，第201页。

现代公民意识为标准的*citoyen*，而只能被理解为中世纪末叶以来在欧洲的城市或城镇中发展起来的*bourgeois*。这一倾向导致黑格尔把市民社会和国家相区分并把国家置于市民社会之上。因为在他看来，由那些自私自利的*bourgeois*结成的社会还处在盲目的、自为的特殊性阶段，如果没有国家对市民社会从整体上加以保护，如果市民社会不在国家这个自在自为的理念中寻求归宿，那么它就不能完整地实现自身。与此类似的是，马克思一方面把市民社会归结为"各个人在生产力发展的一定阶段上的一切物质交往"[1]，从而不仅彻底抛弃了过去那种把市民社会描绘成一幅文明、进步、道德的理想图画的做法，还把市民社会当成了国家的基础（这与黑格尔不同）。另一方面，基于这一思路，马克思强调现代市民社会的成员是*bourgeois*而决不是*citoyen*。在讨论这一问题时，为了避免Bürger这一德语词含义的不确定性，马克思干脆直接采用了*citoyen*和*bourgeois*这两个法语词。马克思写道：

人，正像他是市民社会的成员一样，被认为是本来意义的人，与*citoyen*［公民］不同的*homme*［人］。[2]

不是身为*citoyen*［公民］的人，而是身为*bourgeois*［市民社会的成员］的人，被视为本来意义的人，真正的人。[3]

宗教信徒和政治人之间的矛盾，是*bourgeois*和*citoyen*之间、是市民社会的成员和他的政治狮皮之间的同样的矛盾。[4]

从上面的讨论中，我们清晰地看到黑格尔和马克思共同开创了一条崭新的理解市民社会的思路（尽管两人的市民社会学说之间还有重要区别）。事实上，黑格尔和马克思所阐述的市民社会概念和18世纪英法哲学家所理解的市民社会概念在很多方面互相区别，甚至是矛盾的、冲突的。例如，他们强调市民社会的成员是*bourgeois*（市民）而不是*citoyen*（公民），而在英法思想家那里正好相反，市民社会是一个以*citoyen*（公民）为主体的社会，离开了公民也就谈不上有什么市民社会了。再如，黑格尔和马克思摒弃了把市民社会当作一个文明、进步、道德的理想社

① ［德］马克思、［德］恩格斯：《德意志意识形态》，中共中央马克思恩格斯列宁斯大林著作编译局编译：《马克思恩格斯选集》（第1卷），第211页。

② ［德］马克思、［德］恩格斯：《论犹太人问题》，中共中央马克思恩格斯列宁斯大林著作编译局编译：《马克思恩格斯全集》（第3卷），人民出版社2002年，第188页。

③ ［德］马克思、［德］恩格斯：《论犹太人问题》，中共中央马克思恩格斯列宁斯大林著作编译局编译：《马克思恩格斯全集》（第3卷），第185页。

④ ［德］马克思、［德］恩格斯：《论犹太人问题》，中共中央马克思恩格斯列宁斯大林著作编译局编译：《马克思恩格斯全集》（第3卷），第173—174页。

会的观点，以为它不过是一个"私人需要的体系"或由物质交往关系构成的世俗社会，而英法思想家则持相反的观点。最后，黑格尔和马克思把市民社会和国家相区分，认为它是国家政治生活和秩序之外的领域。洛克、卢梭则相反，在他们的心目中，市民社会作为"公民的"社会就是政治社会，公民等级也就是政治等级。在这里，我们把黑格尔、马克思使用的市民社会（*bürgerliche Gesellschaft*）概念和现代英语、法语中出现的另外两个市民社会概念即bourgeois society（英）、*société bourgeoise*（法）联系到一起，就会发现从17世纪以来，在西方人中就存在着两种不同的，甚至是相互矛盾的理解市民社会的趋势，即一种把它理解成一个主要由*bourgeois*构成的"市民的"社会，另一种则把它理解成主要由*citoyen*构成的"公民的"社会，后者也是文明社会和政治社会。可以说，市民社会问题在后来出现许多概念上的严重混乱，与现代西方人从这两种不同的乃至冲突的角度理解市民社会这一事实有着深刻的关系。那么，为什么现代西方人对市民社会产生了两种如此不同的理解方式？造成这两种不同的理解趋势的原因或社会背景是什么？如何才能从这样一些概念的矛盾和混乱中摆脱出来，去理解和把握17世纪以来在欧洲形成的那个真正的市民社会？这是需要进一步探讨的。

三、城堡与城市

任何一种思想和观念都有它赖以产生和发展的社会现实基础。18、19世纪，西方人理解市民社会的两个趋势也不例外，它们只不过是现代市民社会赖以形成的两个既相联系又相区别的历史传统在理论上的反映而已。这两个传统就是：古希腊罗马时期以公民这个政治等级和财产等级为核心的政治社会及当时人们关于这一社会的一系列思想和观念；中世纪末期（从11世纪开始）以来在自治的欧洲城市公社（commune）里发展起来的现代的市民等级（*bourgeoisie/Bürgertum*），这个等级结合成的社会形态及其形成的一系列观念。

首先，通过前面的大量考证，我们发现17、18世纪英国人和法国人的市民社会思想可以看作市民社会的第一个传统，即古代的公民社会及其观念在现代的发展和延伸。与此同时，我们还可以找到足够的材料来证明：从17世纪开始在部分欧洲国家（如英国、法国）形成的现代市民社会与古希腊罗马时期的公民社会及其思想和观念之间有着深刻的渊源。我们看到，公元11世纪以来，罗马法先是在意大利和法国，继而在英国、荷兰、比利时等许多欧洲国家复兴，成为那个时代的商人们在经济和社会活动中奉行的重要准则。与此同时，亚里士多德和西塞罗的著作几乎成为人人必读的作品。这些作品中关于财产、契约、私人权利和政治的思想对早期市民阶层的生活方式和社会结合产生了深刻而持久的影响。13世纪末期以来的文艺复兴运动则把拉丁文化的影响发展到顶峰。正因为如此，17世纪以来在英国、法国等一些拉丁语系国家，人们借用从拉丁文演化过来的civil society（英）、*société civile*（法）概念来表达一种与古代的公民社会相近的市民社会或文明社会理想，是完全可以理解的。这一做法，正是现代市民社会受到古代传统影响的生动证明。

其次，我们不能忽视，17世纪以来形成的现代的市民社会是在从早期城市里发展起来的新兴的市民等级即*bourgeoisie*的推动下完成的。这个新兴的等级和古代的国家公民迥然不同，也正是他们给现代市民社会赋予了许多与古代公民社会迥然不同的特征。这就充分表明现代市民社会还有另外一个重要的历史源头（或传统），即11世纪以来逐渐形成的市民等级，他们结成的城市社会及其关于财产、契约和私人权利的一系列新型观念。黑格尔和马克思把市民社会的成员理解成*bourgeois*而不是*citoyen*，说明现代市民社会的第二个传统已经被他们深刻地意识到了①。现在就让我们重点考察一下上述的现代市民社会的第二个传统，并在此基础上重新把握和理解什么是现代历史上的市民社会，以及它和上述两种不同的理解市民社会的概念倾向之间的关系。

17、18世纪以来产生的现代市民社会不是凭空出现的。如果说古希腊罗马时期的公民社会是它的间接源头，那么11世纪以来新兴的欧洲城市公社及其后来的发展则成了它的直接源头。让我们再次从被马克思解作"市民社会的一分子"的bourgeois一词开始。如前所述，*bourgeois*一词是公元11世纪时在法国以名词*bourg*（城堡、城镇）为词干构成的，原意指生活在城堡或城镇上的人。事实上，bourgeois在现代欧洲其他语言中还有许多同义词，且这些词出现的年代与bourgeois大体相近。它们就是德语中的*Bürger*，英语中的burgher、burgens、burgess等。

---

① 马克思曾经把现代市民社会的早期形态称为"旧日市民社会""中世纪的市民社会"或"行会市民社会"。在《德意志意识形态》中，马克思详细分析了中世纪的市民社会是如何随着交往的扩大而发展到现代的市民社会的。对他来说，从这样一个历史传统出发来理解现代市民社会是异常重要的［参中共中央马克思恩格斯列宁斯大林著作编译局编译：《马克思恩格斯全集》（第3卷），第21—87页；或马克思恩格斯列宁斯大林著作编译局编译：《马克思恩格斯选集》（第1卷），第146—214页］。

这些词都是由"城堡"一词演变而来的。拉丁语中的"城堡"一词是burgus（或burg）①，该词在中世纪末叶的德语、法语和英语中以下列各种不同形式出现：②

burc，burg，burug，baugs，borg，burg……（德语）
borc，burg，bourg，bourg，burgh……（法语）
borough，burgh，burg，bury，burrow……（英语）

这些词的出现和使用经历了一个过程，其中很多词如*borc*、*burc*、*baugs*等后来都废弃不用了。它们在早期都有城堡、要塞（设有防御工事）等意思，但后来有些词逐渐被人们用来指市镇、城市等。例如，法语词*bourg*是从*borc*（城堡）演化来的（时间约在11世纪），早期指"加固的城堡"，后来主要被人们用来指市镇。英语词borough、burgh等的含义也与此类似。欧洲历史上的城堡有多种不同的来源，有的是罗马时期遗留下来的，有的是封建主和教皇新建的，有的是在后来战争（如十字军东征）期间建立的，等等。城堡是一种筑有防御工事的居住区，一般面积不太大，和我国古代筑有城墙的城市不一样。在中世纪时，城堡里居住的一般是国王、领主、教皇、公爵或骑士等，他们是城堡的主人，在城堡之外往往拥有大片领地。

从上面的讨论可以看出，城堡一词是和城镇联系在一起的，这里有一个从城堡到城镇和城市的演变过程。大约从10世纪至11世纪开始，在欧洲许多地方，特别是在意大利和法国南部一些地方的城堡周围聚集了越来越多商人、手工艺人等，他们向城堡里的主人贩卖各种从远方运来的物品，提供各种特殊的服务。于是，城堡外的商业郊区（suburbjum）逐步形成。为了保障安全，人们把这些地方用围墙围起来，这样就在旧城堡之外形成了新城堡（*novus burgus*，又称*foriburgus*，即外堡）。新城堡和旧城堡（*vetus burgus*）之间的区别在于它是个商业居住区，实

① J. H. Baxter and Charles Johnson, M.A. (prepared), *Medieval Latin Word-List from British and Irish Sources*(London: Oxford University Press, 1934), 55; Robert Maltby, *A Lexicon of Ancient Latin Etymologies* (Cambridge, England: Francais Cairns Publications, 1991), 88; Niermeyer, Jan Frederik (Niemeyer), *Mediae Latinitatis lexicon minus: lexique latin médiéval- français/anglais*(Leiden: E.J. Brill, 1997), 108–109.
② Friedrich Kluge, *Etymologisches Wörterbuch der deutschen Sprache* (Berlin: De Gruyter, 1975), 112; Eric Partridge, *Origins: A Short Etymological Dictionary of Modern English* (London: Routledge & Kegan Paul, 1961), 54; Dauzat, Dubois, and Mitterand, *Nouveau dictionnaire étymologique et historique*, 103 ；
　［比］亨利·皮雷纳：《中世纪的城市》，陈国樑译，商务印书馆1985年版，第44—45页。

际上就是一个集镇或者正在形成的城市。如果说，旧堡里的居民当时被人们称为castelleni、castrenses等的话，新堡的居民则被称为前面提到过的bourgeois、Bürger、burgenses、burghers等，而由这些人结成的共同体常被人们称为communio、communitas、civitatis。这些词后来演变成commune一词，并在英、法、荷、比利时、苏格兰等地通用，在德语中其表达形式则是Kommune。该词可译为城镇、城市公社等[1]。早期的城市公社是现代市民社会的前驱，这一点在词语的发展上表现为：在德语中，Burg—Bürger—bürgerliche—bürgerliche—Gesellschaft（市民社会）；在法语中，bourg—bourgeois—bourgeoisie—société bourgeoise（市民社会）。

从内容特征上看，城市公社（commune）是从11世纪开始首先在意大利、法国南部等地形成，后来逐渐遍及尼德兰（低地国家）、斯堪的那维亚半岛、英国和德国的。Commune是一种典型的自治城市。它是一个由商人、匠人、自由民、学徒、律师乃至逃亡到城市里的农奴等在封建秩序的汪洋大海中以某些城堡或教堂为中心结成的工商业"特区"。早期，这些人受到领主和教皇的支配，势力不是很强。后来，他们越来越不满于教会和领主对他们的压榨和盘剥，也对中世纪时盛行的一系列有碍于商业发展的观念恨之入骨，于是便联合起来，向领主、教会和国王提出了一系列要求，包括要有人身自由和私人财产的保障，有来往和居住于城堡的自由，有举办市集（market）和定期集市（fair）的权利，废除过高的税赋和过路费（tolls）。后来，他们又提出要在城市或城镇中建立商人自己的商业法庭，以摆脱封建政权和教会强加于他们的种种不合理的法律法规的限制，并在城市中建立治安秩序。最后，他们要求城市独立和自治，具体表现为城市居民有权自己选举市长和市议会，参与条件仅仅是城市每年向领主或国王缴纳一定的税金。[2]一般来说，自治权的获得要经过国王或教皇的特许。大约到12世纪，自治的城市公社在意大利、法国、比利时、荷兰、英国、德国等地如雨后春笋般出现。例如在英国，12世纪初自治城市还很少，但到12世纪末13世纪初，英王理查一世和约翰为了获取金钱以支付巨额军费和赔偿金，曾大量出卖自治城市的许可状。伦敦市民于1191年选举出自己的市长，并组成了伦敦公社。同时及后来在英国出现的自治城市公社有10多

---

[1]参见［比］亨利·皮雷纳：《中世纪的城市》，陈国樑译，第85—94、104—130页；Tigar, *Law and the Rise of Capitalism*, 80–96。

[2]参见［比］亨利·皮雷纳：《中世纪的城市》，陈国樑译，第104—130页；Tigar, *Law and the Rise of Capitalism*, 81–96；蒋孟引主编：《英国史》，中国社会科学出版社1988年版，第107—108、123—126页。

个。①

11—15世纪期间，西欧的自治城市公社可以说是一种真正的"市民"的社会，我们不能忽视它在西方市民社会发展史上的作用。首先，每一个城市公社都可以在某种程度上看作一个独立的政治单元，在意大利和法国，人们把它称为"城市国家"或"小共和国"。它最重要的意义是与外部的专制君主、封建秩序、封建领主及教皇这些不利于商业资本主义发展的政治势力之间形成相对独立和自治的关系。与此相反的是，在同一时期的东罗马拜占庭帝国，虽然也有很多商业极为发达的大城市，但这些城市是直接依赖王室的政治特权发展起来的，其兴衰取决于帝国的兴衰，一旦帝国摇摇欲坠，这些城市也就立即连同自己的商业阶层土崩瓦解，因此不能和西欧独立而自治的城市公社相比。城市公社的形成使得商业的发展有效地摆脱了外部政治势力的干预，从而为日后商业资本主义和市民等级的发展打下了较为良好的基础。

其次，在自治的城市公社内部形成了一整套合乎商业资本主义发展并由市民等级自己建立起来的理性化的社会制度。这一制度体现为每一个自治城市都有自己的城市宪章（charters）②，体现为人们在罗马法等法律传统的基础上形成了一整套完备的商人法（law merchant）③，体现为组织严密的行会及行会制度，等等。我们知道，16世纪以后，伴随着民族国家的兴起，城市公社已在欧洲普遍衰落，转而听命于强大的王权。然而，王权的强大及与之相应的对资产者阶层的敲榨盘剥和重税政策（这种王权后来遭到了洛克、卢梭、孟德斯鸠等市民社会理论家的猛烈攻击）为什么并没有像在东罗马拜占庭帝国那样最终导致帝国的瓦解和商业的衰退呢？笔者认为，其中一个重要原因就是商人和有产者阶层早在公社时期就已习惯于一种合乎资本主义要求的理性化生活，当公社消失后，原先在公社内部养成的理性化的制度规范并没有消失。另一方面，日后的王权为了发展自己不但不能破坏这些制度，反而只能在一定程度上妥协并积极利用它。例如，16世纪兴起的重商主义思潮就可以看作这种妥协的表现。它显示了王室试图振兴国力和加强自身权力的野心，而这一企图又只能通过发展和振兴商业贸易来实现。④

---

① 参见蒋孟引主编：《英国史》，第107—108、126页。
② Tigar, *Law and the Rise of Capitalism*, 84–85.
③ Tigar, *Law and the Rise of Capitalism*, 62, 92–93.
④ 参见［美］阿格：《近世欧洲经济发达史》，李光忠译，吴贯因校，上海商务印书馆1924年版，第76—77页。

最后，在早期的自治公社里，现代市民社会的两个领域——私人领域和公共领域获得了初步的分化和发展。正如哈贝马斯在《公共领域的结构转换——对一个市民社会范畴的研究》这部名著中分析指出的那样，在中世纪的封建采邑制度之下，私人领域和公共领域的界限实际上是模糊不清的，封建领主既是公共权力的最高代表，又是最大的私人利益实现者，公共权力不过是其实现私人利益的手段罢了。①只是随着自治公社的出现和*bourgeois*的壮大，才有了私人领域的分化，才有了真正意义上的私人领域。在采邑制度和教会统治下，私人利益不被承认，追逐私人需要被认为是有罪的，因此我们说中世纪时没有真正的私人领域，或者说它没有从公共领域中分化出来。但是，*bourgeois*和自治公社的诞生标志着私人利益已经得到公开的承认，人们追逐私人利益时不需要再把它和公共领域的道德和义务直接联系起来。这个追逐私人利益的阶层就是公社之中的*bourgeois*，难怪黑格尔要把由*bourgeois*结成的市民社会称为"私人需要的体系"了！

然而，我们不应过分夸大中世纪末期的城市公社（11—15世纪）的重要性，它至多只能被看成现代市民社会的前身或摇篮。市民社会——无论是它的私人领域或还是它的公共领域②——都是在16世纪以后，随着民族国家的兴起和中央集权的君主专制政府的形成而获得实质性的发展的；③而它的成熟和真正完成，严格说来是在17世纪末叶的英国、18世纪末叶的法国等地资产阶级革命取得胜利和资产阶级共和国（或政府）建立之后。民族国家的形成打破了早期自治城市公社封闭狭隘和地方主义的特征，于是城市的市民（*bourgeois*）变成了国王的臣民（subject），在资产阶级革命完成之后又变成了共和国（republic）的公民。不过这里的公民已不同于古代的公民，它是由*bourgeois*演变而来的。在这里，我们清楚地看到了现代市民社会的另一重要传统，即中世纪末叶以来在自治城市里形成的新兴市民阶层（*bourgeoisie*、*Bürgertum*）结成的社会形态。从早期的城市公社，经过民族国家形

---

① Jürgen Habermas, *The Structural Transformation of the Public Sphere: An Inquiry Into A Category of Bourgeois Society*, trans. Thomas Burger (Cambridge, MA: MIT Press, 1989), 5–6.
② 关于市民社会的两个范畴即私人领域和公共领域的含义界定及发展过程，参见Habermas, The Structural Transformation of the Public Sphere, 1–140 。相关评述参见方朝晖：《市民社会与资本主义国家的合法性——论哈贝马斯的合法性学说》，《中国社会科学季刊》1993年总第4期；Philip C. C. Huang, "'Public Sphere'/'Civil Society' in China? The Third Realm between State and Society," *Modern China* 19, no. 2 (1993): 216–239.
③关于民族国家在资本主义成长过程中的巨大作用，见Tigar, *Law and the Rise of Capitalism*, 117–227。

成之后的发展阶段，到资产阶级共和国，市民社会经历了一个漫长的发展演化过程。只有充分认识这一市民社会的传统，我们才能真正把握什么是现代西方的市民社会，也能充分领略为什么黑格尔和马克思别具匠心地把市民社会的成员称为*bourgeois*，强调它是一个"私人需要的体系"或由物质的交往关系构成的，并把市民社会和国家相区别。第一，因为现代的市民社会事实上正是在*bourgeoise*（市民等级）的推动下形成的，它的主要成员是*bourgeois*而不是*citoyen*（公民），后者只有在共和国形成之后，在理想的状况下才能存在。第二，正是在*bourgeois*兴起的现代历史上，才出现了真正意义上的私人领域，对私人利益需要的追求才成了光明正大的事。第三，*bourgeois*的政治含义在于，它是一个从一开始就试图摆脱王权、教会和领主等一切外部政治势力的干预并结成自己的自治公社的阶层。在民族国家形成之后的君主专制国家里，它又和政治国家相对抗，反对国家对私人财产的侵犯和重税政策，并试图从制度上划分国家权力和私人领域之间的界限。这一企图最终通过资产阶级革命在共和国里得到了实现。

如果我们不是把市民社会单纯地理解成一个概念和人们关于这一概念的思想，而是把它理解成一个活生生的历史过程，理解成18世纪欧洲国家里确实发生过的客观社会形态，就会发现，关于市民社会概念的两种不同的理解趋势之间的矛盾和冲突将迎刃而解。

首先，17世纪以来的英国人和法国人实际上是把市民社会当作一种理想、一种对未来的憧憬而提出的。对他们来说，civil society、*société civile*、*L'étate civil*不是对现实的准确刻画，而是社会发展的目标。正因为如此，他们对市民社会进行了热情洋溢的讴歌和赞美，把它描绘成一幅文明、进步、道德、理想的图画。与此相反的是，在黑格尔和马克思，尤其是马克思看来，市民社会并不是作为一种未来的理想提出来的，而是被理解成一个在现实条件下已经发展起来的世俗的社会有机体。正因如此，黑格尔和马克思从不将那个由*bourgeois*构成的市民社会过分地理想化，而是宁愿用更多的笔墨来批判它。黑格尔强调市民社会要以国家为前提，马克思则揭示了市民社会内部两个对立阶级的形成以及这一社会制度的根本缺陷。由此可见，由18世纪英国人和法国人代表的理解市民社会的第一种趋势和由黑格尔、马克思等人代表的理解市民社会的另一种趋势尽管有不相容之处，但这完全是由于他们心目中的市民社会出自不同的范畴，它们之间的冲突和不相容只不过是人们基于不同的文化和语言传统对同一种市民社会现实作出的不同抽象和思考。

其次，17、18世纪形成的现代的市民社会可以看成上述两种趋势所代表的两种不同的市民社会传统的汇合。一方面，马克思等人的市民社会思想是基于对市民社会的第二个传统——即中世纪末叶以来由*bourgeois*结成的社会的传统及其观念——的认识而提出的。黑格尔和马克思不是把市民社会当作理想，而是当作现实。因此，我们通过他们尤其是马克思看到了现代市民社会的一系列重要特征：它是一个以"真正的人"即*bourgeois*结成的私人利益关系的体系，是一个私人领域获得充分解放并和公共权力机关相区分的自治领域，等等。另一方面，在洛克、卢梭那个时代，civil society的文明理想也不是完全没有实现。在资产阶级革命已经完成的共和国，事实上这种理想已在相当大的程度上获得了实现。也就是说，市民社会理解中的另一个趋势告诉我们，现代市民社会还有另外一系列特征：私人领域和公共领域相对区分，每一个成员的私有财产不受侵犯（从这个意义上说，它也是和政治国家之间相对区分开来的）。从现实的角度来说，市民社会作为公民社会的含义应当理解为：平等、自由、人权这样的现代公民意识被当作这个社会的根本原则。它作为政治社会的含义则应当从现实的角度（即不是完全从洛克等人的那个角度）理解为：一方面，这个社会是政治国家的基础，通过自己的和国家的制度来制约国家对公共权力的行使，发挥监督和参政作用；另一方面，这个社会只有在统一的民族国家和资产阶级共和国形成的历史条件下才能真正实现。

　　什么是现代西方的市民社会？它是古希腊罗马时期的公民社会和11世纪以来的市民社会这两个活生生的传统在现代汇合的产物。它的含义可通过综合认识人们对这两个市民社会传统的两种不同理解趋势而找到，具体说来就是：

　　它是一个市民的社会。即它是主要由*bourgeois*构成的私人利益关系的总和，私人领域和公共领域相区分，且不受公共权力的侵犯。

　　它是一个公民的社会。即平等、自由、人权这些信念或公民意识是这个社会的根本原则或价值信条。

　　它是一个政治的社会。即它有权力制约国家对公共权力的行使，但只有在统一的政治国家——资产阶级共和国已经形成的时候——才达到成熟，或以较完整的形式实现自身。

　　至于它是不是一个文明社会，持有不同价值尺度的人们自然会做出不同的判断。

四、"中国市民社会"

西方市民社会的发展道路，对于我们理解未来中国的市民社会有多大启发？

首先，我们发现，经过100多年艰难困苦的现代化改造，过去以小农经济为主、以宗法制度为主体的中国社会结构发生了天翻地覆的变化。与此相应的是，在经济、法律、学术、文化、教育制度等一系列方面，中国社会都已经像一个"现代社会"。与鸦片战争时的中国相比，今日中国社会结构的主要特征是，过去以血缘纽带或宗法关系为基础所建立的社会结构已经基本上被非血缘的、根据私人需要而组织起来的社会关系所代替；人与人之间的社会结合主要是根据共同兴趣和职业发展需要来决定，而不是由家族或血缘的纽带所决定；社会分工的高度发达，不仅给人们提供了更多的就业机会，而且使得人们更倾向于把职业追求当作实现个人人生潜能和价值的主要途径；公共领域（由大众传媒、出版机构、结社集会等组成的公共舆论领域，是现代市民社会的有机组成部分）代替了私人领域。不少学者已经论述了改革开放以来中国市民社会的发展，说明了自从"文革"结束以来由于社会重心已经转移到经济发展方面，中国出现了"小政府、大社会"现象。这一切，似乎都可以看成中国市民社会已经发展起来的证据。[①]市民社会研究成为20世纪90年代中国学术界的一个重要热点，绝不是出于单纯的学术兴趣，而是政治及意识形态方面的关怀在学术研究中一直起着极其重要的支配作用的结果。这种关怀的基本思路是：市场经济的发展将有可能促使未来的中国出现一个类似西方早期市民社会那样的社会空间，这个空间不仅独立于任何可能的政治及意识形态而存在，而且终将会反过来以市民阶层的力量推动现实政治及社会结构的改造。

然而，我们也都知道，市民社会在中国还很年轻，更没有经历过西欧历史上长达八九百年的、自下而上的自发演化过程。它的很多特点都表明，它根本没有独立过。特别是改革开放以后新兴的市民社会，不仅相当脆弱，内部的理性化过程也从来没有认真地进行过，它的一系列行为似乎表明它还是相当"不理性"的。20世

---

①有关当代中国市民社会研究参见李熠煜：《当代中国公民社会问题研究评述》，《北京行政学院学报》2004年第2期。另参见邓正来：《国家与社会：中国市民社会研究》，四川人民出版社1997年版。国外市民社会研究现状参见何增科：《市民社会概念的历史演变》，《中国社会科学》1994年第5期；邓正来、［英］J. C. 亚历山大编：《国家与市民社会：一种社会理论的研究路径》，中央编译出版社1999年版。

纪90年代以来，国内不少学人对市民社会理论及未来中国的市民社会寄予了莫大希望，以为"五四"以来中国进步人士的民族理想可以通过市民社会来实现，而知识分子也可以此作为自己的恰当定位了。然而随着研究的深入，我们越来越发现西方市民社会的发生背景和中国的文化历史传统相差甚远，未来的中国似乎难以复刻西方市民社会的发展道路。前面的论述已经表明，无论是作为一个概念，还是作为一种客观存在的社会历史形态，"市民社会"都是西方特定历史文化背景下的产物。下面就让我们先来看看，西方市民社会起源过程中一系列特殊的历史条件。

（一）欧洲市民社会是在极为特殊的历史条件下兴起的

首先，西方市民社会是在一系列中国历史上根本不具备的、特定的历史条件下才得以发展起来的。西方市民社会大体上经历了三个发展阶段：一是从早期的商业城镇到独立的城市公社阶段；二是民族国家兴起以后，君主专制时期市民社会的发展；三是通过资产阶级革命的胜利成立资产阶级共和国，市民社会的理念真正地实现自身，[①]成为所谓"公民社会"（这里的"公民社会"是指通过统一的政治国家使得市民的一系列私人权利得到法律的保障的社会）。从早期的商业城堡到资产阶级共和国的诞生中间经历了至少8、9个世纪的漫长演化过程。在市民社会的发展史上，最重要的具有决定意义的阶段是从早期的商业城堡发展到独立的城市公社（commune）这个阶段，因为如果没有这个阶段为后来市民社会的发展从规模及自我整合方式上奠定基础，后来市民社会要想得到任何发展都是根本不可能的（这一点将在下面一段涉及）。研究表明，从公元9、10世纪算起，市民阶层（即当时的工商业阶层）和封建领主之间展开了一场长达几个世纪的漫长斗争过程。在这场旷日持久的较量中，市民阶层之所以得以不断发展壮大，是因为有两个外部的环境因素起到了决定性的作用：其一，统一的中央集权的政治体系的崩溃。西罗马帝国崩溃后，西欧分裂成无数个大小不同的诸侯国，这些不同的诸侯国难以形成统一的商业政策，使得商业城镇能够在个别封建势力干预较少而工商业又较为发达的地区首先发展起来。也正因为没有在中央集权的统一管辖之下的帝国观念，小型商业城镇的独立易被容忍。相比之下，在同一时期的东罗马拜占庭帝国，所有的商业城镇都和帝国的大都市融为一体或者说完全依附于帝国的大都市而存在。一旦帝国因内

---

① 指由洛克、卢梭、孟德斯鸠等市民社会理论家所构建的市民社会的理想得到了较完整的实现。

政或战争等而使这些都市毁于一旦，那些依附于它们而存在的工商业也就随之土崩瓦解了。这是因为在统一的中央集权政府的统治下，任何一个小城镇的独立都会被视为对帝国的背叛，从而被整个帝国的力量消灭。在这种情况下，工商业阶级和帝国官僚政治之间形成了一种相互利用的相依相伴的关系，从而不可能成为和帝国政治相抗衡的独立的市民社会空间。这导致东罗马帝国的工商业阶级走上了一条和东方许多国家的工商业阶级相似，却与西欧的市民社会道路完全不同的道路。其二，王权与教权的分离是市民社会得以在西欧发展并壮大起来的又一重要原因。大量材料显示，西方市民社会能在王权与教权的夹缝中成长起来，无论是王室还是教会都曾对其生存和发展给予过巨大的帮助。尽管市民社会的兴起是与王室及教会所代表的封建经济及封建制度相对立的，但王室和教会之间的矛盾和斗争给了市民阶层以巨大的可乘之机。市民阶层需要得到王室和教会的庇护，而王室和教会在彼此激烈的斗争中往往需要利用市民阶层的力量来打击对方。结果往往出现这样的情况：当教会决心对市民阶级严厉打击时，王室就出来袒护市民阶级；当王室对市民阶级采取镇压措施时，教会就出来保护市民阶级。尽管王室和教会对市民阶级的支持都是出于政治斗争的考虑，但这一行为客观上给市民社会的发展壮大提供了极为难得的机会。总之，权力的分散化、多元化，是西欧市民社会得以发展壮大的最为重要的外部环境，没有这个特殊的外部环境，西欧市民社会的发展壮大是不可思议的。

其次，从工商业城镇到独立的城市公社，经过君主专制统治下的市民社会，再到资产阶级共和国，西方市民社会的发展史不仅是一段与外部势力相抗衡和斗争的历史，也是一段内部不断自治及理性化的历史。与前者相比，市民社会内部的理性化甚至显得更加重要，因为在与各种外部势力做斗争的过程中，如果市民社会在内部不能结成牢固的同盟，如果它没有一套理性化的制度来组织自己从而保障自己，就随时有可能被种种外部力量侵入而彻底瓦解。一开始，为了反对封建领主的盘剥和掠夺，市民阶层从罗马法中搬出有关财产、契约等方面的条文来为自己辩护，在此基础上逐渐形成了一系列适合于商业需要的商人法、习惯法等，后来他们成立自己的商业法庭。在城市公社中，市民社会的理性化还体现在行会的兴起，在促进同业利益及与外部斗争中都起到过巨大的作用；体现在城市公社可以有自己的城市宪章和城市法庭，在自治的城市公社里市民们可以选举自己的市长。城市公社内部的理性化对市民社会的发展的意义是不可估量的。一方面，它使得市民阶层在与各种封建势力较量时能够团结一致，共同对外，从而为市民社会的发展提供更大的保障。例如伦敦是英国发展最早的工商业城市之一，该城自公元11世纪以来曾在几次外敌入侵期间为捍卫英王室立下汗马功劳，从而为它在城市的自治方面赢得了不少特权。1191年，伦敦市民选举出自己的市长，并组成了伦敦公社。同时及稍后自治的城市公社还在意大利、法国、比利时、荷兰、德国及英国其他地方大量地涌现出来。①另一方面，城市公社内部的理性化使得市民社会在西欧民族国家兴起后所诞生的强大的君主专制统治之下，不但没有被摧毁，反而以新的形式获得发展。16世纪以后，随着民族国家的兴起，行会及城市公社普遍衰落，市民阶层不得不听命于日益强大的王权。与此相应的是，王室以各种重税政策对市民阶层进行贪得无厌的敲榨、盘剥。那么，新的中央集权的帝国的形成为什么没有像东罗马拜占庭帝国那样，导致工商业阶层完全成为帝国官僚政治的附庸，以至于工商业城市的兴衰完全取决于帝国政治的状况呢？这是因为经过几个世纪的发展，城市公社虽已衰落，但在城市公社时期所形成的一整套适合于工商业发展的理性化的制度早已深入人心。专制的君主们清楚地意识到，如果对市民阶层的盘剥到了连其存在的独立性也要抹杀的地步，那王室试图通过盘剥市民阶层来振兴国力和加强自身权力的野心就要化为泡影了。16世纪兴起的重商主义思潮充分表明王室试图振兴国力和加强自身权力的野心只能通过发展和振兴商业贸易来实现。这样一来，西欧民族国家兴起以后出现的君主专制统治不但没有削弱市民社会的发展势头，反而为市民社会的发展提供了新的良机。但是如果市民社会没有当初五六百年内部的理性化过程，这种情况出现的可能性还有多少呢？

（二）中国式市民社会的不同特点

1993年，也是在中国大陆学界热议市民社会问题的时候，由黄宗智先生主办的《近代中国》（*Modern China*）杂志推出了一期中国早期市民社会的专辑。在这期专辑中，一批优秀的西方学者对中国在20世纪以前出现过的类似于市民社会的"东西"与西方市民社会的异同进行了非常有趣的比较。例如，罗威廉（William T. Rowe）以清代汉口为例说明中国早期市民社会的存在，试图驳斥韦伯式命题（中国没有自发出现资本主义，也无市民社会）。但是，魏斐德（Frederic Wakeman Jr.）紧接着指出，罗威廉所谓"中国市民社会"概念在学理上可能的局限，即中国当时并未出现西方式独立于国家的*bourgeoisie*，而商业阶层的行为仍深受国家和意识形态的影响。Mary Backus Rankin讨论了西方市民社会概念，特别是其中与个人

---

① 蒋孟引主编：《英国史》，第66、126页。

主义传统有关的内容在中国不适用，也提到中国式公共领域与官方的关系相当深（也与西方不同）。作者说市民社会一词就其指特定的*bourgeoisie*，以及资本主义兴起的背景而言，不适合于中国古代的情形，尽管它与中国的商业和商品经济兴起有关（但是这些并不等于资本主义）。与哈贝马斯所说的公共领域相比，中国的公共领域"公共讨论"的特征并不明显，乡绅与政府之间的互动主要也不是对抗式的，更没有从私人权利上来确立政府干预的边界。黄宗智也认识到欧洲式市民社会/国家二元对立的思维范式的局限性，并提出把东方的公共领域作为介于国家和市民社会之间的"第三领域"来研究的可能性问题。[1]

对于中国历史上的市民社会问题，我们无暇顾及，这里主要讨论当代中国改革开放以来新兴的市民社会。下面我们来分析这个市民社会与西方市民社会发展道路的区别。

首先，如果说当代中国已经有或者说正在形成所谓市民社会的话，那么这个市民社会与西方历史上曾经出现过的市民社会实在很少有相似之处。西方市民社会是在统一的中央集权的罗马帝国崩溃的基础上形成的，是在权力高度分散化和多元化的特殊政治背景下形成的，这一历史事实使得市民阶层能够以一种和现实社会及政治权力结构完全不同的方式组织到一起，并在此基础上谋求发展。也就是说，市民社会一开始就表现出与现实的政治—经济—社会结构的异质性，这种异质性不仅意味着它要走独立发展的道路，而且更重要的是，它使得市民社会代表了一种全新的、和现实的社会政治结构完全不同的制度模式（民主的、法治的、人权的），还进一步代表了一种全新的生活方式（个人主义的人生观、价值观）。这种全新的制度模式和生活方式所具有的现实政治意义和文化价值意义，得到了17世纪以后的市民社会理论家们热情洋溢的讴歌和赞美。他们不仅把它看成一种和现实的政治及社会结构完全不同甚至根本上对立的社会理想，而且把它描绘成唯一一幅人道、自由、进步、文明、道德的图画。但是我们非常遗憾地发现，这种市民社会和现实

① "'Public Sphere' / 'Civil Society' in China? Paradigmatic Issues in Chinese Studies, III," 107–239; William T. Rowe, "The Problem of 'Civil Society' in Late Imperial China," *Modern China* 19, no. 2 (1993): 139–157; Frederic Wakeman Jr., "The Civil Society and Public Sphere Debate: Western Reflections on Chinese Political Culture," *Modern China 19*, no. 2 (1993): 108–138; Mary Backus Rankin, "Some Observations on a Chinese Public Sphere," *Modern China 19*, no. 2 (1993): 158–182; Huang, "'Public Sphere' / 'Civil Society' in China? The Third Realm between State and Society," 216–239.

社会政治结构的异质性在包括中国在内的几乎所有东方国家或发展中国家都根本不存在。在这些国家，由于统一的中央集权的政治权力结构的存在，市民阶层选择了另外一种完全相反的道路，即最大限度地和现实社会及政治结构融为一体，也就是说它要尽可能地表现出和现实社会及政治结构所代表的制度模式及生活方式的同质性。具体体现为拼命利用现实社会及政治权力结构中所存在的主要问题（权钱交易、特权经济等）来为自己服务，结果也因此使它自身难以获得真正的自主性。问题的关键不在于东方国家或发展中国家的市民社会根本不打算走独立于现实政治的道路，而是它对现实所采取的同质化的态度使得它根本不可能代表一种和现实社会及政治结构完全不同的全新制度模式及生活方式。在千方百计地利用现实社会及政治结构中所存在的漏洞来为自己赚取暴利的过程中，东方国家（也包括当代发展中国家）的市民阶层既不可能形成一套和现实社会及政治制度完全不同的自己的制度整合方式，也不可能代表一种全新的、和现实社会及文化迥然不同的生活方式。他们在人生观和价值观上和现实社会中其他阶层的人之间没有本质区别。在这种情况下，可以想见，这些国家的市民阶层决不可能像西方早期的市民社会那样提出一整套自己的全新的政治、经济及文化理想，更莫谈形成一股改造现实政治及社会结构的客观自然力量了。

其次，东西方市民社会的不同特征决定了它们所面对的主要问题完全不一样。西欧时期的市民社会所面对的主要问题是如何最大限度地摆脱现实政治权力结构的束缚，使自身获得解放，于是提出"自由、人权、民主"的口号。但在东方则不然，市民社会所面临的主要问题是它在力图和现实政治社会权力融为一体以求自身发展的过程中失去了自主性，从而不可能仅仅通过自身来实现内部的理性化。在西方，由于市民社会一开始就已形成一整套完备的自我整合方式（即内部的理性化），所以独立发展并使这种整合方式占据统治地位乃其最高理想。但在东方，由于市民阶层（或者说市民社会）和现实社会及政治权力结构是同质的，市民社会在现实的社会及政治结构之外并没有形成过任何一种真正属于自身的独特的制度模式及生活方式。在这种情况下，市民社会没有自身内在的自主性，因而根本不具备独立发展所需要的内在条件，即使人为地允许其独立发展，它也不知道如何来走这条道路，或许它会在腐败堕落的道路上越走越远。在对权钱交易和贪污受贿的利用可能代表赚取暴利的最主要的，也是在商人心目中最成功的手段的时候，商人阶层已和现实政治及社会结构完全打成了一片，不仅缺乏反抗现实社会政治结构及其所代表的生活方式的思想，而且唯一感兴趣的事情也许只是最大限度地利用现实政治及社会结构中存在的漏洞来为自己服务。[①]由于在东方国家，市民阶层或者说市民社会自身内部的理性化过程没有完成，而事实上需要借助于一系列市民阶层外部的力量（包括官方的力量）来实现自身的理性化过程，所以它们根本不可能走与西方市民社会同样的独立发展的道路。这就充分表明，在东方国家及当代许多发展中国家，由于市民社会或者说市民阶层在发展中所面临的主要问题是内部的理性化过程没有完成，需要借助于政治的、社会的、文化的等各种市民社会之外的力量来帮助它完成这一过程；或者说不是市民社会的发展改造现实政治及社会结构，而是要通过种种外部的政治及社会方面的力量来改造市民社会以促使其尽快地实现自身的理性化，获得自身内在的自主性。所以西方早期市民社会的发展道路对这些国家的启发意义实在是非常小的。

（三）中国市民社会不可能走西方道路

对于像中国这样的后发现代化国家来说，市民社会的发展不可能模仿西方走一条放任自由主义的道路。具体原因有以下几条。

首先，市民社会内部的理性化不可能通过放任其自由发展的方式而得以完成。造成市民社会内部的理性化迟迟不能完成的根本原因是，市民社会和现实社会政治体系长期以来一直融为一体，但是放任其自由发展的过程不但不可能改变二者融为一体的现实，而且事实上给市民社会以非理性化的方式发展提供了更多的机会。在利用政治的腐败，通过权钱交易等一系列行为来为自己谋取私利的过程中，市民社会和政府腐败官员或部门的相互勾结所带来的消极影响是双重的：一方面，它在市民社会内部形成一种风气，即不需要讲良知，不需要诚信原则，不需要通过公平竞争即可成为暴发户；另一方面，它给那些试图通过正当的方式经营的商人施加了极为强大的压力，使得他们认识到，一个人讲究诚信原则、讲良知反而可能会吃亏倒

---

① 一种观点认为，中国目前正处于类似资本主义早期的原始积累时期，商人阶层的贪得无厌是一件好事，是在为他们的资本积累做准备。其实这种观点极其荒唐，它完全忽视了这样一个重要事实，即资本原始积累时期的西方资本主义是在市民社会已然独立、市民社会内部的理性化过程早已完成的情况下发生的，而这种情况在包括中国在内的绝大多数发展中国家根本不存在。由于市民社会内部的理性化过程尚未发生，商人阶层的贪得无厌不仅是现实社会的催腐剂，也使它自身越来越丧失自主性。而只要市民社会内部的理性化过程没有完成，它就不可能在现实的社会及政治过程中发挥积极的作用。

霉，从而不得不放弃通过公平竞争谋求发展这一善良企图。

其次，市民社会和政府的关系与西方早期的情形已有根本的不同。在西方市民社会发展的早期阶段，即在中世纪时期，市民阶层与封建领主分别代表着两种完全不同的经济所有制结构、社会政治制度及文化价值观念等，二者之间几乎完全是水火不相容的。一个阶层势力的增长必然意味着另一个阶层势力的削弱，市民的生活方式和封建领主的生活方式可以说是此消彼长、你死我活的关系。这就必然地决定了在西方，市民社会的发展必须走一条和国家相对抗的道路。但在今天多数的发展中国家，由于市民社会和国家之间并不完全是那种异质的关系，它们之间也就不是此消彼长、你死我活和水火不容的关系。一方面，国家并不一定代表着一种和市民阶层的理想完全背道而驰的、落后的、封建主义的经济制度和社会理想，相反它可能会比市民阶层更加急切地想要实现工业化的理想从而赶上西方发达国家。另一方面，市民阶层也并不一定代表着合理和正确的方向。相反，它和官僚政治中腐败成分的相互勾结长期以来一直是其自身走向理性化从而走向独立、自治的最大障碍。正如一些后发现代化国家（日本、韩国、新加坡等）的成功的经验所表明的那样，国家以适当方式出面干预对后发现代化国家市民社会的成长及理性化可以发挥巨大的积极作用。

最后，放任市民社会的自由发展不仅会进一步加剧业已存在的市民社会内部的非理性化局面，强化市民阶层和政治腐败部门或官员相互勾结的欲望，而且更重要的是它必然导致市民社会内部不平等竞争的加剧，贫富差距的进一步扩大，甚至大型官僚资本及豪强势力的兴起。通过中国过去的历史经验，我们发现这些新的工商业界的强宗大族的兴起会成为市民社会内部走向理性化、走向公平合理竞争的市场秩序不可逾越的障碍。而且可怕的是，由于它一开始是利用官僚资本发展起来的，所以它的强大必然意味着国家权威的巨大流失，国家最终会被极少数几个工商业大族完全操纵，国家的权威成为它们谋取自身不法利益的手段。这种国家权威的流失还会导致地方主义势力的崛起，甚至可能导致诸侯割据、军阀混战乃至国家分裂。一旦出现这种情况，后发现代化国家想在短期内赶上西方发达国家的梦想必将彻底化为泡影，而这决不是这些国家的人民和政府最初期望的。

（四）中国式市民社会健全发育的要素

仔细反思20世纪90年代中国"市民社会热"发生的根源，可以发现这一研究中的最大特点就是"想在西方现代化道路中找到对中国来说可以模仿的东西"。我们的研究表明，西方早期的市民社会，无论是就其成长和发展的过程而言，还是就其所提供的制度模式而言，或者就其所提倡的一系列诸如民主、自由、人权的理想而言，对我们来说都没有任何直接的模仿意义。但是如果我们能够抛弃"西方现代化道路代表着唯一的现代性，而中国的现代化道路只能模仿西方"这样一种思维模式，就可能发现西方市民社会的历史对我们的启发意义并不在于一个"以中产阶级为主体的私人利益体系"（即黑格尔所理解的"市民社会"）的诞生，而在于西方市民社会思想所包含的一种"社会至上"的理念。

具体说来，我认为对于包括中国在内的许多后发现代化国家来说，市民社会的发展至少应该经历如下几个过程：

一是国家干预。首先，这些国家的市民阶层在统一的中央集权政治之下长期以来一直没有走上独立发展的道路，其内部的自治和理性化程度还很差，因此在市民社会刚刚发育的初始阶段，迫切需要外部的力量来帮助它走上一条逐步理性化的道路。国家是能够帮助市民社会理性化的最主要的外部力量之一。其次，国家的重要性不仅体现在市民社会需要外部的监督而且更重要的还是因为国家本身是市民阶层腐败和侵蚀的主要的和直接的对象，只要国家稍一放松警惕，市民阶层马上就会侵蚀进来；只要国家不能端正自身的行为，市民社会的理性化就不可能得以实现。因此国家的重要性也体现在对市民社会的监督，这同时也向国家提出了极高的要求：它必须强化自身内部的自我监督和自我管理，从而尽可能彻底地清除腐败。因为腐败是导致发展中国家的市民社会不能理性化发展的主要障碍，导致公平竞争、诚信原则、遵纪守法的商业行为受到打击和排挤。最后，国家必须彻底树立"社会至上"的观念，这决不仅仅是指国家要为社会服务，而且更重要的是国家必须认识到，社会各行各业都有自己独立的运作逻辑，其存在本身就有着独立的、不可剥夺的价值。国家对市民社会可能发生的作用，不仅体现在制定法律法规这些硬的约束上，而且更重要的是要通过国家行为使市民社会获得内在的自主性和自觉性，让每一个社会空间认识到，自觉自愿地按照公平、理性的原则行为本身就有着无尚的价值和尊严。

二是社会自治。如果说国家的干预是一个外部因素的话，那么市民社会内部的自觉则是决定市民社会理性化的根本因素。市民社会内部的自觉体现在如下几个方面：首先，社会空间必须认识到，任何一个市民社会赖以存在的真正基础在于其行业行为本身所具有的独立的、不可替代的神圣价值。这种神圣价值不仅体现在它对社会的奉献中，更表现为对于每一个献身于这一事业的人来说，严格按照行业逻辑从事行为本身就可获得职业的神圣感和人性的尊严。因此社会空间自觉自愿地按照公平、理性的原则从事行业行为，并把这种行为方式当作自己的天职，从根本上说不是为了任何外部的需要，而是出自于职业自身的神圣感和尊严。其次，不同的市民社会空间应当遵循不同，甚至完全相反的自治原则，而绝不可能有通用的模式。这是因为不同的社会空间有属于自身的不同的运作逻辑，如果所有的社会空间都按照同一种逻辑来运作，那么许多社会空间的存在也就失去了意义。例如，企业、公司这些社会空间的运作逻辑是最大限度地谋取利润，学校的运作逻辑则是最大限度地培育人才，而新闻机构的运作逻辑则是公开地揭发丑恶现象、弘扬社会正气。如果所有这些社会空间都按照同一种运作逻辑来运作，比如都按照市场经济的逻辑来运作，那么学校就不会将精力集中在提高教育质量而是在千方百计地收费上，新闻机构则不仅可能提供"有偿新闻"，而且可能会被一些财团收买，成为它们左右社会舆论的工具。由此可见，让市场的逻辑主宰一切社会空间决不符合社会自治的原则和理想，反而会极大地伤害社会空间的机体，成为其理性化发展的巨大障碍。最后，社会空间的自治还应该表现为同业同盟、行业协会及其他一系列同业组织和机构的建立、健全和完善。通过这一过程，社会空间不仅可以在内部实行自我监督、自我管理，而且可以在社会空间的利益受到不应有的侵犯时以集体的形式进行抗争，捍卫社会的自治和独立性。

三是政府重新寻找自己的合法性基础。伴随着社会空间的自治，人们将会对政府、社会行使权力的合法性基础提出质疑，这就是说谁才有资格对政府的合法性作出判断，是政府本身还是社会（市民社会）？当社会空间还很散漫、弱小的时候，它们不会在合法方面向政府提出自己的独立要求，但是伴随着社会空间内部理性化过程的完成，市民社会不仅必然会向政府提出独立发展的要求，社会与政府的矛盾和冲突也可能日益加剧。在这种情况下，政府必须从制度结构上为自己重新寻找合法性基础。毫无疑问，后发现代化国家政治民主化过程的完整实现需要以社会机体的健全发育、社会空间的理性化过程得到较好地完成为重要基础之一。

五、市民社会对儒学的挑战

下面我们试图分析，儒学与现代市民社会的自治与理性化是不是本质上相冲突的；如果不是的话，它能为中国社会市民内部的理性化发展提供什么样的有益资源。我认为，市民社会的兴起对儒学的挑战是史无前例的。在这方面遗憾的是，现代新儒家正面回应得不多。下面就让我们来讨论一下市民社会的兴起对儒学的挑战。①

（一）挑战一：内圣外王理论的转换

一种观点认为，儒家学说中根本没有"社会"这一概念，"齐家、治国、平天下"（《大学》）的个人修身阶梯中没有社会这一环，此其不适应于现实社会之一要素。也许儒家的内圣概念可以与现代人相接，但是外王方面就有问题了。

现代人生活在市民社会中，家庭的细胞化，政治成为一门特定的职业，政治对社会的主宰作用不再像古代那么大等一系列现实表明，现代人在价值追求中不可能再把"齐家、治国、平天下"当作自己的主要事业，因为现代人多半是生活在特定行业和职业中的人，他们读书、做学问不应当也不可能以治理国家乃至于管理天下事务为首务。但是我们必须明白，现代人也有现代人的"外王"理想，体现在他们所追求的个人事业上，不过这种"外王"带有现代社会分工的特征，是一种职业化行为，而不一定是直接为了家、国。

随着社会空间的迅速分化、劳动分工的高度专门化，随着物质财富的大大丰富，人们选择一项职业，追求一门事业从过去压倒一切的求生需要以及与此相关的责任感和使命感，转到以满足人的兴趣爱好，促进人的潜能和创造力的发挥，体现人的自由本性，实现人性的全面发展这一方向上。因此，这个时代最大的"道德"无疑是为人们自由地进行事业追求提供必要的条件，其中最基本的条件就是让每一个社会空间和职业按照自己的内在逻辑来运作，而不受来自任何一种政治或其他势力的干预，唯此方能确保每一个社会空间和职业真正为人性的自由和价值服务。也就是说，现代公民在"外王"方面应从过去的"齐家、治国、平天下"转变到社会空间的理性化以及行业的独立和自治上。

现代人不仅仍然生活在家庭中，而且主要生活在市民社会中，生活在职业化的追求之中。他们在道德方面的主要问题必定来自如何处理职业行为与人性价值的关系，如何在具体的、职业化的追求中赢得人性的自由和永恒。在这样一种情况下，

---

① 相关的研究参见林安梧：《从"外王"到"内圣"：以"社会公义"论为核心的儒学——后新儒学的新思考》，《西南民族学院学报（哲学社会科学版）》2001年第2期；马长山：《东亚法治秩序的局限与超越维度》，《中国法学》2003年第3期；张舜清：《公民社会与儒家伦理》，《中州学刊》2006年第4期，等等。

人们在外在行为方面最大的道德理想应当是把握"职业的神圣感与尊严"，而不是"尊王""大一统""君臣父子之道"等一类价值规范，尽管人伦关系仍是当代中国人生活中不可回避的重要问题。

针对上述挑战，我想强调一下：儒学虽然从未正式从理论上涉及过社会特别是市民社会，但并不等于它的理论资源与市民社会是完全不相容的。首先，在中国过去几千年的历史中，中国并非完全没有出现过与现代市民社会相类似的东西，而儒学也曾在其中发挥过积极作用。研究表明，社会空间的兴起并不是个完全现代的事实，早在宋代就开始了。日本京都学派20世纪30年代曾经提出中国早在宋代就有现代性的说法，也是基于此一事实。根据哈佛大学东亚语言与文明系包弼德教授[1]的有关研究，唐宋转型最有意义的一个方面就是，社会空间的理性化与自治程度空前加强。包弼德先生谈到宋代的中央集权程度不如唐代那么高，商业经济空前繁荣，在中央政权之外还有多个不同的政治、经济、文化中心并存。他还提到一个重要事实，宋代科举制度的变革使得在衡量一个人方面，教育和文化的作用比血统和身份大多了。这在我看来也标志着儒家教育实践在现实生活中发挥的作用比以前大多了。他提到，与此相伴的一个重要事实是，科举录取率甚低与参试人数甚多之间的不协调关系，导致越来越多有教养的人进入基层社会中，成为地方精英。这在我看来，客观上说明儒家传统在促进社会空间的理性化与自治方面发挥的作用大幅度提升了。

余英时先生曾围绕儒家伦理与中国商人精神作了不少专题式研究。他虽然认同韦伯"新教伦理与资本主义精神"的命题，但是针对中国文化得出了与韦伯不同的答案。他通过大量实证研究，发现儒家伦理可以成为中国商人的精神源头，作为规范商业行为的道德资源。这就说明了儒家伦理对现代中国市民社会的理性化仍有着不可替代的意义，只要我们承认未来中国的意识形态不可能由基督教来主导。[2]余

---

[1] 包弼德：《唐宋巨大历史变迁的现代意义：对nation观念的重新思考》，http://www.aisixiang.com/data/2293.html，2001年6月6日；Bol, "The Rise of Local History: History, Geography, and Culture in Southern Song and Yuan Wuzhou," 37–76；参见方朝晖：《学统的迷失与再造：儒学与当代中国学统研究》，陕西师范大学出版社2010年版，第127—132页。
[2] 参见余英时《儒家伦理与商人精神》。

英时的观点今天已为越来越多的研究所证实。①

　　当然，我们同时必须承认，上述事实并不足以说明儒家已经正式从理论上回答了社会空间兴起的问题，至少从今天的角度看，《大学》八条目中的内容，以及"外王"中"治国""平天下"这两个条目的内容都面临重大调整。也许今天的儒家应当将"外王"从"治国""改为"治业"了。如果说在古代，"齐家、治国、平天下"对于几乎每一个有知识、有文化且有良知的人来说是一种使命的话，那么对于现代人来说，他们在"外王"方面的主要困境是如何选择真正适合发挥自己的潜能的职业（亦可称之为"事业"）。我们应该认识到，现代社会空间的高度发达、职业门类的空前分化，为人们选择适合发挥自己潜能和创造力的行业提供了无比广阔的空间，因此一个现代公民的事业追求（或称职业追求）不应当单纯是为了谋生，而应当同时出于人性自由的需要。也就是说，在"外王"方面，现代人基本上是通过特定的职业来成就自己的人生的。除了极少部分例外，一个现代人不管如何聪明、如何天才，都要通过特定的职业来实现自己的人生价值。

（二）挑战二：为社会空间（或行业）的自治与理性化提供资源

　　通过前面的研究可以发现，民主和法治仅仅代表现代社会发展需要的一部分，市民社会才是现代社会的主力军。一方面，从现代政治发展的特点看，政治好比漂浮在市民社会及各行业这片汪洋大海中的小舟，真正推动政治朝向合理化方向发展的力量是社会而不是政治自身，这也符合民主政治的逻辑。因此，社会空间能否健全有效地发展自身，就成为影响政治发展方向的决定性力量之一。同时，社会空间自身能否理性地组织起来，是决定它能不能有效地对抗政府的关键所在。当政治家们通过权谋、交易手段欺骗大众时，只有有效地组织起来的社会团体才有力量与之抗衡。如果社会本身像一盘散沙，那么独裁者或军阀就有胆量凌驾于社会之上为所欲为。在中国文化中，这一点尤其突出为主要特征。无疑，在建设中国现代性的过程中，社会空间的自治和理性化是比政治民主化与法治化等制度建设更为基本的任务

---

① 章颖颉：《略论儒家伦理与明清之际社会转型——以山西商人为个案的研究》，《同济大学学报（社会科学版）》2004年第6期。该文以明清山西商人为例讨论韦伯新教伦理与资本主义关系的命题；唐琼：《从町人思想看儒学在日本近代化中的功效》，《中共四川省委党校学报》2006年第3期。该文论述了町人阶层如何从儒家义利观中吸取有利于商业的精神。

（当然二者要同时进行）。

所谓"社会空间（或行业）的独立、自治与理性化"，至少包括以下方面：

1.政府只是社会的监督者和管理者，非但不能垄断各行业的社会资源，而且不能以政治需要为准绳来规定社会空间或行业的发展方向和方式。

2.各个社会空间（或各行业）需要确立自己的基本价值理念，以发挥人的潜能与创造力，实现每一个人的自由、价值与幸福为宗旨。也就是说，社会空间有自己独立的价值目标。

3.社会空间（或各行业）的自治。即各社会空间形成自己的运作规范和内部管理模式，并在政府的监督下逐渐产生自我约束和自我调整的能力。

4.社会空间（或各行业）的理性化。我在这里借用它来指社会空间不仅有自我约束、自我管理的能力，而且能够：一方面在内部通过任人唯贤的方式来形成良好的行业风气，让各行业、各单位成为人们能够安身立命的乐园（可以新中国成立前的清华、北大为教育行业之例）；另一方面，在外部，各社会空间能够积极有效地与其他空间及政治进行良性互动，而不是恶性竞争。①

从这个角度看，我们发现，传统儒家虽然不曾就社会的自治和理性化作出说明，但它的根本精神与社会空间或行业的自治和理性化是相一致的。

其一，儒家家国一体概念的含义之一是先有了真正的"家"才会有真正意义上的"国"。"家"代表私的领域，与现代市民社会代表"私"的领域是一致的。我们必须承认，在过去几千年历史中，儒家在家族的理性化方面发挥了不可估量的重大作用。儒家把"齐家"作为"治""平"的基础。"齐家"就是家庭、家族的自治和理性化。今日，在家族已然细胞化的情况下，"齐家"让位于"治业"，即社会空间的自治和理性化。当然，这不是说"齐家"不再需要，而是说"齐家"之外还有更加重要的"治业"使命，这是一个自然而然的过渡。需要指出的是，指责儒家没有认识到社会的重要性是荒唐的，关键在于儒家家国一体的逻辑在现代社会是否可以是活的。

其二，古代儒家通过"制礼作乐"等手段来促进家族和社会关系的理性化，并在这方面形成了博大精深的理论体系，也特别适合于中国社会的人情需要。这些对

① "理性化"（rationalization）是韦伯、哈贝马斯常用的词汇。无疑，我这里使用的"理性化"一词含义已经与韦伯、哈贝马斯等人有相当大的差别。应该说西方语境中的"理性化"一词具有非人化（impersonal）、规则高于一切、产出最大化等特征，这些均与中国文化精神不合。

于现代每一个社会空间，从工厂到学校，从医院到公司，从社团到各种现代民间组织，都是异常重要的。关于这一点，一些提倡礼学复兴的人可能也已经注意到了。

其三，儒家的核心价值理念也与社会空间或行业的自治和理性化相吻合。这就是儒家一再倡导的"公天下"理想，以及强调学问是"为己"而不是"为人"的。从这个角度来说，社会或行业的自治与理性化，是有益于人性的自我实现的，因而也应当是现代儒家所支持的。

其四，正如一些学者指出的，儒家的仁义忠信观念、义利之辨等也对社会空间或行业的理性化有极其重要的作用。这一点，在近年来有关儒商的研究中也已得到了证明。

其五，中国古代的乡绅阶层作为地方精英，对地方社会的自治产生过不可估量的作用。特别是宋代以来，乡约的发展，地方志的兴起，没有朝廷正式官职的士绅在参与地方村社治理方面的作用日益增大。这一事实充分说明儒家思想的作用并不局限于国家和家庭这两个范围，而可以随时根据具体情况向其他领域特别是社会空间伸展。[①]

（三）挑战三：为社会与政府的合理关系等提出说明

社会空间或行业的一个重要特征就是几乎所有的社会单位都不可能封闭自足：首先，这些社会单位彼此之间的关系大大增强，时刻处在极为密切的相互影响中。一所学校需要同时跟供电局、供水公司、煤气公司、建筑公司等在内的几个甚至几十个其他的社会单位打交道，少了哪一个环节学校都无法正常运转。这种无比密切的交互影响是古代根本没有的。其次，它们再也不像农耕时代的主要经济单位——家庭那样可以一辈子不跟政府部门打交道而安然无事，菜市场需要派出所随时来保证它的安全，商店需要治安部门来保证它不被抢劫，建筑公司必须按照政府的统一规划来建房子，所有的单位都必须跟水、电、气等部门打交道。结果是，由于各社会空间之间的关系如此密切，纠纷也大大增加，有大量的事情需要政府部门来仲

---

① 在这方面，国内外学术界也已有不少杰出的研究。参见朱开宇：《科举社会、地域秩序与宗族发展——宋明间的徽州，1100—1644 》，（台湾）台大出版中心 2004年版；Rankin, "Some Observations on a Chinese Public Sphere," 158–182; Peter K. Bol, "Government, Family, and Later Imperial Culture," *Sungkyun Journal of East Asian Studies* 2, no. 1 (2002): 173–190.

裁。这一切都充分表明社会对政府的管理职能要求大大提高了，对政府的合法性要求也大大增强了。这就是杜尔凯姆所说的那个事实：现代社会是有机型社会，而传统社会是机械型社会，在现代社会中社会联结（social solidarity）的程度空前加强。

市民社会出现的后果之一是：尽管它对政府的依赖性很强，但又必然要求独立于政府，不愿意政府在它们头上为所欲为，从而破坏它们自身的独立性。事实上，每一个不同的社会空间都有自己独立的运作逻辑，这些运作逻辑是政府所应当保护的，而决不能随意干扰和破坏。由于政府和社会之间的关系太密切，政府的一个小小的动作即可能对社会造成大面积的影响，引起社会的强烈反响。在这种情况下，过去那种孤立、分散的小民和官府之间的对抗就变成了有组织的社会空间和政府之间的对抗，而社会决不允许政府随意按照自己的意愿胡作非为。当他们希望政府领导人按照他们的愿望来选举产生时，民主的产生就是不可避免的了。社会向政府的主要要求会包括：透明度，决策程序的理性化，政府官员的素质，政府官员的产生程序……今日社会的发展趋势必然是社会和政府的互动代替了过去政府自身的单向自律。在这种情况下，政府在整个国家、社会及个人所构成的整体中的位置就发生了一个根本的变化：即从过去的、凌驾于一切可能的社会空间之上的万民之主的地位，变成了社会的服务机构、社会的服务员。但是由于政府客观上是相互倾轧中的不同社会空间的仲裁者和协调者，而且必须主导整个社会的建设，因而拥有相当特殊的权力，也很容易利用市民社会的内部混乱（特别是在社会自身还缺乏自治能力的时候）来谋取个人或部门利益，从而滥用职权、贪污腐化等。

跟现代社会相比，古代政府凌驾于社会（严格说那时现代意义上的"社会"还不成型，这里指一切非政治领域）似乎比现代要严重得多，然而那时社会在经济上自给自足的程度比较高，交通、通信的不发达，新闻传播手段的缺乏，使得政府的手并不能真正伸进社会的每个角落里。只有在现代，政府对个人、对私生活、对社会的干预才可能达到空前绝后，甚至无孔不入的地步。但是，另一方面，在古代，家庭作为社会的主体，是分散的、独立的、游离的，它们的散漫游离是中国文化习性的产物，它们注定不能横向地联合起来，并以理性的方式和政府发生关系。在这一点上，今天的社会较之于古代所发生的改变有：第一，有了独立的社会空间，也就是有了市民社会，包括市民社会的最重要成分——公共领域（由大众传媒、各种文化传播途径以及各种可能的非私人的舆论空间构成），对政府的制约能力大大增强了。以社会机体的力量与政治抗衡，毕竟要比以个人或家庭的力量对抗政府强得多；第二，社会价值以及国家合法性基础的最高解释权不再是国家，而变成了社会，更准确地说是公共领域讨论的产物，或社会精英的共识。

那么儒家在这一新的历史条件下能有什么作为呢？我认为，儒家传统中同样有一些利于说明现代市民社会与政府关系的重要资源，其中最重要的就是孟子提出的王霸思想。在过去几千年的中国政治史上，在官与民、政统与道统、国家与社会的对立与紧张中，儒家一直是站在后者的立场上，有意识地扮演着制约君权、限制国家无限膨胀的作用。宋代以来，乡约制度的形成，地方讲学的兴起，书院的大范围发展，特别是教育的民间化，民间结社（最有名的是明代东林党人结社），均说明儒家的政治立场是完全有益于社会的自治的，推动社会从政府的控制下摆脱出来。

不仅如此，儒家的"王道""仁政"思想强调，理想的政治不是以力服人，而是以德化民，这无疑也有益于社会的自治和独立。儒家王道政治理想特别是孟子王霸之辨的精神实质之一在于，强调国家仅仅从精神价值象征上有至高无上性，而不是在权力上有至高无上性。更准确地说，国家具有向整个社会昭示社会价值轴心的神圣义务，应当成为社会正义力量的最高象征。如果它做不到的话，那"天命"就可能改变，故有革命、有改朝换代。从这个意义上来说，我们不能说儒家主张政府凌驾于社会之上。政府凌驾于社会之上，用孟子的观点就是典型的霸道，因为它的本质特点可以用四个字概括："以力服人"。孟子曰：

> 以力假仁者霸，霸必有大国；以德行仁者王，王不待大，汤以七十里，文王以百里。以力服人者，非心服也，力不赡也；以德服人者，中心悦而诚服也，如七十子之服孔子也。《诗》云："自西自东，自南自北，无思不服。"此之谓也。（《孟子·公孙丑上》）

借用一下儒家的术语，或许可以说：社会空间或行业的自治与理性化乃是王道理想在今天的必然要求之一。我们不能人为地去设计今后中国的（市民）社会是什么样的，以及它和政府彼此互动的模式，但可以预言：社会和政府彼此互动的最终模式将取决于中国的社会空间在多大程度上自治和理性化；如果中国的社会空间不能理性地自发组织起来，而是停留在一盘散沙的状态，就不可能对政府、对政治权力运作和国家政策制定产生积极、有意义的影响。在这方面，我们恐怕不能完全寄希望于引进西方的法治，而要去传统中积极地寻找有利的资源。

（四）小结：儒学促进社会自治与理性化[①]

我们从市民社会角度讨论儒学面临的挑战时，涉及了一个问题，即儒家传统中对社会空间自治和理性化的有效资源。[②]对于后者，我想在前人基础上，再补充三个方面：一是道德精英治理的观念；二是正心修身的作用；三是职业的神圣感与尊严。

第一，针对中国文化的习性，道德精英（贤能）在社会空间理性化的作用非常大。

我在前章指出，中国文化的习性决定了中国社会真正有效的社会整合方式，在

[①] 余英时先生也强调社会整合才是文化发展的前提，只有社会不被摧毁，文化才有生存的空间。他对中国古代的民间社会、民间信仰的文化传承功能的评价甚高，并认为今天需要寄希望于良性的公民社会。参见刘梦溪：《为了文化与社会的重建——余英时教授访谈录》，《中国文化》1994年第10期。

[②] 林安梧先生近年来主张儒学要从内圣到外王的修身模式转化为外王到内圣的模式。前者是在传统社会"血缘性纵贯轴"支配下形成的，过分强调权威和服从，沦落为封闭、内倾，甚至自欺欺人的境界追求。现代社会由平等、独立、有"普遍意志"的个体公民组成，"血缘性纵贯轴"被代之以"人际关系互动轴"，"交谈的伦理"代替了"独白的伦理"。现代社会中，"社会公义"不是以"心性修养"为基础，相反，内圣可能在平等对话中、在新外王中做到。这种"后新儒学思考"对儒家心性传统的认识与"五四"思想家似无本质区别。所谓以有"普遍意志"的个人之间的契约结合来代替血缘性纵贯轴，是不切实际的，因为中国文化中并不存在这种意义上的"个人"。所谓以父子关系为轴心的"血缘性纵贯轴"，人类学家许烺光早在1965年就曾提出过类似的思想，但结论与林先生完全不同。许提出，在人类不同的文化中，自发地形成了四种不同类型的血亲制度，其间的差别体现在占主导地位的关系不同：有的文化中占主导地位的是父子关系（如中国），有的文化中是夫妻关系（如美国），有的文化中是母子关系（如印度及一些一妻多夫制社会），有的文化中是兄弟关系。许认为，血亲制度中什么关系占主导，对该文化中的其他方面影响甚大。例如，父子关系主导型社会更重视亲情和权威，而夫妻关系主导型社会更重视平等和工具性。这是当今美国文化与中国文化差别的一个根源。站在人类学家的立场上，显然他更倾向于认为这几种不同的文化由于由不同的关系主导，很难用一套统一的模式来衡量，否则会犯很多当代西方思想家的错误，包括弗洛伊德、帕森斯等人都犯了这样的错误，即用在夫妻关系主导型文化中形成的看法来评判其他文化。据此来说，林先生似乎也犯了类似的错误。若从文化相对论的态度来看，每个文化模式都可能有自身致命的缺陷，也有自身特殊的优势。正因如此，一套制度出了问题，不一定就要变换文化的习性（往往也变不了），而要采取适合它的方式来解决。参见林安梧：《从"外王"到"内圣"：以"社会公义"论为核心的儒学——后新儒学的新思考》，《西南民族学院学报（哲学社会科学版）》2001年第2期；Francis L. K. Hsu, "The Effect of Dominant Kinship Relationships on Kin and Non-Kin Behavior: A Hypothesis," *American Anthropologist* 67, no. 3 (1965):638–661。

可以预设的将来仍然是：治人的而不是治法的，伦理的（指以人际关系的整合为主）和以道德/文化精英为主导的。此外，道德、文化精英在社会空间理性化过程中的重要作用还包含孔子所说的"正名"。至于正名的内容，就某行业而言，是指确立行业传统。这正是我们今天谈论儒学复兴的一个重要基础，如果这一说法正确的话，儒学的复兴就是必然的，是大势所趋。儒家虽然并不承担开出现代性的使命，但确实能承担塑造、完善中国现代性的历史使命。

宋代以来，儒生以地方精英的方式在地方经济、行政、社会事务中发挥的作用，给我们这样一个启示，即中国现代性的模式可能与西方不同。以道德精英为主导的中国人的社会整合方式，与以制度原则为主导的社会整合方式有根本性差异。很多人曾认为只有西方工具理性的社会整合方式才是现代性的唯一需要，而中国式的人治传统是不符合现代性的需要的。这一观点在今天看来未必正确。

应当承认，宋代以来，中国社会结构的转型已在很多方面与我们后来看到的西方现代性有相似之处，其中包括：社会空间的兴起，从一元化的政治中心到多元化的多中心，经济、科技以及文化在政府之外的空前发展，教育的改革所实现的"人人平等"，等等。而宋明理学的民间化传播，让我们了解到在中国古代社会，即儒学一统天下的时期，中国文化中有效的社会整合方式是什么。我们最重要的发现之一是，精神文化传统及民间信仰在中国社会空间自治与理性化的过程中的作用不可忽视。当然，对于这种中国式的、伦理的、治人的和以道德—文化精英为主导的社会整合，及其在社会空间的自治与理性化发展过程中的作用的评估，包弼德的研究是远远不够的（甚至他的重点也从来不在这方面）。我相信，中国式社会整合方式的出现绝不是偶然的，而是与中国文化几千年来所养成的中国人特有的文化心理结构有极大的关系。所以同样是道德精英主导的社会整合，在中国文化中发生的方式也可能与在其他文化（包括阿拉伯文化、印度文化、日本文化等）有所不同。这里想强调的是，从社会结构的调整，特别是市民社会的兴起以及社会空间的理性化等角度来理解儒家传统的现代意义，唐宋转型恰恰给了我们非常重要的启示。

第二，职业的神圣感与尊严问题。

既然今天这个社会人们的"外王"理想不再是从政（即"治国、平天下"），而是"治业"，其主要的职业道德也不可能是"三纲"，那么现代人在"外王"方面会有什么样的道德理想？我认为，现代人在外王的人生价值理想主要是通过职业的神圣感和尊严体现出来的。这是今天的儒学需要面对和回答的问题。

所谓"职业的神圣感与尊严"，作为现代人在外在行为方面的基本规范，不是一个无条件的道德命令，而是现代人在职业追求中所应努力把握的东西。如果说现代人在人生价值方面的主要道德困境是如何通过职业的选择来追求和实现其人生价值，那么这样做既有外在的要求，也有内在的要求。在外在方面，就实现这一理想的社会条件而言，只有严格按照各行各业自身的内在逻辑来运作，才能确保职业的行为朝着合乎人性自由和价值的方向前进；只有社会空间的理性化，职业的高度独立和自治，才能确保现代人的人性价值。在内在方面，他需要树立这样的素质，即不单纯是为了生计、为了功名、出于世俗的诱惑而选择或追求某一项事业，而是最好能真正按照自己的兴趣做事，在工作中真正发挥自己的潜能和创造力，展现自己的自由本性，实现自己的全面发展。此即孔子"为己"之学真义，体现在个人道德素养方面，就是对"职业的神圣感与尊严"的体验。因为当一个人真正出于人性内在的兴趣全面发展时，他就会主动参与到一种伟大的行业传统中，并深深感受到个人生命与整个人类，甚至整个宇宙的生命的共生共荣，从而体验到个人生命的升华、崇高与永恒。因此，职业神圣感与尊严的确立，是确立行业之道的根本内在动力。对于一个国家或民族来说，职业的神圣感和尊严既是确保社会空间或行业理性化的内在精神资源，也是一个人通过职业或事业追求而获得自身潜能发挥和人生价值实现的必不可少的途径。就像古代士大夫需要讲究臣道、子道、师道等一样，对这种境界的追求则构成了行业之道。这一过程依赖于行为者自觉、主动、积极的追求，因而需要以个人的道德自觉和人格素养的提升为条件或动力，这就为儒家在现代条件下发挥自己的作用提供了巨大空间。换言之，行业之道的自觉，职业神圣感与尊严的追求，决定了儒家修身与道德传统在现代社会仍然有巨大的潜力。从这个角度出发，现代儒家需要探讨和回答如何从其心性修养理论和道德实践传统出发，在各行各业培育职业的神圣感和尊严。

第三，心性修养的问题。

无疑，一个人对于"职业的神圣感与尊严"的理解取决于一个人的基本道德素质、道德追求和道德理想，也恰恰是儒家"内圣"功夫的产物。因为它完全可以看作一个人"致良知""求其放心""仁义忠信""正心诚意"等内圣功夫的必然要求，是每一个有"良知""致良知"的现代人理应遵循的。只要他追求虚荣、追逐名位、哗众取宠，就意味着他不能从职业的追求中真正体验到人性的自由和永恒，而这也表明他不可能真正体验到职业的神圣感和尊严。因此，古代儒家在"内圣"方面的道德实践——格物致知、正心诚意、切磋琢磨、求其放心、知行合一、致良知等——非但没有因时代而过时，反而在今天仍然是现代人在"外王"方面一切人生实践的内在根据，具有永恒的意义。所以我认为，儒家学说并未因为时代不同而丧失其存在意义，反而只有重新继承它所开创的伟大而独立的文化价值传统，未来中国文化的发展才会找到取之不尽、用之不竭的精神资源。

当然，除了儒家传统，其他人类精神价值传统比如基督教或其他伟大宗教的传统，也许同样可以对社会空间或行业的理性化与自治起到积极的支持作用，正如我们在今日其他人类文化共同体中所看到的情形一样。但是，儒家的特殊重要性来自中国文化的习性。我们坚信：中国社会结构的变化、市民社会的兴起、公共领域的形成等事实，并没有改变中国文化的习性，适合传统中国社会的人与人的整合方式仍然适合于今日的中国社会。从这个角度来讲，中国的现代性主要体现为：中国社会仍然是一个伦理型的社会，即主要是治人的而不是治法的社会；在这个社会中做人会一直被当作最重要的事，孔子所倡导的仁、义、礼、智、信、忠、孝等价值仍是其中的主流价值；此外，社会风气、行业风气、单位风气等将是衡量社会、行业或单位好坏的重要标志，在每一个单位或行业会形成自身的传统，这些行业传统是社会空间或行业自治与理性化的基础；在具体的社会空间，特别是各行各业，会有许多人试图将企业或单位当作家来塑造；一个单位或一个行业的状况，将依赖于该单位中人际关系协调和整合的状况。所有这些，使我们有理由认为儒家是未来中国市民社会走向理性化发展所必不可少的资源。这是因为儒家是一种强调人伦关系、追求道德理想、注重精英示范作用的精神传统，这种传统的宗旨之一是在现实社会中塑造一种以治人为特征的社会整合方式，以及由此所构成的社会有机体。

让我们再从多元现代性的角度对上述观点略加小结。我们似乎有理由相信，中国的现代性在不久的未来可能成为世界多元现代性景观中一道独特的风景。它既有许多与西方现代性的相通之处，比如社会空间的独立、自治与理性化，以及民主与法治等；也有与西方迥然不同的地方，包括：精神文化传统在社会空间理性化过程中的作用远大于西方，以道德/文化精英为主导的社会整合方式，一个伦理的、治人的、以礼为主的社会，等等。总之，儒家在一个社会尚未发达的时代条件下提出的家族自治和理性化的任务，体现了儒学反对政府凌驾于私人空间之上的基本传统，这一思想在现代可自然延伸为社会空间或行业自治与理性化的主张。如果说在中国文化中，社会空间的理性化与自治需要通过伦理的、治人的和由文化/道德精英主导的社会整合方式来实现，那就意味着儒家精神价值传统将成为中国现代性最重要的推动力量之一。

第六章　文化是普遍的还是特殊的？
——文化进化论与文化相对论之争的研究

文化相对论主张尊重文化多样性和特殊性，反对以自身文化的标准来衡量其他文化，其极端形式是对文化的好坏优劣不作任何评判，对文化的进化或发展方向缺乏基本立场。文化进化论强调文化的普遍性和统一性，探讨文化进化的规律和方向，其极端形式是不尊重文化的多样性和特殊性，将文化形态区分为高级与低级、进步与落后，将西方现代文明视为一切文化进化的方向。20世纪30年代开始兴起的新进化论修改了古典进化论的进化概念，不再将『进化』等同于『进步』，或不再把『进步』等同于『好』；提出多线进化论、一般进化与特殊进化不同等新说法，既体现了对文化多样性和特殊性的尊重，又加深了对文化进化原因和普遍规律的研究。

稍有常识的人都会说文化既有普遍性又有特殊性。然而，文化相对论突破了长期以来主宰我们心灵的『人类各文化应朝同一终极目标逐步进化』的观念，让我们理解了为什么不同文化可能有各自独立的内在逻辑，『共同的终极目标』只是人为预设，以及为什么不能在没有深入研究的基础上对其他文化妄加评判。相比之下，文化进化论特别是新进化论则说明了文化之间也存在『家族类似』。正因如此，不同文化之间可以相互借鉴、影响或学习，有些具体的文化现象也不是完全不能作价值的或发展阶段的评判，特别是在物质、技术、组织复杂性等方面。因此，评判某种文化或某种文化现象的进化与退化、好坏与优劣，需要具体问题具体对待。

今天，当我们关注世界多极化或文明多样性的时候，文化相对论与文化进化论之争对于我们理解多元现代性，特别是儒家传统主导下的东亚现代性模式有重要的启发意义。本章为本书所倡导的东亚现代性或中华文明的独特样式立场提供理论基础，并在最后从新进化论立场说明今日重铸中国文化最高理想的必要性。

　　20世纪初叶，当中国人刚开始接触并沉浸在进化论之中时，美国人类学领域开始了一场反对进化论的、持续了数十年的学术争论，即文化相对论与文化进化论的争论。这场争论有两个特点：一是通过批判古典文化进化论（cultural evolutionism），对欧洲中心主义观念展开了全面有力的批判；二是这场争论的发起者——博厄斯学派或文化史学派——的主张几乎可以看成是为各个民族的文化自主性或特殊性提供论证的典型。此后兴起的新进化论思潮，虽然重申主张文化进化，但是已经吸收文化相对论的合理成分，体现出对文化多样性和文化特殊性的高度重视。

　　和20世纪初叶的全盘西化论相比，崇尚中国文化的特殊价值，主张中国文化有自己的独特性已成为当下中国学界主流话语之一。正如许多东、西方学者所认识到的，现代化不等于西方化。以西方文化的价值标准强加于人类其他文化体系，对许多非西方文化来说，未必是什么福音，反而有时会造成灾难性的后果。越来越多中国人认为，西方的价值标准不能成为衡量人类其他文化的唯一标准，世界各民族应当基于自己的文化传统发展合乎自己的现代性。

　　今天，既然我们如此感兴趣于文化的特殊性，是不是应该好好研究一下文化相对论的主要观点呢？至少，如果我们真为其观点辩护，或许可以从文化相对论中找到不少资源；而对于文化相对论局限性的认识，也有利于从理论上建立起对文化特殊性和普遍性关系的更合理认识。由于马克思、恩格斯等人的影响，摩尔根等人的文化进化论在中国早已广为人知。但是相比之下，中国学者对文化相对论的介绍和了解则相当有限，基本上没有超出专业学术领域。我们希望，本章的研究对于探讨中国的现代性有所启迪。

一、文化进化论的兴起

　　所谓文化进化论，又称社会进化论，是19世纪下半叶盛行于西方思想界的一股关于人类文化进化方式的思潮。准确地说，文化进化论大约在18世纪末兴起，19世纪中叶成型，并于19世纪下半叶广为流行，其思想先驱包括康德、黑格尔、马克思、圣西门、孔德等人，而它的主要代表人物是英国学者斯宾塞、美国学者摩尔根、英国学者泰勒等人。与他们同一时期的有进化论思想的人还有很多①。不少人以为文化进化论是达尔文生物进化论在社会领域的运用，这是不符合事实的。应该说，古典文化进化论思潮赖以产生的历史背景远远超越了达尔文的影响范围，其基本理论也不是达尔文生物进化论直接影响下的产物。②

按照戈登威泽（Alexander A.Goldenweiser，1880—1940）③的说法，进化思想在人类历史上有着古老的渊源。从古代人们关于过去的传说中，就可以看出有关进化的思想。几乎所有的原始种族均有关于世界和人如何形成的神话。有的民族是从创世的角度解释世界、万物及人是如何形成的，有的民族把人类社会的形成和发展解释为一系列自我改造或转换的过程。现代意义上的文化进化思想于18世纪开始兴起。康德和黑格尔哲学中均包含着进化论思想，其中黑格尔哲学中"潜在的"进化论在他的后继者卡尔·马克思处发扬光大，发展成为把人类历史概括为固定不变的六个发展阶段。戈登威泽认为，严格意义上的、现代版的文化进化论是赫伯特·斯

①参见［美］E·R·塞维斯：《文化进化论》，黄宝玮等译，华夏出版社1991年版，第3页；Herskovits, *Man and His Works*, 464。

②据卡内罗考察，达尔文在1859年出版的《物种起源》中并未使用过"进化"一词。一直到1872年该书第六版时，由于"进化"一词已经广泛流行，才将它加进自己的书中。而斯宾塞早在1851年就已经使用"进化"一词，并在1857年出版的被认为是进化论历史里程碑的著作《进化：其规律及原因》中，将"进化"从人间扩展到整个宇宙，在1862年出版的《综合哲学》第一卷即《第一原理》里，他"已经形成了一个清晰、客观、明确而全面的关于进化过程的观念"（［美］罗伯特·L·卡内罗：《文化进化论的古典创建》，《史林》2004年第1期）。赫斯科维茨（Herskovits, *Man and His Works*, 464）强调，文化进化论严格说来主要不是由于受达尔文生物进化论影响而产生的。达尔文的《物种起源》发表于1859年，而对文化进化论有重要贡献的学者如德国的魏茨、巴斯蒂安、巴赫霍夫，英国的梅因、麦克伦南及泰勒均出现于1859—1865年之间，其研究和著述的时间与达尔文大体相同，不能说是在达尔文的影响下写成的，特别是麦克伦南及泰勒均否认自己的思想来源于达尔文。在1959年为纪念达尔文《物种起源》发表一百周年之际出版的，包含有怀特、萨林斯、塞维斯等美国新进化论代表人物文章的论集《文化与进化》中，作者还强调该书并不是受达尔文的启发而作，并声称"我们不应忘记，早在达尔文之前就已经有了对社会和文化的进化的研究"。参见［美］托马斯·哈定等：《文化与进化》，韩建军、商戈令译，浙江人民出版社1987年版，第3页。古典文化进化论参见［日］绫部恒雄主编：《文化人类学的十五种理论》，周星等译，贵州人民出版社1988年版，第5—17页；庄锡昌、孙志民编著：《文化人类学的理论构架》，浙江人民出版社1988年版，第1—14页；黄淑娉、龚佩华：《文化人类学理论方法研究》，广东高等教育出版社2004年版，第13—56页；夏建中：《文化人类学理论学派——文化研究的历史》，中国人民大学出版社1997年版，第11—52页。

③ Alexander A. Goldenweiser, *Early Civilization: An Introduction to Anthropology* (New York: Alfred A. Knopf, 1922), 20–21.

宾塞建立起来的。斯宾塞确立了社会进化论的基本观点，即社会进化过程类似于生物进化，是一个统一的、渐进的和不断进步的（uniform, gradual and progressive）过程。①

卡内罗（R.L.Carneiro）专门考察了"进化"一词的使用史。她发现，"进化"一词从17世纪开始在英语中使用，18世纪末、19世纪初已有一种自然变化的思想在欧洲哲学界流行。但是，一直到19世纪50年代早期，该词在英语中的使用仍不普遍。孔德于1830—1854年期间比较多地使用了"进化"一词，但并未给其下定义。孔德大概是比较早大量使用"进化"一词的学者，斯宾塞则第一个给"进化"下了严格的定义，并从理论上全面、系统、明确地阐发了文化进化思想。戈登威泽指出，②斯宾塞的思想受到了马尔萨斯的人口论、莱尔的进化论地质学以及达尔文生物进化论的影响。斯宾塞的思想后来影响了包括摩尔根、泰勒、弗雷泽和杜尔凯姆等在内的很多人。

根据赫斯科维茨的总结，③社会进化论或文化进化论的主要观点可概括为如下三个方面。④

1.人类的历史是一个制度和信仰的线性进化过程，不同文化之间的相似性则反映了人类心理机制的统一性。

具体来说，古典进化论将人类历史看作一个不断从低级向高级进化的线性过程。其中最有代表性的观点就是摩尔根的学说，他把人类历史—文化的进程归纳为从蒙昧（savagery）、野蛮（barbarism）到文明（civilization）三个阶段。其中前两个阶段又有早、中、晚三个时期，是文化发展的低级、中级、高级三个阶段（见表4）。

---

① Goldenweiser, *Early Civilization*, 21–23.

② Goldenweiser, *Early Civilization,* 21.

③ Herskovits, *Man and His Works*, 467.

④ 卡内罗对古典文化进化论作了更细致的概括分析，提到了"比较研究法""自然界的一致性""连续性原理""由简到复杂""对不同文化的客观评价""进化并非是内在趋势""人类心理的一致性""有差异的进化""当代原始人与祖先文化""当代原始社会"以及"遗风"等若干古典文化进化论的重要方面。参见［美］罗伯特·L·卡内罗：《文化进化论的古典创建》，《史林》2004年第1期。

表 4　摩尔根的文化进化阶段说

阶段	级别	特征
文明阶段		发明语音、字母及写作
野蛮阶段	高级	冶炼矿石、使用铁制工具
	中级	拥有家养动物（东半球）、栽培玉米 等农作物（西半球）以及制作砖、石器
	低级	发明陶器
蒙昧阶段	高级	发明弓、箭
	中级	捕鱼和使用火
	低级	人类的幼儿期

摩尔根的上述学说，建立在人性普遍性的假设之上，即人的普遍本性决定了人类社会或文化的进化遵循同样的规律，不同的社会或义化即使在相互隔绝、互不影响的情况下也会走上大体相同的进化之路。

泰勒也相信人类历史是从蒙昧阶段向更高级阶段进化的，并把进化等同于进步（progress），但是他对于人类历史进化规律性的理解不像摩尔根那么肯定，认为有许多不符合规律的例外。斯宾塞并没有对社会或文化的进化阶段进行具体划分和命名，但是他坚定地相信进化的规律（law of volution），他的思想带有明显的种族中心论倾向。

2.通过比较现有的各种文化，可以确立人类社会进化的线性序列。因为那些现存的、比较落后的文化，代表了目前比较高级的文化的早期发展阶段。这就是研究进化的方法——比较法。

摩尔根相信，在世界各个洲，处于同一历史发展阶段的不同文化，其制度、生活方式及艺术是一致的。古希腊罗马人的制度应该可以在今天美洲原著民的身上找到相应的形式。泰勒研究文明的方法，根据他自己的交待，就是把文明分解为构成文明的具体成分，对于后者根据其内容和复杂性等加以归类，然后将其纳入相应的地理分布和历史进程框架中。赫斯科维茨认为这种研究方式之所以被称为比较研究法，是因为它研究的是文化成分的形式而不是过程，但它试图通过文化形式的比较分析来理解文化进化的历程。设想一下：把世界各地的弓搜集起来，放在博物馆的同一间屋里，然后根据这些弓的制作特点及工艺复杂性将其归类为若干等级，真的可以勾画出弓的历史发展轨迹吗？

3.通过风俗遗存，即发源于一个文化中的风俗在新的历史条件下的残留与原始文化的比较研究，可以追踪文化的发展轨迹。这种由泰勒倡导的研究方式假定，有些风俗、过程或观念本来存在于一个社会中，当这个社会进化到新的阶段后，有些风俗会借助于习惯的势力被保存下来。通过对本国文化遗存与当代原始部落的比较，就可以发现两者的相似性。文化遗存的存在，为证明今天世界的原始部落代表我们祖先的生活方式提供了证据。因此，在泰勒、弗雷泽及其同事们看来，今天居住在太平洋遥远岛屿上的人代表人类文化的较早阶段，他们的习俗让人想起今天英国乡下的习俗。摩尔根生活在纽约，对他来说，美国境内一些印第安人的生活方式，与白种人生活方式的当代遗存是一致的，证明印第安人的生活方式代表了白种人祖先的生活方式。

　　具体来说，19世纪下半叶在欧洲思想界盛行并达到顶峰的文化进化论思想有如下几个主要假定①：

　　（1）所有的人类社会或文化遵循同样的发展规律，即必然要经历一些相同的阶段或过程；

　　（2）人类社会或文化发展的过程是逐步的、渐进的，而不可能跨越或跳跃一些必经阶段，或者发生突变或剧变；

　　（3）人类社会或文化的进化是一个从低级到高级、从不完善到完善的"进步"过程；

　　（4）现有的原始部落或落后文化，是目前处于较高级阶段的文化的缩影，代表欧洲文化以前经历过的阶段；

　　（5）今日欧洲文化或白人社会代表着人类社会进化迄今为止所达到的最高阶段。

　　除了摩尔根、马克思等人关于人类社会进化的经典学说，上述进化论思想还有很多其他方面的具体体现，比如：狩猎采集是先于和低于灌溉农业的人类社会阶段；从石器、青铜器到铁器是所有人类社会的必经过程；父系社会是从母系社会发展而来的；先有多神论后有一神论；从群婚到多配偶制再到一夫一妻制，是人类婚姻的普遍进步过程；等等。

　　此处特别要指出，这些进化论思想在一定程度上带有欧洲文化中心论甚至白人种族主义倾向，因为它把白人文化看作世界各文化或文明发展的最高阶段。

　　还需要指出的是，社会或文化进化论并不是若干人的发明，而是经过好几代人

---

① 当然，不能说这些假定为各位进化论者所共同接受或阐发。如果一个个具体分析，也许会发现许多差异，这里重点列举影响比较大的几个文化进化论假定。

的积累逐步形成的。它的影响所及也远不止人类学领域，而是深入宗教学（如泰勒、弗雷泽）、艺术理论（如哈登）、社会学（如孔德、杜尔凯姆）、政治学（如圣西门）、历史学（如魏茨、马克思）、考古学（如恩格斯）、经济学（如马克思）、法学（如梅因）、心理学（如冯特）等诸多领域中。[①]例如，马克思关于人类社会发展必然经历从原始社会、奴隶社会、封建社会、资本主义社会以及共产主义社会"五个阶段"的学说，可以说也是上述进化论思想在历史学领域的典型体现。

现将文化进化论的形成和发展大致分为三个时期（见表5）：

表5　18—19世纪文化进化论形成与发展的三个时期 [②]

时期	人物	生卒年
起源 （1850年前）[③]	康德（Immanuel Kant）	1724—1804
	黑格尔（G. W. F. Hegel）	1770—1831
	圣西门（Claude-Henri de Saint-Simon）	1760—1825
	马尔萨斯（Thomas R. Malthus）	1766—1834
	莱尔（Charles Lyell）	1797—1875
	孔德（Auguste Comte）	1798—1857
	达尔文（Charles Darwin）	1809—1882
	……	
形成 （1850—1880）[④]	魏茨（Goerg Waitz）	1813—1886
	巴霍芬（Johann Jakob Bachhofen）	1815—1887
	马克思（Karl Marx）	1818—1883
	摩尔根（Lewis Henry Morgan）	1818—1881
	斯宾塞（Herbert Spencer）	1820—1903

---

① 参见Goldenweiser, *Early Civilization*, 23–24; Herskovits, *Man and His Works* , 466.

② 本表中的三个时期，只是为便于理解作的粗略划分，其具体年代当以相关论著的发表时间为准。本表所涉及的一系列人名，均取于 Goldenweiser, *Early Civilization*, 23–24; Herskovits, *Man and His Works*, 465–466，仅供参考。其中不少人虽非进化论倡导者或创立者，但有明确的进化论思想，并把这一思想应用于某一与文化学或人类学无关的领域，包括历史、艺术、宗教、哲学、心理学等学科。

③ 达尔文、马尔萨斯以及莱尔等人严格来说并未提出文化进化的思想，但是他们对于斯宾塞等人的文化进化论思想形成有较大启发，属于文化进化论的早期渊源部分。

④ 斯宾塞于1852年发表《进化的假说》一文，梅因《古代法》写于1861年，泰勒《原始社会》发表于1871年，摩尔根《古代社会》发表于1877年。

（续表）

时　期	人　物	生卒年
	恩格斯（Friedrich Engels）	1820—1895
	梅因（Henry Sumner Maine）	1822—1888
	巴斯蒂安（Adolf Bastian）	1826—1906
	麦克伦南（John Ferguson McLennan）	1827—1881
	皮特·里费斯（Augustus Pitt-Rivers）	1827—1900
	泰勒（Edward B. Taylor）	1832—1917
发展 （1880—1920）①	冯特（Wilhelm M. Wundt）	1832—1920
	杰文斯（William Stanley Jevons）	1835—1882
	卢伯克（John Lubbock）	1834—1913
	安德鲁·兰（Andrew Lang）	1844—1912
	格兰特·登伦（Grant Allen）	1848—1899
	哈特兰（E. Sidney Hartland）	1848—1927
	弗雷泽（J. G. Frazer）	1854—1941
	哈顿（Alfred C. Haddon）	1855—1940
	杜尔凯姆（Emile Durkeim）	1858—1917
	韦斯特马克（Edvard A. Westermarck）	1862—1939
	马雷特（Robert Ranulph Marett）	1866—1943
	………	

　　今天看来，上述欧洲文化进化论的基本思想，将一切人类文化纳入一个统一的模式之中，并用一种单线（unilinear）的历史发展阶段或序列囊括一切可能的人类文化发展过程，从而否定了人类文化的特殊性及其发展方式的多样性。不仅如此，它还把当时欧洲文明或白种人的文明当成人类文化发展目前所达到的最高阶段。这样做实际上为种族中心论或者说白人种族主义思想开了方便之门。从这个角度来说，文化进化论与后来盛行，至今仍在西方意识形态领域占统治地位的西方文明中心论完全一致，甚至可以说是后者的理论基础。在我国，由于严复等人的努力以及20世纪后半叶马克思主义的主导地位，上述进化论思想可以说也已经被广泛知晓。尽管有些方面，比如白人种族主义和欧洲中心论因其偏激性而未被认可。

---

① 弗雷泽《金枝》出版于1890年，恩格斯《家庭、私有制和国家的起源》写于1884年。

二、文化进化论的问题

以摩尔根等人为代表的文化进化论，一开始曾遭到两股有影响力的文化理论的批评：一是文化传播学派（diffusionism），二是文化功能主义。以施密特（Wilhelm Schmidt，1868—1954）等人为代表的文化传播学派认为，人类文化起源于若干文明中心，世界各地的文化都是由少数几个中心传播出去的，因此不能说世界各地的文化都循着同样的历史阶段进化。文化功能主义则认为文化是为了满足人们生存、繁衍等需要建立起来的，因而文化的优劣取决于其系统内部的自我整合在多大程度上满足人们的上述需要。从这个角度看，有些原始文化在满足人类需要方面的效果并不比现代文化差，因而现代文明不一定比原始文化更进步。这就在一定程度上为文化的特殊性提供了辩护，对文化进化论构成挑战。不过，文化传播学派和文化功能主义都不是专门针对文化进化论提出来，也没有针对文化进化论的思想前提进行深入细致的解剖，因此对后者构不成真正的挑战。19世纪末以来，以博厄斯等人为代表的文化人类学家开始以强有力的证据来批判上述文化进化论思想，在西方影响甚大。下面我们专门介绍文化相对论是如何全面批评文化进化论的。

文化相对论是19世纪末叶从美国兴起，盛行于20世纪最初30年的一股文化人类学思潮。它以博厄斯为领袖，是由他的一群弟子共同构成的学术群体，在西方常被称为"历史批评学派""历史特殊论""历史学派"或"文化史学派"等。[①]该学派重点批判了以摩尔根、斯宾塞、泰勒等人为代表的、盛行了半个多世纪的古典文化进化论，其精神实质之一是认为人类不同文化各有其不同的价值体系或制度系统，不能用一种标准或今日欧洲文明的标准来衡量。同时，博厄斯倡导高度尊重事实和充分了解经验的科学研究方式，批评不同文化的发展有所谓固定不变的轨迹或阶段之说。他用他的思路培养了一大批学生，他们共同把这一方法论立场贯彻下去，形成声势颇大的文化相对论思潮。这些学生包括克鲁伯、戈登威泽、罗维（Robert H. Lowie，1883—1957）、威斯勒、萨皮尔、本尼迪克特、林顿、赫斯科维茨、玛格丽特·米德（Margaret Mead，1901—1978）等。由于博厄斯和他的弟子们在20世纪最初20年内几乎垄断了美国人类学界，他们的观点也成了曾在人类学

---

① 参见王海龙、何勇：《文化人类学历史导引》，学林出版社1992年版，第123页。

界长期占主导地位的观点。下面系统介绍文化相对论的主要观点。[①]

（一）方法论的错误

博厄斯指出，19世纪的文化进化论者之所以得出他们的进化论思想，是因为他们认为人类的文化类型虽多，但不乏共同的文化样式。[②]将这些文化样式从低级到高级加以排列，可得出人类文化的发展是按照一定的次序进行的。这种研究方式的方法论错误，在博厄斯看来是显而易见的。因为，这种研究方式要想成立，就必须证明以下三点：

1.那些目前看来低级的文化样式，那些高级的文化以前也经历过；

2.那些高级的文化也一定代表较低级文化的发展方向或必经之途；

3.那些较重要的文化现象（比如母系制度、陶器等），应该是所有文化都要经历的。

然而，这些并未得到事实的充分证明，进化论者是在没有充分材料证明的情况下，凭主观臆想得出上述进化阶段观点的。博厄斯相信，不同氏族的环境不同，信仰、风俗及传统不同，导致他们所具有的文化样式及经历的阶段也可能不同，除非有足够的事实根据，不能轻率地说他们会经历相同的发展阶段，按照相同的次序发展。博厄斯强调经验和实证的重要性，对于没有充分的事实根据证明的观点，总是

---

① 我国学者介绍文化相对论的时间可追溯到20世纪30年代。林惠祥《文化人类学》（商务印书馆1934年版）一书大概是国内较早正式介绍文化相对论思想的，吕叔湘译的罗维名作《初民社会》早在1935初版，博厄斯《人类学与现代生活》一书也早在1945年即有中文版。目前文化相对论原著的中译本已有不少。20世纪80年代以后，国内关于文化相对论的论著日益增多。余嵌，黄淑娉、龚佩华，夏建中，王海龙、何勇等对文化相对论作了较多的介绍，还有大量散见于期刊杂志、以中文资料为基础写成、从不同角度评述文化相对论的论文。这些介绍或评述，对于文化相对论的思想和逻辑，多因篇幅局限不能充分展开分析，有时扼要地介绍了一些结论性的观点。也有不少学者批评文化相对论的局限性，但对文化相对论的介绍和评述不够客观。下面我们尽量以英文原始文献为主要依据展开对相对论的介绍和分析，其中许多内容均为国内同类介绍和研究中所未见。国内有关文化相对论的介绍参见余嵌编写：《历史批判主义》，庄锡昌、孙志民编著：《文化人类学的理论构架》，第54—82页；黄淑娉、龚佩华：《文化人类学理论方法研究》，第156—215页；王海龙、何勇：《文化人类学历史导引》，第123—132页；夏建中：《文化人类学理论学派》，第68—94页；等等。

② 参见［美］弗兰兹·博厄斯：《原始人的心智》，项龙、王星译，国际文化出版公司1989年版，第95—106页。

采取存疑的态度。

表 6　古典文化进化论方法[①]

	I	II	III	IV	V	VI
1	│	—	—	—	—	—
2	—	│	—	—	—	—
3	—	—	│	—	—	—
4	—	—	—	│	—	—
5	—	—	—	—	│	—
6	—	—	—	—	—	│

　　戈登威泽对斯宾塞进化论学说的方法论基础进一步作了深入的检讨和批判。[②]他指出，斯宾塞的方法论是所谓"比较法"，其特点可用表6来说明。在表6中，I、II、III、IV、V、VI分别代表六种不同的氏族（或文化），1—6代表其制度或社会形式发展的六个阶段，图中"│"线代表I—VI各类文化目前的发展阶段，而"—"线则代表I—VI各类文化目前并未经历的发展阶段。斯宾塞的方法论假定1—6所代表的六个阶段是所有这六种文化必然要经历的主要阶段，不管它们目前是否已经过这些阶段，或处于这些阶段中的哪一个阶段。斯宾塞的方法论还假定，1—6正好代表各个文化从低级到高级发展的六个阶段，于是由I—VI目前所处的阶段来说明它们彼此在发展上的先后或高低差异。然而，问题就在：斯宾塞的这一方法论并未建立在翔实的资料和经验调查的基础上，也没有得到足够的考古资料或传世文献可以证实，完全建立在他个人的主观臆想的基础上。今天的经验材料也许可以证明另一种情况不是完全不可能的，即1—6代表的是六种不同的文化发展道路，而不是任何一种文化发展道路的六个阶段。由此看来，斯宾塞的方法论问题相当严重，基于此方法论得出的文化进化论自然也就站不住脚了。

　　赫斯科维茨进一步以摩尔根为例说明戈登威泽前面的同一观点。[③]他说，根据摩尔根的社会进化阶段说，母系氏族处于蒙昧阶段中期，澳大利亚原居民就属于这

① Goldenweiser, *Early Civilization*, 22.

② Goldenweiser, *Early Civilization*, 22–23.

③ Herskovits, *Man and His Works*, 475–476.

一时期；美洲印第安人则处于野蛮中期阶段，因为它正处于从母系氏族向父系氏族过渡的阶段；古希腊由于是父系社会，古希腊文化因而处于野蛮阶段后期；以一夫一妻为特征的现代文明是这些社会发展的最高阶段。在赫斯科维茨看来，摩尔根的观点完全基于个人的猜想。因为在上述四种文化中，只有古希腊社会（③）与现代西方文明（④）之间存在的联系符合历史事实，而美洲印第安人与澳大利亚以及古希腊人这三者之间迄今并未发现任何可见的联系。我们用表7来概括摩尔根与赫斯科维茨之间的观点异同，可以发现，在摩尔根看来符合①—④之间从低级到高级的发展序列，在赫斯科维茨看来应当归入三种不同的社会类型中加以研究，即③④为一类，①②各为一类。

赫斯科维茨进一步认为[1]，进化论的比较研究法，实质上是把一系列文化事实从其生长的现实土壤中抽离出来，使之与其原有的历史文化语境相脱离，变成干枯、无意义的标签符号。就拿图腾来说，世界各地的图腾差别极大，如果脱离每一个图腾产生于其中的文化现实，抽象地来谈论，就完全失去了意义。但是，进化论的比较研究法就是这么做的。而且，对大量的文化现象进行比较，并不一定得出进化论者所得出的文化进化阶段来。法国非进化论学者列维-布留尔（Lévy-Bruhl，1857—1939）就可以看作一个典型的反例。

表7 摩尔根、赫斯科维茨文化阶段论比较

摩尔根观点	赫斯科维茨观点		
④现代文明	④现代文明	②美洲印第安部落	①澳大利亚土著部落
③古希腊社会	③古希腊社会		
②美洲印第安部落			
①澳大利亚土著部落			

（二）经验的反驳

戈登威泽指出[2]，随着人类学特别是人种学研究的进一步发展，越来越多的事实证明社会或文化进化学说的错误。他具体谈到了如下几个方面的例证。

---

[1] Herskovits, *Man and His Works*, 475.

[2] Goldenweiser, *Early Civilization*, 24–26.

1.在婚姻制度方面，进化论者认为，所有的人类社会都经历了从杂婚、群婚、母系宗族、父系家族到家庭—村落组织这几个阶段。其中"家庭—村落组织"指在个体婚姻的基础上结成家庭，以这样的家庭为基本单位，形成村落或地方居住群体。但现在人种学研究的结论是：没有什么证据证明杂婚真的存在过；群婚也不一定先于个体婚姻存在。相反，在有些情况下，群婚是从个体婚姻发展而来的。被认为最高阶段的家庭—村落制度倒是从一开始就普遍存在。有些部落里从未有过母系宗族阶段。有些部落里母系宗族是从家庭—村落组织里发展起来的，有些父系家族也是直接从这种组织发展过来的。只有很少一些从母系发展到父系的情况。家庭—村落组织渗透在各种类型的社会组织中。

2.在物质文化领域，进化论者认为，从石器、青铜器到铁器是每个文化必经的发展过程。然而，这种观点现在看来是建立在对欧洲社会研究的基础上，而在有些社会中，例如非洲就是从石器直接发展到铁器，并没有经历青铜阶段。博厄斯也指出，有的社会从未使用过陶器，就直接进入了摩尔根所说的陶器之后的阶段。[1]

3.在经济领域，进化论者认为，从狩猎、游牧到农业是所有社会发展中共同经历的三部曲。固然，狩猎是人类最早的经济活动之一，但有些农业部落并未经历过游牧时期，甚至没有除狗之外的家养动物。在非洲黑人社会中，游牧与农耕同样得到了发展。而且，农业本身经历了重大的发展，早期农业与后期农业不可同等看待。

4.在艺术领域，进化论者认为，现实主义风格早于几何纹样，后者是经历了一系列改造后发展起来的、更高级的艺术形式。然而，这种观点并没有获得支持。相反，两种风格现在被发现同样是原始和基本的。尽管从现实主义到几何风格的发展过程十分常见，但是这一顺序并不是必然的和普遍的，相反的过程也发生过。

（三）理论预设的错误

假定一：渐进的、连续的历史观。

戈登威泽指出[2]，进化论者把历史过程设想成渐进的、阶梯式的、由低到高的过程，认为发展主要是通过累积的方式进行的。这种历史现象虽常出现，但也不尽

---

[1]参见［美］弗兰兹·博厄斯：《原始人的心智》，项龙、王星译，第99—100页。
[2] Goldenweiser, *Early Civilization*, 26.

然。人类历史的发展时常会因为政治革命、巨大的战争以及重要的发明等因素而发生突变或剧变。现代艺术、科学、哲学和文学时常由于天才人物的降临而发生剧变，但紧随其后的往往是静止、模仿、停滞，甚至倒退。后面我们将提到新进化论者塞维斯（E.R.Service, 1915—1996）对这一观点的认同和发挥。

假定二：抽象人性假定。

进化论者试图把文化与文化之间的相似解释成人性普遍具有的心理成分（the psychic unit of man）的产物，他们之所以深信人类社会必然经历相同的历史阶段，也是因为把抽象人性当作进化过程中的决定性因素之一。赫斯科维茨指出[1]，有时我们无法区分文化间的相似性是来自共同普遍的人性，还是来自文化间的相互借鉴和学习。博厄斯特别提出了区分人的本能行为与自发行为的重要性，本能行为来自人的机体，而自发行为来自环境的作用和习惯的培养。他指出，"我们一定要认清我们的行为的特殊形式是由文化决定的"[2]。也就是说，在博厄斯看来，不同的文化是在不同的环境中成长起来的，而人在既有的文化环境中会基于习惯，自发地想维持文化的传统和现状，这就导致对于不同的文化，不能用一种脱离其自身环境的抽象人性的普遍规律来解释，而必须具体问题具体对待。在没有把各种人类文化全部研究完之前，不要急于对他们的发展规律提出一些抽象普遍的法则。

假定三：把主要文化阶段看成是孤立发展的结果。

戈登威泽指出[3]，进化论者犯的另一个错误，就是忽略或贬低文化传播对于文化变迁的重要作用。有的学者指出，任何一个文明中都有百分九十的成分是外来的，也许我们很难确定外来成分是否真有这么高，但是向其他文化借鉴、吸收并同化之，是一种极其重要的现象，其重要性对于一个文化来说并不亚于在自身传统的基础上发展，这一点即便在原始部落也同样明显。戈登威泽之所以强调文化传播的重要性，也是因为文化传播可能打破文化变迁的正常轨道，使之发生异常变化，包括突变和剧变。

赫斯科维茨也指出[4]，文化进化论的理论出发点之一是，无论什么样的社会，在与其他社会没有接触的情况下，可以独立地走上同一条进化之路，沿着相同的进化序列展开。这一出发点从前提上就站不住脚。因为没有哪一个社会未从其他社会

---

[1] Herskovits, *Man and His Works*, 474–475.
[2] ［美］弗朗兹·博厄斯：《人类学与现代生活》，刘莎等译，华夏出版社1999年版，第87页。
[3] Goldenweiser, *Early Civilization*, 26–27.
[4] Herskovits, *Man and His Works*, 474–475.

吸取大量的成分，也不存在任何一个未曾与外界接触的社会。尽管摩尔根、泰勒等人也认识到文化传播的存在，但是对于其重要性的认识明显不足。

（四）当代中国学者的反省

中国学术界对文化进化论的接受受两股思潮的共同激荡。一是20世纪初叶，由于严复等人的介绍和宣传，达尔文、赫胥黎等人的进化论思想在中国学者当中一直有很大影响。中国知识分子是从20世纪初叶开始全面接触西方思想的，好多人把进化论引申为解释当今世界各民族之间的残酷竞争，用"优胜劣汰、适者生存"来说明当时中国的处境，产生了很大影响。二是20世纪中叶以来，由于经过斯大林主义发展后的马克思社会发展五阶段学说，恩格斯在摩尔根《古代社会》基础上写成的《家庭、私有制和国家的起源》等在中国盛行不衰，也强化了摩尔根文化进化思想在中国的影响，极大地提高了中国人对文化进化论的接受度。西方文化进化论的许多观念，如人类历史发展是有方向的、渐进的、由低到高的过程等，至今都为诸多中国学者所深信不疑。

然而，在20世纪80年代甚至更早，就有不少中国学者根据马克思晚年对俄罗斯农村公社的研究等，特别是其《人类学笔记》等手稿，提出马克思晚年已经认识到其对人类社会发展五阶段的设想是基于对西欧社会的研究所得，未必适合于俄罗斯、中国或印度等东方国家或地区。不少人认为马克思提出了经济落后的前资本主义国家在一定条件下可以跨越资本主义制度的"卡夫丁峡谷"，并视之为马克思的东方社会理论，俄国十月社会主义革命和中国新民主主义革命的胜利即是其例。这一发现，从理论上给了深信社会进化论的中国学者以启发，使他们认识到不同民族的历史背景不同，未必可以照搬套用社会历史发展的阶段论。

对于文化进化论，中国学者还从其他地方提出了不少批评。例如，孛·吉尔格勒撰文指出[①]，20世纪五六十年代以来，在苏联模式及摩尔根等人思想的影响下，我国在对少数民族社会结构的政策中生搬硬套斯大林的民族理论模式，"把人类社会历史文化的发展界定为以狩猎—游猎—游牧—游耕—农耕—工业渐次递进的进化发展系列"，以"氏族—部落—部落联盟—民族"的进化论民族观来评判草原文明，根本不照顾少数民族社会形态的特殊性，把蒙古游牧业当作必须在全球经济一

---

① 孛·吉尔格勒：《科学认识草原、治理草原的理论思考》，《北方经济》2006年第3期。

体化和现代工业化压力下强行改造的对象。作者强调，游牧文化是人们为了适应特定的自然环境、为了顺应畜群的习性而逐渐形成的文化形态，是"合理而有效地利用自然资源和驾驭畜力，最大限度地保护存续资源和节制自身行为的自然可持续发展的一种生存方式"。

　　然而，中国学术界对西方进化论的所有这些反省，影响非常有限，迄今为止在中国学界占主导地位的观点仍然是文化进化论，而博厄斯学派早在20世纪初就提出并产生过巨大影响的文化相对论思潮，在中国学术界的影响主要局限于专业学术圈。

三、文化相对论的批判

（一）欧洲中心论批判

　　博厄斯等人深深认识到，欧洲文化中心论是所有文化进化论思想最重要的思想根源之一，它认为欧洲现代文明代表了人类迄今为止最发达、最进步的文明。因此，他在一系列著作中专门针对这种思想展开了批判。博厄斯指出，[①]信仰本民族文化的独特与伟大，乃人类历史上许多文化的共同特征，也是一种教条的信仰的产物。例如，许多原始部落不把和自己敌对的部落当作"人"，认为他们是比自己低一级的动物。又比如，欧洲历史上的日耳曼人、德意志人、盎格鲁-撒克逊人曾经有过强烈的种族自豪感和优越感，还有意大利人赞誉自己种族往昔的伟大、权威与荣耀。他指出，国家或民族间的相互排斥或自我中心态度，在很大程度上来源于一种情感、一种本能的非理性情绪，而决不是来自理性的评估。在对外界不够了解的情况下，有时人们会自然地对与自己不同的生活方式产生排斥心理，或因为惧怕，或因为无法接受另一种生活方式。同时我们也理解，人们对自己习惯的生活方式所包含的乐趣的自我欣赏，也使得他们容易贬低其他文化，或忽视不同生活方式的价值。因此，这种文化上的自我中心主义，往往不是出于理性的分析或推理。

　　博厄斯进一步从种族关系到民族关系的角度考察了文化中心论的思想根源。首

---

①参见［美］博厄斯：《人类学与现代生活》，刘莎等译，第53、61、63─65页，等等。

先，人类的自我中心主义是恶的根源。①可以发现，历史上许多种族之间以自我为中心的相互仇恨，与低等动物之间的相互仇视相似，实质上是一种为生存需要而进行的利益之争。在动物社会中，我们观察到有些群居动物的社会是开放的，即外部个体都可以加入其中，但也有不少群居动物的社会是封闭的，特别是当它们占据了一定的地域并视之为自己的生存场所时，会不惜一切手段驱赶或杀死外来的其他同类动物。企鹅、野狗、蚂蚁等不少动物均是如此。与此相似的是，原始的部落群体，对于自己狩猎地之外的其他部落，特别是那些语言、外貌及风俗均与自己不同的部落，也采取敌视态度。因为在部落内部，人们共享一切利益或所得，但不同部落之间不能共享任何利益，反而可能相互构成威胁。在这里，一种自我中心的态度，使部落变成了一个完全封闭的社会。同样的情况在现代社会比比皆是。不仅欧洲的贵族曾形成过一种封闭的社会，而且"贵族和平民、希腊人和野蛮人、街道流氓、穆斯林和异教徒——以及我们自己的现代国家，都是这种意义上的封闭性社会"②。毫无疑问，文化中心论是封闭型群体心理的一个产物，因为封闭型群体的特征就是通过把自己的群体理想化来表达他们情感上的一致，在一种相对于其他文化的所谓自身优越感中，找到本群体精神不朽的证据。

博厄斯认为，民族特别是民族国家之间的相互排斥心理，与上述种族中心论产生的心理基础有相似之处。它既基于本民族共同一致的文化心理或理想，也基于同一政治实体下追求自身利益最大化的考量，其中包含对权力的野心和贪欲。③博厄斯区分了"民族国家"（nation）、"民族主义"（nationalism）和"民族"（nationality）三者，并指出了民族主义与民族国家之间的联系。民族国家通常指一个政治实体、一个国家，而民族主义被用来表示团结的感情，以及公民为国家的利益而献身的精神。尽管无论是语言还是种族事实上都不可能被用来作为民族国家—民族主义的基础——毕竟同一个政治国家拥有多个种族、多种语言的情况在今天司空见惯，但是在现代国家里，人们还是倾向于利用他们的母语、情感以及公共活动等手段，来煽动一些带有本国特征的、高度情绪化的抽象价值，并通过人们的权力意识和追求本群体独立性的欲望来强化这些价值。结果之一就是把本国或本文化的价值和利益抬高到不适当的地步，盲目攻击别国或其他文化的价值或生活方

---

① 参见［美］弗朗兹·博厄斯：《人类学与现代生活》，刘莎等译，第38—49页。
② ［美］弗朗兹·博厄斯：《人类学与现代生活》，刘莎等译，第42页。
③ 参见［美］弗朗兹·博厄斯：《人类学与现代生活》，刘莎等译，第50—65页。

式，从而在民族主义的幌子下形成强烈的文化中心论思想。博厄斯认为，这种民族主义，与原始部落对待其他部落的心理是完全一致的。在漫长的人类历史上，有些部落或群体采取开放的态度对待外部其他群体，而有些部落或群体则对外部群体采取敌对的态度。这种态度"只是一种观念的情感，用以维持每个群体成员的共同生活，并赞扬他们团结和伟大的情感。由于程度太过，所以不可能向其他群体妥协"①。

赫斯科维茨也指出②，每个种族或群体都可能有自己的种族或民族主义，但是各个种族建立自己身份优越感的方式不同，有的种族以神话方式，有的以食物形式，有的以技术形式。相比之下，今天有些欧洲人以科学技术发达程度或文化成就作为衡量一个种族是高级还是低级，其思维方式与其他种族中心主义并无差别，误区在于认识不到，事实上"极难找到一个可普遍接受的标准，以之为基础证明某一种思想或行为比另一种好"。③

其次，所谓文明与野蛮的区分问题。赫斯科维茨总结了西方学界长期盛行的一些对非西方民族或文化的歧视性概念，其要点概括起来有如下几方面：④

（1）"原始的"（primitive）问题。学术界把一些民族定义为"原始的"，而另一些民族定义为"文明的"。所谓"原始的"，是指有些民族或文化虽然生存于当代，但是从原始社会遗留下来的。这种做法已经从词源上把一些现存的民族当成了另一些民族的祖先，可是我们如何能证明这些"原始"民族与另一些民族的祖先一模一样呢？即使曾经一样，后来也一定发生了变化，因为世界上没有哪个文化可以永远不变，无论它多么保守。

（2）用savage（蒙昧的）、barbarous（野蛮的）等一些词汇来形容"原始人"，人为地假定他们幼稚、简单、不够成熟或发达，甚至把这些文化描绘成一幅没有道德、缺乏智商的无政府状态。这简直就是对历史事实的讽刺，因为欧洲殖民者与被他认为蒙昧或野蛮的印第安人在风俗习惯上一直相互影响着。比如，澳大利亚土著人被认为是"最原始的"人，可是他们的亲属关系以及计算亲属关系的方法如此复杂，让西方的研究者望而生畏。相比之下，西方人的亲属称谓简直简单得让人无地自容。比如，英语词汇中不区分祖父母与外祖父母，不区分哥哥与弟弟，

① ［美］弗朗兹·博厄斯：《人类学与现代生活》，刘莎等译，第63页。
② Herskovits, *Man and His Works*, 68–70.
③ Herskovits, *Man and His Works*, 70.
④ Herskovits, *Man and His Works*, 71–75.

把十多种不同的亲戚统称为cousin（堂兄弟、堂姊妹，或表兄弟、表姊妹等）。又比如，本土秘鲁人在被西班牙人征服前，就发明了一种织锦染色技术，其工艺质量远胜于哥白林挂毯，而欧洲人却常常无知地大肆吹捧后者的工艺质量。再比如，非洲人的世界观与希腊人的世界观及玻利尼西亚人的神话之间存在着大量的共同之处。所有这些都证明所谓"原始人"并不像人们想象得那么幼稚、简单、不够成熟或发达。

（3）原始人缺乏逻辑思维能力的问题。法国学者列维-布留尔认为"原始人"的思维是"前逻辑的"（prelogical），然而这根本得不到事实的证明。任何正常的人都具备一定的因果思维能力，即能够认识一些事物之间的因果联系。有些人因为"原始人"信仰图腾或超自然力，而认为他们不具备逻辑思维能力。然而许多例子表明，"原始人"的逻辑推理能力一点不差，甚至是完美的。即便在我们的社会里，严格按照科学中的因果法则来思维的人也是很少的，往往限于那些科学家。可即使是这些人，一旦走出实验室，进入日常生活，也往往不再那么逻辑地思维了。比如他们可能在社会冒险中追求幸运，对一些权力或优雅的东西表示敬意。

（4）和"文明人"相比，各种"原始人"（或"蒙昧人"）之间是不是有更多的共同之处？恰好相反，所谓原始人从来就不是一个统一的整体，他们之间的差别比我们想象的大得多。例如，原始人的经济形式既有货币交易，也有实物交换，以及不从事商业活动的经济；原始人的婚姻及家庭形式也多种多样，甚至也有实行一夫一妻制的；有的原始人信仰图腾，有的则否；有的有宗族体系，有的没有；有的以父系为准计算后代，有的以母系为准计算后代，有的同时从父母双方出发计算后代；等等。

其三，欧洲文化真的最优秀吗？多数进化论者以欧洲文化今天所取得的主要成就作为欧洲文化具有高于其他人类种族或文化的重要证据。相对论者指出，综观人类历史，人类文明的中心是一直不断变换的，不能单以今日欧洲文明的成就来证明欧洲白人是最优秀的人种。"文明时而由某一民族，时而又由另一民族所代表。……现今最文明的人种的祖先在任何方面都并不比那些原始人优越。"[1]事实上，任何一个文明的发展都有自身的周期性，包括兴起、巅峰、衰落的过程。今日最发达、最辉煌的文明，不能保证自己永远发达辉煌。今日不发达、不辉煌的许多文明，曾经在历史上很长时期内比西方文明更加辉煌发达。有些文明虽然现在黯淡

---

[1]［美］弗兰兹·博厄斯：《原始人的心智》，项龙、王星译，第4页。

无光，但谁能保证它不在将来某个时候异军突起，超过目前所有的文明，在短时期内达到最耀眼夺目的状态？综观人类文明史，这类现象都是时有发生的。关于博厄斯的观点，也许可用蒙古人为例来说明。例如，蒙古人曾很长时间匍匐在中原人文明的熏炙之下，向他们称臣纳贡，可是谁能想象它在公元13世纪迅速崛起，打败并吞并了周围几乎所有的王国，建立了一个地跨蒙古高原、中亚、西亚、中原甚至部分中东地区的，人类历史上前所未有的大帝国？

戈登威泽指出，今天的欧洲人以其现代科技成就而沾沾自喜，殊不知，这些成就只不过是最近一两百年的事。五百年前，白种人还一无所有；两百年前，今天西方文明成就的大部分还没诞生；甚至在一百年前，今天西方文明成就的许多最根本的成分仍未出现。谁都知道，西方人并不是在人类历史的各个时期一直有如此骄人的科学技术成就。[①]谁又能预言，其他文化不会在将来的某个时候取得类似的成就，甚至超过西方文明？再说，科学技术也不代表文化的全部，在艺术、宗教、伦理等对于文明或文化来说同样重要的领域，今日西方人甚至不能确定无疑地说自己超过了古代人或史前时期的人们。

博厄斯认为，对于人类历史上不同的文化，一种真正科学的态度是在未深入了解之前，不要从自己的文化传统出发妄加评判。他说：

> 我们赋予自己的文明如此高的价值是因为我们置身于这一文明之中，而它控制了我们的所有行动。对我们来说，认识到这一事实多少有些困难。但我们完全可以想见到世界上存在其它并不比我们的文明低劣的文明，它们可能建立在不同的传统之上，可能以不同的情感与理智平衡为基础，尽管我们可能无法欣赏它们的价值，除非我们在它们的影响之下长大。人类学研究形成了评价人类行为的一般理论。它教给我们一种比我们现在所能具备的更高的宽容力。[②]

说到这里，我们不禁要问一问：博厄斯等人所批评的那种文化中心论（或民族主义）在今日之中国是不是同样存在呢？今天的中国人，或多或少有一点为自己是中国人而感到自豪的。但凡是在国外生活过的中国人，或者经常跟外国人打交道的中国人，都很容易发现，中国人那种自我自豪感在外国人面前常常遭到冷遇，具

① Goldenweiser, *Early Civilization*, 13–14.
② ［美］弗兰兹·博厄斯：《原始人的心智》，项龙、王星译，第113页。

体可能表现为外国人对中国人的那种民族自豪感毫无兴趣。在言谈交往中，我们会发现，他们并没有觉得今天的中国人比美国人或其他国家的人有更多值得自豪的地方。造成这一状况的原因是多方面的，部分与我们的教育体制有关，也有部分原因是世界各国的人们都有一种自身的优越感，只是其证明自身文化优越的方式各有不同而已。以我们中国人而言，我们为自己是中国人而感到自豪的理由包括：中国文化源远流长，是世界上唯一一支从远古到今天一直没有中断的文化；中华民族曾在历史上长达数千年的漫长岁月里创造了世界上最先进、最发达的物质文化和精神文化；中国社会无论从经济文化的繁荣程度，还是科学技术的进步程度，都曾在相当长的历史时期内居世界领先地位；等等。这些确实是中国人可以感到骄傲的中国文化的独特性，但毕竟只是一个民族文化中的某些方面而非全部。正因为如此，其他国家虽然在这些地方找不到自身文化的独特之处，但可以从其他方面找到其文化的独特之处。比如美国的历史远比中国短，但是美国在最短的时期内成了世界上最繁荣富强的国家，这本身也可以成为美国文化的独特之处，足以让美国人感到由衷的自豪。又比如今天的美国人可以为全世界人都讲英语，美国的诺贝尔奖获得者全世界最多，美国的高科技独霸全球，美国的军事技术世界领先等而感到自豪。不仅如此，美国还以为他们是世界上最自由、最民主、最讲究平等的国家而感到自豪。不管中国人是否接受，这些东西确实是美国自视为自身的独特之处。除此之外，我还直接或间接地听到过关于今天的德国人、新加坡人、韩国人乃至日本人的民族自豪感的故事，惊讶地发现他们各自有以自己的民族或国家为世间最伟大的民族或国家的理由，因为他们也都能从不同角度找到自己民族或国家的独特之处。什么时候部分中国人才能具备博厄斯等人所倡导的、以平等和谦逊的心态来看待其他国家的文化，特别是那些不如中国发达和进步或者在某些方面不如我们的文化呢？是的，一些中国人对于欧美文化不敢藐视，但对于其他小国，包括许多非洲小国、穆斯林国家、中国周边小国，是否也有一种优越感呢？他们一方面对西方文化的霸权深感愤慨，另一方面对地球上的一些弱势文化或群体，是否也有一种自己所强烈反对的心态呢？

最后，博厄斯及其弟子们还从人种学的角度批判了白人种族高于其他种族的思想，其观点大体有如下几方面：

（1）从单纯人种学的观点看，可以发现，迄今为止人类的所有种族没有哪一个种族不掺杂着其他种族的成分。他们指出，在人类漫长的历史上，不同种族之间的接触和碰撞不胜其多，其中许多种族之间的通婚和杂合已鲜为人知，以至到今天为止，已经没有一个种族的"种"是纯的了。诚然，我们今天也可以发现，像欧洲白人、黑人、蒙古人等一些肤色和体态上明显各异的不同种族，也已经混杂了不少其他种族的血统，究竟他们的"纯种"是什么样子的也已经找不到了。另一方面，这些种的内部存在着许多形态不同的样式，也相互杂交，不断发生着变异，故其样式并不能确定下来。要确定一个种族的智力是不是一定比其他种族低或高，必须以这个种族的"纯种"或者至少是可以确定的人种样式为前提，而事实上要做到这一点是不可能的。[①]

（2）从解剖学的角度看，可以发现，世上几乎没有任何一个种族，可从它身上找到比其他种族更加高级或优越的证据。比如黑人凸出的下颚被认为是接近于动物的特征，其发达的嘴唇却证明其远离动物的程度并不亚于其下颚所代表的、黑人接近于动物的程度。[②]又比如说，有人说有些野蛮人的身上多毛，是其尚未摆脱动物的特征。但恰恰是白种人身上的体毛远较蒙古人多，这难道证明蒙古人比白种人更高级吗？博厄斯等人分别从体毛、骨骼、肌肉、内脏、循环系统乃至大脑容量等不同角度证明，并不存在某种统一的解剖学特征，可以标志一种动物是高等动物还是低等动物。[③]戈登威泽也分析了为什么不能从大脑容量和结构来证实黑人的智商比白人低。[④]

（3）通过分析比较现有各种族之间的异同可以发现，很多习惯上被认为可以证明某些种族高级或低级的东西，其实是站不住脚的，因为有些因素可能是特定环境或其他因素的产物。比如有人以野蛮人的视觉、嗅觉等感觉比白人敏锐这一事实，作为证明野蛮人还未脱离动物状态的一个理由，而未考虑到野蛮人生活在什么样的特殊环境中，他们灵敏的感觉器官其实是特定生活处境的产物。实验可以证实，即便是自认为远离动物的白人，也可以通过人为训练的方式达到类似的感觉敏锐度[⑤]。还有一些观点，诸如认为原始人不能控制自己的情绪，不能集中注意力从事复杂的智力活动，缺乏创造力，数学运算或语言能力较低下等，往往是由于对原始人了解不够，或由于看问题片面。[⑥]

---

① ［美］弗朗兹·博厄斯：《人类学与现代生活》，刘莎等译，第8—19、38页。
② Goldenweiser, *Early Civilization*, 3-4.
③ ［美］弗朗兹·博厄斯：《人类学与现代生活》，刘莎等译，第9—16页。
④ Goldenweiser, *Early Civilization*, 4-6.
⑤ Goldenweiser, *Early Civilization*, 6-8.
⑥ 参见［美］弗朗兹·博厄斯：《人类学与现代生活》，刘莎等译，第52—67页；Goldenweiser, *Early Civilization*, 9-12。

（二）文化的评判问题

　　赫斯科维茨认为，要想正确理解或评价一个文化，就要结合文化现象生长的具体语境，而不能人为地把它抽离出来，与其他文化中的同类现象进行比较。这种一切以经验为基础，力图具体情况具体对待，不追求普遍抽象的原理，尽可能避免妄下判断的态度，乃博厄斯学派成员们共同的特点。他具体谈到了如下几个方面：[①]

　　1.从文化功能的角度看文化的相对性。如果我们站在各个文化内部的立场看问题，有时会发现每一种文化现象都可能有自己的功能。就一个文化要完成的任务、要达致的目标或要实现的功能来看，一些在我们看来不合理的文化现象，恰似有合理性。比如说一夫多妻制。站在一夫一妻制的角度看，我们会质疑多配偶制中各位配偶的地位如何确定？在妻子们为了赢得丈夫的欢心而不得不相互竞争的情形下，她们的子女如何获得恰当的养育？但是，如果我们仔细研究今日世界上现实存在着的多配偶制婚姻，也许你会有不同的发现。以非洲西部的达荷美人来说，一夫多妻制在那里已实行多年，妻子与妻子之间形成了劳动分工，她们各自负责养育自己所生的孩子，又共同为家庭的经济分担责任，同时为自己的共同家庭而感到自豪。在这种情况下，多妻不仅可以满足家庭经济的需要，还可以满足自己名声的需要。正因为如此，有些妻子甚至不惜通过送礼或贷款等手段帮助自己的丈夫娶到新配偶。如果达荷美人站在一夫多妻制的立场来批评一夫一妻制，也会对后者产生很多疑问，就像我们对一夫多妻制有很多疑问一样。实际情况是，在达荷美人眼里，一夫多妻制是他们实现自己的种族维系和生存繁衍的较好方式。

　　2.从语言符号的角度看文化的相对性。人们对与己不同的文化下价值判断时，很难避免从自己接受的前提出发。但是由于不同文化中人所接受的前提不同，他们判断事物时所持的标准也就不同，从而可能得出相互对立的结论来。我们凭什么认为自己有资格对其他文化进行好坏优劣的评判呢？按照德国哲学家卡西尔的观点，人是生活在由语言符号所塑造的现实中的。也就是说，没有真正客观的现实，只有符号塑造过的现实。从这个角度说，人类各种不同的文化，由于各有其独特的语言和符号象征系统，分别代表着各种不同的文化"现实"。具体表现为，在不同的文化中，人们定义正确与错误、正常与反常、美与丑的方式皆不相同，甚至对于同样的外部世界，包括时间、距离、重量和体积等，也可能有不同的理解。这样一

---

① Herskovits, *Man and His Works*, 61–78.

来，如果我们站在一个文化现实的立场来评判另一个文化的现实，其合法性很值得怀疑。

3.从心理学的角度看文化的相对性。赫斯科维茨认为，文化的相对性还可以从文化心理学的角度得到验证。如果我们把文化看成一个心理事实的话，那么文化是生活在同一文化中的无数个人一代又一代缓慢积淀而成的。赫斯科维茨以美国社会心理学家谢里夫（Muzafer Sherif，1906—1988）的研究来说明，当人们群居的时候，容易在交流中形成一些共同的社会规范，而社会规范一旦形成，就会构成人们的思维框框（the frame of reference），使人们总是倾向于从这些框框出发来看问题，并对外界的刺激作相应的心理反应。鉴于思维框框的有效性，人们也容易通过语言、生活、习惯等方式乐此不疲地把它们一代代传下去。这一事实说明人们很难真正摆脱自己生长于其中的文化环境的影响，也可以解释，为什么人们总是喜欢站在自己的文化价值立场来评判其他的文化，对于与自己不同的文化作出并不符合该文化实情的评判。每一个文化都有自己的思维框框，否则就不称其为文化。思维框框既是指导人们正常生活的有益原则，也为人们的思维方式规定了方向或范围，成为束缚人们思维的力量。只要我们不能有意识地跳出自己的思维框框，就不大可能学会正确地理解其他文化。

4.从文化比较的角度看文化的相对性。上述心理学实验的结果，也证明不同的文化可能由于习俗、规范、价值、制度等的不同而不具有可比性。赫斯科维茨重点援用非洲和美洲黑人社会的宗教活动说明，一些在白人社会看来不正常的现象，在黑人社会中恰恰是正常和合理的。在这些黑人社会里，人们崇尚一种极端的宗教体验──被"神"侵占。当一个人被神侵占时，他的人格会严重错位，他自己就变成了"神"。这时，他的面部表情、动作、声音和体态等均与平时表现出惊人的不同来。西方精神病理学家曾把它描绘成如下状态：歇斯底里，失神，双目紧闭，剧烈而盲无目的地运动（包括在地上打滚），语无伦次地喃喃自语，身体完全僵硬……这样一幅用现代精神病学术语描绘出来的景象，似乎让人看到了一群不可理喻的变态人。然而，如果进入黑人社会的内部去，你会发现当事人并不是像你所想象的那样，处于高度不稳定的失控状态，相反，他可能比对此一活动感兴趣的其他人能更好地调控情绪。在这一社会内部，当事人的行为非但正常、可以理解，而且代表一种完备的人格形态。人们通过专门训练才有可能成为被神侵占的人，作为一种宗教经验，它的发生也需要条件。总之，这一文化现象的内涵和意义决不能从现代西方精神病理学的角度来理解。

结论：难以建立评价不同文化的普遍标准。

克鲁伯指出，要想对一个文化从整体上加以评判，必须明白一个极为重要的事实，即每个文化都可能有自己的目的、价值、结构和风格。只有从一个文化自身的目的、价值、结构和风格等入手，才能恰当地评价该文化。但是评价其他文化的人也是从自己的文化中成长起来的，这一事实要求评价者必须尽可能避免受到自己文化的影响，至少暂时避免。当然，这并不是要我们去赞美所评估的对象。他用艺术鉴赏来具体说明这一点。他说，我们不能用罗丹的标准来评价米开朗琪罗的画，也不能用肖斯塔科维奇的标准来评价莫扎特的音乐。原因是，不同时代、不同地区的艺术，其所想表达的目的和价值可能不同。鉴赏一个艺术品要看该作品在多大程度上成功地实现了上述目的和价值。评价文化也是如此。不同文化之间的相对独立性宛如不同艺术品之间的相对独立性。由于文化由多种因素组成，情况还更加复杂。[1]

（三）进步的概念

应当说，文化相对论者否定甚至取消了从进化的视角来解释文化，因而实际上把进化与进步的关系问题撇开了，但是这并不等于他们不讨论文化的进步问题。大体来说，他们批评古典进化论把进化等同于进步，认为文化进步与否是一个复杂的价值判断问题，因而没有普遍的可以衡量的标准。

赫斯科维茨主要从现代科学的角度总结和批评了进步的概念。[2]他指出，进步（progress）这一概念是现代西方文化的一个独特产物，尽管它对今天人们的思想影响特别深，但它的出现时间并不太长。进步这一概念是近代以来西方知识化运动的一个产物，具体来说是科学和技术的现代发展给人们带来的。他指出，诚然，使用现代科技工具可以带来巨大效率，但这并不意味着人们不可以继续偏爱自己一直以来使用的、低效的工具。实际情况是，今天的人们是被迫去适应现代科技的，否则将会承受巨大的生存压力。

克鲁伯对文化进化论中的进步概念作了深刻的检讨。他指出，进步完全是一个现代概念。在人类历史的大部分时期，人们并没有这种进步概念，通常把世界看成静态的，如果有什么变化的话，也可能是对黄金时代的偏离，未必是好事。今天盛行的进步概念，直到18世纪才得势，在法国大革命中被强化，19世纪成为自由主

---

① Kroeber, *Anthropology*, 318.
② Herskovits, *Man and His Works*, 69.

义的信仰。孔德、斯宾塞、达尔文、功利主义从不同的角度阐释了这个概念，使得人们相信历史是不断进步的，其中关键的一点就是：把进化等同于进步。所谓进步，按照克鲁伯的说法，是指更好、更高级、更高的品质或趋向更理想的价值目标（toward more ideal values）。①这种进步观念还极为深刻地渗透到基督教的方方面面。但是，无论如何，进步完全是现代西方文明的产物。那么进化是不是等于进步呢？世界真的在不断进步吗？

克鲁伯试图较为完整地回答文化进步的衡量标准问题。他说，诚然，我们的文化与太古时期的相比是进步了许多，大猩猩一定比奥陶纪海洋里的海绵体高级。但是综观人类文明史，可以发现人类文化的发展与生物进化有一个根本的不同：如果说生物机体进化的方式是"替代式"的，人类文化发展的方式则是"累积式"的。比如鸟获得飞行的能力，是以牺牲自己的两条腿，把它们转化为翅膀为代价的；而人获得飞行的能力，并不以牺牲自己的任何器官为前提，而是在现有官能之外增加了一种能力。关于文化发展的这一特点，克鲁伯在书中作了大量论证②。

克鲁伯相信，正因为文化发展的累积式特点，决定了人类文化从整体上讲是不断向前发展的。这是因为一方面，文化的成就一经取得，往往就很难丧失，而只会不断更新。比如：电的发明并没有导致蜡烛的消失；铜器并没有因为铁器的发明而消失；石器虽然不再是现代最主要的工具，但也许可以说石器在现代的用途比以往任何时候都多。另一方面，虽然个别文化的发展有兴有衰，但一个文化衰退的同时，其他文化可能起而代之，从而弥补前者衰落的缺失。例如当埃及文化在公元前800—1000年之间衰落时，美索不达米亚、希腊、波斯以及罗马文化的兴起，对人类文化的发展起到了极大的弥补作用。再一方面，文化的衰落有时可能孕育着新的发展契机。例如，450—750年被公认为欧洲的黑暗时期，但是从今天的眼光看，这也是旧制度解体的关键时期。正是这个时期，促进了新知识的增长、艺术的发展、城市的兴起、财富的积累等。很难说中世纪欧洲文化发生了萎缩。

那么文化的累积式发展，是否意味着文化是不断进步的呢？③

克鲁伯认为，要想说明文化的发展是否等同于"进步"，取决于如何建立衡量

---

① Kroeber, *Anthropology*, 298.

② Kroeber, *Anthropology*, 259–261.

③ 克鲁伯常用progressive、superior、higher、advanced等形容词来描述进步的文化；常用backward、retarded、lower、primitive、infantile等形容词描述落后的文化（Kroeber, *Anthropology*, 296–304）。

文化好坏的客观标准。人们往往倾向于说自己从小就接受的价值是最好的，因此要想探讨评价文化的客观标准，必须抛弃一切自我中心主义的倾向，看看我们赖以评判文化好坏的标准是否客观。克鲁伯具体从三个方面探讨了衡量文化进步与否的客观标准问题：①

（1）巫术与迷信的问题。克鲁伯指出，人们之所以认为相信巫术是原始或落后的象征，是因为在我们的文化中只有那些身份卑微、精神失常、思维紊乱或欠正常的人才会相信巫术。问题是，在那些"原始"或"落后"的文化中，相信巫术的人是否也不健全呢？答案正相反。例如，加州的拉斯克（Lassik）印第安人认为死者的灵魂可以跟人对话，甚至鼓励生者成为巫师。了解内情的人发现，这种信仰可以极大地安慰生者的哀痛，让他们重新开始自己的生活。又比如，原始人把梦中看见或听到的小孩、鹰乃至石头看得比现实中同样的事物更重要，这在我们看来是不可思议甚至不正常的。问题也许并不在于相信"神"（God），而在于原始人鼓励把人的主观经验与客观现象相混淆，或者说颠倒两者的关系。这似乎可以说是现代社会比原始社会"进步"的一个理由。

（2）原始文化在特定仪式中对人的处理方式包括：血祭或杀生；把经期或分娩期妇女视为不洁而加以隔离；把死者或尸体视为不洁而对送丧者加以隔离；对青春期特别是青春期女孩举行危机仪式；对尸体的特殊处理方式（包括保存干尸、举行头骨仪式、鳏寡之人穿戴死者的头骨或下颚、掘墓再葬、吃遗体火化后的灰烬等）；淫乱仪式；人牲；陪葬；猎人头；嗜食同类；等等。所有这些行为都与巫术或对超自然力的信仰有关。还有一种与巫术关系不大，但同样是对人体的特殊处理，包括压伤人头、锯掉或敲掉牙齿、刺纹、拉长嘴唇或耳垂等。我们认为，这一系列对人体伤害较大的行为是对人的生命的不尊重，也是一种不成熟的幼稚的态度。相比之下，现代高级文化更加成熟、更人性化，它发明了各种不伤害肉体的装饰方式，同时禁止奴役、酷刑、拷打以及杀戮战犯等。不仅如此，现代高级文化还不再把物活论或超现实的因素当作根本，对巫术或超自然力的崇拜为庄重、整洁、得体和人性化的活动所取代。克鲁伯认为，在这一发展过程中，宗教特别是一些大的宗教如佛教、伊斯兰教以及基督教扮演了非常重要的作用。他特别提到佛教反对杀生，认为是对前述古代宗教礼仪的第一次突破。他还分析了在中东、东亚和南亚以及希腊—罗马的不同宗教中上述现象的发展和演变。从这个方面讲，如果对生命

---

① Kroeber, *Anthropology*, 298–304.

的尊重意味着进步的话，那似乎文化的进化确实包含进步。

（3）技术、医学及科学的问题。克鲁伯认为，科学特别是技术的进步是最典型的、可以用量化方式来统计的现象，非常典型地体现了累积式增长的特点，一项科学或技术发明一经取得，往往难以丢弃。但问题在于，我们不能把文化的主体成分归结为科学或技术，因为除了它们，还有如艺术、宗教、哲学等。这些文化成分的发展并不一定以累积的方式增长，新的可以不必建立在旧的基础上，而是用替代的方式发展，它们的发展也难以用量化的方式来统计。而且问题还在于，如果我们用量化的方式来理解文化的进化，那么进化与进步之间就不一定能划等号。因为我们不能说，科学技术的进步必定使人过上更加明智、更加幸福的生活。从量化的角度看文化的发展，还有诸如人口的增长、规模的扩大、政治制度的复杂化等，这些与财富的增长一样，都不足以保证生活质量一定会变好。

从上面的介绍似乎可以得出，克鲁伯在衡量文化的进化是否代表进步方面采取比较审慎的态度。他的观点似乎可以概括为：文化进化是否等于进步绝不能一概而论，要看哪些领域或方面，还要看你采取的标准是什么。

（四）文化的多样性

文化进化论与相对论的最大区别之一是，前者把所有人类文化归入若干个从低到高的类型之中，而后者认为文化的类型不能轻易归类，文化类型的差异也不能作为谁高级、谁低级的主要依据。

本尼迪克特认为，文化的类型是无法穷尽的，不一定可以纳入现有的若干标准或范畴之中，更不能在具体研究之前就先入为主地将之归类。因此，他的《文化模式》（Patterns of Culture）一书的书名用pattern（模式）而不用type（类型），主要是因为"类型"有从整体上分门别类之义，从而暗含着人类文化的类型可以穷尽这种不应有的意思在内。本尼迪克特说："努力把所有文化都看成是有限的那么几个固定和精选的类型的代表，是最大的不幸。当范畴被视为是所有文明和所有事件所必须的和所应适用的时候，它们就成了一种义务。"[①]她还一再强调，把人类的行为与自己的文化标准相等同是非常可笑的，这部分是由于在西方文化中，人们把经济行为等一系列行为上升到人类的本性来解释，从而导致人们错误地把他们的地

---

① ［美］露丝·本尼迪克：《文化模式》，何锡章、黄欢译，梦觉、鲁奇校，第184页。

方性行为与人类行为相等同，把他们的地方性本性与人类本性相等同。她还认为，"没有理由将某种当代的原始风俗与人类行为的最初类型等同"①。她还明确提出原始文化不只有一种样式，也是多种多样的观点。

本尼迪克特还认为，任何社会行为都有无限种可能的表现方式。人类不同的文化向我们展现的是这样一幅丰富多彩的世界图卷。它使我们惊讶地发现，不同的文化会赋予同一种行为如此之多迥然不同的含义。这种观点与我们今天所知道的解释人类学的观点是一致的，共同主张对任何文化，都要尽可能站在主位（emic）而不是客位（etic）的立场来理解，不能停留在表面，只看到一种行为的物理机制，而要深入捕捉物理行为背后的意义。

那么，文化的多样性是如何产生的呢？本尼迪克特说：

> 在文化中也是这样，我们必须想象出一道巨大的弧，在这个弧上排列着或由人的年龄周期、或由环境、或由人的各种活动提供的一切可能的利益关系……作为一种文化，其特性取决于对这个弧上某些节段的选择。各地人类社会在其文化习俗制度中，都作了这种选择。从另一观点看，每个社会都在舍本逐末。一种文化几乎没意识到金钱的价值；另一文化却在行为的一切方面，都视金钱是最基本的价值。在一个社会，即使在来看是生存保证所必须的生活方面，技术也遭到了令人难以置信的轻视；在另一同样简单的社会，技术成果却很复杂，而且被恰到好处地用于生活之中。一种社会将庞大的文化上层建筑立于青春期的基础上；另一种社会则把它建于死亡之上，还有一种社会甚至把它建立在来世的基础上。②

她又指出，有时一种普遍的性质在一个民族中作为宗教的一个方面而存在并发挥其功能，但是在另一个民族中，则是一个经济转让问题或金融问题。其可能性无穷无尽，根本无法归纳。又比如，同样是青春期，在不同的文化中，有时其仪式虽然相同，但其文化含义截然不同。又比如和平在我们的文化中是好的概念，但在有些部落中，和平意味着将敌人也当作人，这是绝对不能接受的。再比如杀人这事，几乎我们所知的所有文化都同声一致加以谴责，但是在有些文化中，杀死老人以免

---

① ［美］露丝·本尼迪克：《文化模式》，何锡章、黄欢译，梦觉、鲁奇校，第14页。
② ［美］露丝·本尼迪克：《文化模式》，何锡章、黄欢译，梦觉、鲁奇校，第18—19页。

去老人自愧，杀死先出生的两个孩子，或者杀死敌国的人，是无可指责的。又比如自杀，在我们的文化中是一件不能轻易被接受的事，而在有些文化中在一定情况下则可能被当作一件明智、高尚而体面的事情，一种被人欣赏的自我解脱手段。再比如，同样是艺术，希腊人在其中力图表现的是他们的愉悦、他们的生命力与客观世界的同一，而拜占庭艺术则表现人与外部自然之间的深刻的分离感。因此，她批评了用一种艺术的标准来衡量另一种艺术的做法。[1]

克鲁伯以银河系来比喻文化的多样性。[2]一开始，人们把自己生活的地球当成了宇宙的中心，故而提出"地心说"，后来"日心说"否定了"地心说"，"银河系说"又否定了"日心说"，连太阳系也只是宇宙的一部分了。随着研究的深入，人们逐步否定了以自己生存于其中的空间为宇宙中心的思维。与此同样的道理，在文化领域也应当有同样的思维转轨。历史上的文化中心论，包括欧洲文化中心论或其他文化的中心论，类似于"地心说"或"日心说"，是自我中心主义的产物，也是对外部世界了解不足所致。人类学研究告诉我们，我们每个人身在其中的文化，都只是人类文化宇宙的一分子，一切形式的文化中心论都应当被抛弃。我们应当接受"银河系"式的文化宇宙观，即承认人类文化的多样性和各个文化自身的特殊性，不要将自己的文化视作人类文化的中心或典型代表。

克鲁伯进一步指出，[3]文化虽然是多种多样的，但是不等于说它们之间不可能相互借鉴、学习和共享很多成分。正如不同的语言之间存在许多相似之处，但并不妨碍它们从整体上讲仍属于不同的语言。同样的道理，不同的文化之间存在着大量相互借鉴、彼此共享的成分，也不会改变不同文化的整体模式不同。他认为可以把语言的语法规则比作文化的整体模式，而语言中的词汇对应于文化中的成分。不同的语言之间相互借鉴、学习的地方甚多，它们在语法上也有相近之处，但从整体上讲这些语言的语法是不同的。例如，英语从法语、西班牙语、德语、拉丁语等之中借来不少词汇，但是谁也不能否认英语与后面几种语言之间存在本质不同，根本无法混同。如果从语法结构上看，也许你会发现英语与汉语之间的相似之处反而更多，而日语与德语之间的相似之处较多，尽管英语与汉语、日语与德语并无渊源关系。这些说明：不同语言之间成分的相似性反映了语言发展中的渊源关系，而其整

---

① 参见［美］露丝•本尼迪克：《文化模式》，何锡章、黄欢译，梦觉、鲁奇校，第39—40页。

② Kroeber, *Anthropology*, 11.

③ Kroeber, *Anthropology*, 318–321.

体模式上的类似性则可能在没有任何渊源关系的两种语言间发生。类似的情况也可以在文化之间发现。从文化整体上观察，历史上的拜占庭帝国与明、清中华帝国有许多相似性。尽管中华帝国与后期罗马帝国并无渊源关系，但是它们都体现了文明衰老期的一些共同特征，比如自满、蔑视其他文化、成熟发达的官僚体制、在对外战争上被动保守、文化领域的创造性降低等。由此，克鲁伯得出：从整体上看不同文化之间的关系，有两个重要特点：一方面，不同文化之间虽然相互借鉴的地方甚多，但是本质上可能仍属于迥然不同的类型；另一方面，两种文化类型相似，不一定要以有渊源关系为前提，尽管有时只是表面上的相似。

（五）文化的模式问题

接下来的问题是如何来研究文化的多样性？答案是"文化模式"。

本尼迪克特的一个重要观点是：每一种文化都可能有某种内在的一致性，文化内部有一种"无意识选择原则"，把大量的行为转化为某种一致的模式。因此，不仅同样的行为在不同文化中的意义可能发生转化，需要重新加以理解；而且更重要的是，要准确理解一种文化现象的意义，不能孤立地理解这种现象本身，有时需要把它和这种文化具有内在一致性的模式相联系才能理解。在她看来，这是研究文化样式的一个前提。她进一步指出，文化的整体性并不单纯指文化之间存在有机的联系，而且指每一种文化都可能有自己的内在本质。具体表现为：在文化的整体与部分的关系上，整体决定着部分，这不仅指决定部分之间的联系，而且决定着部分的本质，整体用一种共同的本质来决定着部分。对于文化整体特征的理解，不能用不同文化的范畴或标准来相互拼凑。①她的老师弗兰兹·博厄斯在为《文化模式》一书所作的"绪言"中也强调了把文化当作一有机的整体来研究的重要性。

克鲁伯也从文化的整体模式（the total pattern of culture，the whole-culture type

---

① 参见［美］露丝·本尼迪克：《文化模式》，何锡章、黄欢译，梦觉、鲁奇校，第35—44页。

of pattern, the total-culture patterns①）这个角度分析了这一问题。他与赫斯科维茨均讨论了人类学家们从心理学角度对文化整体模式的研究。②他们所使用的"心理学"一词，其研究对象并不限于我们中文中所说的"人的心理"，而主要指从个体人格特征来考察文化的整体特征。因而他们认为这类研究也是对一个文化的"基本人格"研究，按照克鲁伯的说法，"基本人格"是指一个文化中人的典型人格或多数人的平均人格③。克罗伯认为杰科里·戈尔（Geoffrey Gorer，1905—1985）、R. F. 福琼（R. F. Fortune，1903—1979）、玛格丽特·米德等人均在这类研究上有所贡献，而以本尼迪克特的研究最为显著。赫斯科维茨则分别提到，萨皮尔、米德和本尼迪克特的研究均属这类从心理学角度研究文化的模式。例如萨皮尔提到了"内向型—外向型"的文化分类方式，而本尼迪克特提出了"日神式—酒神型"的文化分类方式。其中日神型与内向型的含义相近，而酒神型与外向型接近。④列表如下：

表8 文化分类的方法

萨皮尔的文化分类		本尼迪克特的文化分类	
内向型	外向型	日神型	酒神型
印度人	爱斯基摩、美国人	祖尼人	多布人、夸库特尔人

---

① Kroeber, *Anthropology*, 316–318, 321.对于文化的整体模式，赫斯科维茨使用过诸如the dominant integrative patterns of cultures 、the overall patterns of the cultures等表述方式(参见Herskovits, *Man and His Works*, 49–50)，与克鲁伯的表述含义相近。不过，patterns一词按照克鲁伯的理解，就是指文化的成分，当然限于那些有一定连贯性的、代表文化的主要内容的成分(参见Kroeber, Anthropology, 311–343 ）。中文翻译为"模式"有时不可行，不如译为"式样"或"样式"。克鲁伯认为文化的pattern有三种不同的含义：其一，所有文化都具有的主要成分，包括语言、艺术、知识、财产、政府、战争等；其二，指文化中一些成系统的重要构成部分，包括诸如一神论、犁耕农业、字母等，它们可以在不同文化间传播；其三，指整体文化模式。克鲁伯有时也使用configurations一词来描述文化的样式或模式，并著有*Configurations of Culture Growth* (Berkeley: University of California Press, 1944) 一书。克鲁伯讨论过的用来描述文化的样式、含义且与pattern相近的名词还有:spirit 、genius 、scheme 、style等(参见Kroeber, *Anthropology*, 311, 316–318, 329.)。赫斯科维茨用过有关文化模式的词有：pattern 、configuration 、scheme 、type 、classifications等(参见Herskovits, *Man and His Works*, 49–52)。

② Kroeber, *Anthropology*, 321–326; Herskovits, *Man and His Works*, 49–51.

③ Kroeber, *Anthropology*, 325.

④ Herskovits, *Man and His Works*, 51.

根据赫斯科维茨的介绍[①]，萨皮尔认为，人格特质的形成可以看成是在人的社会化过程中，植根于文化世界中的特定心理倾向逐步积淀发展的结果。由此出发，萨皮尔认为爱斯基摩文化与北美印第安文化相比属于外向的，而印度文化则是内向的，美国文化无疑也是外向的，且对思维与直观的重视超过了感情。他指出，米德的研究重视分析文化对个人行为方式的影响。

本尼迪克特被公认是在文化的整体模式研究方面成就最突出的。她的《文化模式》一书分析了两种不同类型的文化，分别被她称为日神型和酒神型。她分别以祖尼、多布、夸库特尔这几种文化作为个案来论证自己的观点。《文化模式》一书运用了大量具体生动的材料，精彩纷呈，引人入胜。

日神型文化注重中庸和适度，它节制、宽容、不过激、理性和克制，与分裂式的心理状态毫不沾边；服从惯例和传统，趋于保守。没有精心构建危险和恐怖的文化主题，没有创造污秽和恐惧情境的意志，那种英雄主义精神、善恶激烈冲突的意志在这种文化中没有地盘。新墨西哥州的普韦布洛人，尤其是其西部的祖尼人或西南普韦布洛人，是日神式人。

根据尼采的观点，酒神型是指"通过'消除常规界限和生存限制'去追求生存价值"，从现有的范围中逃避出去，进入另一个世界、另一种状态中，其中包含着迷狂、陶醉和放纵。有时需要通过强迫自己接受一种自虐般、清教徒式的肉体痛苦来达到这种状态，[②]其中包含对超自然力的梦幻。她说在除普韦布洛人之外的北美各地的印第安人中，都可碰到酒神式教义和梦幻超自然力的习俗，草原印第安人也是如此。

赫斯科维茨评述，有人质疑本尼迪克特的日神—酒神分类是否过于简单，甚至带有先入为主的因素。[③]克鲁伯指出，问题在于，本尼迪克特本人似乎主张，多数文化并不能简单地被纳入日神—酒神这两个范畴中去，而是复杂得多。[④]既然如此，本尼迪克特所研究的那几种文化（祖尼人、多布人、夸库特尔人）就没有代表性了。克鲁伯据此进一步指出，从方法论上看，既然本尼迪克特是从心理学术语出发来分类文化，那么也可以说，鉴于心理学描绘人格的术语甚多：不排除任何一个描绘典型人格的心理学术语，都有可能被用来描绘文化的特征；同一个文化有时可

---

① Herskovits, *Man and His Works*, 50.

② ［美］露丝·本尼迪克：《文化模式》，何锡章、黄欢译，梦觉、鲁奇校，第62页。

③ Herskovits, *Man and His Works*, 51–52.

④ Kroeber, *Anthropology*, 323–324.

以或需要用一系列不同的心理学术语来描述；文化之间的差异不再是简单地非此即彼类型之别，而可能是同中有异、异中有同。

其实，《文化模式》一书仅代表本尼迪克特的一个个案研究。在其有名的《菊与刀》一书中，本尼迪克特对日本文化进行了别开生面的描述性分析，没有套用日神/酒神的文化模式。该书副标题是"日本文化的模式"（patterns of Japanese culture），其中的"模式"（patterns）似乎译为"式样"更好，因为它以复数形式出现，该书并没有试图把日本文化像前面那样归结为单一的范畴（如日神型或酒神型），书中研究的内容包括日本人在安分、禁欲、家庭、人情、忠、孝等方面的人格特征，或可称为日本文化之patterns（式样），显然也是集中于前面所说的心理学描写或基本人格研究。从该书我们看到日本文化与中国文化的巨大相似性，但正因为如此，作为一名中国读者就不觉得新鲜，甚至没有什么启发。其实这本书之所以在西方取得巨大成功，可能是因为该书从一个西方人的视角出发，把东方文化中在我们看来自然而然、习以为常而在西方人看来不可思议的一些现象凸现出来，让西方读者耳目一新。

克鲁伯、本尼迪克特等人对不同文化整体模式差异的研究和思考，让我们联想到20世纪以来中国人围绕中、西方文化差异所展开的研究和争论。例如，李大钊就曾用"主静"和"主动"来分别形容东方文明与西方文明，与前面萨皮尔的内向与外向、本尼迪克特的日神型与酒神型区分相通。李大钊认为，"欧亚大陆之山脉"将人类文明大体上区分为南道文明与北道文明两大类，中国、日本、马来半岛、印度等皆属南道文明；蒙古、俄罗斯以及英、法、意等一大批西欧国家等皆属北道文明。①陈独秀在其早期文章中也提出过对"东洋民族"与"西洋民族"的几个根本区分，其中包括战争与安息、个人本位与家族本位、法治本位与感情本位、重实

---

① 李大钊说，"南道文明得太阳恩惠多，受自然之赐予厚"，故其文明倾向于"与自然和谐"，"与同类和解"；北道文明享受自然赐惠正好相反，"故其文明与自然奋斗，与同类奋斗"。他同时用"自然的""安息的""消极的""依赖的""苟安的""因袭的""保守的""直觉的""精神的"等一系列形容词来形容东洋文明，用"人为的""战争的""积极的""独立的""突进的""创造的""进步的""理智的""体验的""科学的""物质的"等一系列形容词来形容西洋文明。参见李大钊：《东西文明之根本异点》，原载《言治》1981年第3册，转引自北京大学中国传统文化研究中心编：《北京大学百年国学文粹·哲学卷》，北京大学出版社1998年版，第44—50页。

利与重虚文之别等。①梁漱溟先生在其早期代表作《东西文化及其哲学》中提出人类文化可根据其生活方式大体上分为"向前求的""调和、折中的"和"向后退的"三种，由"向前求的"导致西洋文化之求征服自然以及科学、民主之发展；由"调和、折中"导致中国文化"以意欲自为、调和、持中为其根本精神"，而"印度文化是以意欲反身向后为其根本精神的"。②除此之外，还有张君劢等人对中、西、印文化的比较研究，20世纪80年代以来费孝通等学者的大量研究成果，以及许烺光、黄光国和杨国枢等许多学者的研究。这些研究尽管多半以中、西方文化二者之间的比较为焦点，但是从性质上说与克鲁伯所说的整体文化模式研究是一样的。这些研究中的部分内容，本书第二章有专门讨论，读者可参阅。

四、新进化论的启示

博厄斯学派（又称文化史学派）的文化相对主义思想，对传统的文化进化论进行了颠覆性的打击。由于它建立在大量翔实的第一手资料和实地调查的基础上，20世纪初叶以来在西方学界产生了广泛影响，从而极大地改变了现当代西方人的历史观。但是在中国，长期以来盛行的是文化进化论的祖师爷——摩尔根，以及与摩尔根进化观念相契合的其他人的思想，因而，文化相对主义的历史观并未引起充分、广泛的重视。长期以来，我们仍然崇奉摩尔根文化进化论，相信人类历史是不断进步的，历史发展的进程可分为若干阶段，等等。但是，本章的目的并不是要人们全面接受文化相对主义，而是通过对文化相对主义的合理评估来建立起更加合理的文化历史观。

不少中国学者在论述文化相对论时，批评文化相对论可能过分夸大文化的特殊性，导致文化上的保守、故步自封、孤芳自赏，以及不愿意对外交流，不向其他文化学习，否认文化的普同价值等缺陷；有的更指出，文化相对论是与全盘西化对立

---

① 参见陈独秀：《东西民族根本思想之差异》，转引自《独秀文存》，安徽人民出版社1987年版，第27—31页。
② 梁漱溟：《东西文化及其哲学》，中国文化书院学术委员会编：《梁漱溟全集》（第一卷），第382—383页。

的文化保守主义相一致的，站在此立场的中国人乃带有狭隘的民族主义色彩的人。这是一种典型的、用中国人习惯的功利式眼光来理解西学的偏见，说穿了就是先人为地假定文化相对论是为了给现实生活需要提供理论武器而提出来的。需要指出的是，文化相对论并不是出于给人类生活提供一种指导性的"理论武器"这一功利目的而提出来的，它主要是一种纯认知性的科学研究，与在现实生活中应该遵守文化保守立场，还是高度开放立场无关。我们阅读博厄斯、赫斯科维茨、克鲁伯等人的著作，可以发现他们的观点与古典文化进化论的最大区别之一在于重视传播在文化变迁中的作用。博厄斯、克鲁伯等人均分析过文化兴衰的周期性（这一点前面谈过），并发现一些文化如何在与其他文化的碰撞中由于封闭保守走向衰亡。因此，前面所说的对文化相对论的批评，只有在我们迫切需要从中找到指导我们如何变革自己的文化时才是个问题，但是如果因为自己的功利需要，而责备一种以非功利性的认知研究为主旨的学术，对相对论来说就不公平了。当代美国文化人类学家哈维兰就指出，文化相对主义并不是认为"什么都行"，对一切文化不加区分地接受，而是尽可能避免一切不成熟的判断。①

　　但是，文化相对论并非没有严重的局限。例如，我们不禁要问：难道人类文化在数千年的历史中，真的不曾有过进化和发展吗？难道不同的文化之间，真的完全没有高低优劣之分吗？难道不同的文化之间真的没有可比性吗？还有，人类的历史发展究竟有没有一个统一的方向？或者历史的发展并无统一的方向可言，其最终去向何方取决于一系列已知或未知的、必然的甚至偶然的因素？围绕着这些问题，20世纪30年代以来以柴尔德（又译蔡德，V. Gordon Childe，1892—1957）、怀特（Leslie A. White，1900—1975）等人为代表的一批新进化论者，对以博厄斯等人为代表的文化相对论者展开了激烈的批评。我们将在下面的介绍中看到他们的许多观点，对于我们在事隔近一个世纪后重新审视文化进化论是极有意义的。②

　　一般认为，新进化论学派大体上可分为两个时期，早期主要代表人物是怀特、斯图尔德（又译为史徒华或斯蒂安，Julian Steward，1902—1972）、柴尔德。他们

①参见［美］威廉·A·哈维兰：《文化人类学》，瞿铁鹏、张钰译，上海社会科学院出版社2006年版，第56页。

②尽管这些人一再声称他们并不是什么"新进化论者"，而只是在19世纪古典进化论传统的基础上着手研究（［美］托马斯·哈定等：《文化与进化》，韩建军、商戈令译，第3页），但人们还是把他们当成了新进化论学派。也许是因为他们避免了古典进化论的许多缺点，后者经过文化相对论批判已不能成立，与此同时他们也提出了理解文化进化的新的视角和理论。

主要从20世纪30年代开始产生影响。在这三人之后，又出现了不少其他学者，包括塞维斯、萨林斯（M. D. Sahlins，1930—2021）、哈里斯（Marvin Harris，1927—2001）等人，他们从不同侧面支持了进化论观念，至20世纪50年代达到顶峰，这些人有时被称为新进化论的第二代代表人物。①这些新进化论的支持者，多数情况下并未简单否定文化相对论，而是倾向于在充分汲取后者观点的基础上，针对其局限提出新的进化观点。②国内有关学者总结认为新进化论有如下特点：重视自然科学证据；对进化路线的理解更加多元化，比古典进化论要丰富；比较重视有关"物质文化""能量""生态""遗传学""象征符号"方面的内容；更加重视具体而非抽象的民族志研究，从过去那种包罗万象的研究中解放出来。③

---

① 中文中关于新进化论的介绍参见［日］绫部恒雄主编：《文化人类学的十五种理论》，周星等译，第90—102页；庄锡昌、孙志民编著：《文化人类学的理论构架》，第98—109页；黄淑娉、龚佩华：《文化人类学理论方法研究》，第289—352页；夏建中：《文化人类理论学派》，第218—253页；王海龙、何勇：《文化人类学历史导引》，第155—165页；等等。有关新进化论的原著，中译本有怀特的《文化科学》、塞维斯《文化进化论》、史徒华（又译斯图尔德）《文化变迁的理论》、萨林斯《文化与实践理性》及《"土著"如何思考：以库克船长为例》等多种。怀特作序、哈定等人主编的《文化与进化》作于1959年纪念达尔文《物种起源》发表一百周年之际，论述了当时关于进化问题的一些有代表性的观点（参见［美］托马斯·哈定等：《序》，《文化与进化》，戴建军、商戈令译）。

② 在这方面，斯图尔德、塞维斯、萨林斯等人都表现得较为明显。斯图尔德的多线进化论，在方法论上基本继承了博厄斯学派，即坚持经验主义传统，反对抽象、主观地建立普遍的进化法则，坚决反对古典进化论和当代进化论追求普遍进化原理的做法，所以也受到了怀特的批判，被怀特认为是"毫无意义的论争"（参见［美］托马斯·哈定等：《序》，《文化与进化》，韩建军、商戈令译）。萨林斯关于一般进化与特殊进化的区分，充分表明他深刻地意识到文化相对论的合理之处，而"特殊进化"的提出正是为了给文化相对论对文化或生物演化特征的描述一个恰当的位置，所以他也说，从特殊进化的角度看，我们只能是相对论者（参见［美］托马斯·哈定等：《文化与进化》，戴建军、商戈令译，第13、22页）。塞维斯在《文化进化论》的《前言》中明确指出："不要将本书所做的努力简单地看作是重新去确立19世纪进化论者的地位，也不要认为这是在推翻博厄斯学派和功能学派对进化论的批评。博厄斯及其学生对于人类历史过程（也可以说是进化过程）中种族、语言和文化的不同作用所进行的区分，是社会科学中知识体系最重要的进步之一。由此而导致产生的现代意义上的文化概念，对于进化论来说至关重要。这个贡献要归功于博厄斯而非他人……我们坚决否定18世纪和19世纪的一些重要的进化论者的假设……"相比之下，怀特则一直对博厄斯学派持相当激进的批判态度，有时甚至用"保守和反科学"来形容博厄斯（［美］托马斯·哈定等：《序》，《文化与进化》，韩建军、商戈令译）。其他新进化论者也有人称博厄斯学派"思想贫乏""历史感严重匮缺"（［美］托马斯·哈定等：《文化与进化》，韩建军、商戈令译，第2页）。

③ 参见王铭铭：《想象的异邦：社会与文化人类学散论》，上海人民出版社1998年版，第47—48页。

在下面的讨论中，我们将根据新进化论以及其他一些现当代学者的思想，全面回顾和总结文化相对论所涉及的文化的特殊性与普遍性问题。我们的目的并不是全面介绍新进化论，而是试图针对我们关心的问题展开论述。下面我们将以批评的态度介绍怀特、斯图尔德、塞维斯、布莱克摩尔、福山等人的有关观点，并试图在此基础上提出自己的看法。

（一）进化概念再审视

要回答人类过去的历史有无进化，首先要问："进化"一词究竟是什么意思？

美国学者罗伯特·L·卡内罗认真地考察了"进化"这一概念的起源及使用历史。[①]她指出，"进化"（evolution）一词来源于拉丁文单词*evolûtio*，由e（从……出来）和volûtus（卷起来的）两部分构成，本义是"展开"，尤其指一本书的摊开。在古罗马，书写在长长的羊皮纸上，不看时将羊皮纸卷在小木轴上，看时就将之摊开，这个过程就可称为evolution。由此出发，卡内罗强调了"进化"一词的两个原始含义：一是渐进的展开过程；二是后续发展方式已预先决定好了。从第一个含义出发，进化观念强调事物发展过程的连续、逐步展开。从后一含义出发，进化论倾向于把人类文化发展的规律看成仿佛是由人的本性预先决定好的，就好比生物的形态早在胚胎阶段即已确定一样。这种预定论思想早就体现在从亚里士多德到莱布尼茨、康德、孔德等在内的一系列思想家的著作里，在18世纪末至19世纪时期哲学圈里广为流传。但是由于得不到经验的支持，进化概念的这种预定论含义从斯宾塞开始被逐渐放弃了。在1857—1862年之间出版的论著中，斯宾塞将进化理解为事物通过连续不断地变异从简单到复杂的过程。从斯宾塞开始，逐渐形成了今天人们熟知的进化概念。

从斯宾塞以来，进化概念得到了较大的发展，其内容也日益复杂化。斯图尔德指出，那些主张文化进化与生物进化类似的人，认为进化有两个基本特点：一是形态渐趋复杂的倾向；二是较高级形态的发展。[②]这里先谈形态的复杂化问题。斯图

---

① ［美］卡内罗：《文化进化论的古典创建》，《史林》2004年第1期。

② Julian H. Steward, *Theory of Culture Change: The Methodology of Multilinear Evolution* (Urbana and Chicago: University of Illinois Press, 1955/1972), 12；［美］史徒华：《文化变迁的理论》，张恭启译，（台湾）允晨文化实业股份有限公司1984年版，第17页。

尔德认为，以形态的复杂化作为衡量进化的标准有一个缺陷，就是没有认识到，形态的复杂化并不是进化独有的，许多与进化无关的文化变迁也具有此一特征。比如克鲁伯就认识到，文化的进化是"累积性的"（与生物进化的"替代性"特点不同），这一特点决定了形态日益复杂是所有文化变迁的必然现象，但是我们显然不能说所有的文化变迁都等同于文化进化。①有鉴于此，斯图尔德提出，进化可以理解为新的、特殊的组织的出现，即组织层次的变化，而在文化方面则主要包括他所谓"社会整合层次"的提高。比如从单细胞生物到多细胞生物（后者的内部组织更加分化）的过程，以及从由家庭和血缘关系构成的社会到由跨越家庭的社会共同体、团队、氏族甚至国家构成的社会的过程，均是组织层次、组织方式变化的典型例证。关于"较高级的形态"，斯图尔德认为，这实际上是一个进步的问题。但是后面我们会介绍，他认为进化与进步没有必然联系，不主张从进步角度来理解进化。但是，根据大卫·卡普兰的观点，②较高级的形态可以指适应同样环境的能力更强，在竞争中有优越性，且有向周围环境扩张倾向的物种或文化。这个问题的进一步讨论见后。

塞维斯是斯图尔德的学生，他也对"进化"一词作了词源上的考察，并对其含义作了重新界定。他主张"进化"是指人类社会在环境压力下不断进行整合方式的调整，从而导致的一种变化。③下面我将他所描述的"进化"概念的含义归纳如下：

（1）"连续的、有系统的变迁"；

（2）这种变迁是有规则的，即可以从因果关系方面对其发生机制进行科学分析；

（3）这种变迁是有方向性的，从一个阶段到另一个阶段的复杂性程度不断增加；

（4）进化的反面是收缩（involution），后者以稳定、保守为目标。④

---

① Kroeber, *Anthropology*, 259–261.

②参见［美］托马斯·哈定等：《文化与进化》，韩建军、商戈令译，第55—74页。

③参见［美］E·R·塞维斯：《文化进化论》，黄宝玮等译，第2—3、11、13、27、31页，等等。

④ 塞维斯从词源上分析了"进化"（evolution）与"收缩"（involution）两个词的含义区别，指出involution的本义是"卷起来"，与evolution的本义"摊开来"（即展开）正好相反。他说，在文化发展过程中，involution指环境发生变化时，事物为了保存现存结构，使传统的生活方式存续下去，而采取的维持文化活力的一种方式。因此，involution有时是必要的，并不一定不好。由此看来，中文将其译为"退化"或许并不合理，因为"退化"在中文中有贬义。（参见［美］E·R·塞维斯：《文化进化论》，黄宝玮等译，第11—12页）

哈定等人试图从一种能包容上述定义的角度来界定进化的含义。①他们认为进化大体可指朝着某一方向发生的渐变或质变。具体来说，一是指遗传过程中的变异现象，如生物类型的变化，称之为"渐变"。这种进化也许可用中国人所熟悉的"橘逾淮则变枳"来形容，"逾淮变枳"是生物类型的变异，但是橘与枳仍然属于同一层次的生物类型，二者之间没有质的区别，它们反映了相对论者所注重的生物多样性。二是"突变"，即不再是停留在同一生命层次的变异，而是不同质的、更高级的生命的出现。从单细胞生命到多细胞生物，从无脊椎动物到有脊椎动物，从猿到人的变迁，大概都属于他们所说的这种突变。最后，他们认为突变式的进化是一种"整体的定向运动"，即从一个阶段到另一个更高阶段的进化。②这种观点先认定进化有一个整体的方向，然后"以整体变化的方向来给进化下定义"。对于文化而言，他们把文化理解为"人类为生存而利用地球资源的超机体的有效方法"，因而认为文化进化是指"有机体的增加、更高能量的集聚"，"并朝异质增加方向进行"。③正是从这个角度考虑，他们强调进化过程不同于历史或时间，尽管进化总是包含后者，但时间和历史并不一定意味着变异或更高级的生命的出现。④

后面我们将会谈到，从能量摄取和消耗的角度来理解文化的进化及其方向，是存在一定问题的。不过，如果撇开这一点不谈，把进化理解为生物或文化向更高级的形态发展的过程，包括塞维斯所说的"连续的、有系统的变迁"，斯图尔德所说的"社会整合水平"的提升（就文化而言），以及萨林斯所说的更高级生命的诞生（就生物而言）等，还是比较容易被接受的。

（二）文化进化是客观存在的

根据前述对进化定义的新探讨，人类的历史在过去数千乃至数万年的漫长岁月中，是有进化的。从物质技术层面说，从陶器到青铜器再到铁器，从人力到汽动再到电动，不能说不是进化。从社会制度的角度讲，从原始部落到农业文明和工业文明，不能说没有进化；从文化角度讲，从没有语言到有语言，从没有宗教到有宗

---

① 参见［美］托马斯·哈定等：《文化与进化》，韩建军、商戈令译，第4—7页。
② 参见［美］托马斯·哈定等：《文化与进化》，韩建军、商戈令译，第3页。
③ 参见［美］托马斯·哈定等：《文化与进化》，韩建军、商戈令译，第7页。
④ 参见［美］托马斯·哈定等：《序》，《文化与进化》，韩建军、商戈令译。

教，从简单艺术到复杂艺术，也不能说不是进化。最早提出从工艺改进的角度看人类经济及社会进化的学者是英国考古学家柴尔德，怀特则从另一角度发展这一进化论的历史观。怀特认为，19世纪末到20世纪初，有些学者在反进化论的同时"把脏水连同婴儿一起抛弃了"，也就是说，他认为文化相对论对古典进化论的批评过于绝对，完全不承认进化论思想有任何合理之处。下面我们分别介绍一下怀特、斯图尔德、塞维斯和萨林斯等人对文化进化的理解。

怀特从一种较接近于唯物论的立场来理解文化的发展，将文化史归结为人类支配自然力的历史，又将人对自然力的支配理解为人类对能量的利用。怀特认为，文化可以看成人类种族为了维持自己的生存采取的一种手段。人类为了维持生存，必须从无机物或有机物中汲取能量，文化利用能量的效率或程度也反映了人类文化的成败，所以"文化是一种利用能量的机制"[1]。怀特指出：

> 文化进步只能来自能量……一切生命都是能量转换的结果。有机体通过从无生命系统攫取丰富的能量并把它并入自己的生命系统来维持自己的生命。文化是人类利用能量并把它用于为人类生命安全服务的一种特殊手段。[2]

他分别从人类对火、风、水、光等自然能量的利用历史，包括新的工具对能量利用的作用，来说明从人类文化的进化。其过程如下，人类的幼年或青年期：旧石器时代，对火的支配；新石器时代，农业或畜牧业对动物和植物的控制技术。成年期：对煤、油和水的利用。如今进入可以利用核能的时代。怀特进一步认为能量的利用量，以及同等单位的能量所创造的生活必需品的数量，取决于工具的效率。因此，"文化发展的水平同工具的效率成正比"[3]。从旧石器、新石器、铜器时代、铁器时代到现代合金工具，以及蒸汽机的发明都是例子。随着工具的发明和进步，人类支配能量的能力也不断改进，结果促使人类从原始社会走出，出现大的帝国、政治国家，艺术、城市的发展，人口的增加等。

怀特将文化进化过程完全归结为能量的支配，未免过于片面。对能量的支配应该是文化的一个重要方面，但决不是其最根本的或独一无二的内容。斯图尔德、塞

① ［美］莱斯利·A·怀特：《文化科学——人和文明的研究》，曹锦清等译，浙江人民出版社1988年版，第353页。
② ［美］莱斯利·A·怀特：《文化科学——人和文明的研究》，曹锦清等译，第227—228页。
③ ［美］莱斯利·A·怀特：《文化科学——人和文明的研究》，曹锦清等译，第358页。

维斯均从社会组织形式的分化和复杂化来理解文化的进化，而不限于怀特所谓能量转换问题。例如，斯图尔德有时从社会组织形式的复杂化——亦即社会整合层次（levels of social integration）的提升——来理解文化的进化，并认为进化往往存在于那些重复发生的、因果关系较为明显的现象中。①比如在一些生产技术落后的社会，环境资源决定了社会组织形式采取诸如家庭、父系队群或混合队群的样式；后来随着新技术的一再应用，促使这些社会组织变迁，并形成了比较复杂的社会组织形式；一些干燥地区的古老国家都经历了雏形、小国、国家、帝国这样一些进化时期。塞维斯认为，从狩猎—采集群体，到较为固定的园艺村落，再到人口密集、有酋长和原始帝权的、近于城市的人类群体，可以看作一些地区文化进化的几个阶段。当然，他认为也可以从资源利用的角度看文化的进化，比如怀特所说的能量开发史，也可以看作人类文化进化的一个方面。此外，他还重点从亲属称谓的角度研究文化的一些进化方式。②在塞维斯看来，不同文化进化的方式可能不同，并无统一的模式。他的研究试图说明文化进化可从各种不同角度来理解，不限于一种。

　　萨林斯对怀特、斯图尔德等人的观点有较为深入的理解，因而对文化进化（他所谓"一般进化"）的内容或衡量标准作了更加全面的总结。③他大体认为，文化进化包含三个方面：一是能量转换的程度。即人类从自然界摄取能量，"将其转换为人口、物质材料和制作品"，又转换为政治体制和思想观念，乃至转换为社会习俗和对这些习俗的信奉。他受怀特影响，认为人类一切文化活动都离不开能量，都可以看作一个能量摄取和消耗过程，因而可以从"文化状态的总能量"来衡量文化的成就。二是组织发达的程度。包括部门分工的发达、社会系统和子系统的分化、社会集团或团体的成长、整体综合方法的出现。例如，从原始阶段的无政府状态，到宗族、世系群，再到等级化的部落首领和酋长制度，乃至出现民族国家。社会组织的发达与能量转换的程度是相对应或成正比的。三是文化的全面适应能力。较高级的文化比较低级的文化能支配更多的能量，更加不受环境的束缚，具有支配甚至取代较低文化的倾向，也意味着人类自信心的增加，这些都是较高级文化综合适应能力强的标志。他说这是现代文化（实指西方文化）具有全球扩张态势的主要原因。

　　显然，在上面几位新进化论者中，萨林斯的上述观点比较全面。下面我将采用

---

① Steward, *Theory of Culture Change*, 43—63；另参见［美］史徒华：《导言》，《文化变迁的理论》，张恭启译。

②参见［美］E·R·塞维斯：《文化进化论》，黄宝玮译，第76—141页。

③参见［美］托马斯·哈定等：《文化与进化》，韩建军、商戈令译，第27—31页。

他和塞维斯的部分观点，从不同的角度来理解文化的进化，其中包括技术或工具的发明和改进、能量的转换、社会组织方式、综合适应能力乃至亲属称谓等角度。

（三）单线进化与多线进化

通过对文化相对论的批评，人们认识到古典进化论对文化进化普遍规律的理解所存在的问题，尤其是古典文化进化论认为任何文化的进化都必须经历一系列由低到高的阶段，这一观点经过相对论的批判被越来越多学者抛弃。塞维斯特别批评了古典进化论的线性进化和连续进化的错误，他曾分别以苏联和中国的工业化道路来说明，文化的进化不一定是在原有基础上的线性演化，经常会有一些"后起之秀"超越其他文化所走过的特定阶段，直接跳跃进入新的阶段。他指出，在人类历史发展过程中，出现这种"蛙跳"现象不是偶然的。因为有些原先看来落后的文化，在其他文化的影响下，可能会在短期内自觉地进行自我改造，实现质的飞跃，形成后来居上的效应。这种现象也被称为"落伍者的特权"。由此可见，将进化绝对化为若干个无法绕过的阶段，是不符合事实的。显然，明治维新后的日本也许与苏联和新中国一样能用来支持塞维斯的这一观点。①

那么人类文化的进化有没有普遍必然规律呢？

显然，相对论者对这个问题的基本态度是否定的。这一结论基本上也为当代多数文化人类学家所认可。但是，这是不是指文化的进化完全无规律可循呢？显然也不能这样说。至少不能完全否定文化进化在特定时期、特定环境的条件下可能有某些规律。因此，我们不能简单地满足于文化相对论在这个问题上的观点。新进化论者斯图尔德对这个问题的总结或许有一定说服力。

斯图尔德虽然是新进化论的提倡者之一，但或许由于受到克鲁伯的影响，他也是一位经验主义者。在文化进化的问题上，他主张对文化进化的方式要具体情况具体对待，根据具体情况来发现文化进化的原因，找出其中的规律。以前的人类学家包括怀特、柴尔德等人在内，在总结和分析人类文化进化的方式时，都犯了各种各样的错误，其中最大的错误就是忽略了人类经验的局限性，片面追求抽象、笼统、普遍的文化进化规律。从这个角度说，他认为文化相对论是正确的。但是，文化相

---

① 参见［美］E·R·塞维斯：《文化进化论》，黄宝玮译，第30—52页；［美］托马斯·哈定等：《文化与进化》，韩建军、商戈令译，第80—82页。

对论者所犯的错误是从一个极端走到了另一个极端，甚至否认了进化和进化规律本身，对不同文化的进化及其因果不作追究。正是在这一基础上，他提出"多线进化论"，旨在既能超越古典进化论和新进化论的线性进化的思维方式，又能克服文化相对论的局限性。

他总结，以往学者对文化进化的方式提出了三种不同的解释：[①]

1.单线进化论（unilinear evolution），即摩尔根等人所代表的，将人类文化的进化归结为若干个大的历史阶段的进化论。

2.普遍进化论（universal evolution），怀特、柴尔德等新进化论者试图提出能包容所有人类文化的普遍进化规律。斯图尔德认为，追求对所有文化普遍适用的规律，所得出的结论往往流于空泛，未能触及文化的具体特征和特殊含义。普遍进化论无非指出"由简单到复杂""技术的发展表示了人对能量的控制，是某些文化成就与社会变迁的先决条件""变迁、遗传与自然淘汰"等规则而已。这种进化论并不处理具体种属的诸多特征，也不顾及引起了各种种属分化不可胜数的特殊状况。

3.多线进化论（multilinear evolution）是斯图尔德所提出的一种研究文化进化的方法。它的含义是：

第一，相信在一定的历史时期和环境条件下，文化变迁可能有一定的原因，由此决定了文化的变迁有一定的规律。但又从经验出发，注重地区差异和文化的特殊性，不主张把自己所发现文化的规律想当然地推广到其他地区和所有文化中去，不追求由若干个文化总结出对所有文化普遍适用的规律来。

第二，从社会组织的复杂性出发，文化的发展可能分为若干个不同的"社会—文化整合层次"，对每一个层次研究其有哪些不同的文化类型，再具体分析从一个层次向更高的层次的进化可以遵循哪几种不同的路径。这就是说，文化从一个层次到另一个层次的进化路径是多元的。

例如，若干个农业文明都曾经历如下几个发展层次：①家庭层次；②队群层次；③部落层次；④国家层次。这些社会—文化整合层次可能代表不少农业文明共同经历的发展阶段。但是，在斯图尔德看来，最重要的并不在于指出①到④的进化规律在一定范围内存在，而在于分析每一个层次（或阶段）所对应的文化类型有哪些，然后进一步研究每个文化类型向更高层次进化时所遵循的路径有什么不同。显然，他认为真正值得看重的不是有多少个社会—文化整合层次，而是与每一整合层

---

① Steward, *Theory of Culture Change*, 14–19.

次对应的具体文化类型（如果说几个不同的文化整合层次代表的只是死板的骨架，具体的文化类型才是真正有血有肉的"文化"）。假设在一个进化层次，有好几种不同的文化类型，可以研究这些不同的文化类型之间从低层次到高层次发展的方式。我用表9来展示不同文化类型之间从低层到高层进化的多重路径。其中的箭头是指从一种文化类型进化到另一种文化类型的途径。

　　斯图尔德指出，进化论将不同文化之间的质的不同归于各个不同的进化阶段，从而忽略了各个文化的特殊性；相对论将不同文化的质的不同归结为文化自身的特殊性，而不注重文化发展的阶段性。[①]这说明他认识到古典进化论和文化相对论都有一定的片面性。因此，斯图尔德的多线进化论是为了弥补这两种不同文化学说的局限性而作的一种努力。所谓"多线进化"，就是既承认各个文化的特殊性，又注意研究各个具体文化进化的特殊原因和规律。其实，进化的"多线性"不仅指遵循同一进化规律（如从家庭到国家）的不同文化类型之间的多重进化路径（如表9所示），也可指不同的文化由于生态环境等诸多因素的差别，存在着多种文化进化规律，并没有统一不变、普遍适用的文化进化规律。斯图尔德强调，多线进化论本质上是研究文化进化的方法而不是结论。[②]它的要旨在于，在承认文化的多样性和特殊性的前提下，研究不同文化进化的过程及其间关系，探索文化进化的原因，总结文化进化的局部规律。

表9　多线进化论例示

层次	文化类型			
④国家	文化类型 1	文化类型 2	文化类型 3	……
③部落	文化类型 1	文化类型 2	文化类型 3	……
②队群	文化类型 1	文化类型 2	文化类型 3	……
①家庭	文化类型 1	文化类型 2	文化类型 3	……

①参见［美］史徒华：《文化变迁的理论》，张恭启译，第18页。
② Steward, *Theory of Culture Change*, 18.

（四）一般进化与特殊进化

斯图尔德的多线进化论在新进化论者如怀特、萨林斯等人看来仍然是不能接受的，原因在于它反对适用于所有文化的普遍进化原理。萨林斯关于一般进化与多线进化的区分，在怀特看来比斯图尔德的单线进化（或普遍进化）与多线进化的区分更加优越。[①]不管谁是谁非，我们先对萨林斯的理论作一番介绍。

萨林斯试图提出这样一种理解文化进化的学说，既包容文化相对论的合理内核，又能说明人类文化的进化规律。这就是他关于一般进化与特殊进化的区分。他首先从生物进化谈起，说理解生物进化需要区分两样东西，即：

（1）同一个生命层次出现多种变异，他称之为特殊进化；

（2）从一个生命层次到另一个更高生命层次的飞跃，他称之为一般进化。

这里，同一生命类型出现多种变异指物种由于环境差异而变异，即同一物种到了不同的环境会根据情况做出适应性调整和某些功能或技能的改良，导致物种的变异（前面提到过的"橘逾淮变枳"就是一例），这种变异促进了分类谱系的发达。我举个例子来说明这一观点。动物学界认为家猫、老虎、豹、狮子皆属于猫科动物，都是从同一祖先演化而来的，有一些共同的生理特点，它们之间的差别则是长期演化的产物。据说猫科诞生后"向着两个方向发展，一支上犬齿逐渐延长，另一支犬齿趋于变小而身体比较灵活"，而猎豹亚科"是向着快速奔跑的路栖动物发展的一支"。这些不同的猫科动物分布在全球不同地区，它们的变异显然也与生存环境的变化有关。家猫与老虎、狮子、豹之间的差别，从本质上有别于家猫与狗、麻雀、鹅等动物之间的差别。因此，从原始的猫科动物进化到猫、老虎、狮子、豹，是同一动物物种变异的体现，而不是猫科动物生命层次的飞跃，属于特殊进化而不是一般进化。正是从这一角度看，萨林斯指出，特殊进化是生物（或文化）多样性的充分体现，也是对文化相对论的一个有力佐证。

但是萨林斯强调，我们不能因为上述物种的变异，而否认生物进化的另一个层面，即从生命层次的提升。比如，"人的发展高于鼠类，鼠高于蜥蜴，蜥蜴高于金鱼，金鱼高于螃蟹，螃蟹高于变形虫"[②]。尽管它们当初是从不同的世系群进化而来的，代表着不同世系群进化的终端，但可以认为，这里存在着从低等生物向高等

[①]参见［美］托马斯·哈定等：《序》，《文化与进化》，韩建军、商戈令译。

[②]［美］托马斯·哈定等：《文化与进化》，韩建军、商戈令译，第15页。

生物的进化线路。这种进化在萨林斯看来可称为一般进化，与前面所说的特殊进化不同。对于一般进化，萨林斯常用"生命更高形式的出现""物种向更高形式发展""更高组织的结构"[1]等来描述。

萨林斯认为，不仅生物界存在这种一般进化与特殊进化的区分，在文化领域也存在同样的区分。他以战争为例来说明这一点。[2]他指出，我们可以从战争范围、武器规模、伤亡人数、战役持续时间和阶段以及战争的社会后果等为指标来区分战争的"进化"。如果战争在这些指标上发生了质的飞跃，那么可视为战争的一般进化。但是，19世纪平原印第安人之间的战争，以及平原印第安人与加利福尼亚印第安人或易洛魁人的战争，每一场都属于一个独特的历史类型，彼此各不相同。但是它们之间的不同，从战争范围、武器规模、伤亡人数、战役持续时间和阶段及社会历史后果等角度看并无本质差别，因而只能反映战争的特殊进化，而非一般进化，即处在同一战争进化阶段的几种不同的战争类型。

如果我们把人类文化作为一个整体来看，那么可以发现，不同的文化，甚至同一文化在不同的历史时期差别可能甚大。但是我们对这些差别要区别对待，有些反映的是文化的特殊进化，有些反映的是文化的一般进化。那如何来区分这两者呢？萨林斯指出：

> 文化一般进化是能量转换由少到多，综合水平由低到高，全面适应由弱到强的过程。而特殊进化则是文化沿其多元线发展的、族系的、分化的、历史的过程以及特定文化适应性变异的过程。[3]

也就是说，他提出了文化一般进化的三个标准，即：

"能量转换由少到多"。指文化从自然界攫取能量，并转化为生产力和生产关系，乃至人类的思想和意识形态的过程；

"综合水平由低到高"。指社会组织的分化和发达程度。包括物质因素的增长、分工的发达、社会集团和小团体成倍增长以及特定的社会整合方法(这些方法包括族长地位、国家、哲学或道德学说等)的出现；[4]

---

① ［美］托马斯·哈定等：《文化与进化》，韩建军、商戈令译，第13、16页。
② 参见［美］托马斯·哈定等：《文化与进化》，韩建军、商戈令译，第24—25页。
③ 参见［美］托马斯·哈定等：《文化与进化》，韩建军、商戈令译，第31页。
④ 参见［美］托马斯·哈定等：《文化与进化》，韩建军、商戈令译，第29—30页。

"全面适应由弱到强"。指一个文化在与其他文化的竞争性关系中体现自己的整体优势，体现在诸如开发能源的范围和能力不同、受环境支配的程度不同等。①

在萨林斯看来，特殊进化是对文化相对论的最好说明，即一方面解释了文化相对论的合理性，另一方面说明了文化相对论的局限性。站在特殊进化的角度看，文化的多样性以及不同文化的同等合理性，是显而易见的。但是站在一般进化的角度看，文化的多样性和特殊性并不足以否认文化进化的事实。萨林斯对特殊进化与一般进化的区分，是非常有意义的，我认为其主要价值在于，为我们理解文化多样性、特殊性与文化进化之间的关系提供了一个新的视角。②但是，如果我们比较萨林斯与斯图尔德新进化论学说之间的异同，就会发现，虽然他们似乎都从理论上成功地解决了文化相对论与文化进化论之间的矛盾，但实际做法是大有不同的。萨林斯在自己的论文中多次批评斯图尔德，③其主要原因在于斯图尔德反对普遍进化论，主张多线进化。站在斯图尔德的角度看，我们确实可以发现，萨林斯的进化论思想与怀特一脉相承，仍然代表一种典型的普遍进化论思维方式。其主要特点在于把生物进化（人类进化是其中的一方面）纳入一个统一的标准和模式里。这正是斯图尔德所反对的。前面我们说过，斯图尔德基于文化相对论的启发，认为不同文化之间的差别及其发展规律不能先验地加以规范，而萨林斯基于怀特的启示对进化的含义及规律所作的普遍统一界定，就显得过于简单或先入为主了。

我想，问题并不在于，萨林斯对一般进化所提出的上述三个标准是否正确，而在于他衡量进化的角度是否是最合理的。我的意思是，固然，文化的进化可能包含能量转换、组织分化以及整体适应能力等几个方面。但是，是不是这些就是衡量文化进化的最重要的层面呢？是不是所有文化的进化都必须从这几个方面来理解呢？按照斯图尔德的观点，即使这些方面都成立，我们也可能只抓住了文化机体上几根极其粗糙的骨头，而把其中有血有肉的部分忽略了。多线进化论的要点在于，方法重于结论，以及注重文化的血肉部分而不是枯燥的骨架。从这个角度，我想，

---

① 参见［美］托马斯·哈定等：《文化与进化》，韩建军、商戈令译，第30—31页。
② 怀特称赞说，"萨赫林斯（Sahlins）对特殊进化与一般进化作的区别应该大大有助于澄清历史与进化两者概念上长期存在的混乱"（［美］托马斯·哈定等：《序》，《文化与进化》，韩建军、商戈令译）。
③ 参见［美］托马斯·哈定等：《文化与进化》，韩建军、商戈令译，第23—24、34、36页，等等。

对于理解文化相对论与文化进化论，以及文化特殊性与普遍性之间的关系而言，尽管萨林斯的进化观提供了极有意义的思路，但是斯图尔德的多线进化论似乎更有生命力。

五、重思进化与进步

（一）进化与进步

在对文化进化的含义及规律作了上述探讨之后，我认为再回过头来检讨一下进化与进步的关系是很有意思的。前面说过，古典进化论把进化等同于进步，并由此出发把不同的文化区分为高级或低级的，这种观点为文化相对论者所摒弃。由于文化相对论对文化的进化持消极甚至否定的态度，事实上回避了进化与进步之间是否有必然联系的问题。因此，虽然像克鲁伯这样的人确实也承认文化的变迁中包含着进步，但是多数相对论者似乎倾向于把进步当作古典进化论的笑料来看。到了新进化论，既然进化是不容置疑的，那么进步也就确实存在了。但是由于对进步的含义理解不同，不同的学者对进化与进步的关系的理解也有所不同。前面我们说过，克鲁伯曾经分析了进步概念通常的含义就包括更好、更高级、更高的品质或趋向更理想的价值目标。正是本着这种理解，斯图尔德认为进化与进步是两个独立的问题，需要分开讨论。[1]如果说进化是个事实问题，那么进步在他看来就是个价值判断问题，人们可以从不同的角度来界定何为进步，而最糟糕的是价值判断难免受种族中心主义的影响。因此，进化是否意味着进步，完全取决于人们的价值标准。由于人们的价值标准难以客观地界定，所以进化与进步的关系也就不是必然的了，或者说二者并无必然的联系。然而，在新进化论者如怀特、萨林斯等人看来，文化的进化与进步却是密不可分的，因为文化有它自己的进化方向，符合这个方向的自然就是

---

[1] Steward, *Theory of Culture Change*, 13–14.

进步的了。①

　　仔细阅读他们的著作可以发现，怀特、萨林斯、哈定等人事实上在一定程度上修改了古典进化论者的进步概念，主要体现为：他们虽然仍把进化等同于进步，但是不再把进步等同于"好"。萨林斯指出，进步对于特殊进化来说指适应能力的增强，或者利用资源的能力增加了，这是一种相对的进步；对于一般进化来说则是指更高级的生命的出现（在生物进化方面），也可以说是从能量开发小到能量开发大、综合水平从低到高、全面适应能力由弱到强。②他强调，文化的一般进化并不等于"好"。③大卫·卡普兰从"优势种"的角度来理解进化与进步的关系。④所谓"优势种"指在竞争中获得优势，促进了结构和功能上的改良，甚至向周围的环境产生了扩张态势。这种进化过程可以用"进步""高级"或"低级"这样的术语来描述。当代英国学者布莱克摩尔从文化因子（她称之为"谜米"，meme）的角度来理解文化进化，认为文化进化是文化因子出于自私的目的而进行自我保存、复制和传播的结果，因此说进化等于进步是没道理的。但是她同时指出，进化又与进步相关，因为进化包含着从混沌中创造出秩序，进化类似于不可压缩的计算机程序，意味着复杂性程度之不可逆转地增加。⑤

　　这里可以发现，怀特、萨林斯、布莱克摩尔等人所使用的进步概念，有两个特点：一是认为符合进化方向的就是"进步的"；二是进步的含义主要是从事实判断而非价值判断的角度来理解的，所以他们所说的"进步的"并不等于就是"好的"。事实上，无论是怀特所说的能量支配过程的进步，还是塞维斯、萨林斯等人所说的社会组织的发达，或是萨林斯所说的综合适应能力的提升，均无法等同于

---

① 伯瑞《进化的观念》一书对"进步"概念在西方近代以来产生的历史背景下作了详细探讨。我们通过该书可以发现，今天在国内盛行的、也曾在西方18世纪至20世纪初叶盛行的进步观的形成，是一个历史过程，也是特定历史条件下的产物（参见［英］约翰·伯瑞：《进步的观念》，范祥涛译，上海三联书店2005年版）。
② ［美］托马斯·哈定等：《文化与进化》，韩建军、商戈令译，第12—13、19、31页。
③ 参见［美］托马斯·哈定等：《文化与进化》，韩建军、商戈令译，第25页。
④ 参见［美］托马斯·哈定等：《文化与进化》，韩建军、商戈令译，第55—56、58—59页。
⑤ 参见［英］苏珊·布莱克摩尔：《谜米机器——文化之社会传递过程的"基因学"》，高申春、吴友军、许波译，吉林人民出版社2001年版，第20—24页、第44—48页、第102页。她还指出，"进步"一词通常在两种意义上使用："其一，它意味着趋近于某种结果或目标的发展过程；其二，它意味着只是趋近于更高程度的秩序、复杂性等发展过程，或者说是任何形式的、不带有具体的内在目的的连续发展过程。"显然，她认为第一种含义是古典的，应该被抛弃，但第二种含义可以接受。

"好"。道理很简单：能量支配能力的发展，可能使人类毁灭于核战争；社会组织的发达，并不等于人类生活更加幸福美满；综合适应能力的提升，有时会导致生态破坏和人类生活质量的下降。这些当然无法说成就是"好"的，因此这些新进化论者确实已经在一定程度上改变了进步一词的本义或使用方式。

现在我们回到另一问题上来：我们可不可以从价值判断的立场来理解文化的进化，从而对不同文化的好坏优劣作出评判呢？我们知道在中文语境中，人们也常常在克鲁伯的意义上来使用进步一词，包含着价值判断，但是当我们说科技进步时，似乎同时带有事实判断与价值判断这两种含义。如果我们还是回到进步作为一个具有价值判断含义的术语的话，或许可以得出：文化的进化并不一定意味着进步，但进化可能包含着进步，关键在于进步的标准是什么。需要特别指出，文化相对论中一个最受人诟病的问题，似乎是严重忽视了文化或文化现象的评判问题。在一种过分谦虚的"科学"态度支配下，它似乎对进化与进步采取了搁置甚至否定的态度，从而也不能启发人们如何推动文化的发展和进步。美国人类学家哈里斯指出，尽管文化相对论对于不同文化模式（式样）似乎回避采取价值判断的态度，但我们不必受它影响，而把吃人俗、战争、活人祭品、贫穷等当作有价值的东西对待。对于我们这些非西方的读者来说，我们急切地关心中国文化未来的出路和方向，[①]尤其在西方文化的强大影响下中国文化如何适应和自我改造，是我们不得不面临的重要问题。但对于所有这些问题，文化相对论显然都不能给我们足够的启示。相反，它的相对主义态度，倒确实有利于一种保守、封闭的文化立场，但显然并不是真正有益于文化的自我保存和发展，尤其是在充分、高度竞争的现代世界里，在世界各个民族均要面对西方现代性的巨大挑战作出自我改造，从而实现在新的进化的时代历史潮流中站稳脚跟的目标。

然而正如赫斯科维茨、克鲁伯等人认识到的，要想找到衡量文化进步的标准，事实上很难。因为一旦涉及价值判断，就往往会摆脱不了自我或种族中心主义。前面谈过，克鲁伯事实上从三个方面，即巫术或迷信、对人的处理方式、科技及医学等探讨了衡量文化进步与否的标准问题。他的探讨有就事论事的性质，不够普遍。哈维兰指出有的西方学者试图从特定文化如何满足其成员的物质和精神需要的角度来评判文化的好坏，这些角度包括营养、健康、暴力、犯罪、人口、结构、稳定

---

①参见［美］马文·哈里斯：《文化人类学》，李培茉、高地译，东方出版社1988年版，第9—10页。

性、家庭安宁、资源环境等；还有人提出，文化基本上是确保一群人生活持久幸福的维持体系，因此，只要它能以其成员自认为合理的方式确保一个社会的生存，就可以被看作成功的。①

我个人认为，文化进步与否的标准在有些方面是可以找到的，而在另一些方面则难以确定。比如，有些文化进化给人们的生活带来了巨大的便利，比如延长了人的寿命，医好了人的疾病，减轻了人的痛苦和负担，这些恐怕不能说不是进步。从这样的角度看，我们也会发现，不同的文化之间之所以存在相互学习、相互借鉴的现象，是因为有些东西——包括工具、技术、法律、思想、制度等——可以给人带来许多好处。而不同的文化假如在满足人类的一系列需要方面，尤其在带来好处方面的成就大小有所不同的话，那么可以说这些文化之间不是完全不存在好坏优劣之分的。比如我们认为和平比战争好，清廉比腐败好，吃饱穿暖比饥寒交迫好，环境清洁比环境污染好，生态平衡比生态破坏好，相互尊重比相互伤害好，相互学习比相互嫉妒好，诚信比欺诈好，礼貌比粗鲁好，关爱比仇恨好，免去酷刑比使用酷刑好，开放比封闭好，开明比专制好，信仰自由比信仰不自由好……所有这一切，作为衡量文化好坏优劣的部分依据应该是可以的。

但是问题在于，我们可不可能仅仅以这些可知、可见的标准为基础就判断一个文化从整体上是优还是劣，因为上面所列的这些标准只能用于文化的若干成分，而文化的发展有时具有不确定性。比如一些目前显得各方面比较落后的文化，有时包含着我们未知的潜能，使得其后来居上，此即塞维斯所谓"进化潜势法则"②。另一方面，在我们罗列上述好坏标准时，也可能会犯先入为主的错误，特别是这些好坏的标准在实际生活中有时因文化的不同而有不同的理解。因此，我认为我们是否应牢记：（1）在具体的文化生活层面，不排除不同文化之间存在着好坏优劣之分。如果一切都变成相对的，那么也就不存在文化之间相互传播、相互学习的必要了。（2）但是不要轻易把某些层面的优劣，上升到整体上来评判一个文化的好坏优劣。文化相对主义者所重点反对的，是不自觉地习惯从整体上评价其他文化。我们的目的并不是要避免对文化的进步与否作出评判，而是在进行文化评判时尽可能尊重文化的差异和特殊性，尽量避免受自身文化偏见的误导，从整体上对某文化作价值评判。

---

①参见［美］哈维兰：《文化人类学》，瞿铁鹏、张钰译，第56页。
②参见［美］托马斯·哈定等：《文化与进化》，戴建军、商戈令译，第75—90页。

（二）文化进化有无统一的方向？

现在让我们回过头来探讨另一个尤为重要的问题，即人类文化的进化是否有终极目标或方向？下面我们将会介绍，学者们在这个问题上并无统一的看法。一些人——包括波普尔、一些文化相对论者和新文化进化论者——认为，文化进化并无统一的方向，人类文化的未来是无法预测的；而新进化论者如怀特、萨林斯等则坚定地相信人类文化有一个明确的统一的方向。在这一点上，他们与古典文化进化论并无二致。现在我们来看看他们分别是怎样来论证的。

卡尔·波普尔在《历史决定论的贫困》这部名著中反复论证认为，人类历史的进程超出了人类知识充分掌握的范围，因此要预测人类历史的未来进程是不可能的。[①]他更是在该书"序"中直截了当地将自己的主要理由概括为五条：一是，人类历史的进程受知识增长的强烈影响；二是，我们不可能用合理的或科学的方法来预测人类知识的增长；三是，我们不能预测人类历史的未来进程；四是，不存在一种与"理论物理学"相当的"理论历史学"，也就是说，不可能建立起一种可以用来预测历史未来进程的精确科学；五是，历史决定论方法的基本目的是错误的，历史决定论不能成立。他在书中将马克思、孔德、密尔等人均称为典型的历史决定论者。按照波普尔的观点，历史究竟有无统一的方向，超出了人类知识的范围，是不可知的。下面我们来看看文化人类学家的观点。

克鲁伯认为文化进化与生物进化的方式有本质不同，前者是"累积式的"，后者是"替换式的"，但是克鲁伯长期对文化进化方式的观察研究，使他得出文化不可能按照预订的计划或目的来进化的结论。[②]他说，生物机体的成长几乎可以看成由生物细胞提前决定好的。一个生物体会长成什么形状、结什么果实、大体寿命等，都是早在两个细胞结合成一个之时即已确定的。但是，文化的成长不是如此。他说，文化的发展主要体现为在现有的基础上缓慢地增加新的东西。任何一个现有的文化都可以看成一系列因素长期积累的产物，其中包括种种偶然事件，内在和外来因素的影响，等等。总之，文化不断面临新的因素的加入，和如何将新的因素结

---

① 他的这一思想形成于1935年左右，到20世纪50年代正式发表为长篇论著。参见［英］卡·波普尔：《历史的说明》《序》，《历史主义贫困论》，何林、赵平等译，中国社会科学出版社1998年版。
② Kroeber, *Anthropology*, 286–287.

合进旧的文化机体中去的问题。因为新文化因素的加入常常无法预计，所以文化的整合不可能有现成的方案和预定的目标。如果再考虑到大量已知和未知的文化类型的不确定性，就很容易理解既然没有一个统一的"人类文化"，也就谈不上人类历史有统一的目标或方向了。克鲁伯的观点代表了历史批评学派从经验主义立场看待历史过程的方式，这一思维方式在斯图尔德那里得到了继承。尽管斯图尔德是一位新进化论者，注重研究文化过程之间的因果关系，但是他的多线进化论充分表明了他的一种观念，即人类历史究竟向什么方向进化，至少迄今为止还没有形成一个统一的路线，因此为人类历史设计未来方向是不切实际的。

布莱克摩尔是一位坚信达尔文的生物进化论思想可以应用于人类社会的现代学者，但与达尔文不同的是，她从道金斯的基因学说出发来理解文化的进化，得出人类文化的进化没有预设的目标或目的，因而也没有终极方向的结论来。因为正像生物的进化是靠基因的遗传和变异，文化的进化也靠文化因子（meme）的传播和变异，而这些基因或因子只感兴趣于最大限度地自我保存、复制和传播，而不关心传播和发展的结果是什么，这导致最终的结果充满偶然性和不确定性，因而文化的进化没有明确的方向可言。[①]

然而，正如我们前面交待过的，按照怀特、萨林斯的观点，人类文化的进化是有统一方向的。这个方向用怀特的话说就是能量支配的增加，或者用萨林斯、塞维斯的话说，还包括社会组织的发达，以及综合适应能力的增加，或者用卡普兰的话说，"优势种"的形成[②]。不同于克鲁伯一再强调文化进化与生物进化不同，他们都认为文化进化只是生物进化中的一部分，是一种"亚物种进化"，前面所说的进化的内容不仅适用于文化，而且适用于一切文化。这充分说明人类学界在这个问题上并没有统一的意见。从他们各自的立场看，似乎都有道理，但关键在于什么样的立场才真正有意义。

比如说，相信文化进化与生物进化同样有统一方向的人，同时给出了这个方向是什么。在怀特看来这个方向就是能量的利用或效率的不断增加，在萨林斯来说除此之外还包括组织的发达，以及综合适应能力的提升等。因此，我们是否接受文化进化的统一方向，也就转变成是否同意把它们当作衡量文化进化方向的指标。按

---

①参见［英］苏珊·布莱克摩尔：《谜米机器——文化之社会传递过程的"基因学"》，高申春、吴友军、许波译，第20—24、47—48页，等等。
②［美］托马斯·哈定等：《文化与进化》，韩建军、商戈令译，第55—74页。

照这种观点，波普尔对历史决定论的批判严格说来不能对文化统一方向之说构成威胁，因为按照前面我们提到过的怀特、萨林斯等人的观点，文化进化与历史进程不同，历史的进程是指事物在时间之流中的过程，但进化不是以时间为基础，而主要包括生物形态的质变，比如新的更高级的生命的诞生①。从这个角度说，文化进化与历史规律是两件不同的事，即使你证明了历史发展没有规律，或证明了文化有时在退化（即不一定按照线性方式进化），都与文化进化的方向无关。历史的波折也好，文化的退化也罢，都只是时间之流中的现象，至多只能证明进化尚未发生而已，而不能说明进化如果发生的话，它的方向是什么。由于克鲁伯未就进化是什么提出明确的界说，所以我们在理解他的进化观点时，容易混淆文化进化与文化变迁（即历史的进程）这两者（布莱克摩尔似乎也有这个问题）。这样一来，似乎文化相对论者对文化发展方向的理解有所欠缺。不过相对论者也可以这样回答，即：他们本来就不认为文化进化是个有意义的问题，因此他们所探讨的主要不是文化进化的方向，而是文化变迁的方向问题。从这个角度看，他们和波普尔一样，都论证了文化变迁（change）——而非文化进化（evolution）——并没有统一的方向。

　　另一方面，对于斯图尔德来说情况则复杂多了。斯图尔德是承认进化存在的，但对于什么是进化、进化的内容是什么，他从经验主义立场出发，倾向于不作过死的界定。虽然他有时从"社会文化整合水平"角度来理解文化进化，但是并没有把这当作理解文化进化独一无二的途径。同时受文化相对论的启发，认为不同文化存在不同的进化方式和路径，由此所得出的多线进化论，事实上否定了文化进化存在统一的方向的说法。由于斯图尔德把历史批评学派的方法论应用于对进化概念的重新理解上，和怀特、萨林斯等人试图明确界定进化的含义的做法不同，他的结论也非后者所能轻易反驳的。

（三）关于文化进化的中国式讨论

　　对于有些中国人来说，人类文化进化的方向或终极目标的答案是不言而喻的。有的人会说，人类文化的发展虽然参差不齐，但是大体方向还是有的，比如科技日益进步，生产力日益发达，社会制度日益民主，生活水平日益提高……真是这样的吗？科技进步、生产力之类的说法其实是怀特式观点的翻版，并无新意。

---

① ［美］托马斯·哈定等：《序》，《文化与进化》，韩建军、商戈令译，第13页。

现在我们不妨来谈谈这些人类文化的方向的说法。我认为当我们使用"方向"这个词时，有三种潜在含义：好；竞争力较强；为了生存不得不选择。从这些角度看，"科技进步"是否代表人类文化的方向值得细究。其一，科技究竟是好是坏没有定论，谁也不敢保证人类不会在将来的某一天毁灭于核战争。毁灭之后，世界是回到蛮荒时代，还是回归如《黑客帝国》所描绘的、一切都靠人为制造的黑色世界，又有谁知道？其二，现代科技究竟会把人类引向何方迄今为止是未知数。科学技术的发展有许多不确定性，比如基因技术，正在改变地球的生物链，将来不仅有可能无法人为控制"克隆人"，而且吃了基因被改造的生物食品后，人体结构究竟会发生什么样的变化，也无法真正控制。现在做转基因实验的生物学家，可以让老鼠的耳朵长在脊背上，让鼠毛变成绿色，让西红柿长成西瓜那么大，等等。当然，如果允许的话，我猜他们也可以让人的眼睛长在后脑上，让人体的大小增加十倍，像大树一样高，说不定将来还可以让人长出三头六臂来。对于他们改造过的生物，包括做实验用的小老鼠，尽管他们采取了许多措施来控制其繁衍，但据我所知还是很容易失去控制。特别是有些被他们试验过的植物和动物，在被人类食用后会对人体产生什么影响，他们目前也并不全部知晓。其三，鉴于生活在今天世界上的文化，没有哪一个能逃脱得了技术的主宰，我们可以说科技进步也许在相当长一段时期内代表一种方向，但未必会代表人类文化的终极方向。如果科技进步不能代表人类未来的方向的话，那么与之相伴的生产力的发达、物质生活水平的提高也不一定能成为人类文化的方向，因为它们所反映的仅仅是人类文化的物质层面，而不能反映文化的精神层面，而后者才是最重要的。

至于民主这个说法也有明显的问题，正如本书第三章所试图说明的那样。我们知道人类实践民主政治已有几千年的历史，最典型的例子莫过于古代雅典的民主政治。但是，正如柏拉图在《理想国》（Republic）一书中所总结过的那样，民主政治并不是最好的政治，它比起经过良好训导的贵族政治来说差得多，民主政治是导致雅典堕落和衰亡的主要原因。越来越多的现代学者认识到民主是在特定的社会历史及文化条件下才会出现的政治制度。当这些条件不具备时，民主难以出现，也不一定能带来社会的有利变迁。据此我们不可以说，今日中东一些国家未实现西方式民主就违背人类文化发展的潮流。只要我们能举出一些例子来说明，世界上有些文化有必要且有可能永远不遵循我们所说的这些方向生存下去，我们就不能说这里所列举的东西代表人类文化的共同方向。

　　福山在《历史的终结》①一书中提出：伴随着苏联、东欧社会主义阵营在20世纪90年代前后的全面解体，自由民主、议会、自由市场经济已经普世降临，人类的历史似乎已经走向它的终点。他的观点并没有太多的新意，无非是黑格尔式启蒙精神的新版，黑格尔认为"历史的全部过程乃依自由在具体政治与社会制度中的确立而达于顶峰"，于是就有了所谓"历史的终结"。②那么，我们是不是可以接受福山的启示，将自由民主制度理解为人类一切文化发展的方向和不可避免的归宿？这其实是个很可笑的观点。问题在于福山所谓"自由民主制度"事实上是西方现代文化的产物，它在今天的巨大胜利固然是事实，但是相对于整个人类文化来说则只是一个片面，文化人类学家早就已经指出不能把西方式的人权和民主理想强加到其他文化之上③。从福山在书中对以日本为代表的亚洲文化传统的描述④，可以看出他对东亚文化传统是何等不了解。比如他把亚洲文化归结为托克维尔所谓"多数专制"，并用"集团共识""公开的暴政"以及"威权主义"等词语来形容它，说"这种社会要成员们绝对服从"，排斥人的个性发展，"终究是非理性的"。他并声称：

　　　　一个方向是，亚洲人越国际化，越提高教育水准，越会持续吸收普遍而交互认知的西方理念，越发推广形式上的自由民主。⑤

　　从这些言论可以看出，他内心深处认为亚洲文化传统今天只有接受西方的自由民主理念才是"进步的"。而这种肤浅地用西方自由民主价值来衡量其他文化的做法，在文化人类学家看来，是典型的欧洲文化中心论的产物，其问题前面分析过。我并不是说其他文化一定不能接受西方式的自由民主，而是说它们相对于其他文化来说是非本质的、表面的，不具有真正的重要性。在许多文化人类学家看来，把无限丰富多样的人类文化世界纳入一个统一的方向中去，等于把它们归结为简单的几

---

① ［美］弗兰西斯·福山：《历史的终结》，远方出版社1998年版；或Fukuyama, *The End of History and the Last Man*.
② ［美］弗兰西斯·福山：《历史的终结》，第79页；孟凡杰：《对历史终结论当代复活的分析与批判——以福山〈历史的终结和最后的人〉为例》，《华北水利水电学院学报（社会科学版）》，2010年第1期。
③ Steward, *Theory of Culture Change*, 13–14.
④ 参见［美］弗兰西斯·福山：《历史的终结》，第272—279页。
⑤ ［美］弗兰西斯·福山：《历史的终结》，第277页。

种样式，无论是从价值判断出发，还是从事实判断立场出发，都有问题。从价值立场判断，这样做不符合人类文化发展的多样性需要；从事实判断的立场出发，仅仅从最近几百年内西方文明在全世界的强势发展来预言人类文化发展的根本方向，未免言之过早。

需要明白另外一个重要事实，即我们是不是真的可以仅仅从今天目光所及的范围来预言人类历史在未来几百年、几千年乃至几万年的发展前景？让我们设想一下过去吧。孔子无论如何聪明也没有预言到秦汉以后的郡县制；孟子再有远见也不能预言工业革命和现代市民社会的兴起；柏拉图、亚里士多德可以对他们那个时代所见的政治制度作最好的总结，但是他们不能预知罗马帝国的兴起以及欧洲中世纪的封建领主和采邑制度，更不要说预知资产阶级革命及现代议会民主制了。在科学上，亚里士多德、伽利略、牛顿都是取得空前未有的巨大成就的人，但是正像亚里士多德无法想像伽利略、牛顿等人所代表的近代科学一样，伽利略和牛顿也无法预知爱因斯坦的相对论和量子力学。16—18世纪的现代西方文明（包括工业革命、市民社会、资本主义、科学进步等）在非常短的时间内几乎彻底改变了人类世界的格局，其能量之大超乎前人的想像。但谁能知道今后人类历史的进程不会再次以类似的方式被某个突发事件或某个突然勃兴的文明所打乱？这些事实也让我们认识到，人类世界在今后的几百、几千甚至几万年中究竟会发生什么样的变化，同样是我们不能从今天所见到的情况出发充分想象和预言的。克鲁伯研究人类文化成长的曲线后，得出人类文化的成长快慢差异极大，没有什么规律可循的结论。短的只维持几十年，长的则有五百年甚至一千年。[①]

多年来，我们一直认为，中国古代的封建王朝代表的是一种不如现代的、落后的时代，这种观念多少受到了进化论观念的影响。但是今天看来，我们凭什么这么说呢？这难道不是因为把西方现代文明的一系列特征，包括民主政治、市民社会、工业化和市场经济等当作衡量一个文明是否合乎人类文化发展方向的基本标准了吗？西方现代文明不过是人类特定文化在最近数百年间所创造的一种文化成就，它何以能代表人类所有文化或文明的根本方向？这种观念显然本身就是一种西方文化中心论。从现代文化人类学，特别是文化相对论和斯图尔德、塞维斯等人的新进化论立场来看，文化的多样性和丰富性最容易在追求一些大的、宏观的历史发展规律

---

① 参见黄维宪、宋光宇：《文化形貌的导师——克鲁伯》，（台湾）允晨文化实业股份有限公司1982年版，第182页。

或方向的过程中遭到不应有的忽略。即使是一些看起来非常相近的文化类型，我们对它们深入研究后也能发现，其丰富生动的具体内涵远比那些宏大的历史规律来得重要。由此可以发现，诸如"民主""科技""自由""生产力""生活水平"等字眼，在形容文化的丰富性方面显得异常苍白，或过于简单。从文化的多样性出发，甚至可以得出结论：中国古代封建王朝所代表的文化类型与西欧现代文明所代表的文化类型之间未必有什么可比性，也不一定可以用"传统""现代"这样的二分法来定位它们，更不能说哪个先进、哪个落后，或哪个高级、哪个低级。当然，我的意思并不是说，我们今天不需要引用西方的民主和科学技术，不需要大力推进现代化，而是说我们不能简单地、仅仅根据上述词汇来评判中国文明或其他文明的进步与否。

（四）文化的特殊性与普遍性

现在我们回过头来总结一下我们关于文化特殊性及其普遍性的问题。应该说，在前一阶段我们所讨论过的所有有关文化进化论与相对论之间的争论，几乎无不贯穿着这一主题。可以说，文化的特殊性是文化相对论的思想精髓所在。文化相对论对文化进化论的全部批判也是在此一思想基础上展开的。例如，在文化人类学家看来，每一个文化都是独特的、不可替代的。文化相对论者一再强调，很多在我们看来大同小异、可以统称为"原始文化"的现象，如果细加研究就会发现其间的差别之大甚至不亚于它们与我们之间的差别，仅仅由于一些直观的印象而将它们归为一类，是不科学的做法。又如戈登威泽指出，[①]仅仅是北美地区的原始文化，其类型之多就不少于古往今来人们所发现的所有文明的数量。由此可见，所谓"原始文化"实际上是个非常贫乏的术语。基于上述观念，文化相对论者一般将主要精力用之于研究各个文化的特色，而不太注重研究文化之间的通则，也不太注意从因果关系的角度研究文化与其他因素之间的互动关系。克鲁伯的弟子斯图尔德在总结克罗伯一生的学术活动和成就时，一再指出克鲁伯文化研究方法最重要的特点之一，就是注重从整体上来研究某个文化的显著特征，并在这一基础上以自然史的方法将文化归类。[②]例如，他喜欢从"式样"（style）这样一个带有美学意味的角度来观察

---

① Goldenweiser, *Early Civilization*, 20.
② 参见黄维宪、宋光宇：《文化形貌的导师——克鲁伯》，第81—92、119、141—142页。

文化，发现不同文化的显著特点各有不同。在他看来，玛雅文化以其文字记录、历法推算、建筑形式和装饰艺术为突出特点，而印加文化则以大规模的灌溉系统、道路桥梁系统以及他们的组织能力为突出特征。这种研究方法的特点就是，相信每一个文化都不会相同，对一个文化的特征力图从经验的立场进行小心翼翼地观察和了解，避免下宏大的结论。但是在斯图尔德看来，克鲁伯的研究方式的缺陷在于对文化内部各要素之间的关系研究较少，不注意研究文化内部变迁的因果关系。这实际上否认了社会学、经济学、政治学等社会科学领域的科学方法可以应用于人类学领域。斯图尔德虽然对克鲁伯钦佩有加，但并没有完全按照克鲁伯的学术路子走。他认为任何一个文化的式样及内部变迁都可能与一系列其他外部因素特别是生态环境有关。例如，他特别研究了生态环境与一些部落的规模和组织的关系，得出了大盆地肖肖尼（Shoshonean）印第安人聚居的规模在一定程度上由其生存环境所决定，因为特殊的生存环境所能提供的食物量有限。[1]

那么，我们该如何看待文化之间的普遍性呢？

在这个问题上，文化相对论者也承认，他们并不否认文化之间存在普遍因素，只是反对把特定文化中的特定因素或价值绝对化。[2]但是，在实际研究中，文化相对论者通常会认为，在没有深入研究一个文化之前，如果视野就为普遍性所主宰，容易忽视每个文化自身丰富、生动和独特的内容。也就是说，在文化相对论者的心目中，相对于文化普遍性来说，文化的特殊性才是真正有意义的。当然，在赫斯科维茨、克鲁伯等人的著作中，也有不少与文化普遍性有关的讨论，比如他们都对文化传播非常重视，在讨论文化整合、文化过程、文化变迁或文化动力学时，也会涉及文化的普遍因素。但是，他们反对古典进化论将文化模式归入统一的阶段或规律中去的观点。而文化进化论者则不同，无论是古典进化论者，还是新进化论者如怀特等人，均认为人类文化可以被归入若干个统一的历史阶段中。比如我们前面介绍过怀特从能量角度对文化进化阶段的划分就是典型一例。显然，对于怀特"能量说"的合理性，即使相对论者也不能否认。所以，表面看来，双方的看法都有一定的道理。问题在于，文化相对论者似乎只看重文化的特殊性，忽视了文化的普遍性；而文化进化论者则正好相反，只看重文化的普遍性而忽视了文化的特殊性。应该如何理解文化的特殊性与普遍性之间的关系呢？是不是在这两种观点之间简单地

---

[1] Steward, *Theory of Culture Change*, 101–121.

[2] Herskovits, *Man and His Works*, 75–78.

折中就行了呢？

显然，文化的普遍性和特殊性是两个共同存在的事实。关键不在于是否承认这一事实，而在于如何来理解它们存在的方式及其相互关系。我们可以用植物世界为例来说明文化相对论的这一观点。

从生物演化史的角度说，地球上不同的植物在时间上有出现的先后顺序；从生物形态上看，有渐趋复杂的趋势；从生命机理上说，有其共同遵循的基因遗传和发育规律。生物学上，人们一般认为植物的演化沿着藻菌类、苔藓类、蕨类、种子植物的顺序进行。其中，藻菌类植物被当作低等植物，是最早出现的植物类型。它们的机体是单细胞或多细胞的叶状体，还未分化。从低等植物进化到高等植物，逐渐具有多细胞构成的器官，有根、茎、叶的分化。除此之外，一般认为非种子植物是种子植物的前驱，草本植物是比木本植物更加进化的类型。表10是我初步整理的一个植物分类表，从中也能看出植物进化的线索。

表10　植物的分类与进化①

植物	种子植物	草本植物	多年生	如薄荷、菊、百合、鸢尾	高等植物
			二年生	如小麦、白菜、胡萝卜、菠菜	
			一年生	如水稻、玉米、黄瓜、向日葵	
		藤本植物		如牵牛、茑萝、葡萄、紫藤	
		木本植物	乔木	如泡桐、杨、榆、松、柏、水杉	
			灌木	如迎春、紫荆、茶、大叶黄杨	
	非种子植物	蕨类		如卷柏、贯众、满江红、鳞木、桫椤	低等植物
		苔藓类		如葫芦藓、地钱、假根	
		地衣类		如石耳、石蕊、梅花衣	
		菌类		如螺旋菌、杆菌、木耳、冬菇	
		藻类		如螺旋藻、紫菜、海带、鹧鸪菜、石莼	

现在我们就以表10为例来说明植物的特殊性与普遍性。一方面，我们可以说，不同的植物虽然可以被归入不同的门类，其间的关系有可能体现植物进化由低到高的次序。但是另一方面，植物进化的次序，或者说植物机体复杂程度的不同，只能

———————————

① 非种子植物即孢子植物。目前，种子植物在生物学上一般分成裸子植物（即种子裸露、没有果皮包住）和被子植物（种子被包在果皮内）。此处为便于多数读者理解，采用传统的木本、草本分类。

作为事实或现象来对待，而不能作价值判断的依据。也就是，进化过程的由低到高，或机理的简单与复杂，不能作为衡量一个植物好坏优劣的标准。从植物自身生命的独立性和完整性来说，它们都具有不可替代的价值，也可以说是完全平等的。每一种植物都是不可替代的，都是一样好。你不能因为自己喜欢牡丹，就说樱花比牡丹低级，或者牡丹比樱花好。当春天来临的时候，我们看到纷繁多样、千姿百态的植物，会感到心旷神怡。没有人会能因为自己喜欢玫瑰花而认为它比桃花、杏花更高级。海藻相比松树来说是更低级的生物，但是我们不可以说海藻的生命价值比松树小，更不能说海藻应以长成松树为目标。从生物多样性的角度来看，每一个植物的生命自身就是目的，不存在一种生物以另外一种生物为自己的成长目标的情况。

虽然植物世界与文化世界无论是分类方式还是进化过程，均有许多不同，但是我们可以用植物世界的生物多样性来比喻文化的多样性，植物的进化及其规律正如人类文化的进化及其规律。植物世界的特殊性（每种植物的特殊性）与普遍性（植物进化的规律和植物学普遍原理等）的共存和统一，也可以类比文化世界的特殊性与普遍性的共存和统一。每个植物的完整性和独立性，就好比文化的完整性与独立性。在文化相对论者看来，古典文化进化论者犯的错误，就好比将不同的植物根据其在某些方面发达的程度，分出高低上下、先进落后或好坏优劣来，认为那些不发达的低等植物以高等植物为其成长的目标。然而，即使同一个科、属、门或亚门的不同植物，仔细研究后你也会发现它们之间差异甚大；而且每一个品种自有其存在的理由和价值，外在的归类对于理解其独特性来说意义不大。这正是文化相对论看待文化时的常见态度。但是，与此同时，文化相对论者几乎否定了研究文化进化的意义，完全专注于文化的特殊性，而不重视文化的普遍性及其意义。这也是片面的。从这个意义上说，文化进化论，特别是怀特、斯图尔德、萨林斯等人的新进化论对文化相对论的批评不是完全没道理的。

为什么我们在看待植物世界时，容易厘清特殊性与普遍性的关系，而在看待文化世界时就容易出现差错呢？我认为原因之一在于，把进化与进步相等同。当我们用"高级"（superior）"低级"（inferior）来形容一个文化时，难免带有价值判断的色彩，具体来说，其中可能带有如下几重意思：

高级文化比低级文化更好；

高级文化包含了低级文化的全部内容，同时又超过了后者，或者说在其基础上有了进一步发展；

高级文化代表了低级文化未来发展的方向；

低级文化应当接受高级文化的领导。

如果我们抛弃这种将进化与进步紧密相连的观念，在理解人类文化时，自然能比较好地将文化的特殊性与普遍性相统一。不过还有一个问题，那就是用植物来比喻文化也有不合适的地方。应该说植物进化与文化进化之间，既有可比性，又有不可比的地方。可比之处包括：人类文化确实存在从几十万年前到今天的进化历程，特别是很多大的文化，其历史遗迹比较清楚。仔细研究这些文化的历史，可以发现它们在进化过程中是有一些相似之处的，比如从刀耕火种到机械化生产，从氏族部落到政治国家，从没有语言和文字到有语言和文字，等等。不可比之处则包括：关于植物的种类及进化规律，虽然生物学家没完全搞清，但是大体上可将所有植物归为表10中的几大类，其进化阶段也基本清楚；而文化无论就种类，还是就进化规律而言，都远未形成定论。我们从本尼迪克特对日神型、酒神型文化的区分，以及她对人类文化类型不确定性的论述，从戈登威泽对古典进化论"比较法"的批评等之中，可以看出人类的文化类型及其归类方法都可能有无数多种，不能先验地确定。至于文化进化的规律，许多人类学家倾向于不要过早地下结论，或者说目前许多人类学家对文化进化有无普遍规律仍持怀疑态度，或至少是相当谨慎的态度。那么怀特、萨林斯等人对文化规律和进化方向的描述是否成立呢？对此，我想是不是可以这样认为：怀特、萨林斯等人对人类文化进化的规律和方向的描述，站在他们自己的角度来说是成立的，但问题是，这个特定角度的选择代表了他们自己的偏好，或者说他们自己的价值标准，即他们把能量消耗或转换看成进化最重要或决定性的方面。

（五）这场争论给我们的启示

大体来说，现代的文化人类学者在文化进化的问题上，多半认为文化的进化是存在的，但是进化的方式可以多种多样，不同文化可能有不同的进化方式，不一定可以统一；进化可能包含进步，但是进化并不等于进步，进化是一种发展，但是发展也不等于"好"；不同的文化可能有不同的逻辑和规则，不能轻易用一种文化的标准来评判另一种文化。但是这些并不等于说不同的文化之间完全没有普遍性或可沟通之处，也不是说对于具体的文化现象完全不能从道德的立场来评判。可能并不存在一个适用于人类文化整体的进化普遍规律，是否可将人类文化从整体上归结为若干阶段也无定论，甚至也不能说人类文化的发展有一个预设的终极目标。当然，这里所说的只是其中一部分有代表性的观点，并不是全部。这里所总结出来的观点，应该说代表了本人的基本倾向，是否有偏颇待大家检讨。

尽管有了上述结论，但对我们来说，从现实需要出发，还是有一个从科学的研究到功利选择的问题，即如何看待我们自己的进化选择呢？我想也许有两个问题值得关注：

1.萨林斯等人所说的文化进化方向，是不可逆转的，也是不可抗拒的。这正是我们今天进行改革所不得不面对的。作为一种积极的进化态度，我们所追求的进步可能无关于文化的好坏优劣（并不是说中国古代文化生活就一定不好），却关乎生死存亡。特别是卡普兰所说的"优势种"概念，萨林斯所说的"全面适应能力"问题，其实还是"优胜劣汰、适者生存"的问题。我们可以由此用清末以来中国人自大所导致的落后与挨打来说明这一点。从这个角度来谈儒学的现代化和中国的现代化，是一种实用主义的态度。由于现代化关乎生死存亡，所以也是我们不得不面对、不得不接受的。

2.从价值判断的角度来说，中国文化未来的生机与活力，似乎又是另外一个问题。我们需要重建文化好坏优劣的标准，才能真正理解中国文化进步的方向问题。正是从这个角度看，我们才会重新发现原始儒家对文明与野蛮的区分，在今天的特殊意义。而这一点决不是我们所考察的相对论与进化论之争所能直接告诉我们的。这里涉及文化相对主义的一个重要论点：如果"优"指品质优良的话，文化的进化不一定遵循"优胜劣汰"。我认为这一点已有大量事实可以证明：历史上许多被打败或消灭的文化不一定就是落后的。许多人类学家也指出，现代西方的殖民运动导致了许多原始民族的消亡，这并不是人类文化事业的幸事，因为许多被西方现代文明吞噬的部落文化可能是非常有价值的，不一定比欧洲文明更低劣。同样，鸦片战争以来许多中国人曾因为战场的一败涂地而认为中国文明不如西洋文明，但是现在看来，这种说法就有很多问题了。

美国新进化论的主要代表之一怀特就曾指出，19世纪文化进化论的兴起与当时欧洲资本主义面临发展的时代潮流是相一致的，而文化相对论的兴起则与19世纪末叶以来殖民扩张时代的终结、资产阶级民主制度的成熟和确立、"保持现状"成为时尚这一新的时代潮流联系在一起。①萨林斯、哈定等人所合著的《文化与进化》一书也声称：

---

① ［美］托马斯·哈定等：《序》，《文化与进化》，韩建军、商戈令译。

今天，文化进化论似乎正在复苏。这是不是我们正在目睹的世界性的矛盾冲突——因循守旧的社会制度和曾经落后受统治但已经觉醒而且重又把"进步"作为时代口号的人民之间的冲突的结果呢？进化论在西欧的最初兴起是与当时的工业革命和对封建主义的胜利密切相关的；目前进化论的复兴可能也是与当今世界其他一些地区新工业社会的出现和对这种社会的寻求紧密相联的。不管怎么说，至少人们对文化进化问题表现出越来越浓厚的兴趣，这一点是确实无疑的。[1]

我认为，怀特、哈定等人所指出的上述事实是极为重要的。它表明，尽管文化人类学作为一门科学不是为功利的现实需要而成立的，但这不等于从事这一学科研究的人不在思想深处受时代潮流的影响，并因此决定了他们思考问题的方向，最终促成某种学派的诞生。从前一事实出发，我们不能从中国人习惯的功利需要和追求指导原理的学问概念出发，来衡量和评判文化相对论和文化进化论学说。但是从后一事实出发，我们也深知我们对文化相对论与进化论问题的关心，完全是出于我们对中国文化的未来方向这一宏观现实问题的关注。我们希望文化人类学这些相关理论的研究，对我们理解未来中国文化自我改造的方向有所启迪。由此可知，如果完全从文化相对论的思路出发，就容易得出接近于文化保守主义的结论，而从文化进化论的思路出发，则似乎更有利于对文化变革持积极的态度。但是无论持哪种立场，都需要以事实为根据，而不能把自己的主观愿望强加于科学研究之上。不仅如此，我们还应该认识到，正因为相对论和进化论都是在科学研究的基础上提出的，所以可能并不存在谁把谁完全打倒的情况。无论你最终站在哪种立场，都可能要吸取另一派观点中的合理成分。

---

[1] ［美］托马斯·哈定等：《文化与进化》，韩建军、商戈令译，第2页。

附录：中华文明的新形态与世界文明的新重心

本章从文化心理的角度说明，中华民族不大可能像英国历史学家汤因比所说的那样，成为未来主导世界统一进程的民族。但是鉴于中国现有的规模，只要能把自身的问题真正解决好，就将成为未来世界文明的重心之一。而能否成为世界文明的重心之一，关键要看其今后能否在制度、价值和信仰等三方面建成一种新的文明形态。

　　1974年，著名英国学者汤因比（Arnold Joseph Toynbee，1889—1975）就曾对中国在未来世界统一进程中的作用表示了无与伦比的期待。作为20世纪西方最杰出的史学家之一，他这样说道：

　　　　将来统一世界的大概不是西欧国家，也不是西欧化的国家，而是中国。并且正因为中国有担任这样的未来政治任务的征兆，所以今天中国人在世界上才有令人惊叹的威望。[①]

　　　　恐怕可以说正是中国肩负着不止给半个世界而且给整个世界带来政治统一与和平的命运。[②]

　　　　中国人和东亚各民族合作，在被人们认为是不可缺少和不可避免的人类统一的过程中，可能要发挥主导作用。[③]

　　　　世界统一是避免人类集体自杀之路。在这点上，现在各民族中具有最充分准备的，是两千年来培育了独特思维方法的中华民族。[④]

　　　　像今天高度评价中国的重要性，与其说是由于中国在现代史上比较短时期中所取得的成就，毋宁说是由于认识到在这以前两千年期间所建立的功绩和中华民族一直保持下来的美德的缘故。[⑤]

　　汤因比作为一名伟大的历史学家，曾对过去6000年来地球上大多数主要文明的起源、兴起、衰落、解体作过深入研究，我相信汤因比上述观点不是由一时兴致所致，而是基于对人类数千年文明史的整体研究。那么，为什么汤因比先生对中国在未来世界的作用寄予如此高的期望呢？仔细研读其书可知，他认为人类未来避免自我毁灭的唯一途径在于政治统一，而在这方面，中国有着最为成功的经验。他说，

---

① ［日］池田大作、［英］阿·汤因比：《展望21世纪——汤因比与池田大作对话录》，荀春生等译，国际文化出版公司1997年版，第278页。
② ［日］池田大作、［英］阿·汤因比：《展望21世纪——汤因比与池田大作对话录》，荀春生等译，第279页。
③ ［日］池田大作、［英］阿·汤因比：《展望21世纪——汤因比与池田大作对话录》，荀春生等译，第284页。
④ ［日］池田大作、［英］阿·汤因比：《展望21世纪——汤因比与池田大作对话录》，荀春生等译，第284页。
⑤ ［日］池田大作、［英］阿·汤因比：《展望21世纪——汤因比与池田大作对话录》，荀春生等译，第276页。

过去五百年间西方人虽然在经济和技术上甚至一定程度在文化上把全世界统一了起来，但是西方人却无法在政治上统一整个世界。这是因为从历史的角度看，"在罗马帝国解体后，西方本身或在世界其他地区，都没有实现过政治上的统一"；从现实的角度看，西方的民族国家制度本质上是民族主义而非世界主义的。①然而，"就中国人来说，几千年来，比世界任何民族都成功地把几亿民众，从政治文化上团结起来。他们显示出这种在政治、文化上统一的本领，具有无与伦比的成功经验。这样的统一正是今天世界的绝对要求"②。"中国的统一政府在以前的两千二百年间，除了极短的空白时期外，一直是在政治上把几亿民众统一为一个整体的。"③

汤因比对中国在未来世界进程中的作用是否高估了？该如何来理解他的上述观点？本文试图从分析汤因比的上述观点入手，对于中华文明在未来能否成为世界文明重心之一这一话题提出若干看法。

一

关于中国古代社会大一统趋势的成因，前人有许多有价值的解释。特别是魏特夫（K. A. Wittfogel）有名的"治水工程说"④，金观涛、刘青峰的"超稳定结构

---

① ［日］池田大作、［英］阿·汤因比：《展望21世纪——汤因比与池田大作对话录》，荀春生、朱继征、陈国梁译，第278页。
② ［日］池田大作、［英］阿·汤因比：《展望21世纪——汤因比与池田大作对话录》，荀春生、朱继征、陈国梁译，第283—284页。
③ ［日］池田大作、［英］阿·汤因比：《展望21世纪——汤因比与池田大作对话录》，荀春生、朱继征、陈国梁译，第278页。
④ ［美］卡尔·A·魏特夫：《东方专制主义》，徐式谷、奚瑞森、邹如山译，中国社会科学出版社1989年版。

说"（后面讨论），许倬云的纵横联系说①，赵鼎新的阶层融通说②，等等。其中魏特夫的观点后人批评甚多。本章不否认前人说法合理性，但想换一个角度，从中华民族基本性格——我也称为文化心理结构——的形成，来分析中国在过去数千年来表现出强大的统一能力，也就是所谓"大一统趋势"的原因。

我认为，中华民族的基本性格早在西周已基本定型，它的基本特征之一就是形成了以此岸（或此世）为取向的高度世俗化文化。与希腊文化、犹太—基督文化、阿拉伯—伊斯兰教文化、印度文化乃至东欧—东正教文化等相比，中国文化早就表现出对人类生活于其中的"这个世界"（this world）——称之为"天地""宇宙"或"六合"——持完全肯定的态度。而在前面所列的几大文化中，对于"这个世界"则皆持消极或否定的态度。他们往往认为这个世界为虚幻，或者在整体上堕落或有罪；这几大文化皆认为生命本身永不终结，终结的只是肉体；因此宗教修炼的目标在于彻底摆脱这个世界，生命的终极归宿在这个世界之外而不是之中。

相反，在中国文化中，对于这个世界之外的世界，即天地之外有无天地、六合之外有无六合，基本上采取否定或存而不论的态度。从根子上讲，中国人相信世界

---

① 参见许倬云：《中国文化的发展过程》，贵州人民出版社2009年版，第25—51页。许氏认为，中国的大一统格局得以维持，是因为在横向上有横贯全国的经济交通网，在纵向上有大家族及士大夫阶层与官方之间的媒介作用。因此我称其观点为"纵横联系"或"纵横联系网"之说。"纵横联系"或"纵横联系网"均非许氏用语。许氏说："大一统的力量长期维系中国，一方面可能由于巨大的经济交换网维持了经济上的互转；另一方面，地方利益及地方意见经由察举保持了中央与地方的声气相通，也保持了政权对于儒家思想的密切关联。"（许倬云：《中国文化的发展过程》，第31—32页）这一观点金观涛、刘青峰在《兴盛与危机》等书中也从控制论的角度提到了。

② 赵鼎新：《中国大一统的历史根源》，《文化纵横》2009年第6期。赵认为，春秋战国时期中国的社会结构不像罗马和欧洲那样多重政治势力（国王、贵族、教廷、城市中产阶级）并存、谁也不能吞并谁，而是只有国王和贵族两种势力主为，且各国实现了旨在削弱贵族的郡县制。社会结构的单一，也导致类似民族主义和国家主权一类概念在中国未能形成，这些都有利于走向统一。在汉代以后，"儒学为中华帝国提供了一个同质性的文化和认同感基础，从而在很大程度上弥补了古代帝国控制能力有限这一局限"。他对汉以后儒学重要性的看法与金观涛、刘青峰相似。他对先秦时期社会结构的分析很有道理，但我认为并不代表全部原因。而且，中国在先秦时期贵族阶层逐渐被削弱从而导致社会结构单一化，这是与封建制度解体相伴随的现象，而在欧洲没有出现此种情况，为何在中国出现了此种情况，还值得深入研究。"阶层融通说"是我用来概括赵的观点的，非其本人用语。赵的观点，在我看来正好印证了我所说的中国文化由此岸取向决定的关系本位重视和谐、和合的特点。从此岸取向出发，各家学说皆以天下治理为宗旨，所以必然导致儒家这种最有利于天下治理的学说获胜。从关系本位出发，不能容忍某种独立的势力（如贵族、教廷）完全外自于世俗政权体系。

只有一个，即以天地为框架、以六合为范围的"这个世界"（this world）；与此同时，他们对于死后生命采取了消极怀疑的态度。几千年来中国的精英文化对死后生命是倾向于否定的。在日常生活中，中国人即使祭祀鬼神，也不敢真相信自己灵魂不灭。

中国文化的这一特点，导致中国人非常重视天下的和合或和谐。这是一种本能的对生存安全感的追求。假如世界有无数个（如"三千大千世界"），假如这世界虚幻不实，我们无需担心它不和谐，因为它本来就要被超越或克服。但假如世界只有一个，又神圣无比，它就是我们唯一的家园。它的动荡和不宁就会直接摧毁我们的人生安全感，导致我们无家可归。因此，"天人合一"自古以来就是中国人的最高追求，深深扎根于中国人心灵底处。

另一方面，中国文化的此岸/此世取向还导致了它的另一重要特征，我称之为"关系本位"（参见本书第二章）。即：中国人既然不太看重自己与另一个世界（God、上帝之城、六合之外等）的关系，自然会看重自己与此岸/此世人物的关系，以此来确认人生的安全感和方向。我的所有关系，是指我与身边所有对象的关系，当然包括我与家人、亲友、同事、团体、地方、民族、国家、社会、自然等一切可能事物的关系，构成了我这个人的全部生活内容。根据费孝通的说法，这些关系在我的世界里是根据亲疏远近而呈现出"差序格局"的。按照有些学者的说法，中国人的关系世界在某种程度上是通过人情和面子这两个重要机制来组织和运行的。中国文化本质上就是一种"关系的文化"。关系本位让中国人相比较公共秩序与制度构建而言，更看中个人品德和人情交往的培植。

由于中国人人身安全感寄托于"关系"，所以他们特别重视关系的和合或和谐。因此中国人在主观上希望和天地宇宙、和人间世界、和国家民族、和亲朋好友、和家人族人都建立起和谐的关系。"家和万事兴"，最好整个世界都能像家一样安全可靠，让人放心。显然，这种和合精神，更倾向于接受统一而不是分裂。这是因为差序格局的重要特点之一，是对于陌生人（关系疏远）不放心。如果能统一到同一个共同体，按同样或相似的方式行事，彼此就可以和谐相处了。

这种"关系本位"，在中国文化中还产生了两个特殊的变体，一是许烺光所称的"处境中心"（situation-centered），①即从周遭处境出发建立自己的安全感。所以"处境中心"就是我与自身处境的关系。这种"处境中心"会抑制攻击冲动，渴

---

① Hsu, *Americans and Chinese*，304, etc.

望安定，向往太平。这导致了中国人过去数千年缺乏像游牧民族或西方民族那样进行大规模、远距离迁徙的热情，没兴趣去进行横跨几大洲的长程侵略或殖民。因为对中国人来说，那些遥远的异国他乡太陌生，让人不放心，宁愿舍弃。安土重迁也罢，重视风水也罢，都是"处境中心"的体现方式。所以，他们虽然宁愿修筑长城把敌人挡在外面，而不一定要占有敌人的土地；他们最终放弃曾统治过的朝鲜和越南北部，因为那遥远荒蛮之地终究是个麻烦；他们不愿直接统治、管理那些少数民族，宁愿采取藩属方式让其自理，因为"非我族类，其心必异"（不能心心相应，岂能让人放心）。如果中国人要对其他民族发动战争，往往是出于生死存亡的恐惧、无路可走的选择等原因。"处境中心"因此暗含一种务实地与周边环境和谐相处的精神。

关系本位在中国文化中的另一个变体是团体主义（collectivism）。因为"我"不可能跟所有人同样好、同样熟悉，通过人为构造一种相互理解、相互需要的小团体，可以抵御陌生人或其他力量的威胁，团体无疑比单个人的力量大。团体主义是对自己生存处境的积极、人为建构（也是一种"处境中心"），关注我和我所在团体的关系（是"关系本位"的变体）。文化团体主义一个最重要的特点就是区分自己人和外人（in-group和out-group），对"非自己人"持排斥态度。团体主义的积极形态可以包括集体主义、爱国主义和民族主义，其消极形态可以变成圈子意识、帮派主义、山头主义、地方主义和种族中心主义。文化团体主义体现了中国人构造人生安全感的一种方式。在中国历史上，团体主义精神是追求大一统的重要心理基础之一。中国人春秋时期形成了"夷夏之辨"，后来又发展出忠孝节义、精忠报国的传统，其中皆包含舍小我、保大我的集体主义精神。

上述几方面，或可帮助我们理解中国文化中有利于大一统的因素，解释汤因比所说的中华民族的统一趋势。

二

然而，中国文化中虽有上述有利于统一的因素，也同样存在有利于分裂的重要因素。在中国文化内部，分与合的巨大张力从来都异常明显。比如我们常常讲历史上中国人自我中心，"一盘散沙"；中国人勾心斗角，内耗严重；中国人拉帮结派，陷于党争。此外，地方主义从未断绝，王朝因此衰落，国家因此解体。所有这些，无不体现了中国文化中与统一相反的趋势，导致这一趋势的根本原因恰恰也是关系本位和团体主义。

一方面，关系本位体现了对人与人关系的深刻依赖，由此导致了无比深刻的人际矛盾与斗争，进一步可导致人与人分崩离析。人与人之间如果关系疏远甚至冷淡，有时不会有太大矛盾；人与人之间如果过分亲密或依赖，各种矛盾就容易产生。这种由人际关系所引发的人际矛盾和斗争，也表现在帮派、诸侯和地方之间。二者在性质上完全一样，后者是前者的延伸。这无疑是造成分裂的重要动力。

另一方面，团体主义易堕落为帮派主义、山头主义、地方主义等形式，后者历来都是分裂的主要诱因。中国人觉得似乎只有在自己熟悉或者是有感情、非常了解的人之间才有安全感，民族、国家、政治、制度这些东西在中国人看来都是陌生、冷漠、遥远和没感情的东西，不能给自己带来足够的安全感。所以宁愿依赖于自己建立的小团体或地方势力。当中央权威强大且公正时，人们觉得安全感有保障，没必要追求地方主义。但是当中央权威衰落或不能主持公道时，人们求助于地方主义或私人团体来谋求自己的安全感。

既然如此，为什么秦汉以来中国历史形成了以统一为主流的趋势呢？

首先我们要认识到，团体主义虽然是分裂的祸根，也可以是统一的动力。这是因为文化团体主义意味着，集体越强大，个人越安全。特别是当小团体林立、小团体不足以消除外部势力的无穷威胁时，人们会逐渐认识到如能将所有小团体统一起来、造就一个大团体，安全感才有根本保障。所以每当人们感到中央政权公正可靠时，他们宁愿选择统一的中央集权。

另一个重要事实是，关系本位虽然是分裂的诱因，也可以是统一的因素。因为在无休止的争斗中，人们逐渐认识到，统一才是走出困境的根本出路。我们看到，每当中国人分裂为不同的帮派、诸侯或军阀时，总是硝烟四起、战争不断。妥协极难做到，和平难以持久。结果，与其他帮派、地方或诸侯的关系，会消耗人大量的精力和心血，让他们筋疲力尽，正像日常人际矛盾中那样。与此同时，长期的冲突和战争，也会把全民的安全感摧毁殆尽。最终，人们普遍意识到，还是选择一个中央集权的政府更好，于是统一成为人心所向、大势所趋。

我们在研究中国历史上"分久必合、合久必分"[①]的规律时发现，即使在分裂

[①] 对于中国历史上统一与分裂的考察，参见葛剑雄：《统一与分裂：中国历史的启示》（增订版），中华书局2008年版。

最久的春秋战国和魏晋南北朝，逐步走向统一的趋势也异常明显。以春秋时期为例，先是东周初期至少上百个大大小小的小国被楚、齐、晋、秦等大国所吞并。据顾栋高考证，楚国在春秋时期吞并的小国多达42个；晋国、齐国分别吞并周边小国18个和10个，就连鲁国这样的小国也吞并了9个周边小国。①所以战国七雄本身就已经是统一的产物，而秦统一六国不过是这场统一潮流的顶点。再以魏晋南北朝为例。三国鼎立只有45年即为西晋统一。西晋灭亡后，南北朝虽朝代更迭频繁，但南方基本保持统一格局，而北方在各政权的混战中也曾分别于376年、439年和577年几次实现过统一（其中北魏统一北方近百年），最后南北方统一于隋。是否可以说，秦和隋的统一均是顺应了某种历史趋势呢？②

除此之外，经过春秋战国500多年、魏晋南北朝360多年的战乱，人们对分裂的苦果已深深品尝。南北朝及五代十国这两次较长的分裂，如果不是少数民族入侵及其政权建立，分裂时间应该会短很多。而在其他时期，像秦末、隋末及汉、唐、宋、元、明、清时期，虽然都出现了分裂甚至内部严重分裂的迹象（诸侯叛乱、同姓或异姓称王、农民起义等等），但都比较快平息了下去。这种现象的发生，除了金观涛等讲的社会组织方式、许倬云说的纵横联系网之外，应当还有深层的文化心理因素。

金观涛、刘青峰先生曾运用控制论、系统论方法，对中国古代社会"大一统"趋势从组织结构上进行了研究。他们把中国古代社会大一统格局的形成解释为以儒家意识形态为粘合剂，同时为上层官僚机构、中层乡绅自治和基层宗法家族提供合法性支持，并建立了儒家意识形态、政治结构和地主经济三者相互耦合的一体化结构。③事实上，金、刘所说的"意识形态与社会组织一体化"，或"宗法一体化结构"，其成熟而典型的形态出现在明、清时期，并不是秦汉以来一直如此的。由于

---

① 参见〔清〕顾栋高：《春秋大事表》，吴树平、李解民点校，中华书局1993年版，第524、517、510、507页。
② 据盛思鑫介绍，王赓武先生在近来也论证了唐末五代十国时期，各国如何在制度改革上为后来的统一作了准备，从而说明了五代十国从分裂迈向统一的历史必然性。不过王的角度与本文完全不同，但也不矛盾。参见盛思鑫：《大一统思想与意识形态结构——评〈分裂的中国：迈向统一的883—947〉》，爱思想网2011年11月15日，http://www.aisixiang.com/data/46555.html。
③ 金观涛、刘青峰：《兴盛与危机：论中国社会超稳定结构》，法律出版社2011年版。另参见金观涛、刘青峰：《开放中的变迁：再论中国社会超稳定结构》，法律出版社2011年版，第1—17页；金观涛、刘青峰：《中国现代思想的起源：超稳定结构与中国政治文化的演变》（第一卷），法律出版社2011年版，第7—21页。

作者以中国古代社会成熟、稳定时期的社会组织形态为代表，就无法解释在统一意识形态严重衰退、社会组织方式深刻变迁的春秋战国和魏晋南北朝，为何有内在而强烈的统一趋势？①

　　事实上，金、刘所说的"超稳定结构"不仅有清晰的生成、演变轨迹，在其背后还有更深层，也许是更重要的"超稳定结构"，即前述所谓以此岸取向、关系本位和团体主义等为特点的文化心理结构。金、刘对统一意识形态重要性的认识，能在一定程度上解释春秋战国和魏晋南北朝时的分裂为何长久，但不能解释为何这两次分裂未能像古希腊和西欧那样，永远持续下去。可以说，秦和隋的统一是中国历史上两次最重要的统一，正是这两次统一促成了金、刘所说的"超稳定结构"。②可以说，金、刘所说的文化、政治、经济三位一体的超稳定结构之所以能形成，与许倬云所谓的"纵横联系"、赵鼎新所谓的阶层融通一样，在更深层次上由本文所

---

① 金观涛、刘青峰既然以儒家意识形态、国家官僚系统及自耕农经济这三个子系统的耦合来解释中国古代社会的超稳定结构，自然就无法解释在儒家意识形态未兴起前的三代，统一为何延续那么长久（夏、商、周三代历时2000年左右），以及春秋战国的分裂为何会走向统一。对于魏晋南北朝到隋唐统一的完成，作者解释为"民族大融合大体完成，儒学消化了外来文明后再次复兴，中国才又按着传统的一体化社会整合方式，建立了强大兴盛的隋唐帝国"（金观涛、刘青峰：《开放中的变迁：再论中国社会超稳定结构》，第418页；类似观点还可参见金观涛、刘青峰：《兴盛与危机：论中国社会超稳定结构》，第227—267页），这一解释固然符合作者所建构的"超稳定结构模式"，但无法解释儒家为何在经历巨大衰落后能取代佛教和玄学而复兴？为何未像西藏等地那样变成纯粹的佛教王国（特别是在由少数民族主导的北朝）？北朝的封建化趋势为何会中断、传统的一体化结构为何能重建？他们似乎也意识到这个问题，用了"令人惊讶的历史惯性"来说明（金观涛、刘青峰：《兴盛与危机：论中国社会超稳定结构》，第260页）。事实上，南北朝时期的民族融合有一个前提，即中原汉族人口数量上占优势，并在生活方式上基本保持不变。我在其他地方论述过，儒家在中国成为统治意识形态是西周即已成型的中国文化心理结构决定的；汉代以来独尊儒术之所以能形成，与此有关，并非由于个别帝王的偶然决定（参见方朝晖：《"三纲"与秩序重建》，中央编译出版社2014年版）。因此南北朝之中儒家复兴和统一趋势，不能说与文化心理结构无关。

② 越来越多的学者认识西周时期的统一，及战国的"大一统"思想皆为后世大一统趋势的重要来源（参见李学勤：《失落的文明》，上海文艺出版社1997版；刘家和：《论汉代春秋公羊学的大一统思想》，《史学理论研究》1995年第2期；张传玺：《大一统与中国古代多民族国家》，《北京日报》2000年9月18日）。许倬云亦说，"秦汉与罗马，文化的统一早于政治的统一"，"在秦汉统一以前的战国时代，中国即已走向统一"。（许倬云：《万古江河——中国历史文化的转折与开展》，上海文艺出版社2006年版，109页）

说的深层文化心理结构促成。[1]

必须认识到，古代中国人的统一能力有明显的局限。这首先表现为古代中国人的"统一趋势"是有限度的。通常他们主要只在本民族或已高度同化的民族之中才追求统一，而对其他民族，特别是少数民族，通常较少有兴趣统一（当然，在对方直接威胁自己的生存时则例外）。正如前述，古代汉人政权对少数民族政权在传统上更倾向于采取藩属或羁縻的方式。总之只要你不惹事就好了，我才不想管你呢。这与一些游牧民族不同，当他们统治中原时，宁愿直接统一所有被他们征服的民族。从这个角度看，我们也不要对汤因比先生的预言过高估计。

三

汤因比先生说：

在过去二十一个世纪中，中国始终保持了迈向全世界的帝国，成为名副其实的地区性国家的榜样……在漫长的中国历史长河中，中华民族逐步培育起来的世界精神……[2]

统一的中国，在政治上的宗主权被保护国所承认。文化的影响甚至渗透到遥远的地区，真是所谓"中华王国"。实际上，中国从纪元前二二一年以来，几乎在所有时代，都成为影响半个世界的中心。[3]

汤因比所描述的中国人的世界主义精神，及其曾经长期影响半个世界的巨大能

---

[1] 在《开放中的变迁：再论中国社会超稳定结构》一书中，金观涛、刘青峰同样用"超稳定结构"说解释新中国成立以来，在意识形态、社会结构均发生巨大变化的条件下，中国共产党是如何竭力重建意识形态、政治系统和经济系统的一体化结构的。这一观点独到、新颖，在我看来进一步说明了深层文化心理结构的巨大力量，也即中国文化内在的"大一统"趋势。
[2]［日］池田大作、［英］阿·汤因比：《展望21世纪——汤因比与池田大作对话录》，荀春生、朱继征、陈国梁译，第277页。
[3]［日］池田大作、［英］阿·汤因比：《展望21世纪——汤因比与池田大作对话录》，荀春生、朱继征、陈国梁译，第278—279页。

量是什么原因所致的呢？我想一方面，这确实要归功于中华民族能不断地走向统一，通过统一积聚起巨大的能量，从而能打败个人战斗力远胜于汉人的游牧入侵者，建立起空前未有的世界性大帝国。事实上，在中国历史上，每当汉人王朝衰落时，就有不少少数民族趁机南下，建立割据政权，造成分裂局面。

另一方面，中国人根深蒂固的"天人合一"观念，背后暗含着"天下一家""九州大同"的梦想，这确实是一种有助于天下一统的世界主义精神。这种理想在中国历代思想史上一直占据主流。除了孔子、老子及先秦儒家表达过天下大同的期望外，后世学者也一直有强烈的"天下主义"情怀，甚至现当代学者如康有为、熊十力等人仍在阐述此种理想。与此同时，古代中国帝王的"天朝上国""中央之国"虽似可笑，但背后也透露着某种包容全天下的宏伟理念。这种天下一统的理想之所以诞生，从文化心理学上看，也是由于中国人对于陌生人、对"异类"不放心，缺乏安全感。只有都成了一家人，才能保障安全，所以最好是"天下一家"。

第三方面，中国文化的世界主义特征还要极大地归功于中国文化的相对早熟。别的不说，汉字早在公元前1000年以前（西周建立以前）就已经是相当成熟的文字了，其发明时期可能要再往前追溯2000年。而在中原周边少数民族中，较早发明的文字有：突厥文（公元7—10世纪，一说6—10世纪）、藏文（公元7世纪）、契丹文（公元920年制成契丹大字）、西夏文（公元1036年创制）、女真文（公元1119年颁行女真大字，1138年制成女真小字）、蒙古文（已有近800年历史）、朝鲜文（创制于15世纪中叶）、满文（1599年创制，1632年改进）。

一个民族没有文字，自然无法积淀起丰富的历史经验，写成世代流传的文化经典，形成博大精深的思想体系，塑造完备发达的制度系统，从而建立世界性的政治国家。中国文化的早熟保证了汉人在与周边异族的战争中，可以借助于高效的行政能力和强大的国家力量，形成庞大的集团战斗力，从而打败并成功同化许许多多的异族。今天我们在甲骨文、殷周金文及《左传》一类古书里所看到的许多方国或异族，早已消失在历史的云烟里，它们的名字诠释了华夏政权曾经的强大。秦的统一并不仅仅是汉民族内部的再统一，而且是汉族势力向周边，包括向长江流域甚至其以南的巨大扩展。从此以后两千多年里，中国人的地理空间基本上以秦统一后的版图为基础，逐步而缓慢地向外辐射或推进。这大概就是汤因比所谓的中国人的世界主义吧。

从历史的角度说，我一直认为，西周时期是中国文化史上一次空前绝后的大发展。不要忘了，东周的分裂和战乱是在西周数百年统一和融合的基础上发生的。

西周漫长的统一极大塑造了中国人的性格，铸就了中国文化的基本模式——此岸或此世取向、关系本位和团体主义等。西周深深地塑造了华夏文明共同体意识，"夷夏观"成为后世"大一统"思想的重要源头。西周文明还激发出一种卓越的天下观念，正是在这一天下观的基础上，有了以治理全天下为己任的百家争鸣，有了以全面整理文化为使命的"六经"编订，有了儒家关于未来世界的千秋盛世和万世太平理想。所有这些，都是中国文化早熟的重要标志，也是后来再次统一的深厚文化基础。

然而，正如其统一能力有局限一样，中国人的世界主义也有明显局限。"处境中心"的思维方式，导致在通常情况下，中国人对于与自己差别较大的民族或完全陌生的世界，倾向于采取谨慎保守的态度，没有巨大的热情去同化。所以中国人从未发展出类似于佛教、基督教、伊斯兰教等世界性宗教那样无比强大的传教热情，和前赴后继的传教运动。"处境中心"思维倾向于通过缓慢融合来实现和平，所以会尽可能采取"怀柔"的外向政策。它不太相信武力，因为惧怕导致恶性循环式报复，保证不了长治久安。这就造就了一种保守的世界主义，而不是积极的、进攻性的世界主义。

我估计今后中国人也不大可能改变这种相对保守的"世界"观。在历史上，中国文化的世界主义特征，固然与其内部"大一统"的理想和能力有关，但也与其在文化上相对于周边少数民族早熟有关，其有限的世界主义特征也在某种程度上是一个附带产物。

正因为如此，我们有什么理由片面相信汤因比的话，过分抬高中国文化的世界主义特征？如果文化早熟是中国式世界主义的主要原因之一，今天中国文化还有什么优越性可言呢？至少古人所引以为豪的许多因素，比如文字早熟、宗教早熟、制度早熟等等，今天均不复存在了。

四

汤因比认为未来世界的主导权在东亚，他说：

> 西欧在人类史的最近阶段掌握了主导权，扮演了支配的角色。……在人类

史的下一个阶段，西欧将把其主导权转交给东亚。[①]

东亚有很多历史遗产，这些都可以使其成为全世界统一的地理和文化上的主轴。[②]

我所预见的和平统一，一定是以地理和文化主轴为中心，不断结晶扩大起来的。我预感到这个主轴不在美国、欧洲和苏联，而是在东亚。[③]

我期待着东亚对确立和平和发展人类文明能作出主要的积极贡献。……我认为亚洲其他地区即印度、巴基斯坦次大陆和中东地区，对这种稳定似乎还不能起到这样的积极作用。[④]

汤因比所说的东亚或东亚文明，是指以中国为代表，同时包括日本、朝鲜、越南在内的文明类型。

现在我们不妨来思考一下汤因比这些话究竟能不能成立？综合上述，我想中国文化在未来未必真的如汤因比所相信的那样，在世界统一方面发挥主导作用，但考虑到中国规模之大，中华民族应该有能力成为世界文明的新重心之一。换个角度说，如果中国连世界文明的新重心都成不了，所谓统一天下的世界主义也没意义了。那么，中国未来如何成为世界文明的新重心呢？

必须认识到，假如在未来的世界里，中国人仅仅在经济上取得成功，并因此在军事和政治上始终保持自身作为一个世界大国的国际地位，这绝不能保证中国成为世界文明的重心之一。

因为首先，人类历史上许多大国都曾经成为军事和政治上名副其实的世界帝国，但由于制度不文明，文化不进步，一旦倒台，立即土崩瓦解、烟消云散。

所谓"世界文明的重心"，顺着汤因比的思路，至少要包括：成熟进步的社会制度；自成一体的价值观念（与生活方式相配套）；普世意义的伟大宗教（至少一个）。

---

① ［日］池田大作、［英］阿·汤因比：《序言》，《展望21世纪——汤因比与池田大作对话录》，荀春生、朱继征、陈国梁译。
② ［日］池田大作、［英］阿·汤因比：《展望21世纪——汤因比与池田大作对话录》，荀春生、朱继征、陈国梁译，第277页。
③ ［日］池田大作、［英］阿·汤因比：《展望21世纪——汤因比与池田大作对话录》，荀春生、朱继征、陈国梁译，第283页。
④ ［日］池田大作、［英］阿·汤因比：《展望21世纪——汤因比与池田大作对话录》，荀春生、朱继征、陈国梁译，第276页。

　　这些构成伟大文明的要素，在古代的中国都具备了，只是就宗教而言，中国人的普世宗教并不像汤因比所说的只有大乘佛教，更包括影响不比大乘佛教小的儒教、道教及地方宗教。事实上，大乘佛教一直到隋朝之前基本上还不占居统治地位，它的真正得势也许要到唐朝。在宋代以来的历史上，虽然佛教一直是最大的宗教之一，但在官方和私人生活中，影响最大的还是儒教。

　　然而，今天中国人面临的真正难题恰在于，那些构成一个伟大文明的要素还不具备。过去的价值观念、精神信仰（特别是儒教）以及制度体系受到了全面冲击。一方面，儒教等宗教的价值和信仰不再构成当代中国人社会生活的主导因素；另一方面，民主、法治、人权、自由等所代表的西方文化涌入，却又良莠不齐。中国人能否挖掘自身文化的现代性价值，至今还任重道远。

　　汤因比非常大度地说：

　　　　对过去的中国，拿破仑曾说，"不要唤醒酣睡的巨人"。英国人打败了拿破仑，马上就发动了鸦片战争，使中国觉醒了。[1]

　　然而，中国人觉醒了，不等于就能建立起一种新的文明形态。只要一种新型的、具有中国或东亚文化自身特点的独特文明样式没有建立起来，任何关于中国将成为未来世界文明重心之一的预言都言之过早。

　　汤因比研究过人类历史上曾经出现过的20多种文明，这些文明从社会形态上我认为可以大体划分为八大类（有的已消失）：西方社会（包括希腊、罗马及犹太）；东正教社会；伊斯兰教社会（包括伊朗、阿拉伯及叙利亚）；中国社会（包括日本、朝鲜及越南）；印度社会；美索不达米亚社会（苏美尔、赫梯和巴比伦）；古埃及社会（已消失）；拉美社会（安第斯、尤卡坦、墨西哥及玛雅）。他把日本、朝鲜及越南当作中国文明的子体。[2]当然我归纳其为八大类古代文明类型，不一定准确，希望能反映汤因比对人类文明形态的划分框架。汤因比意味深长地指出，在775年左右，"在世界地图上的不同社会的数目和一致性同今天大体上

①［日］池田大作、［英］阿·汤因比：《展望21世纪——汤因比与池田大作对话录》，苟春生、朱继征、陈国梁译，第280页。
②参见［英］汤因比著，［英］索麦维尔节录：《历史研究》（上册），曹未风译，上海人民出版社1966年版，第15—43页；另参见维基百科英文版词条"A Study of History"。

相同"①。

按照亨廷顿的观点，未来世界文明的基本形态包括西方、中国、日本、印度、伊斯兰、东正教、拉丁美洲、非洲等为代表的几大文明。②亨廷顿的文明划分晚于汤因比，针对的时代也不同。不过，其中中国和日本或许不代表两种不同的文明形态，不妨按汤因比合称为"中国文明"或"东亚文明"；他所说的佛教文明应该主要指信仰小乘佛教的南亚国家，可与印度文明视作一类。这样一来，我们今天就有了：西方、中国、印度、伊斯兰、东正教、拉美、非洲等为代表的大致七大文明形态。亨廷顿的观点常被国人误解为主张"文明必定冲突"，事实上他只是主张冷战结束后世界的格局发生了或发生着重大调整，呈现出多极化（multipolar）或文明多样化（multicivilizational）的趋势，未来世界的主要冲突可能源于此。正是基于这一文明多样性观点，他非常反对以美国为代表的西方霸权主义，他甚至称美国的外交政策是"人权帝国主义"。③

基于汤因比和亨廷顿对人类文明的分类，过去一千多年来，虽然人类文明经历了无数变迁甚至浩劫，但其基本形态并没有改变。据此我们可否预言，未来一千年内，人类文明的基本形态也不会有大的改变？如果是这样的话，我想应该对于中国人在未来建立起新的文明样式有更大的信心。

让我们重申：决定未来中国能否成为世界文明重心之一的关键在于，中国人能否建立起自己的一套完整的价值体系、制度模式及精神信仰。这套价值、制度及信仰的具体内容和特征，已超出本章预定范围。这里只想强调一点，中国人只要能把自己的问题解决好，自然就会成为有世界影响的国家。目前已经取得较大现代化成就的日本、韩国等国，在建立新型东亚文明形态方面还没有表现出足够的自觉和自信。从历史的眼光看，中国人在这方面的自觉和自信是从来不缺的。

（原载于《人民论坛》2015年第29期。发表时易名有删减，此为原稿）

① ［英］汤因比著，［英］索麦维尔节录：《历史研究》（上册），曹未风译，第10页。
② Huntington, *The Clash of Civilizations and the Remaking of World Order*, 45–47, 135–139.
③ Samuel P. Huntington, "The Clash of Civilizations?", 40–41.

参考文献

（一）古籍类

阮元校刻：《十三经注疏》，中华书局1980年版。

朱熹：《四书集注》，岳麓书社1987年版。

王先谦：《荀子集解》，上海书店1986年版。

司马迁：《史记》，裴骃集解，中华书局1997年版。

班固：《汉书》，颜师古注，中华书局1997年版。

左丘明：《国语》，上海师范大学古籍整理研究所校点，上海古籍出版社1988年版。

（二）中文类

阿格：《近世欧洲经济发达史》，李光忠译，吴贯因校，上海商务印书馆1926年版。

S.N.艾森斯塔特：《反思现代性》，旷新年、王爱松译，生活·读书·新知三联书店2006年版。

S.N.艾森斯塔特：《日本文明——一个比较的视角》，王晓山、戴茸译，商务印书馆2008年版。

S.N.艾森施塔特：《现代化：抗拒与变迁》，张旅平、沈原、陈育国等译，中国人民大学出版社1988年版。

白诗朗：《儒家宗教性研究的趋向》，彭国翔译，《求是学刊》2002年第6期。

白彤东：《旧邦新命——古今中西参照下的古典儒家政治哲学》，北京大学出版社2009年版。

柏拉图：《理想国》，郭斌和、张竹明译，商务印书馆1986年版。

北京大学哲学系外国哲学史教研室编译：《十八世纪法国哲学》，商务印书馆1963年版。

北京大学哲学系外国哲学史教研室编译：《十六—十八世纪西欧各国哲学》，

生活·读书·新知三联书店1958年版。

露丝·本尼迪克：《文化模式》，何锡章、黄欢译，梦觉、鲁奇校，华夏出版社1987年版。

鲁丝·本尼迪克特：《菊与刀——日本文化的类型》，吕万和、熊达云、王智新译，商务印书馆1990年版。

卡·波普尔：《历史主义贫困论》，何林、赵平等译，中国社会科学出版社1998年版。

弗兰兹·博厄斯：《原始人的心智》，项龙、王星译，国际文化出版公司1989年版。

弗朗兹·博厄斯：《人类学与现代生活》，刘莎、谭晓勤、张卓宏等译，华夏出版社1999年版。

约翰·伯瑞：《进步的观念》，范祥涛译，上海三联书店2005年版。

苏珊·布莱克摩尔：《谜米机器——文化之社会传递过程的"基因学"》，高申春、吴友军、许波译，吉林人民出版社2001年版。

陈独秀：《独秀文存》，安徽人民出版社1987年版。

陈序经：《文化学概观》，中国人民大学出版社2005年版。

池田大作、阿·汤因比：《展望21世纪——汤因比与池田大作对话录》，荀春生、朱继征、陈国梁译，国际文化出版公司1997年版。

邓小军：《儒家思想与民主思想的逻辑结合》，四川人民出版社1995年版。

邓正来：《国家与社会——中国市民社会研究》，四川人民出版社1997年版。

邓正来、J.C.亚历山大编：《国家与市民社会：一种社会理论的研究路径》，中央编译出版社1999年版。

狄百瑞：《中国的自由传统》，李弘祺译，香港中文大学出版社1983年版。

方朝晖：《"中学"与"西学"——重新解读现代中国学术史》，河北大学出版社2002版。

方朝晖：《儒家修身九讲》，清华大学出版社2008年版。

方朝晖：《思辨之神：西方哲学思潮选讲》，复旦大学出版社2007年版。

方朝晖：《学统的迷失与再造：儒学与当代中国学统研究》，陕西师范大学出版社2010年版。

　　费孝通：《乡土中国　生育制度》，北京大学出版社1998年版。

　　赫伯特·芬格莱特：《孔子：即凡而圣》，彭国翔、张华译，江苏人民出版社2002年版。

　　弗兰西斯·福山：《历史的终结》，本书翻译组译，远方出版社1998年版。

　　顾准：《希腊城邦制度》，中国社会科学出版社1986年版。

　　郭峰：《日本：一个众说不一的群体》，《书摘》2004年第3期。

　　托马斯·哈定等：《文化与进化》，韩建军、商戈令译，浙江人民出版社1987年版。

　　马文·哈里斯：《文化人类学》，李培茱、高地译，东方出版社1988年版。

　　威廉·A·哈维兰：《文化人类学》，瞿铁鹏，张钰译，上海社会科学院出版社2006年版。

　　贺麟：《文化与人生》，上海文艺出版社2001年版。

　　何信全：《儒学与现代民主——当代新儒家政治哲学研究》，中国社会科学出版社2001年版。

　　何友晖、彭泗清：《方法论的关系论及其在中西文化中的应用》，《社会学研究》1998年第5期。

　　何增科：《市民社会概念的历史演变》，《中国社会科学》1994年第5期。

　　黑格尔：《法哲学原理》，范扬、张企泰译，商务印书馆1961年版。

　　黑格尔：《哲学史讲演录》（第二卷），贺麟、王太庆译，商务印书馆1960年版。

　　胡锦涛：《弘扬传统友谊 深化全面合作——在伊斯兰堡会议中心的演讲》，《人民日报》2006年11月25日。

　　莱斯利·A·怀特：《文化科学——人和文明的研究》，曹锦清等译，浙江人民出版社1988年版。

　　黄俊杰编：《传统中华文化与现代价值的激荡》，社会科学文献出版社2002年版。

　　杨国枢主编：《中国人的心理》，江苏教育出版社2006年版。

黄淑娉、龚佩华：《文化人类学理论方法研究》，广东高等教育出版社2004年版。

李·吉尔格勒：《科学认识草原、治理草原的理论思考》，《北方经济》2006年第3期。

蒋伯潜：《十三经概论》，上海古籍出版社1983年版。

蒋孟引主编：《英国史》，中国社会科学出版社1988年版。

蒋庆：《儒家文化：建构中国式市民社会的深厚资源》，《中国社会科学季刊》1993年第3期。

蒋庆：《政治儒学：当代儒学的转向、特质与发展》，生活·读书·新知三联书店2003年版。

罗伯特·A·达尔、伊恩·夏皮罗：《论民主》，中国人民大学出版社2020年。

罗伯特·L·卡内罗：《文化进化论的古典创建》，《史林》2004年第1期。

康德：《历史理性批判文集》，何兆武译，商务印书馆1990年版。

克莱德·克鲁克洪等：《文化与个人》，高佳、何红、何维凌译，浙江人民出版社1986年版。

卡尔·科恩：《民主概论》，聂崇信、朱秀贤译，商务印书馆（香港）有限公司1989年版。

北京大学中国传统文化研究中心编：《北京大学百年国学文粹·哲学卷》，北京大学出版社1998年版。

黄维宪、宋光宇：《文化形貌的导师——克鲁伯》，（台湾）允晨文化实业股份有限公司1982年版。

李熠煜：《当代中国公民社会问题研究评述》，《北京行政学院学报》2004年第2期。

李泽厚：《美的历程》，中国社会科学出版社1984年版。

李泽厚：《批判哲学的批判——康德述评》（修订本），人民出版社1984年版。

李泽厚：《中国古代思想史论》，人民出版社1986年版。

中国文化书院学术委员会编：《梁漱溟全集》，山东人民出版社1989年版。

克洛德·列维-斯特劳斯：《结构人类学（1~2）》，张祖建译，中国人民大学出版社2006年版。

林安梧：《从"外王"到"内圣"：以"社会公义"论为核心的儒学——后新儒学的新思考》，《西南民族学院学报（哲学社会科学版）》2001年第2期。

拉尔夫·林顿：《人格的文化背景：文化、社会与个体关系之研究》，于闽梅、陈学晶译，广西师范大学出版社2007年版。

绫部恒雄主编：《文化人类学的十五种理论》，周星等译，贵州人民出版社1988年版。

刘梦溪：《为了文化与社会的重建——余英时教授访谈录》，《中国文化》1994年第10期。

中共中央马克思恩格斯列宁斯大林著作编译局编译：《马克思恩格斯全集》（第3卷），人民出版社1960年版。

中共中央马克思恩格斯列宁斯大林著作编译局编译：《马克思恩格斯选集》（第1卷），人民出版社2012年版。

戴维·米勒、韦农·波格丹诺编：《布莱克维尔政治学百科全书》，邓正来主编，中国问题研究所、南亚发展研究中心、中国农村发展信托投资公司组织翻译，中国政法大学出版社1992年版。

巴林顿·摩尔：《民主和专制的社会起源》，拓夫等译，华夏出版社1987年版。

黄克剑、林少敏编：《牟宗三集》，群言出版社1993年版。

牟宗三：《道德理性主义的重建——牟宗三新儒学论著辑要》，郑家栋编，中国广播电视出版社1992年版。

牟宗三：《道理的理想主义》，台湾学生书局1982年版。

牟宗三：《历史哲学》，台湾学生书局1984年版。

牟宗三：《政道与治道》，台湾学生书局1987年版。

唐君毅：《中华人文与当今世界》，台湾学生书局1980年版。

亨利·皮雷纳：《中世纪的城市》，陈国樑译，商务印书馆1985年版。

乔治·霍兰·萨拜因：《政治学说史》（上册），托马斯·兰敦·索尔森修订，盛葵阳、崔妙因译，商务印书馆1986年版。

E·R·塞维斯：《文化进化论》，黄宝玮等译，华夏出版社1991年版。

史徒华：《文化变迁的理论》，张恭启译，（台湾）允晨文化实业股份有限公司1984年版。

爱德华·泰勒：《原始文化：神话、哲学、宗教、语言、艺术和习俗发展之研究》，连树声译，谢继胜、尹虎彬、姜德顺校，广西师范大学出版社2005年版。

谈远平：《中国政治思想——儒家与民主化》，（台湾）扬智文化事业股份有限公司2004年版。

汤因比著，索麦维尔节录：《历史研究》（上册），曹未风译，上海人民出版社1966年版。

唐君毅：《人文精神之重建》，台湾学生书局1978版。

唐琼：《从町人思想看儒学在日本近代化中的功效》，《中共四川省委党校学报》2006年第3期。

托克维尔：《论美国的民主》，董果良译，商务印书馆1988年版。

王海龙、何勇：《文化人类学历史导引》，学林出版社1992年版。

王铭铭：《想象的异邦：社会与文化人类学散论》，上海人民出版社1998年版。

夏建中：《文化人类学理论学派——文化研究的历史》，中国人民大学出版社1997年版。

邢东田：《1978—2000中国的儒教研究：学术回顾与思考》，《学术界》2003年第2期。

熊十力：《读经示要》，上海书店出版社1996年版。

熊十力：《原儒》，山东友谊书社1989年版。

萧欣义编：《儒家政治思想与民主自由人权》，台湾学生书局1988年版。

徐复观：《学术与政治之间》，台湾学生书局1985年版。

许烺光：《美国人与中国人：两种生活方式比较》，彭凯平、刘文静等译，华夏出版社1989年版。

杨劲松：《滨口惠俊及其"人际关系主义"理论》，《日本学刊》2005年第3期。

庄锡昌、孙志民编著：《文化人类学的理论构架》，浙江人民出版社1988年版。

余英时：《钱穆与中国文化》，上海远东出版社1994年版。

余英时：《现代儒学的回顾与展望——从明清思想基调的转换看儒学的现代发展》，《中国文化》1995年第11期。

余英时：《论戴震与章学诚：清代中期学术思想史研究》，生活·读书·新知三联书店2005年版。

余英时：《余英时文集》，广西师范大学出版社2004年版。

张岱年、程宜山：《中国文化与文化论争》，中国人民大学出版社1990年版。

章颖颉：《略论儒家伦理与明清之际社会转型——以山西商人为个案的研究》，《同济大学学报（社会科学版）》2004年第6期。

朱开宇：《科举社会、地域秩序与宗族发展：宋明间的徽州，1100—1644》，（台湾）台大出版中心2004年版。

（三）西文类

注：外文作者姓名排序时按国际惯例，将姓（last name）提前，以便查对。例如，"Brooke A. Ackerly"写成"Ackerly, Brooke A."，Wm. Theodore De Bary写成De Bary, Wm. Theodore。

Ackerly, Brooke A.，"Is liberalism the only way toward democracy? Confucianism and democracy." *Political Theory*33, no.4(2005):547-576.

Arnason Johan P.，*Social Theory and Japanese Experience: The Dual Civilization*(London and New York: Kegan Paul International, 1997).

Baxter J. H. and Charles Johnson, M.A. (prepared), *Medieval Latin Word-List from British and Irish Sources*(London: Oxford University Press, 1934).

Bell Daniel A., *Beyond Liberal Democracy: Political Thinking for an East Asian Context*(Princeton: Princeton University Press, 2006).

Bol, Peter K., "The Rise of Local History: History, Geography, and Culture in

Southern Song and Yuan Wuzhou." *Harvard Journal of Asiatic Studies*61,no.1 (2001): 37-76.

Bond, Michael H. Kwok Leung and Kwok Choi Wan, "How does Cultural Collectivism Operate? The Impact of Task and Maintenance Contributions on Reward Distribution." *Journal of Cross-Cultural Psychology*13, no. 2(1982):186-200.

Chaibong, Hahm, "Confucian Rituals and the Technology of the Self: A Foucaultian Interpretation." *Philosophy East and West* 51 , no.3(2001):315-324.

Chan, Joseph, "Democracy and meritocracy: toward a Confucian perspective." *Journal of Chinese Philosophy* 34, no.2(2007):179-193.

Chen, Albert H. Y., "Is Confucianism compatible with liberal constitutional democracy?" *Journal of Chinese Philosophy* 34, no.2(2007):195-216.

Clammer, John , *Difference and Modernity: Social Theory and Contemporary Japanese Society* (London and New York: Kegan Paul International Ltd., 1995).

Clammer, John , *Japan and Its Others: Globalization, Difference and the Critique of Modernity* (Melbourne: Trans Pacific Press, 2001).

Cua, Antonio S., "Dimesnions of Li (propriety): reflections on an aspect of Hsün Tzu' s ethics." *Philosophy East and West* 29, no. 4 (1979):373-394.

Cua, Antonio S., "Li and Moral Justification: A study in the Li Chi," *Philosophy East and West* 33,no.1 (1983):1-16.

Cua, Antonio S., "Reflections on the structure of Confucian ethics." *Philosophy East and West* 21,no.2(1971):125-140.

Daedalus: *Journal of the American Academy of Arts and Sciences*129, no.1(2000).

Dauzat, Albert , *Jean Dubois and Henri Mitterand: Nouveau dictionnaire étymologiqte et historique*, quatrième édition revue et corriqée (Paris:Librairie Larousse, 1964).

De Bary, Wm. Theodore , and Tu Weiming(eds.), *Confucianism and Human Rights* (New York : Columbia University Press, 1998).

De Bary, Wm. Theodore , *Asian Values and Huamn Rights: A Confucian Communitarian Perspective* (Combridge: Harvard University Press, 1998).

De Bary, Wm. Theodore, *The Liberal Tradition in China* (Hong Kong: The Chinese University of Hong Kong Press & New York: Columbia University Press, 1983).

Douglas, Mary , *Natural Symbols: Explorations in Cosmology*, with a New Introduction(London and New York: Routlege, 1996).

Duara, Prasenjit , "Civilizations and Nations in a Globalizing World." in *Reflections on Multiple Modernities: European, Chinese and other Interpretations*, edited by Dominic Sachsenmaier and Jens Riedel with Shmuel N. Eisenstadt, 79-99(Leiden, the Netherlands: Koninklijke Brill NV, 2002).

DUDEN, *Etymologie: Herkunftswörterbuch der deutschen Sprache*, *bearbeitet von der Günther Drosdowski*, Paul Grebe und weiteren Mitarbeitern der Dudenredaktion, Duden Bank 7(Mannheim: Bibliographisches Institut, Dudenverlag, 1963).

Dumont, Louis , *Homo Hierarchicus: The Caste System and its Implications*, complete revised English edition, trans. Mark Sainsbury, Louis Dumont, and Basia Gulati (Delhi: Oxford University Press,1988).

Ebrey, Patricia Buckley , *The Cambridge Illustrated History of China* (Cambridge: Cambridge University Press, 1996).

Eisenstadt, Shmuel N., "Multiple Modernities in an Age of Globalization." *Canadian Journal of Sociology* 24, no.2 (1999):283-295.

Eisenstadt, Shmuel N. , "Multiple Modernites." in *Daedalus:Journal of the American Academy of Arts and Sciences* 129, no.1(2000):1-29.

Eisenstadt, Shmuel N. , "Some Observations on Multiple Modernities." in *Reflections on Multiple Modernities: European, Chinese and other Interpretations*, edited by Dominic Sachsenmaier and Jens Riedel with Shmuel N. Eisenstadt, 27-41（Leiden, the Netherlands: Koninklijke Brill NV, 2002).

Eisenstadt, Shmuel N. , *Comparative Civilizations and Multiple Modernities* (The Netherlands: Konjinklike Brill NV, 2003).

Eisenstadt, Shmuel N. , *Japanese Civilization: A Comparative View* (Chicago and London: The University of Chicago Press, 1996).

Eisenstadt, Shmuel N. , Jens Riedel and Dominic Sachsenmaier, "The context of the multiple modernities paradigm." *in Reflections on Multiple Modernities: European, Chinese and other Interpretations*, edited by Dominic Sachsenmaier and Jens Riedel with Shmuel N. Eisenstadt, 1-23(The Netherlands: Koninklijke Brill NV, 2002).

Eno, Robert , *The Confucian Creation of Heaven: Philosophy and the Defense of Ritual Mastery* (Albany: State Univesity of New York Press, 1990).

Fairbank John King , and Merle Goldman, *China: A New History, enlarged edition* (Cambridge: Belknap Press of Harvard University Press, 1992).

Featherstone Mike , and Scott Lash, "Globalization, modernity and the spatialization of social theory: an introduction, " in *Global Modernities*, edited by Mike Featherstone, et al, 1-24 (London, Thousand Oaks, New Delhi: Sage Publications , 1995).

Featherstone, Mike , Scott Lash and Roland Robertson,(eds.) *Global Modernities, London, Thousand Oaks* (New Delhi: Sage Publications Ltd., 1995)

Fingarette, Herbert , *Confucius: the Secular as Sacred* (New York: Harper and Row, 1972)

Fiske, Alan Page , Shinobu Kitayama, Hazel Rose Markus and Richard E. Nisbett, "The Cultural Matrix of Social Psychology," in The Handbook of Social Psychology, edited by Daniel T. Gilbert, Susan T. *Fiske and Gardner Lindzey*, vol.I, 4th ed., 915-981(Boston, Mass.: the McGraw-Hill Companies,Inc.,1954/1969/1985/1998).

Fukuyama, Francis , "Confucianism and Democracy." *Journal of Democracy*6, no.2 (1995):20-33.

Fukuyama, Francis , *The End of History and the Last Man* (London:Penguin Books,1992).

Giddens, Anthony , *Modernity and Self-identity: Self and Society in the Late Modern Age* (Cambridge: Polity Press, 1991).

Goldenweiser, Alexander A. , *Early Civilization: An Introduction to Anthropology* (New York: Alfred A. Knopf, Inc., 1922).

Habermas, Jürgen , The Structural *Transformation of the Public Sphere : An Inquiry into a Category of Bourgeois Society*, trans. Thomas Burger (Cambridge: MIT Press, 1989).

Hall David L. , and Roger T. Ames, *The Democracy of the Dead: Dewey, Confucius, and the Hope for Democracy in China* (Chicago and Lasalle, Illinois: Open Court, 1999).

Hefner, Robert W. , "Multiple Modernities: Christianity, Islam, and Hinduism in a Globalizing Age." *Annual Review of Anthropology* 27, no.1(1998):83-104.

Herskovits, Melville J. , *Man and His Works: The Science of Cultural Anthropology* (New York: Alfred A. Knopf, Inc., 1948).

Ho, David Y. F. , "Asian concepts in behavioral science." *Psychologia* 25, no. 4(1982): 228-235.

Ho, David Y. F. , "Interpersonal relationships and relationship dominance: an analysis based on methodological relationalism." *Asian Journal of Social Psychology* 1, no.1(1998):1-16.

Ho David Y. F. , and Chi-yue Chiu, "Collective representations as a metaconstruct: an analysis based on methodological relationalism." *Culture and Psychology* 4, no. 3(1998):349- 369.

Hsu, Francis L. K. , *Americans and Chinese: Reflections on two Cultures and their People*, introduction by Henry Steele Commager, Garden City (New York: Doubleday Natural History Press, 1970.

Hsu, Francis L. K., "The effect of dominant kinship relationships on kin and nonkin behavior: a hypothesis." *American Anthropologist* 67, no.3(1965):638-661.

Hu, Shaohua , "Confucianism and Western democracy," *Journal of Contemporary China* 6, no.15(1997):347-363.

Hu, Philip C.X, " 'Public sphere' / 'Civil society' in China?The third realm between state and society." *Modern China: an international Quarterly of History and Social Science*19, no.2(1993):216-239.

Huntington, Samuel P. , "The Clash of Civilizations?" *Foreign Affairs* 72, no.3(1993):22-49.

Huntington, Samuel P. , *The Clash of Civilizations and the Remaking of World Order*

(New York: Simon & Schuster Inc., 1996).

Huntington, Samuel P. , *The Third Wave: Democratization in the Late Twentieth Century*(Norman and London: University of Oklahoma Press, 1991).

Hwang,Kwang-kuo , "Chinese relationalism: theorectical construction and methodologyical considereations." *Journal for the Theory of Social Behaviour* 30, no.2(2000):155-178.

Hwang, Kwang-kuo , "Face and Favor: the Chinese Power Game." *The American Journal of Sociology* 92,no4 (1987):944-974.

Hwang, Kwang-kuo , "The Deep Structure of Confucianism: a Social Psychological Approach." *Asian Philosophy* 11, no. 3(2001):179-204.

Juergensmeyer, Mark , "Global Antimodernism." in *Reflections on Multiple Modernities: European, Chinese and other Interpretations*, edited by Dominic Sachsenmaier and Jens Riedel with Shmuel N. Eisenstadt, 100-115(Leiden, the Netherlands: Koninklijke Brill NV, 2002).

Kammen, Michael G. , Spheres of Liberty: *Changing Perceptions of Liberty in American Culture* (Ithaca, New York: Cornell University Press,1986).

King, Ambrose Y. C. , "The Emergence of Alternative Modernity in East Asia. " in *Reflections on Multiple Modernities: European, Chinese and other Interpretations, edited by Dominic Sachsenmaier and Jens Riedel with Shmuel N. Eisenstadt*, 139-152 (Leiden, the Netherlands: Koninklijke Brill NV, 2002).

King, Anthoy D. , "the Times and Spaces of Modernity (or who needs postmodernism?)." in *Global Modernities*, edited by Mike Featherstone, et al, 108-123(Thousand Oaks: Sage Publications, 1995).

Kipnis, Andrew B. , *Producing Guanxi, Sentiment, Self and Subculture in a North China Village* (Durham and London: Duke University Press, 1997).

Kluge, Friedrich , *Etymologisches Wörterbuch der Deutschen Sprache, 21.unveränderte Auflage* (Berlin:Walter de Gruyter, 1975).

Kroeber, A. L. , *Anthropology: Race,Language,Culture,Psychology* (New York:

Harcourt, Brace & World, Inc., 1923/1948).

Kroeber A. L. , and Clyde Kluckhohn, *Culture: A Critical Review of Concepts and Definitions* (Cambridge, Mass.: The Museum, 1952).

Leung, Kwok and Michael H. Bond, "The Impact of Cultural Collectivism on Reward Allocation." *Journal of Personality and Psychology* 47, no.4(1984):793-804.

Lewis, Charlton T. , *A Latin Dictionary for Schools* (New York, Cincinnati and Chicago: American Book Company, 1888/1916).

Maltby, Robert , *A Lexicon of Ancient Latin Etymologies* (Great Britain: Francais Cairns Ltd, 1991).

Neville, Robert C. , *Boston Confucianism: Portable Tradition in the Late-Modern World* (Albany : State University of New York Press, 2000).

Niermeyer Jan Frederik , (composuit), *Mediae Latinitatis Lexicon Minus: Lexique Latin Médiéval- Français/Anglais = a medieval Latin-French/English Dictionary* (Leiden, the Netherlands: E. J. Brill, 1997).

Nisbett, Richard E. , *The Geography of Thought: How Asians and Westerners Think Differently and Why* (New York: Free Press, 2003).

North, Douglass C. , *Institutions, Institutional Change and Economic Performance* (Cambridge: Cambridge University Press, 1990).

O'Dwyer, Shaun , "Democracy and Confucian Values." *Philosophy East and West* 53, no.1 (2003):39-63.

Ortiz, Renato, "From Incomplete Modernity to World Modernity." *Daedalus:Journal of the American Academy of Arts and Sciences* 129, no.1(2000):249-260.

Origins, Eric Partridge, :*A Short Etymological Dictionary of Modern English* (London: Routlege & Kegen Paul, 1961).

Rankin, Mary Backus , "Some observations on a Chinese public sphere." *Modern China: An International Quarterly of History and Social Science* 19, no.2(1993):158-182.

Ritter, Joachim , *Historisches Wörterbuch der Philosophie*, Band 1(Basel: Schwabe & CO. Verlag, 1971).

Robert, Paul , *Dictionnaire Alphabétique and Analogique de La Langue Française*, Rédaction Dirigée Par A. Rey et J. Rey-Debove, Société du Nouveau Littré (Paris: Le Robert, 1978).

Roniger, Luis and Carlos H. Waisman,(eds.), *Globality and Multiple Modernities: Comparative North American and Latin American Perspectives* (Portland: Sussex Academic Press, 2002).

Rowe, William T. , "The problem of 'civil society' in late Imperial China." *Modern China: An International Quarterly of History and Social Science*19, no.2(1993):139-157.

Sachsenmaier, Dominic , "Multiple Modernities: the Concept and its Potential" , in *Reflections on Multiple Modernities: European, Chinese and other Interpretations*, edited by Dominic Sachsenmaier and Jens Riedel with Shmuel N. Eisenstadt, 42-67(Leiden, the Netherlands: Koninklijke Brill NV, 2002).

Sachsenmaier, Dominic and Jens Riedel with S. N. Eisenstadt, eds., *Reflections on Multiple Modernities, European, Chinese, and Other Interpretations*, multiple modernities conference, Berlin, Germany, 2001(Leiden, the Netherlands: Koninklijke Brill NV, 2002).

Sapir, Eward , *The Psychology of Culture: A Course of Lectures*, reconstructed by Judith T. Irvine (Berlin: Mouton de Gruyter, 1993).

Shils, Edward , "Reflections on civil society and civility in the Chinese intellectual tradition." in *Confucian Traditions in East Asian Modernity: Moral Education and Economic Culture in Japan and the Four Mini-Dragons*, edited by Tu Wei-ming, 38-71(Cambridge, Mass. : Harvard University Press, 1996).

Sills(ed.), David L. , *International Encyclopedia of the Social Sciences* (New York: The Macmillan Company & The Free Press, 1968).

Simpson, J. A. and E. S. C. Weiner (prepared), *The Oxford English Dictionary*, 2nd ed., Vol. II (Oxford : Clarendon Press, 1989).

Smith, Philip：《文化理论的面貌》，林宗德译，（台湾）韦伯文化国际出版有限公司2004版（本书为中译本，但署名未用中文译名，为方便检索放此）。

Steward, Julian H. *Theory of Culture Change: The Methodology of Multilinear Evolution* (Urbana and Chicago: Univeristy of Illinois Press,1955/1972).

Symposium, " 'Public Sphere' / 'Civil Society' in China? Paradigmatic Issues in Chinese Studies III" , *Modern China: An International Quarterly of History and Social Science*19, no.2 (1993):107-239.

Tambiah, Stanley J. "Transnational movements, diaspora, and multiple modernities." *Daedalus:Journal of the American Academy of Arts and Sciences*129, no.1(2000):163-194.

Taylor, Peter J. *Modernities: A Geohistorical Interpretation* (Cambridge UK: Polity Press, 1999).

The Oxford English Dictionary, being a corrected re-issue with an introduction, supplement, and bibliography of A New English Dictionary on historical principles, Vol. II (Oxford : Clarendon Press,1933).

Therborn, Göran , "*Routes to/through Modernity,*" *in Global Modernities*, edited by Mike Featherstone, et al, 124-139 (Thousand Oaks: Sage Publications Ltd., 1995).

Therborn, Göran , *European Modernity and Beyond: the Trajectory of European Societies*, 1945-2000 (Thousand Oaks: Sage Publications, 1995).

Tigar, Michael E. , *Law and the Rise of Capitalism, with the assistance of Madeleine R.Levy* (New York and London: Monthly Review Press, 1977).

Triandis, Harry C., Robert Bontempo, Marcelo J Villareal, Masaaki Asai, Nydia Lucca, "Individualism and Collectivism: Cross-Cultural Perspectives on Self-ingroup Relationships. " *Journal of Personality and Social Psychology*54, no.2(1988):323-338.

Tu Wei-ming, "The creative tension between Jen and li" *Philosophy East and West*18, no. 1/2(1968):29-69.

Tu Wei-ming(ed.), *Confucian Traditions in East Asian Modernity: Moral Education and Economic Culture in Japan and the Four Mini-Dragons* (Cambridge, Mass.: Harvard University Press,1996).

Tu Wei-ming, " "Implications of the Rise of 'Confucian East Asia." *Daedalus:Journal* *of the American Academy of Arts and Sciences*129, no.1(2000):195-218.

Tu Wei-ming, *Centrality and Commonality : An Essay on Confucian Religiousness* (A revised and enlarged edition of Centrality and Commonality: An Essay on Chung-yung), (Albany: State University of New York Press, 1989).

Tu Wei-ming, Milan Hejtmanek and Alan Wachman (eds.), *The Confucian World Observed: A Contemporary Discussion of Confucian Humanism in East Asia* (Honolulu, Hawaii: The East-West Center, 1992).

Wakeman, Frederic, Jr. , "The civil society and public sphere debate: Western reflections on Chinese Political culture." *Modern China: an international Quarterly of History and Social Science*19,no.2(1993):108-138.

Wittrock, Björn , "Modernity: One, None, or Many? European Origins and Modernity as a Global Condition." *Daedalus: Journal of the American Academy of Arts and Sciences*129, no.1(2000):31-60.

Yang, Mayfair Mei-hei. , *Gifts, Favors and Banquets: The Art of Social Relationships in China* (New York : Cornell University Press, 1994).

人名索引

本索引原则如下：

（1）外国人名的译名，采取姓在前，名在后的形式。

（2）序言、正文与脚注中的出现的人名，均收录；仅参考文献中出现的人名，不收录。

（3）同一人，无论是中文名单独出现、还是英文名单独出现，或中英文名一起出现，均收录。

（4）索引以英文字母顺序排序，先英文名排序，再中文名排序。人名首次出现时统一标目。

跋

牟宗三先生认为"道统""学统"和"政统"之重建为"中国文化发展"的必由之途，其中包括："道统之肯定，此即肯定道德宗教之价值，护住孔孟所开辟之人生宇宙之本源。""学统之开出，此即转出'知性主体'以容纳希腊传统，开出学术之独立性。""政统之继续，此即由认识政体之发展而肯定民主政治为必然。"［牟宗三，《序》，《道理的理想主义》，台湾学生书局1982年版（作于1959年8月）］。杜维明先生亦主张"道""学""政"三者为儒家传统之三主干［Tu Wei-ming, Way, *Learning and Politics, Essays on the Confucian Intellectual* (Albany: State University of New York Press, 1993）］。我相信，近代以来绝大多数有良知的中国知识分子都曾长时间为此三问题所困扰，不过所用术语不同而已。比如近代以来所谓未来中华民族的根本道路、最高理想或核心价值等问题，以及围绕这类议题在保守主义、自由主义和马克思主义之间展开的一系列争论，在我看来即所谓"道统"之争；所谓民主、人权、法治等等对中国现代性的意义，即所谓"政统"之争，该问题耗尽了熊十力、梁漱溟、牟宗三、徐复观、张君劢等现代新儒家学者毕生的心血；而如何处理中学与西学的关系，实即我所谓"学统"，无疑这也是现代新儒家以及几乎所有现代中国有识之士共同关心的问题。因此，近代以来不仅无数学人、豪杰、知识分子困于此三问题，此三问题也是未来中华民族能否真正复兴的根本所在。

我在新近出版的《学统的迷失与再造：儒学与当代中国学统研究》（陕西师范大学出版社2010年版）这本小书中讨论了当代中国"学统"的重建问题，本书关注的则属于"道统"与"政统"问题；两书合一起，算是我对当代中国"学统""道统"和"政统"重建的一点思路。此外，我还有几本书同样涉及"学统"：《"中学"与"西学"——重新解读现代中国学术史》（河北大学出版社2002年版、中央编译出版社2022年增订版）一书主要分析中西学术碰撞过程给现代中国学统带来的混乱，《思辨之神：西方哲学思潮选讲》（复旦大学出版社2007年版）主要检讨了中国学人在接受西方学统方面的误区，《儒家修身九讲》（清华大学出版社

2008/2011/2020年版）试图展开儒家学统（主要是修身传统）在当代生活中以践履方式激活的正面道路。相比之下，只有本书比较多地讨论"道统"和"政统"的重建。自写完《"中学"与"西学"——重新解读中国学术史》以后，我一直苦苦思索的也就是政统和道统问题。我把"道统"理解为中华文明在21世纪里应当追求的最高文化理想或最高指导价值，亦可以牟宗三所谓"宇宙之本源"称之。我把"政统"理解为中国社会的自我整合之道，也是中国文化中一切制度的合法性基础，故不限于政治或所谓"政治儒学"（牟氏不理解制度不能超然于文化心理结构而独立，故而投入西方民主之怀抱）。我把"学统"理解为"一种独立的学术传统，包括一门学问所具有的独特的运作逻辑、意义世界和研究范式等"，并认为学统的迷失"导致学人们在学术的参与中找不到真正可以安身立命的根基，感受不到来自无穷无尽的意义之源的永恒和价值"（《自序》，《学统的迷失与再造》，第1页）。故此，我所谓"学统"不限于宋明儒所倡孔孟道统或正统意义上之"学统"，亦不同意牟宗三将之限定为希腊人发明之逻辑、数学和科学。

牟氏盲目崇拜西学，竟得出儒家"无学统"、真正的学统唯"科学"居之这样荒唐的结论来，结果自然抛弃了儒家传统中最有生命力的部分，终生在宋儒所竭力反对的"闻见之知"里打转而不自知。他的这一努力方向的最终结果，只能是儒家传统在现代学科体系中自我解体。我在《学统的迷失与再造》一书《导言》中提到，"20世纪儒学所走过的弯路主要来自未能正确处理两个关系：一是儒学与现代西方学科体系的关系，二是儒学与现代性的关系。"如果说，那本书关注的焦点是儒学与现代学科的问题，那么这本书关注的就是儒学与现代性的问题。将这两方面结合起来，就能理解当前儒学的困境与出路。当然，儒学与现代性特别是中华文明重建的关系，也即所谓道统和政统问题，争议向来极多。我期望今后能充分利用现代文化心理学以及社会学等方面的资源来说明：一个多世纪以来中国人被一系列西方价值迷乱了心智，忘记了自身文化的基本价值；在弘扬个性、追求自由、渴望平等、主张民主等一系列漂亮口号的引导下，今天他们正处于一个前所未有的自我膨胀、精神沦丧和灵魂堕落的时期；由于文化基本价值的丢失，无数人心灵的苦痛得不到医治，千万个灵魂找不到家园，整个社会正处在前所未有的、人欲横流的疯狂状态。我将试图说明：其实中国文化的基本价值早在两千多年前即已被孔子等人揭示清楚（《论语》里写得清清楚楚、明明白白），今天只有回到那个当初的起点，才能找到中国社会秩序重建的正途……

本书的立场、观点确有把儒学本土化之嫌，人们也许会批评我把儒学的现代意义窄化了。这似乎与本书的基调即论证本土现代性、反对普世现代性相一致。不过我想说的：本书只是试图实事求是地研究儒学与本土文化心理之间的特殊联系，并不预设本土性为前提。本书所谈文化心理结构也是如此，只不过是发现了它的存在和作用才讨论罢了，不等于我打算把它绝对化，当作永恒不变的基础。如果批评者认为"本土性"和"中国特殊性"是此书的预设立场，自然就会说我在《导论》中提出从普世立场重铸中国文化理想，与后面各章立场相矛盾了。其实，我并未预设任何立场，本书只是一项研究。如果说本书有助于支持现代性的特殊性，那也只能具体问题具体理解，不宜泛化为我个人的一般立场。

本书个别章节曾部分发表如下：

《多元现代性研究及其意义》，《马克思主义与现实》2009年第5期；

《中国文化的模式与儒学：以礼为例》，《复旦学报（社会科学版）》2010年第1期；

《市民社会的两个传统及其在现代的汇合》，《中国社会科学》1994年第5期；

《对90年代市民社会研究的一个反思》，《天津社会科学》1999年第5期；

《儒学与民主关系再思考》曾于2009年9月初在中国人民大学国学院主办的小型专题会议上发表；

《从文化文理学角度看世界文明重心的形成》，《人民论坛》2015年第29期。

本书写作过程中得到了"清华大学人文社科振兴基金研究项目"及热心朋友的资助；高教出版社徐松巍先生曾建议对"现代性""文明""文化"等概念的含义及其相互关系作一梳理、交待；吾友陈明兄慷慨应允作序；同事贝淡宁（Daniel A. Bell）曾为拙著的出版努力。本书幸得人大出版社编辑青睐方能出版，特别是胡明峰先生，没有他的热心支持与帮助，现在这本书还是不可想象的。在此，谨对上述各方的大力支持与帮助深表谢意！

方朝晖

2010年11月4日星期四于清华园

新版后记

本书为拙著《文明的毁灭与新生：儒学与中国现代性研究》（中国人民大学出版社2011年版）之修订再版。再版时将书名修改为《文化、儒学与中国现代性》，非欲混淆视听，乃欲名符其实。其实在2011年初版前，我就曾在初稿中将此书命名为《文化、儒学与现代性》，但后来不知何故在正式出版时被我更名了。现在我觉得还是用最初的书名更妥。

本书2011初版后得到的回应，可参见何志平主编：《儒学与中国现代性学术座谈会发言纪要》，《国学新视野》，漓江出版社2011年版，第61—83页，后转载于爱思想网、儒家邮报、观察者网等网站；唐山：《文化民族主义这条死胡同：〈文明的毁灭与新生〉的评论》，《北京晨报》2011年9月2日；秦晖：《人类的美德：东西方是一样的——从方朝晖的〈文明的毁灭与新生〉说开去》，《中国青年报》2011年9月26日；春晖：《伦理之外，更需制度安排》，《新京报》2011年10月15日；任剑涛：《文明生态史观中的儒学与现代性》，《文汇读书周报》2012年3月9日，后发表于爱思想网2012年4月17日；彭永捷：《回归中华文明的价值理想》，《北京晨报》2011年9月7日；等等（秦、任、彭的书评当与《国学新视野》纪要相关内容相同）。

这次再版，修订主要包括如下：一是本着宁精勿滥的原则，对全书文字从表述上进行了全面加工润色，个别地方有整句或整段增加或删减。除了第五章之外，几乎每页都有少则一二处、多则十余处修订。初版括弧中英文注义比较多，作了大量删减，总计修订初估不下千处；二是增补了部分文献，比如罗伯特·达尔和卡尔·科恩的文献。有针对性的校对了一部分引文，更新了有些文献，如马恩著作旧版用的第一版，这次增加了《全集》第2版和《选集》第3版。其他修订还有：原来的《前言》此次更为《旧版序》（因为从内容看它更像序言），增加了一个新版序，试图更清楚地表述我的想法，也作为对种种意见的回应；删除原附录，换成后来的一篇文章。此外，我还对各章节划分、节标题及文字作了一些必要的调整，特别是第三、第五、第六章的分节方式及节标题。另外，对参考文献的分布方式也有调整，希望这样能更好地体现原作内容，也使全书体例更统一。本书内容与旧版的另一区别是：旧版内容经过当时修订，而本版更多体现初稿原貌。当然整体上讲，新版没有对内容作大幅改动。

在此，要特别感谢郭齐勇先生对本书再版的慷慨支持。郭老德高望重，支持后学，令我钦佩。孔学堂书局陈真先生对本书的编辑出版付出大量心血和劳动，杨翌琳编辑后期接手，也做了许多重要工作；责任编辑禹晓妍对新版作了大量编校工作，也在此深表谢意。

方朝晖

2022年1月6日星期四于清华园